역대시화 6

歷代詩話

이로당시화 외

A Talk on Poetry of Chronicle

엮은이 하문환(何文煥 : 청(淸) ?~?)은 자가 소미(少眉), 호가 야부(也夫)이며 가선(嘉善) 사람이다. 주로 건륭 연간에 활동하였다. 관직을 갖지 못한 제생(諸生)으로서 구체적인 생애는 잘 알려져 있지 않다. 저서로 『무보집(無補集)』이 있고 『역대시화』를 편찬하였다.

옮긴이 김규선(金奎璇)은 선문대학교 교수이다. 한국외국어대학교 중국어과 학사 및 동대학원 석·박사 학위를 받았다. 논문으로 「陸游의 憂國意識과 시적 형상화 고찰」, 「황상의 산거 생활과 시적 형상화 연구」 등과 역주서로 『추사 김정희 연구』(원서 : 淸朝文化 東傳 硏究), 『국역 의암집』, 『日省錄 정조 62(정조 10년 11월)』 등이 있으며, 조선시대 한·중 교류 자료의 발굴과 연구에 많은 노력을 기울이고 있다.

역대시화歷代詩話 6 — 이로당시화 외

1판 1쇄 인쇄 2013년 11월 20일 **1판 1쇄 발행** 2013년 11월 30일

엮은이 하문환 **옮긴이** 김규선 **펴낸이** 박성모 **펴낸곳** 소명출판
등록 제13-522호 **주소** 137-878 서울시 서초구 서초동 1621-18 (란빌딩 1층)
대표전화 (02) 585-7840 **팩시밀리** (02) 585-7848
이메일 somyong@korea.com **홈페이지** www.somyong.co.kr

ISBN 978-89-5626-936-8 94820 값 41,000원
ISBN 978-89-5626-930-6 (전 6권)

이 번역도서는 2009년 정부재원(교육인적자원부 학술연구조성사업비)으로 한국연구재단의 지원에 의하여 연구되었음.

역대시화 6

이로당시화 외

歷代詩話

하문환 엮음

김규선 옮김

소명출판

◆ **일러두기**

1. 본서의 저본은 『歷代詩話』(中華書局, 1981)이다.
2. 본서의 원주는 중화서국본을 그대로 따랐다.
3. 자字와 호號, 기타 별칭에 대해서는 괄호 안에 본래 성명을 밝혔다.
4. 원문에 작품만 인용되었을 경우, 해당 작품의 작가와 작품명 등을 주석에 밝혔다.
5. 최근의 편집 추세에 맞춰, 한자 병기 시에 괄호를 쓰지 않았으며, 기타 표기는 일반적인 예를 따랐다.

역대시화 6 - 이로당시화 외_ 차례

시학금련

담예록

예포힐여

존여당시화

이백재시화

역대시화고색

역대시화 전체 차례

역대시화 6

『이로당시화二老堂詩話』

송宋 주필대周必大

주필대周必大, 『이로당시화二老堂詩話』 해제

주필대(1126~1204)는 자가 자충子充, 홍도弘道이고 호는 평원로수平園老叟이며 여릉廬陵 사람이다. 남송 고종 소흥 20년에 진사가 되었으며 권급사중權給事中, 비서소감秘書少監, 예부상서 겸 한림학사를 거쳐 승상에 이르렀다. 사후 태사太師에 추증되었고 시호는 문충이다. 저서로 『평원집平園集』 이백 권, 『옥당잡지玉堂雜志』, 『이로당잡지二老堂雜志』 등 수십 종이 전한다. 주필대는 학식이 풍부하고 『이로당시화』의 작품들로 남송 시기 사 창작의 으뜸으로 칭송을 받았다. 그리고 시론을 보면 송대 시인들 중 소식을 가장 중시하여 그의 시를 "처음에는 호탕하여 자연스런 완성 같지만 내용을 들여다보면 구성이 매우 치밀하다[初若豪邁天成, 其實關鍵甚密]"라고 평했다. 또 황정견에 대해서는 "내용이 깊고 시어가 (본질에) 도달했다[意深語到]"라고 찬사를 남겼으며 같은 시대 시인들 중에는 육유를 가장 높여서 『검남시고劍南詩稿』에 대해 "높은 성취를 이룬 것은 조사왕(曹思王 : 曹植), 이백에 뒤지지 않고 성취가 낮은 것도 잠삼岑參, 유우석劉禹錫에 비견될 만하다[高處不減曹思王, 李太白, 其下猶伯仲岑參, 劉禹錫]"라고 평했다. 이 말에서 주필대의 시의 표준을 미루어 알 수 있다.

주필대가 만년에 완성한 『이로당시화』는 한 권이며 본래 『익국문충공전집益國文忠公全集』에는 두 권으로 실려 있었다. 나중에 후인들이 별도의 내용을 떼어내 한 권으로 만들었다. 『진체비서』본, 『역대시화』본, 『형설헌총서』본 등의 판본이 있다. 『이로당시화』는 고증 위주의 시론 저작으로서 전체가 46조이며 대부분 시구의 전고 및 출처, 자구의 내력과 본래 의미, 와전과 오류 등을 검토한다. 시의 주제와 관계되는 사실, 시인의 일화 등에 대한 기록도 있다. 『사고전서』에는 집부 시문평류에 수록되었다.

『사고전서총목제요』에서는 "주필대는 박학하고 일화를 잘 알아서 논한 내용이 대부분 고증 위주이다[必大學問博洽, 又熟於掌故, 故所論多主於考證]"라고 평하였다. 예를 들어 유우석, 「회음행淮陰行」의 "어쩔 수 없이 탈래脫萊할 때[無奈脫萊時]"에서 '脫萊時'가 옛 판본에서는 '挑菜時'로 나와 있다고 말하고, 육유가 소식의 시 세 수를 평한 견해를 인용해 기록했다. 그리고 두보의 시 「유하장군산림游何將軍山林」의 "비에 쇠 갑옷 버려지고[雨抛金鎖甲]"를 놓고서 정교하고 세밀한 갑옷을 쇄자갑鎖子甲이라 풀이하며 원래 부견苻堅이 웅막熊邈을 시켜 만들었던 것이라고 고증해 주자지, 『죽파시화』의 오류를 지적했다. 또 서주舒州 사공산司空山에 새겨진 이백의 「폭포시瀑布詩」를 채조蔡條가 『서청시화西淸詩話』에 수록한 것이 글자가 틀렸음을 정밀하게 분석하기도 했다. 이 밖에 북송 말년의 증굉曾紘이 도연명, 「독산해경讀山海經」의 "몸뚱이 요절해 천 년을 살 수 없어도, 맹렬한 뜻은 언제나 갖고 있다[形夭無千歲, 猛志固常在]"의 첫 구를 『산해경』에 근거해 "형천이 간척을 물고 춤춘다[形天舞干戚]"라고 고친 것을 『죽파시화』가 답습한 것이 잘못되었다고 지적했다. 그는 "도잠의 이 작품 열세 편은 대체로 하나의 이야기를 가리키고 있다고 생각한다. 예컨대 앞 편이 시종 과보誇父에 대해 거론했다면, 이 편은 오직 정위精衛가 나무를 물고 바다를 메운 것에 대해 이야기하며[靖節此題十三篇, 大槪篇指一事. 如前篇終始記誇父, 則此篇恐專說精衛銜木塡海]", "만일 형천을 가리키는 것이라 한다면 내용이 이어지지 않을 듯하다[若倂指刑天, 似不相續]"라는 판단에서 출발해 「독산해경」의 각 편을 수미일관하게 잇는 식견을 드러냈다. 이뿐만이 아니다. 당나라 시 속의 술값에 관해 이야기하면서는 "시인들이 상황에 따라 인용하는 것일 뿐, 반드시 실제 가격은 아니다[大抵詩人一時用事, 未必實價也]"라고 했으며, 두보의 "원일(1일)에서 인일(7일)까지, 흐리지 않은 때가 없다[元日到人日, 未有不陰時]"가 "실제 사실을 기록한 것일 뿐이다[紀實耳]"라고 했고, 홍흥조洪興祖가 동방삭東方朔의 『점서占書』를 인용해 위의 시에서 두보가 새해 팔 일간의 흐린 날씨로 천보天寶의 난리를 묘사했다고 평한 것을 신빙성이 없다고 하였다. 또한 소식이 시에서 십여 군데나 "인생은 기탁과 같을 뿐이다[人生如寄耳]"라는 구절을 쓴 것이 위 문제 조비의 악부에서 비롯되었다고 하면서 주익朱翌의 『의각료잡지猗覺寮雜志』에서는 그 뒤의 『고승전高僧傳』의 영향만 거론하고 위 문제의 악부에 대해서는 쓰지 않은 듯하다고 지적했다. 마지막으로, 두보가 검남참모劍南參謀일 때 쓴 시, "새벽에 들어갈 때는 붉은 문이 열리고, 저녁 돌아올 때 화각畫角 소리 끝난다[曉入朱扉啓, 昏歸畫角終]" 등을 참고해 "당나라 제도에서 번진의 관속들은 모두 새벽에 들어가고 밤에 돌아와 여유가 적었다[唐制藩鎭之屬, 皆晨入昏歸, 亦自少暇]"라고 추론하였고, 또 『죽파시화』의 "'탄綻'과 '파葩'는 세상에서 가장 나쁜 글자인데 어떻게 시 속에 들여놓는단 말인가[綻·葩二字, 是世間第一等惡字, 豈可令入詩來]"라는 식의 잘못된 논리를 바로잡았다.

그 밖에 정화政和 연간에 정기程祁와 단자충段子冲이 주고받은 「매화」 절구가 천 편이나 되고 얼마 전 진종고陳從古가 모아 일일이 차운한 고금의 매화시가 팔백 편이라고 기술했고, 건도乾道 연간에 각 부서의 정

正·부副직 관료들이 "모여 밥을 먹을 때면 놀이 삼아 시의 대구를 들었던[每會食, 多戲擧詩對]" 기풍도 거론했으며, 소식이 황주黃州에서 귀양 살 때부터 동파를 호로 쓰기 시작한 것에 대해서는 "그 근원은 분명 백거이의 충주忠州에서의 작품(「동파종화東坡種花」 2수와 「보동파步東坡」)에서 비롯된 것이리라[其原必起于樂天忠州之作也]"라고도 했다. 이런 기록들은 연구 가치가 있는 자료로서 무척 드문 것이다. 한편 시 이론은 '의미가 깊으면 말이 도달하는 것(意深語到)'와 '정취의 획득(得趣)'을 강조했다. 아울러 용사用事의 적절함, 부단한 조탁, 자구의 내원을 중시하면서도 형식에 얽매이지 않는 활달함과 자연스러움 및 새로운 내용에도 무게를 두었다. 논리가 엄밀하고 한쪽에 치우치지 않았다.

이로당시화二老堂詩話

송宋 주필대周必大

陶淵明山海經詩도연명의 「독산해경」

江洲『陶靖節集』末載, 宣和六年, 臨溪曾紘謂靖節「讀山海經」詩, 其一篇云 : “形夭無千歲, 猛志固常在.” 疑上下文義不貫, 遂按『山海經』有云 : “刑天, 獸名, 口銜干戚而舞.” 以此句爲 : “刑天舞干戚.” 因筆畫相近, 五字皆訛. 岑穰晁詠之撫掌稱善. 余謂紘說固善, 然靖節此題十三篇, 大概篇指一事. 如前篇終始記誇父, 則此篇恐專說精衛銜木塡海, 無千歲之壽, 而猛志常在, 化去不悔. 若倂指刑天, 似不相續. 又況末句云 : “徒設在昔心, 良晨詎可待.” 何預干戚之猛耶! 後見周紫芝『竹坡詩話』第一卷, 復襲紘意以爲己說, 皆誤矣.

강주江洲의 『도정절집陶靖節集』 끝 부분에 다음과 같은 내용이 실려 있다. “선화宣和 6년(1124)에 임계臨溪 증굉曾紘이 말하길 ‘도잠의 「독산해경讀山海經」 가운데 1편에서 "몸뚱이 요절해 천 년을 살 수 없어도, 맹렬한 뜻은 언제나 갖고 있다[形夭無千歲, 猛志固常在]"라고 했는데 위아래 문장의 의미가 서로 연결되지 않는 듯한 의심이 들었다. 그런데 결국 『산해경』을 살펴보니 "형천刑天은 동물 이름이며, 간척干戚을 입에 물고 춤을 춘다"라고 돼있었다. 이 구절은 "형천이 간척을 물고 춤춘다[刑天舞干戚]"라고 해야 한다. 필획이 유사해서 다섯 글자가 모두 잘못된 것이다'라고 했다. 이에 잠양岑穰과 조영지晁詠之가 손뼉을 치며 훌륭하다고 칭찬했다." 나는 증굉의 설이 본디 훌륭하지만 도잠의 이 작품 열세 편은 대체로 하나의 이야기를 가리키고 있다고 생각한다. 예컨대 앞 편이 시종 과보誇父[1]에 대해 거론했다면, 이 편은 오직 정위精衛[2]가 나무를 물고 바다를 메운 것에 대해 이야기하며 천 년의 수명은 없어도 맹렬한 뜻은 한결같이 갖고 있어서 생을 마쳐도 변하지 않는다는 내용이다. 만일 형천을 가리키는 것이라 한다면 내용이 이어지지 않을 듯하다. 더구나 마지막 구절에서 "원래 생각만 갖고 있을 뿐인데, 어찌 좋은 아침을 기다릴 일이 있겠는가[徒設在昔心, 良晨詎可待]"라고 한 것이 간척을 무는 맹렬함과 무슨 상관이 있겠는가. 뒤에 주자지周紫芝의 『죽파시화竹坡詩話』 제1권을 보니 증굉의 견해를 그대로 가져와 자신의 설로 서술하고 있는데 모두 오류이다.

---

1 과보(誇父) : 과보(夸父)라고도 하는데 태양을 쫓아가다가 목이 마르자 하수(河水)와 위수(渭水)의 물을 마시고 또다시 대택(大澤)에 가서 물을 들이켰지만 끝내 갈증이 나서 뜻을 못 이루고 죽었다는 신화 속의 인물이다.(『열자(列子)』「탕문(湯問)」) 도잠의 「독산해경(讀山海經)」에 "과보는 큰 뜻을 품었고 이에 해와 경주했다[父誕宏志, 乃與日競走]"라는 구절이 보인다.

2 정위(精衛) : 염제(炎帝)의 막내 딸 여와(如娃)가 동해에서 놀다가 빠져 죽어 변했다는 신화 속의 새 이름이다. 동해에 원한을 품고서 복수를 하려고 늘 서산(西山)의 목석(木石)을 물어다 빠뜨려 바다를 메우려 했다고 한다. 『산해경』.

東坡立名 동파라는 이름의 시작

白樂天爲忠州刺史，有「東坡種花」二詩．又有「步東坡」詩云："朝上東坡步，夕上東坡步．東坡何所愛，愛此新成樹．" 本朝蘇文忠公不輕許可，獨敬愛樂天，屢形詩篇．蓋其文章皆主辭達，而忠厚好施，剛直盡言，與人有情，于物無著，大略相似．謫居黃州，始號東坡，其原必起于樂天忠州之作也．

백거이가 충주자사忠州刺史로 있을 때 「동파종화東坡種花」라는 2수의 시를 남겼다. 또 「보동파步東坡」에서 "아침에 동쪽 언덕을 걷고, 저녁에 동쪽 언덕을 걷는다. 동쪽 언덕에 무엇이 사랑스러운가, 새로 자란 나무가 사랑스럽네[朝上東坡步，夕上東坡步．東坡何所愛，愛此新成樹]"라고 했다. 본조本朝의 소식이 남을 쉽게 인정하지 않지만 백거이만은 유독 경애해서 그 마음이 시에 자주 나타난다. '글은 의사만 전달하는 것(辭達)'[3]이라는데 기준을 두고 있는 소식의 문장은, 충직하고 후덕함으로 베풀기를 좋아하고 강직하게 하고 싶은 말을 다하며 사람들과 어울릴 때 정을 주고 세상에 드러내지 않는 것 등에 있어 백거이와 서로 유사한 점을 갖고 있다. 황주黃州에서 좌천 생활을 할 때 처음 '동파'라 불렀는데 그 근원은 분명 백거이의 충주에서의 작품에서 비롯된 것이리라.

王禹偁不知貢擧 왕우칭이 공거를 맡지 않음

小說多妄，其來久矣．『玉壺淸話』云："王禹偁自知制誥出知黃州，蘇易簡榜下放孫何等進士三百餘人．奏曰：'禹偁禁林宿儒，累爲遷客，臣

---

3 글은 …… 것[辭達]：『논어』「위령공(衛靈公)」의 "글은 의사만 전달하면 된다[辭，達而已矣]"를 인용한 것이다.

欲令榜下諸生郊送.' 奏可. 禹偁作詩謝之云 : '綴行相送我何榮, 老鶴乘軒愧谷鶯. 三入承明不知擧, 看人門下放諸生.'" 余年十六七時, 嘗以歲月推之, 孫·何榜乃淳化三年, 歲在壬辰, 明年癸巳, 易簡遷參政, 是時禹偁謫外任未歸, 又明年甲午, 方再爲知制誥. 至道乙未還內翰, 五月出知滁州, 非放進士時. 三年丁酉, 復召知制誥, 咸平元年戊戌十二月罷, 知黃州. 二年己亥, 放進士孫暨等七十一人, 非三百也. 且易簡已爲執政而死, 其妄甚明. 然余頗自疑此詩或爲他日之讖. 並後隆興癸未, 余爲起居郎兼中書舍人, 値省試, 本擬同知貢擧, 屬壽皇銳意幸金陵, 便欲進發, 留余從駕, 不果差. 乾道壬辰, 爲禮部侍郎兼直學士院, 適當貢擧, 在朝闕出身從官. 而虞彬甫爲相, 雅不欲用余, 時方遣泛使, 奏留余撰國書, 命翰林王曮知擧, 中書舍人趙雄同知, 此外惟沈夏有出身. 以予侍兼臨安, 旣不可差, 乃趣召李衡爲侍御史, 云 : "試院無言事官, 不肅." 鎖院終旬日. 趙雄丁母憂, 亦不復補差. 淳熙戊戌春, 余爲翰林學士, 上已點定, 而趙溫叔爲相, 密奏云 : "殿試臨軒, 當用天子私人主文, 今省試是禮部事." 乃就下差權禮部尚書范成大. 雖一時各有意, 其實三入不知擧也.

소설에 오류가 많은 경우는 오래전부터 있어왔다. 『옥호청화玉壺淸話』에 의하면 "왕우칭이 지제고知制誥에서 황주 태수로 나갈 때 소이간蘇易簡이 시험을 주제한 방榜에서 손하孫何 등 삼백여 명의 진사 합격자를 발표했다. 당시 소이간이 황제에게 '왕우칭은 금림(禁林 : 한림원)의 노숙한 유학자로 누차 좌천의 객이 되었으니 신이 합격한 제생諸生으로 하여금 교외에 나가 전송하게 하고 싶습니다'라고 상주하자 황제가 그렇게 하라고 했다. 이에 왕우칭이 시를 지어 사례했다. '발길 잇대어 전송한다 해도 내게 무슨 영화이랴, 수레를 탄 늙은 학이 산골 꾀꼬리에게 부끄럽다. 세 번 승명전承明殿에 들어갔으나 공거를 맡지 못하고, 남의 문하 제생들의 합격 발표만 쳐다본다[綴行相送我何榮, 老鶴乘軒愧谷鶯. 三入承明不知擧, 看人門下放諸生]'"라고 했다. 내가 16~17살일 때의 연대로 추정해보니 손하 등의 진사 발표는 순화淳化 3년(992)으로 임진에 해당하며 소이간은 이듬해 계사년(993)에 참정參政으로 자리를 옮겼다. 당시 왕우칭은 외직에 좌천되어 아직 돌아오지 못했다가 이듬해 갑오년(994)에 비로소 재차 지제고가 되었다. 그리고 지도至道 을미년(995)에 내한內翰으로 자리를 옮겼다가 5월에 제주滁州 태수로 나갔는데 이때는 진사 합격자를 발표한 때가 아니다. 지도 3년(997) 정유에 다시 부름을 받아 지제고가 되었고 함평咸平 원년(998) 무술 12월에 지제고를 그만두고 황주 태수로 나갔다. 함평 2년(999) 기해에는 손기孫暨 등 칠십일 명의 진사 합격자를 발표했는바, 그 숫자가 삼백 명이 아니다. 뿐만 아니라 소이간이 이미 권력의 중심에서 관직을 수행하다 세상을 떠난 것을 상기하면 그 오류가 매우 분명한 것이다. 다른 한편으로 나는 이 시가 혹시 훗날 나의 예언서가 되지 않았나 싶다. 그 뒤 융흥隆興 계미년(1163)에 내가 기거랑 겸중서사인起居郎兼中書舍人이 되었는데, 성시(省試 : 예부에서 주관하는 시험) 때를 맞아 본래 공거貢擧[4]를 함께 맡으려 했지만 마침 중원 수복에 대한 결의를 갖고 있던 수황(壽皇 : 효종)이 금릉으로 진격하려 하며 나를 뒤따르게 했으므로 차임되지 못했다. 그리고 건도乾道 임진년(1172)에 예부시랑 겸직학사원禮部侍郎兼直學士院이 되었는데 마침 공거는 조정에 있는 사람이 임무를 맡게 되었다. 하지만 재상인 우빈虞彬이 평소 날 쓰고 싶어 하지 않았고 당시 범사泛使[5]를 파견할 때여서 내게 국서國書를 짓도록 상주하고, 한림 왕엄王曮에게 공거를 맡기고, 중서사인 조웅趙雄에게 동지공거同知貢擧를 맡겼는바, 당시 심하沈夏만이 출신으로 있었다. 나는 시랑겸임안부侍郎臨安部를 맡고 있어서 차임되지 못했는데, 이형李衡을 속히 불러 시어사侍御史[6]로 삼으며 "시원(試院 : 과거장)

---

4 공거(貢擧) : 과거의 고시관(考試官)으로 동지공거(同知貢擧)의 위이다. 그 과거에서 합격된 자는 이 공거를 좌주(座主) 또는 은문(恩門)이라 부르며, 평생 문생의 예를 다하였다.

5 범사(泛使) : 다른 나라에 파견돼 임시로 사무를 보는 일반 사절(使節)이다.

6 시어사(侍御史) : 주로 감찰 등의 업무를 담당하는 직책이다.

에 언사관(言事官 : 가관諫官 : 감찰관)이 없으면 규율이 엄격하지 않다"라고 하고는 시원을 열흘 동안 문을 닫게 했다. 조웅도 마침 모친상을 당하여 역시 차임되지 못했다. 순희淳熙 무술년(1178) 봄에 내가 한림학사로 있어서 황제가 고시관으로 지정했지만 조온숙趙溫叔이 재상이 돼 밀주密奏[7]하기를 "임헌시臨軒試[8]에는 마땅히 천자天子의 사인私人을 임용하여 시험을 주관토록 해야 하지만 지금의 성시는 예부禮部에 속한 일입니다"라고 하여 바로 권예부상서權禮部尙書 범성대范成大를 차임하게 했다. 비록 그때마다 각기 까닭이 있었지만 사실은 세 번 들어가서도 공거를 못 맡은 것이다.

劉禹錫淮陰行 유우석의 「회음행」

"簇簇淮陰市, 竹樓緣岸上. 好日起檣竿, 烏飛驚五兩. 今日轉船頭, 金烏指西北. 煙波與春草, 千里同一色. 船頭大銅鐶, 摩挲光陣陣. 早晚便風來, 沙頭一眼認. 何物令儂羡, 羡郎船尾燕. 銜尾趁檣竿, 宿食長相見. 隔浦望郎船, 頭昂尾幰幰. 無奈脫萊時, 清淮春浪軟." 黃魯直云 : "「淮陰行」, 情調殊麗, 語氣尤穩切. 白樂天·元微之爲之, 皆不入律也. 惟'無奈脫萊時'不可解, 當待博物洽聞者說也." 余嘗見古本作"挑菜時", 東坡惠州「新年」詩"水生挑菜渚", 恐用此字.

"가득 모인 회음淮陰의 저잣거리, 죽루竹樓가 언덕 위에 늘어서 있다. 좋은 날 삿대를 일으키자, 까마귀가 날며 오량五兩[9]을 놀라게 한다. 오

7 밀주(密奏) : 비밀리에 올리는 상주문이다.

8 임헌시(臨軒試) : 황제가 나와서 직접 보이는 시험이다.

9 오량(五兩) : 닭털을 장대 끝에 매어 풍향을 알아보는 기구로, 본래는 초 지방의 방언이었다.

는 뱃머리를 돌리자, 금오金烏[10]가 서북을 가리킨다. 안개 낀 물결과 봄날 풀이, 천 리에 같은 색으로 펼쳐졌다. 뱃머리의 큰 동환銅鐶은, 손길에 광채가 빛난다. 머지않아 바람이 불어오고, 백사장에서 눈 하나가 보고 있다. 어느 사물이 날 부럽게 만드는가, 낭郞을 부러워하는 배꼬리의 제비이다. 배꼬리를 물고 삿대를 뒤쫓으며, 오랫동안 함께 어울리며 지낸다. 포구 너머 낭의 배를 바라보며, 머리는 쳐들고 꼬리는 늘어뜨렸다. 어쩔 수 없이 탈래脫萊할 때, 맑은 회수에 봄 물결이 곱다.[簇簇淮陰市, 竹樓緣岸上. 好日起檣竿, 烏飛驚五兩. 今日轉船頭, 金烏指西北. 煙波與春草, 千里同一色. 船頭大銅鐶, 摩挲光陣陣. 早晩便風來, 沙頭一眼認. 何物令儂羡, 羡郎船尾燕. 銜尾趁檣竿, 宿食長相見. 隔浦望郎船, 頭昂尾𢖍𢖍. 無奈脫萊時, 淸淮春浪軟.]" 황정견이 "「회음행淮陰行」은 정조情調가 매우 미려하고 어기語氣가 특별히 온당 적절하다. 백거이와 원진이 지었다면 모두 운율에 들지 못했을 것이다. 다만 '무내탈래시無奈脫萊時'는 해석할 수 없으니 식견이 넓고 밝은 자의 설명을 기다려야겠다"라고 했다. 내 일찍이 이 작품의 고본古本을 보니 '도채시挑菜時'로 되어 있었고 소식이 혜주惠州에서 지은 「신년新年」에서 "나물 돋는 물가에 물이 나온다[水生挑菜渚]"라고 한 것은 이 글자를 사용한 것이 아닌가 싶다.

唐酒價 당나라의 술값

昔人應急, 謂唐之酒價, 每斗三百, 引杜詩: "速宜相就飮一斗, 恰有三百靑銅錢"爲證. 然白樂天爲河南尹「自勸」絶句云: "憶昔羈貧應擧年, 脫衣典酒曲江邊. 十千一斗猶賖飮, 何況官供不著錢." 又古詩亦有: "金尊美酒斗十千." 大抵詩人一時用事, 未必實價也.

10 금오(金烏): '금아(金鴉)' 또는 '삼족오(三足烏)'라고도 하며, 태양 속에 있다는 세 발 가진 신조(神鳥)이다. 주로 태양을 지칭하는 말로 쓰인다.

옛사람이 우선 다급한 나머지, 당나라의 술값은 한 말에 삼백이라며 두보의 시, "속히 만나 한 말 술을 마셔야겠네, 마침 청동 삼백 전이 있으니[速宜相就飮一斗, 恰有三百靑銅錢]"[11]를 그 증거로 내세웠다. 하지만 백거이가 하남윤河南尹이었을 때 지은 절구 「자권自勸」에서 "지난날 가난 탓에 과거에 응시할 때, 곡강曲江에서 옷을 벗어 술값으로 저당 잡혔다. 십천十千 가는 한 말 술도 외상으로 마시는데, 관에서 주는 것은 돈도 들지 않음에랴[憶昔羈貧應擧年, 脫衣典酒曲江邊. 十千一斗猶賒飮, 何況官供不著錢]"라고 하고, 또 고시古詩에 "황금 술동이 좋은 술은 한 말이 십천이다[金尊美酒斗十千]"[12]라고 했으니 이는 시인들이 상황에 따라 인용할 것일 뿐, 반드시 실제 가격은 아니다.

白樂天詩 백거이의 시

『白樂天集』第十五卷「宴散詩」云: "小宴追涼散, 平橋步月回. 笙歌歸院落, 燈火下樓臺. 殘暑蟬催盡, 新秋雁載來. 將何迎睡興, 臨睡擧殘杯." 此詩殊未睹富貴氣象, 第二聯偶經晏元獻公拈出, 乃迥然不同.

『백낙천집白樂天集』 제15권 「연산宴散」에서 "작은 모임 산들바람 찾아 헤어져, 다리 위 달을 밟고 돌아온다. 생황 노래 울리는 정원으로 돌아오고, 등불 켜고 누대를 내려간다. 매미는 남은 더위 재촉하고, 기러기는 새 가을 싣고 온다. 어떻게 졸음의 흥취를 맞을까, 졸음에 앞서 남은 술잔을 든다[小宴追涼散, 平橋步月回. 笙歌歸院落, 燈火下樓臺. 殘暑蟬催盡, 新秋雁載來. 將何迎睡興, 臨睡擧殘杯]"라고 했다. 이 시에서는 특별히 부귀

11 『두시상주(杜詩詳註)』 권6 「핍측행증필사요(偪側行贈畢四曜)」.

12 이백은 「행로난삼수(行路難三首)」에서 "金樽淸酒斗十千"이라 했고 왕유는 「소년행사수(少年行四首)」에서 "新豐美酒斗十千"이라고 했다.

의 인상을 엿볼 수 없음에도 제2연이 우연히 안원헌(晏元獻 : 안수晏殊)에 의해 특별히 부각됐는데 전혀 닮지 않았다.

杜荀鶴事두순학과 관련된 일

『池陽集』載 : 杜牧之守郡時, 有妾懷娠而出之, 以嫁州人杜筠, 後生子, 卽荀鶴也. 此事人罕知. 余過池嘗有詩云 : "千古風流杜牧之, 詩材猶及杜筠兒. 向來稍喜『唐風集』,【荀鶴詩集名『唐風』】今悟樊川是父師."

『지양집池陽集』[13]에 의하면 "두목이 군수 시절일 때, 첩이 임신을 한 채 나가서 고을 사람 두균杜筠에게 시집을 가고 뒤에 아이를 낳았는데 바로 두순학이다"라고 했다. 이 이야기를 아는 사람은 드물다. 내가 일찍이 지양을 지나며 다음과 같은 시를 남겼다. "천고의 풍류 가진 두목지(두목), 시의 재능이 두균의 아이에게도 미쳤네. 일찍이 『당풍집唐風集』을 좋아했는데【두순학의 시집 이름이 『당풍唐風』이다】, 이제 번천(樊川 : 두목)이 부친일 줄 알았네.[千古風流杜牧之, 詩材猶及杜筠兒. 向來稍喜『唐風集』, 荀鶴詩集名『唐風』. 今悟樊川是父師.]"

光武廟左衽광무묘의 왼쪽 옷깃

錢塘陳益字仲理, 進士入官. 淳熙間, 常爲奉使金國屬官, 過滹沱光武廟, 見塑像左衽, 有詩云 : "早知爲左衽, 悔不聽臧宮." 意亦可取.

---

13 『지양집(池陽集)』 : 현재 내용이 전하지 않고 저자도 불분명한데 북송 말 범치명(范致明)의 저서라는 가설만 전하고 있다.

전당錢塘 진익陳益은 자가 중리仲理이고 진사로 관직에 들어갔다. 순희(淳熙 : 1174~1189) 연간에 금나라로 가는 사신의 일행이 돼 호타滹沱의 광무묘光武廟를 지나다가 왼쪽 옷깃을 하고 있는 조소상彫塑像을 보고 시를 짓기를 "일찍이 왼쪽 옷깃 한 걸 알았으니, 장궁臧宮의 말을 듣지 않은 것이 후회스럽구나[早知爲左衽, 悔不聽臧宮]"[14]라고 했으니 내용이 취할 만하다.

康與之重九詞강여지[15]의 「중구사」

慶元丙辰重九, 風雨中, 七兄約登高于神岡西, 喜, 因記康與之在高宗時謔詞云 : "重陽日, 四面雨垂垂. 戲馬臺前泥拍肚, 龍山路上水平臍, 淹浸到東籬." "茱萸胖, 黃菊濕齏齏. 落帽孟嘉尋箬笠, 漉巾陶令買蓑衣, 都道不如歸." 爲之一笑. 與之自語人云 : "末句或傳'兩個一身泥', 非也."

경원慶元 병진년(1196) 중구절重九節에 비바람이 불었는데 일곱 번째 형(당형 주필정周必正)과 신강神岡[16] 서쪽을 오르기로 약속했다. 그래서 기쁜 마음에 강여지가 고종 때 지은 해학의 사詞 "중양절에, 사방에서는 비가 주룩주룩 내린다. 희마대戲馬臺 앞 진흙은 배를 치고, 용산 길의 물은 배꼽과 수평이 돼, 동쪽 울타리까지 잠겨온다[重陽日, 四面雨垂垂. 戲

14 장궁(臧宮) …… 후회스럽구나 : 장궁은 후한 때 보위장군(輔威將軍)이 돼 광무제를 따라 촉 지방을 정벌할 때 공을 세운 인물이다. 뒤에 흉노족이 쇠약해지자 상소를 올려 쇠약해진 틈을 타서 쳐야 한다며 군사를 내어주면 일거에 섬멸시키겠다고 하였으나 광무제가 받아들이지 않았다. 『후한서』 「장궁열전(臧宮列傳)」.

15 강여지(康與之) : 송(宋) 골주(滑州) 사람으로, 자는 숙문(叔聞)이고 호는 퇴헌(退軒)이다. 건염(建炎) 초에 중흥십책(中興十策)을 올린 것으로 유명하다. 진회(秦檜)가 정권을 장악했을 때 태랑(台郎)으로 발탁되어 아첨하는 응제시(應制詩)에만 몰두하다가 진회가 죽자 좌천되었다.

16 신강(神岡) : 강서성 여릉(廬陵)에 있는 명승지이다.

馬臺前泥拍肚, 龍山路上水平臍, 淹浸到東籬]", "수유는 살찌고, 황국은 촉촉이 젖었다. 모자를 떨어뜨린 맹가孟嘉[17]는 대나무 삿갓을 찾고, 갈포건에 술을 거른 도령(陶令 : 도잠)은 도롱이 옷을 사며, 모두들 돌아가는 것만 못하다고 한다[茱萸胖, 黃菊濕蘸蘸. 落帽孟嘉尋箬笠, 漉巾陶令買蓑衣, 都道不如歸]"를 떠올리며 한바탕 웃었다. 강여지가 다른 사람에게 한 말에서 "마지막 구절은 '온몸이 진흙투성이인 두 사람[兩個一身泥]'으로 전하기도 하는데 잘못이다"라고 했다.

杜詩元日至人日 두보 시의 '원일에서 인일까지'

杜詩云 : "元日到人日, 未有不陰時." 蓋此七日之間, 須有三兩日陰, 不必皆晴, 疑子美紀實耳. 洪興祖引東方朔『占書』謂歲後八日, 一雞・二犬・三豕・四羊・五牛・六馬・七人・八穀. 其日晴則所主物育, 陰則災. 天寶之亂, 人物俱災, 故子美云爾. 信如此說, 穀乃一歲之本, 何略之也.

두보의 시에서 "원일(1일)에서 인일(7일)까지, 흐리지 않은 때가 없다[元日到人日, 未有不陰時]"【「인일人日」】라고 했는데 이 칠 일 동안에 2~3일간은 날씨가 흐려서 맑지 않았던 것인바, 아마 두보가 실제 사실을 기록한 것으로 보인다. 홍흥조洪興祖가 동방삭東方朔의 『점서占書』를 인용하여 새해 8일에 대해 정의하기를 "첫날은 닭, 둘째 날은 개, 셋째 날은 돼지, 넷째 날은 양, 다섯째 날은 소, 여섯째 날은 말, 일곱째 날은 사람,

17 맹가(孟嘉) : 진(晉)나라 때 사람으로, 환온(桓溫)의 참군(參軍)을 지냈다. 환온이 9월 9일 중구절에 용산(龍山)에서 잔치를 베풀 때, 맹가가 자신의 모자가 바람에 날아갔는지도 모르고 있는 것을 빗대 환온이 손성(孫盛)을 시켜 글로 조롱하자, 맹가가 훌륭한 문장으로 즉답했다는 고사가 전한다. 『진서(晉書)』「맹가전(孟嘉傳)」.

여덟째 날은 곡식이다. 날씨가 맑으면 주관하는 사물이 육성되지만 흐리면 재난을 받는다. 천보天寶의 난리 때 사람과 사물이 모두 재난을 당했으므로 두보가 그렇게 말한 것이다"라고 했는데 이 말이 사실이라면 곡식은 한 해의 근본인데 어찌 이처럼 소략하단 말인가.

木芙蓉詩목부용 시

唐人裒劉禹錫『嘉話』云: "進士陳標詩, 「詠黃蜀葵詩」云: '能共牡丹爭幾許, 得人憎處只緣多.'" 余嘗語客, 花多固取輕于人, 何憎嫌之有! 因論木芙蓉全似芍藥, 但患無兩平字易牡丹字, 欲改此句作"得人輕處只緣多." 衆以爲善, 且謂移"芍藥"二字在句首則可矣. 余以失全句爲疑. 或云: "『本草』芍藥一名余容." 因綴一絶云: "花如人面映秋波, 拒傲清霜色更和. 能共余容爭幾許, 得人輕處只緣多." 白樂又和錢學士「白牡丹詩」云: "唐昌玉蕊花, 攀玩衆所爭. 折來比顔色, 一樹如瑤瓊. 彼因稀見貴, 此以多爲輕." 固知輕字爲勝.

당나라 사람들이 편집한 유우석의 『유빈객가화록劉賓客嘉話錄』에서 "진사 진표陳標의 「영황촉규詠黃蜀葵」에서 '모란과 얼마를 다툴 수 있을까, 사람들에게 미움 받는 것은 많기 때문이다[能共牡丹爭幾許, 得人憎處只緣多]'라고 했다"라고 했다. 내가 일찍이 객에게 이야기하기를 "꽃이 많으면 본디 사람들에게 경시당하지만 어찌 미움까지야 받겠는가"라고 한 뒤 다음과 같이 논했다. 목부용은 작약과 아주 유사한데 '모란牧丹'이라는 글자를 바꿀 두 개의 평성平聲 자가 없는 것이 문제여서 이 구절을 "사람들에게 경시 당하는 것은 많기 때문이다[得人輕處只緣多]"[18]

18 '모란(牧丹)'이라는 …… 때문이다: '能共牡丹爭幾許'를 '能共芍藥爭幾許'로 바꿨을 경우를 가정한 것이며 '得人輕處只緣多'로 했을 경우 측성인 '芍藥'과 평성인 '輕'이 운의 규정

로 바꾸고자 하니 사람들이 좋다고 하고, 또 '작약' 두 글자를 구의 맨 앞에 두면 좋겠다고 했지만 나는 구 전체가 잘못될 것이라며 의문을 표했다. 혹자가 "『본초강목本草綱目』에서 작약은 일명 여용余容이다"라고 했다며 절구 한 수를 짓기를 "사람 얼굴 닮은 꽃이 가을 물에 비추며, 서리를 거부한 채 빛깔 더욱 온화하다. 여용과 얼마를 다툴 수 있을까, 사람들에게 경시당하는 것은 많기 때문이다[花如人面映秋波, 拒傲清霜色更和. 能共余容爭幾許, 得人輕處只緣多]"라고 했다. 백거이가 전학사錢學士에게 화답하며 지은 「백모란화전학사작白牡丹和錢學士作」에서 "당창관唐昌觀의 옥예화(玉蕊花 : 시계초)는, 사람들이 앞다퉈 움켜쥐려 한다. 꺾어와 얼굴에 견주니, 온 나무가 옥빛 같다. 저것은 희귀해서 중시되는데, 이것은 많아서 경시된다[唐昌玉蕊花, 攀玩衆所爭. 折來比顔色, 一樹如瑤瓊. 彼因稀見貴, 此以多爲輕]"라고 했으니 '경輕' 자가 좋은 것임을 알 수 있다.

辨人生如寄出處 '인생여기'의 출처에 대해

蘇文忠公詩文, 少重複者. 惟"人生如寄耳", 十數處用, 雖和陶詩亦及之, 蓋有感于斯言. 此句本起魏文帝樂府. 厥後『高僧傳』王義之「與支道林書」祖其語爾. 朱翌新仲『猗覺寮雜志』, 乃引高僧及高齊劉善明, 似未記魏樂府. 余爲太和蕭人傑秀才作「如寄齋說」, 引文忠公詩甚詳.

소문충공(蘇文忠公 : 소식)의 시와 문장은 중복되는 것이 드물다. 하지만 '인생은 기탁과 같을 뿐이다[人生如寄耳]'는 십여 곳에서 사용되어 화도시和陶詩에서도 언급하고 있으니 이 말에 감회가 들어있는 것이다.

에 맞게 된다.

이 구절은 원래 위 문제(조비)의 악부樂府[19]에서 시작되었으며, 그 뒤에 『고승전高僧傳』 왕희지王羲之의 「여지도림서與支道林書」에서 본받아 서술했다. 주익朱翌의 『의각료잡지猗覺寮雜志』에서 『고승전高僧傳』과 고제(高齊 : 남제南齊) 유선명劉善明을 인용하고 있는데 위 문제의 악부는 기록하지 않은 듯하다. 내가 태화太和 소인걸蕭人傑 수재秀才를 위해 지은 「여기재설如寄齋說」에서 소문충공의 시를 매우 상세히 인용했다.

報班齊보반제에 대해

歐公詩云 : "玉勒爭門隨仗入, 牙牌當殿報班齊." 或疑其不然. 今朝殿爭門者, 往往隨仗而入, 及在廷排立旣定, 駕將御殿. 閤門持牙牌, 刻班齊二字. 候班齊, 小黃門接入, 上先坐後幄. 黃門復出揚聲云 : "人齊未?" 行門當頭者應云 : "人齊." 上卽出, 方轉照壁, 衛士卽鳴鞭. 然此乃是駕出時, 常日則不同.

구양수의 시에서 "옥륵玉勒[20]이 문 앞에 모였다 의장을 따라 우우 들어가고, 아패牙牌[21]가 전殿 앞에서 반열이 정돈됐다 보고한다[玉勒爭門隨仗入, 牙牌當殿報班齊]"라고 했는데 혹자는 실제 그렇지 않을 것이라고 의문을 제기한다. 지금 조정에서, 궁전 문 앞에 우우 모인 이들이 이따금 의장을 따라 들어간 뒤 궁정에서 배열, 정립이 끝나면 어가御駕가 어전으로 나서게 된다. 합문閤門[22]이 아패를 갖고 있는데 '반제班齊' 두 글

---

19 위 문제 …… 악부(樂府) : 조비의 악부 「재재행(善哉行)」의 "인생은 기탁한 것과 같은데, 걱정에 휩싸일 일 뭐 있겠는가[人生如寄, 多憂何爲]"를 가리킨다.

20 옥륵(玉勒) : 옥으로 장식한 말의 굴레이다.

21 아패(牙牌) : 관리들이 갖고 있던 상아로 만든 표기판이다. 관리의 직함과 이력 등이 적혀 있다.

22 합문(閤門) : 합문사(閤門使). 조참(朝參), 조하(朝賀) 등 조정의 의례를 담당하는 관리이다.

자가 새겨져 있다. 반열이 일제히 정돈된 때를 기다려 소황문小黃門[23]이 어가를 영접해 들어오고 황제가 먼저 후악後幄에 앉는다. 황문시랑黃門侍郎이 다시 나가 큰 소리로 "모두들 자리를 정돈하였는가?"라고 하여 문 가장 앞에 있는 자가 "모두 정돈해 있소"라고 응답하면 황제가 바로 나가고 막 조벽照壁[24]을 돌 때 위사衛士가 바로 편鞭을 울린다.[25] 하지만 이것은 어가가 나설 때의 상황이고 평소에는 이와 다르다.

朱希眞出處주희진의 나가고 물러남에 대해

朱敦儒字希眞, 洛陽人, 紹聖諫官勃之孫. 靖康亂離避地, 自江西走二廣. 紹興二年, 詔廣西宣諭明橐訪求山林不仕賢者, 橐薦希眞深達治體, 有經世之才, 靜退無競, 安于賤貧, 嘗三召不起, 特補迪功郎, 後賜出身. 曆官職郎官, 出爲浙東提刑, 致仕居嘉禾, 詩詞獨步一世. 秦丞相晩用其子某爲刪定官, 欲令希眞教秦伯陽作詩, 遂落致仕, 除鴻臚寺少卿, 蓋久廢之官也. 或作詩云: "少室山人久挂冠, 不知何事到長安. 如今縱插梅花醉, 未必王侯著眼看." 蓋希眞舊嘗有「鷓鴣天」云: "我是清都山水郎, 天教懶慢帶疏狂. 曾批給露支風敕, 累奏留雲借月章. 詩萬首, 醉千場, 幾曾著眼看侯王. 玉樓金殿慵歸去, 且插梅花醉洛陽." 最膾炙人口, 故以此譏之. 淳熙間, 沅州教授湯巖起刊『詩海遺珠』, 所書甚略, 而云: "蜀人武横詩也." 未幾, 秦丞相薨, 希眞亦遭臺評, 高宗曰: "此人朕用橐薦以隱逸命官, 置在館閣, 豈有始恬退而晩奔競耶." 其實希眞老愛其子,

23 소황문(小黃門): 황문시랑(黃門侍郎)보다 한 등급 낮은 환관이다.

24 조벽(照壁): 대문 안에 쌓은 벽으로, 소장(蕭牆)이라고도 한다. 잡귀가 들어오는 막는다는 의미를 갖고 있다 한다.

25 편(鞭)을 울린다: 편(鞭)은 정편(淨鞭), 또는 정편(靜鞭)으로 황사(黃絲)로 직조한 일종의 채찍이다. 황제가 조회(朝會) 등에 나올 때 이것을 땅에 쳐서 주위를 정돈하는 역할을 한다.

而畏避竄逐, 不敢不起, 識者憐之.

주돈유朱敦儒의 자는 희진希眞이고 낙양洛陽 사람이며 소성(紹聖 : 1094~1098) 때의 간관諫官 주발朱勃의 손자이다. 정강靖康의 난[26]을 피해 강서江西에서 양광兩廣으로 이주했다. 소흥 2년(1095)에 광서선유廣西宣諭 명탁明槖에게 조칙을 내려 산림에 살며 벼슬하지 않은 현자들을 찾으라고 하자, 명탁이 "정치에 대해 깊이 알고 세상을 경영할 자질을 갖췄으며 다툼 없이 조용히 물러나 가난하고 천한 삶을 편안하게 받아들입니다"며 주돈유를 추천했다. 일찍이 조정에서 세 번 불렀으나 응하지 않다가, 특별히 적공랑迪功郎에 부임하고 후에 출신出身[27]을 하사받았다. 낭관郎官의 관직을 역임하고 외직으로 나가 절동제형浙東提刑이 되었으며 벼슬을 그만둔 뒤에는 가화嘉禾에서 지냈고 시와 사詞가 한 시대에 독보적이었다. 진회가 만년에 그의 아들을 등용해 산정관刪定官으로 삼고 주돈유로 하여금 진희(秦熺 : 진회의 아들)에게 시를 짓는 법을 가르치려 하면서 결국 치사致仕한 사람을 다시 등용해 홍려시소경鴻臚寺少卿에 임명했으니 그것은 오랫동안 묵혀 있던 관직이었다. 혹자가 시를 지어 "소실산인(少室山人 : 주돈유의 호)이 오랫동안 관冠을 걸어두었는데, 무슨 일로 장안을 다시 찾은 것인가. 지금 매화를 꽂고 한껏 취해 있다 해도, 반드시 왕후가 눈여겨보진 않으리라[少室山人久掛冠, 不知何事到長安. 如今縱插梅花醉, 未必王侯著眼看]"라고 했는데 이는 주돈유가 일찍이 지은 「자고천鷓鴣天」에서 "나는 청도淸都[28]의 산수랑山水郎[29]으로, 하늘이 게으르게 제멋대로 지내도록 했다. 일찍이 이슬 내리고 바람 지탱하는

26 정강(靖康)의 난 : 정강은 북송(北宋) 흠종(欽宗)의 연호로, 정강 2년에 금(金)나라 군대가 남쪽으로 내려와 송나라 변경(汴京)을 함락하고, 휘종(徽宗)과 흠종을 포로로 붙잡아 갔던 일을 말한다.

27 출신(出身) : 과거에 합격한 자격과 그 신분을 가리킨다.

28 청도(淸都) : 설화에 등장하는 옥황상제가 머무는 곳이다.

29 산수랑(山水郎) : 옥황상제를 위해 산수를 관리하는 낭관이다.

칙서를 손보고, 누차 구름 머물고 달을 빌리는 글을 상주했다. 만 수의 시와, 술에 취한 수천의 장에서, 몇 번이나 왕후가 눈여겨보았었던가. 옥 누대와 황금 전각에서 늘어져 돌아가고, 또 매화를 꽂고 낙양에서 취한다[我是淸都山水郎, 天敎懶慢帶疏狂. 曾批給露支風敕, 累奏留雲借月章. 詩萬首, 醉千場, 幾曾著眼看侯王. 玉樓金殿慵歸去, 且插梅花醉洛陽]"라고 한 것이 인구에 회자되었으므로 이렇게 비난한 것이다. 순희(淳熙 : 1174~1189) 연간에 원주교수沅州敎授 탕암기湯巖起가 간행한 『시해유주詩海遺珠』에서 관련 내용을 매우 소략하게 쓴 뒤, "촉 사람 무횡武橫의 시이다"라고 했다. 그 뒤 얼마 되지 않아 진회가 죽자 주돈유 또한 어사대御使臺의 탄핵을 받았는데 고종이 이르기를 "이 사람은 짐이 명탁의 추천을 받아 은일隱逸로 관직을 주어서 관각館閣[30]에 배치했는데, 어찌하여 처음에는 조용히 물러나는 삶을 살다가 만년에 이처럼 영화에 분주하단 말인가"라고 했다. 실은 주돈유가 노년에 자식을 사랑하는 마음과 축출을 당하지 않을까 하는 두려움에 어쩔 수 없이 세상에 나섰던 것이니 식자들이 이를 안타깝게 여겼다.

唐藩鎭官屬入局 당나라 번진의 관속이 국(局 : 관청)에 드는 것에 대해

杜子美爲劍南參謀, 「遣悶」呈嚴鄭公詩云 : "束縛酬知己, 蹉跎效小忠." 又云 : "曉入朱扉啓, 昏歸畫角終. 不成尋別業, 未敢息微躬." 韓退之爲武寧節度使推官, 「上張僕射書」云 : "使院故事, 晨入夜歸, 非有疾病事故, 輒不許出, 抑而行之, 必發狂疾." 乃知唐制藩鎭之屬, 皆晨入昏歸, 亦自少暇. 如牛僧孺待杜牧之, 固不以常禮也. 【後見洪邁『容齋續筆』第一卷所引, 與此同.】

30 관각(館閣) : 북송 이후 도서의 관장과 국사의 편찬을 담당하는 관서이다.

두보가 검남절도사劍南節度使의 참모였을 때 엄정공(嚴鄭公 : 엄무嚴武)에게 올린 「견민遣悶」에서 "조심하여 지기에게 보답하고, 우물쭈물해도 작은 충성을 다한다[束縛酬知己, 蹉跎效小忠]"라고 하고, 또 "새벽에 들어갈 때는 붉은 문이 열리고, 저녁 돌아올 때 화각畫角[31] 소리 끝난다. 별업(別業 : 별장 : 초당)을 찾을 수가 없어, 감히 미약한 몸을 쉬지 못한다[曉入朱扉啓, 昏歸畫角終. 不成尋別業, 未敢息微躬]"라고 했다. 한유가 무녕절도사武寧節度使의 추관推官이었을 때 장복야에게 올린 「상장복야서上張僕射書)」에서 "사원使院[32]의 원래 규칙은 새벽에 들어갔다 밤에 돌아가는 것으로, 질병이나 사고가 아니면 나가는 것을 허락지 않는데, 애써 억누르며 이를 실행하다 보면 반드시 광질(狂疾 : 정신병)이 발생한다"라고 했으니 당나라 제도에서 번진의 관속들은 모두 새벽에 들어가고 밤에 돌아와 여유가 적었던 것이다. 예컨대 우승유牛僧孺는 두목을 대할 때 본디 일상의 예절로 대하지 않았다【뒤에 홍매洪邁의 『용재속필容齋續筆』 1권에서 인용한 것을 보니 이와 같았다】.

論詩雅頌『시경』의 아송에 대해

揚子『法言』曰 : "正考甫常晞尹吉甫矣, 公子奚斯常晞正考甫矣." 蓋尹吉甫能作「崧高」·「烝民」等詩, 以美宣王, 故正考甫晞之而作『商頌』. 是則揚子以「閟宮」之頌, 爲奚斯所作矣. 班孟堅·王文考爲賦序, 皆有奚斯頌魯僖之言, 蓋本諸揚子也. 學者謂「閟宮」但曰"新廟奕奕, 奚斯所作." 而無作頌之文, 遂疑揚子爲誤. 以余觀之, 奚斯旣以公命作廟,

31 화각(畫角) : 대나무나 가죽 따위로 만든 나팔의 일종이다.

32 사원(使院) : 절도사가 출정하거나 조정에 들어갈 때, 또는 죽어서 후임이 없을 때 모두 유후(留後)를 두어 절도사의 일을 관장하게 하는데 이를 절도유후(節度留後)라 하며 이 절도유후가 일을 보는 곳을 사원이라 한다.

又自陳詩歸美其君, 故八章之中, 上自姜嫄・後稷, 下逮魯公・魯侯, 備極稱頌, 至末章始言作廟之功, 亦不爲過. 只如「崧高」詩亦云 : "其詩孔碩, 其風肆好." 是吉甫固嘗自稱美, 何獨于奚斯而疑之. 揚子之言, 必有所據.【後見洪邁『容齋續筆』第一卷, 亦以爲相承之誤, 非也.】

양웅의 『법언法言』에 의하면 "정고보正考甫는 언제나 윤길보尹吉甫를 바라보았고 공자公子 해사奚斯는 언제나 정고보를 바라보았다"라고 했는데 이는 윤길보가 「숭고崧高」·「증민烝民」 등의 시를 지어 주 선왕을 찬미했으므로 정고보가 그것을 보고 『상송商頌』을 지었다고 한 것이며, 또한 양웅이 『노송魯頌』「비궁閟宮」을 해사의 작품으로 본 것이다. 반고와 왕문고(王文考 : 왕연수王延壽)가 부賦의 서문을 쓰면서 모두 해사가 노 희공魯僖公을 송축했다는 말을 했는데 이는 양웅의 견해에 근거한 것이다. 학자들은 「비궁」에서 단지 "빛나는 새로운 사당, 해사가 지은 것이다[新廟奕奕, 奚斯所作]"라고만 하고 『송頌』을 지었다는 표현이 없는 것을 들어 양웅이 잘못 본 것이라고 의문을 제기했다. 나의 견해는 이렇다. 해사가 노 희공의 명령으로 사당을 짓고 또 스스로 시를 지어 그 임금을 찬미한 것이므로 전체 8장에서 위로는 강원姜嫄·후직後稷에서부터 아래로는 노공魯公·노후魯侯에 이르기까지 모두 극진히 칭송하고 마지막 장에서 비로소 사당을 지은 공로에 대해 이야기했는데 이것은 지나친 것이 아니다. 「숭고」에서도 "그 시가 매우 훌륭하고, 그 기풍이 참 좋다[其詩孔碩, 其風肆好]"라고 한 것은 길보가 스스로를 찬미한 것인데 어찌 유독 해사에 대해서만 의심할 것이 있겠는가. 양웅의 말은 필경 근거가 있다【홍매洪邁의 『용재속필容齋續筆』 1권에서도 전승된 오류라고 했는데 잘못 본 것이다】.

顯仁皇後挽詩 현인황후의 만시(애도시)

湯岐公思退在相位, 作顯仁皇后「挽詩」云 : "虞妃從梧野, 啓母祔稽山." 無一字閒. 蓋顯仁初以賢妃從徽宗北狩, 其後祔徽宗葬會稽之永祐陵, 虞妃爲徽宗也, 啓母爲高宗也, 用事可謂的切. 高宗山陵, 余進挽詩取法焉. 其云 : "生年同藝祖", 謂創業中興之主, 皆丁亥生也. "慶壽像慈寧", 謂母子皆嘗慶八十也. 然不若岐公之工.

기공岐公 탕사퇴湯思退가 재상으로 있을 때 지은, 현인황후顯仁皇后[33]를 애도하며 지은 「현인황후만시顯仁皇后挽詩」에서 "우비虞妃는 창오蒼梧의 들판으로 가고,[34] 계모啓母는 계산稽山에 합장했네[虞妃從梧野, 啓母祔稽山]"[35]라고 하여 한 글자도 빈틈이 없다. 현인황후는 애초에 현비賢妃로서 휘종의 북수北狩[36]를 따르고 그 뒤에 휘종과 합장돼 회계會稽 영우릉永祐陵에 묻혔으니 '우비' 구절은 휘종에 맞춘 것이고 '계모' 구절은 고종에 맞춘 것이므로 고사의 인용이 적절하다 하겠다. 고종이 승하할 때, 내가 만시를 지어 올리며 위 시를 모범으로 삼았는데 그 내용 가운데 "태어난 해가 예조(藝祖 : 태조)와 같다[生年同藝祖]"라고 한 것은 창업과 중흥의 군주가 모두 정해년에 태어났음을 거론한 것이고, "장수의

33 현인황후(顯仁皇后) : 송 휘종의 비(妃)이고 송 고종 조구(趙構)의 모친인 위현비(韋賢妃)의 존호이다.

34 우비(虞妃)는 …… 가고 : 우비는 우순(虞舜)의 두 비(妃) 아황(娥皇)과 여영(女英)을 가리키고 창오는 산 이름으로 우순이 남쪽을 순수(巡狩)하다 세상을 떠난 곳이다. 우순이 세상을 떠나자 그의 두 비가 이곳을 찾아와 슬피 울었는데 그 눈물이 떨어져 소상(瀟湘)의 반죽(班竹)이 되었다는 전설이 전한다.

35 계모(啓母)는 …… 합장했네 : 계모는 하우(夏禹)의 부인이자 하우의 아들 계(啓)의 모친이고 계산은 회계산(會稽山)이다. 하우가 치수에 여념이 없어 세 번 집 앞을 지나면서도 세 번 다 집에 들어가지 못할 정도였다. 훗날 계모는 결국 돌(계모석(啓母石))이 되었고 그 돌에서 아들 계가 태어났다. 그리고 하우가 죽은 뒤 계모와 함께 회계산에 합장했다 한다.

36 북수(北狩) : 수(狩)는 원래 사냥을 뜻하는데 송 휘종이 금군(金軍)에 포로로 잡혀 북쪽으로 간 사실을 "북쪽으로 사냥가다"라는 완곡한 말로 표현하였다.

경사는 자녕(慈寧 : 현인황후 위현비韋賢妃)과 같다[慶壽像慈寧]"라고 한 것은 모자가 모두 팔십 세의 장수를 누렸음을 거론한 것이다. 하지만 나의 시는 탕사퇴만큼 뛰어나지는 못하다.

陸務觀說東坡三詩 육무관(陸務觀 : 육유)이 소식의 세 작품을 논설한 것에 대해

陸遊務觀云 : "王性之謂蘇子瞻作「王莽」詩譏介甫云 : '入手功名事事新.' 又「詠董卓」云 : '公業平生勸用儒, 諸公何事起相圖. 只言世上無健者, 豈信車中有布乎.' 蓋譏介甫爭市易事, 自相叛也. 車中有布, 借呂布以指惠卿姓, 曾布名, 其親切如此." 又云 : "曾吉甫侍郞藏子瞻「和錢穆父」詩眞本, 所謂 : '大筆推君西漢手, 一言置我二劉間'者. 其自注云 : '穆父嘗草某答詔, 以歆·向見喻, 故有此句.' 而廣川董彦遠待制, 乃譏子瞻不當用高·光事, 過矣."

육유가 말했다. "왕성지(王性之 : 왕질王銍)가 '소식이 「왕망王莽」을 지어 개보(介甫 : 왕안석王安石)를 비난하기를 "공명을 손아귀에 넣자 일마다 새롭다[入手功名事事新]"라고 하고, 「영동탁詠董卓」에서 "평생의 사업으로 유자儒者의 등용을 권유했지만 제공이 어찌하여 서로를 도모하는 마음을 일으킨 것인가. 세상에 건장한 사람이 없다고만 이야기했으니, 어찌 수레 안에 여포呂布가 있음을 믿으랴[公業平生勸用儒, 諸公何事起相圖 : 只言世上無健者, 豈信車中有布乎]"라고 했는데, 이는 왕안석이 앞다퉈 이익을 독차지하고 일을 뒤바꿔 배반을 일삼은 것을 비판한 것이다'라고 했다. 수레 안에 여포가 있다는 말은, 여포 두 글자를 빌려 여혜경呂惠卿의 성姓과 증포曾布의 이름을 나타낸 것이니 그 친절함이 이러하다"라고 하고 또 다음과 같이 말했다. "시랑侍郞 증길보(曾吉甫 : 증기曾幾)가 소식의 「화전목보和錢穆父」 진본眞本을 소장하고 있었는데 이른바 '위대한 문필은 그대를 서한의 솜씨[37]로 추대하나니, 한 마디는 나를 두 유씨(유흠劉歆·유향劉向)의 사이에 두었다[大筆推君西漢手, 一言置我二劉間]'라는 내용이다. 소식의 자주自注에서 '전목보(錢穆父: 전협錢勰)가 일찍이 나의 조칙에 답한 글을 기초起草하며 유흠劉歆과 유향劉向에 비유했으므로 이렇게 표현한 것이다'라고 했는데 대제待制 광천廣川 동언원(董彦遠: 동유董逌)이, 소식이 한나라 고조와 광무제의 고사[38]를 인용해서는 안 된다고 비난한 것은 잘못이다"라고 했다.

山谷哭宗室公壽詩황정견이 종실 조공수를 애도한 시

與務觀同作「劉信叔大尉挽詞」, 余誦魯直「哭宗室公壽」詩云: "昔在熙寧日, 葭莩接貴游. 題詩奉先寺, 橫笛寶津樓. 天網恢中夏, 賓筵禁列侯. 但聞劉子政, 頭白更淸修." 意深語到, 可見宗室前肆後拘氣象. 務觀云: "韓子蒼嘗見魯直眞跡, 第三聯改云: '屬擧左官律, 不通宗室侯.' 以此爲勝." 而曾吉甫獨取前作.

육유와 함께 「유신숙태위만사劉信叔大尉挽詞」를 지을 때, 내가 황정견의 「곡종실공수哭宗室公壽」의 "지난 희녕 시기에, 떠돌이 신세로 귀한 유람을 접했다오. 봉선사奉先寺에서 시를 짓고, 보진루寶津樓에서 젓대를 불었지요. 하늘의 그물은 중하(中夏: 중국)에 드넓거늘, 빈객의 자리에는 열후列侯를 금했었소. 유자정(劉子政: 유향劉向)만이, 머리가 희며 더욱 청정하다는 이야기를 들었다오[昔在熙寧日, 葭莩接貴游. 題詩奉先寺, 橫笛寶津樓. 天網恢中夏, 賓筵禁列侯. 但聞劉子政, 頭白更淸修]"를 거론하면서 의미

37 서한의 솜씨: 서한시대 학자인 동중서(董仲舒)를 지칭한 것이다.

38 고조와 광무제의 고사: 소식이 시에서 인용한 '西漢手'와 '二劉'를 한나라 고조와 광무제의 시대와 연관시켜 거론한 것으로 보인다.

가 깊고 시어가 완벽해 종실 조공수가 이전에는 너그러웠다가 이후에는 움츠렸던 모습을 엿볼 수 있다고 했다. 이에 육유는 "한자창(韓子蒼: 한구韓駒)이 일찍이 황정견의 위 작품 진적을 보고 제3연을 '좌관의 법률[39]에 속했지만 종실의 왕후와는 통하지 않았네[屬擧左官律, 不通宗室侯]'로 고쳤는데 이것이 낫소"라고 했지만 증기는 홀로 앞의 내용을 택했다.

南北聲音남쪽과 북쪽의 음성

四方聲音不同, 形于詩歌, 往往多礙, 其來久矣. 如北方以'行'爲'形', 故『列子』直以太行山爲'太形.' 又如'居姬'·'與以'·'高俄'等音, 古今土文, 皆作協韻, 雖『釋文』亦然. 『禮記』'何居'注云'居音姬', 『列子』'何姬'却注云'音居.' 其他詩文'與以'·'呂累'之類尤多. 近世士大夫, 頗笑閩人作賦協韻云: "天道如何, 仰之彌高." 殊不知蘇子由蜀人也, 文集第一卷「嚴碑」長韻'磨訛'·'高豪'·'何曹'·'荷戈', 亦相間而用云.

각 지역마다 음성이 각기 달라서 이것이 시가로 나타날 때 이따금 장애가 많은데 그 유래가 오래되었다. 예컨대 북방에서는 '행行'을 '형形'으로 쓰므로, 『열자列子』는 태행산太行山을 '태형산太形山'으로 썼다. 그 밖에 '거居와 희姬'·'여與와 이以'·'고高와 아俄' 등의 음을 고금의 문사들은 모두 협운協韻[40]으로 보았고 『경전석문經傳釋文』에서도 마찬가지였다. 『예기』 '하거何居'의 주석에서 "거居의 음은 희姬이다"라고

39 좌관의 법률: 좌관은 중앙 관직인 우관(右官)의 상대어로서 지방관직을 뜻한다. 중앙과 지방을 상하 개념으로 정의하여 같은 범죄라도 지방에서 범한 죄를 가중해서 처벌했다.

40 협운(協韻): 본래 통운(通韻)이 아닌 음운의 글자를 필요에 의해 다른 음운과 통용되게 운을 맞추는 것이다. 예를 들어 어떤 한 운자(韻字)가 작품 안의 다른 운자와 맞지 않을 경우 그 음을 다른 음으로 바꿔서 전체 운을 맞추는 것이다.

하고 『열자』 '하희何姬'의 주석에서 "희의 음은 거이다"라고 했으며 그 밖의 시문에서 '여與와 이以'·'여呂와 루累'라고 쓴 예가 아주 많다. 근래 사대부들이 민閩 지역 사람이 부賦를 지으며 협운을 사용해서 "천도란 어떠한(何) 것일까, 우러러볼수록 높네(高)[天道如何, 仰之彌高]"[41]라고 한 것을 비웃는데 이는 소자유(蘇子由 : 소철蘇轍)가 촉나라 사람으로서 그 문집 제1권 「엄비嚴碑」라는 장편 시에서 '마磨와 와訛'·'고高와 호豪'·'하何와 조曹'·'하荷와 과戈'를 사이사이에 넣어 쓰고 있음을 모르는 것이다.

記夢꿈 이야기

余少時嘗夢至人家, 其書室爲叢竹所蔽, 殊不開爽, 堂下皆古柳, 鴉噪不止. 夢中作詩云 : "竹多翻障月, 木老只啼烏." 意謂竹本清虛, 延貯風月, 今反窒塞如此. 種木不棲鸞鳳, 徒能集烏以聒耳, 似譏其主人也. 後數年, 爲金陵教官, 初入廨舍, 則廳下及門外, 古柳參天, 鴉鳴竟日, 廳傍小書室, 叢竹蔽虧, 恍如所夢.

내가 소년시절에 꿈을 꾸었다. 어느 집을 찾아갔는데 서실이 대숲에 가려서 그다지 훤하지 않고 마당에는 오래된 버드나무가 있어서 까마귀들이 쉴 새 없이 지저귀고 있었다. 꿈속에서 지은 시에서 "대나무가 많아 도리어 달을 가리고, 나무가 늙어 까마귀만 짖어대네[竹多翻障月, 木老只啼烏]"라고 하였다. 대나무는 본디 청허清虛해서 풍월을 맞이하는

41 민(閩)지역 …… 높네[高] : 송 진종(眞宗) 때 진사시험의 제목으로 「청명상천부(淸明象天賦)」가 제시됐는데 민(閩 : 복건성) 출신 응시생이 "천도란 어떠한[何] 것일까, 우러러볼수록 높네[高][天道如何, 仰之彌高]"라고 해서 '高'가 '歌'로 읽혀(독여(讀如)) '歌'의 운에 속한다고 보고 '何'와 운을 맞춘 것이다.

데 지금은 도리어 이처럼 꽉 막고, 심은 나무에는 난새와 봉황이 깃들지 않고 까마귀들만 짖어대 주인을 비난하는 것 같다는 의미였다. 그로부터 몇 년 뒤 금릉의 교관教官이 되어 막 공관으로 들어가자 대청 앞과 문밖에서 오래된 버드나무가 하늘에 닿고 까마귀들이 종일 지저귀며 대청 옆 작은 서실은 대나무로 꽉 차서 지난날 꿈속에서 보았던 것과 유사했다.

皇甫湜詩황보식의 시

劉貢父『詩話錄』云:"皇甫湜詩無聞, 韓退之有讀公「安園池」詩, 譏其掎摭糞壤間." 又韓集雖有「次韻湜陸渾山火」之篇, 而湜詩俱不傳. 余嘗得湜永州祁陽「元次山唐亭詩碑」, 題云"侍御史內供奉皇甫湜", 其詩云:"次山有文章, 可惋只在碎. 然長於指敍, 約潔多餘態. 心語適相應, 出句多分外. 于諸作者間, 拔戟成一隊. 中行【蘇預】雖富劇, 粹美君可蓋. 子昂感遇佳, 未若君雅裁. 退之全而神, 上與千年對. 李·杜才海翻, 高下非可概. 文於一氣間, 爲物莫與大. 先王路不荒, 豈不仰吾輩. 石屛立衙衙, 溪口啼素瀨. 我思何人知, 徙倚如有賴."【後見洪邁『容齋隨筆』, 亦載此詩, 謂"風格無可采", 非也.】

유공보(劉貢父: 유반劉頒)의 『시화록詩話錄』에서 "황보식의 시는 전하는 것이 없으며 한유가 공의 「안원지安園池」를 읽고는 썩은 흙 속에서 취한 것이라고 비난했다. 또 한유의 문집에 「차운식육혼산화次韻湜陸渾山火」라는 작품이 있지만 황보식의 시는 전하지 않는다"라고 했다. 내가 일찍이 영주永州 기양祁陽에 있는 황보식의 「원차산당정시비元次山唐亭詩碑」를 보았는데 "시어사내공봉황보식侍御史內供奉皇甫湜"이라고 쓰여 있었던바, 그 시는 다음과 같다. "차산(次山: 원결)이 문장을 남겼지만,

아쉬운 것은 자질구레함이다. 자세한 서술에 뛰어나고 간략하고 간결함에 여유가 있다. 내용과 말이 알맞게 호응하고, 만든 구절이 일상을 뛰어넘는 것이 많았다. 많은 작가들 사이에서, 창을 들고 한 무리를 이룬 격이었다. 중행(中行 : 소예蘇預)이 매우 풍성했지만, 세세한 아름다움은 그대가 앞설 만했다. 자앙(子昂 : 진자앙陳子昂)과의 아름다운 만남에 감격했지만, 그대의 고아함과 절제만 못했다. 퇴지(退之 : 한유)가 온전하고 신비로워서, 위로 천 년과 마주할 만했다. 이백과 두보는 재능이 바다를 뒤집을 듯해, 높낮이를 평가할 것이 아니었다. 문장은 세상에서, 그보다 위대한 것이 없다. 선왕의 길이 황폐해지지 않았다면, 어찌 우리들을 높이 대하지 않았으랴. 돌병풍은 우뚝 서있고, 시냇가에는 여울물이 울어댄다. 내 생각을 누가 알까, 의지하듯 기대고 있다.[次山有文章, 可惋只在碎. 然長於指敍, 約潔多餘態. 心語適相應, 出句多分外. 于諸作者間, 拔戟成一隊. 中行【蘇預】雖富劇, 粹美君可蓋. 子昂感遇佳, 未若君雅裁. 退之全而神, 上與千年對. 李・杜才海翻, 高下非可概. 文於一氣間, 爲物莫與大. 先王路不荒, 豈不仰吾輩. 石屏立衙衙, 溪口啼素瀨. 我思何人知, 徙倚如有賴.]"【뒤에 홍매洪邁의 『용재수필容齋隨筆』을 보았는데 이 시가 실려 있고 "풍격이 채택할 만한 것이 없다"라고 했다. 그것은 잘못이다】

老人十拗노인의 열 가지 비뚤어짐

朱新中『鄞川志』載 : 郭功父老人十拗, 謂"不記近事記得遠事, 不能近視能遠視, 哭無淚笑有淚, 夜不睡日睡, 不肯坐多好行, 不肯食軟要食硬, 兒子不惜惜孫子, 大事不問碎事絮, 少飮酒多飮茶, 暖不出寒卽出." 丁巳歲, 余年七十二, 目視昏花, 耳中無時作風雨聲, 而實雨却不甚聞. 因補一聯云 : "夜雨稀聞聞耳雨, 春花微見見空華." 是亦兩拗也. 嘗錄寄朱元晦, 朱大以爲然, 請余足成之. 遂貼兩句云 : "自矜□□盲宰相, 今復癡聾作富家.”

주신중(朱新中 : 주익朱翌)의 『은천지鄞川志』에 노인의 열 가지 비뚤어짐에 대한 곽공보(郭功父 : 곽상郭祥)의 글이 적혀있다. “가까운 일은 기억하지 못하고 먼 일을 기억하며, 가까이 있는 것은 보지 못하고 먼 것을 보며, 슬픈 것에는 눈물이 없고 웃어야 할 것에 눈물 흘리며, 밤에 잠을 자지 않고 낮에 잠을 자며, 앉아 있으려 하지 않고 걷기를 좋아하며, 부드러운 것을 먹으려 하지 않고 딱딱한 것을 먹으려 하며, 자식을 아끼지 않고 손자를 아끼며, 큰일에는 관심 없고 자질구레한 일에 얽매이며, 술을 적게 마시고 차를 많이 마시며, 따뜻할 때는 나가지 않다가 추워지면 나간다.” 정사년(1197) 내 나이 칠십이 세 때, 눈이 침침하고 귀에서 수시로 비바람 소리가 들렸지만 실제 비가 내릴 때는 그 소리를 잘 못 들었다. 그래서 곽상의 글에 1연을 보충하기를 “귀에 밤비는 잘 안 들리고 비바람 소리만 들리며, 눈에 봄꽃은 희미하게 보이고 공허한 꽃만 보이네[夜雨稀聞聞耳雨, 春花微見見空華]”라고 했으니 이 또한 두 가지 비뚤어짐이다. 일찍이 이를 적어서 주원회(朱元晦 : 주희)에게 보냈더니 주희가 아주 맞는 말이라며 내게 위 시를 완성할 것을 요청해서 마침내 두 구절을 덧붙였다. “스스로 눈 먼 재상인 것이 안쓰러웠는데, 이제 바보 귀머거리로 부자까지 되었네.[自矜□□盲宰相, 今復癡聾作富家.]”

記趙夢得事 조몽득의 이야기

廣西有趙夢得, 處于海上, 東坡謫儋耳時, 爲致中州家問. 坡嘗題其澄邁所居二亭 : 曰淸斯, 曰舞琴. 仍錄陶淵明·杜子美詩, 及舊作數十紙與之. 夢得以綾絹求, 東坡答云 : “幣帛不爲服章, 而以書字, 上帝所禁.” 又有帖云 : “舊藏龍焙, 請來共嘗, 蓋飮非其人茶有語, 閉門獨啜心有愧." 眞佳句也. 後趙君子婦將產, 夢有題開國男來謁者, 生子名之曰荊, 而字夢授. 紹興末登科, 豐厚夷雅, 所至榜書室曰見坡. 乾道中, 以左奉議郎知吉州龍泉縣, 余因得盡觀坡之翰墨. 荊去, 調欽倅, 未上而卒, 夢開國男者, 殆縣宰耶?

광서廣西 바닷가에 조몽득趙夢得이란 사람이 살고 있었는데 소식이 담이儋耳로 좌천되었을 때 중앙의 본가로 심부름 가는 일을 했다. 소식이 일찍이 조몽득이 살고 있는 등매澄邁의 두 정자에 대해 '청사淸斯', '무금舞琴'이라는 이름을 지어주고 도잠·두보의 시와 자신의 구작舊作 수십 편을 종이에 써서 주었다. 조몽득이 비단을 갖고 와 써달라고 하자, 소식이 "옷도 만들지 않는데 비단에 글씨를 쓰는 것은 상제上帝가 금하는 것이다"라고 했다. 또 어느 첩帖에서 "예전부터 용배龍焙[42]를 소장하고 있으니, 오셔서 함께 음미하시지요. 마실 만한 사람이 아닌 사람과 마시면 차가 말을 할 테고, 문을 닫고 혼자 마시는 것은 마음에 부끄러워서입니다[舊藏龍焙, 請來共嘗, 蓋飮非其人茶有語, 閉門獨啜心有愧]"라고 했는데 이는 참으로 좋은 시구이다. 훗날 조몽득의 아내가 아이를 가졌을 때 '개국남開國男'이라는 사람이 찾아온 꿈을 꾸어 태어난 아이의 이름을 형荊이라 하고 자를 몽수夢授라 했다. 조형은 소흥 말에 과거에 급제했는데 풍성하고 평이하고 고아했으며, 머문 지역의 서실 이름을 '견파見坡'라 했다. 건도(乾道 : 1167~1168) 연간에 좌봉의랑左奉議郎에서 길주吉州 용천龍泉 현령으로 자리를 옮겼는데 나는 그때 소식의 글씨를 모두 볼 수 있었다. 조형이 용천현을 떠나 흠주판관欽州判官에 임명되었지만 임지에 도착하지 못한 채 세상을 떠났으니 꿈에서 본 개국남이라는 사람이 혹시 현의 책임자였던 것일까?

---

42 용배(龍焙) : 차(茶) 이름이다. 소식의 『서강월(西江月)』「다사(茶詞)」에 "용배는 금년의 절품이고, 곡렴은 예부터 진귀한 샘이라네[龍焙今年絶品, 谷簾自古珍泉]"라는 구절이 보인다.

記東坡烏臺詩案소식의 오대시안[43]에 대해

元豐己未, 東坡坐作詩謗訕, 追赴御史獄. 當時所供詩案, 今已印行, 所謂『烏臺詩案』是也. 靖康丁未歲, 臺吏隨駕挈眞案至維揚. 張全眞參政時爲中丞, 南渡取而藏之. 後張丞相德遠爲全眞作墓誌, 諸子以其半遺德遠充潤筆, 其半猶存全眞家. 余嘗借觀, 皆坡親筆, 凡有塗改, 卽押字於下, 而用臺印. 蘇子容丞相元豐戊午歲尹開封, 治陳世儒獄, 言者誣以寬縱請求. 是秋亦自濠州攝赴臺獄, 嘗賦詩十四篇, 今在集中, 序云: "子瞻先已被繫, 予晝居三院東閣, 而子瞻在知雜南廡, 才隔一垣." 其詩云: "遙憐北戶吳興守, 詬辱通宵不忍聞." 注謂: "所劾歌詩有非所宜言, 頗聞鎷詰之語."①

① '鎷'疑誤, 似當作'鐫.'

원풍 기미년(1079)에 소식이 시를 지어 비난했다는 이유로 어사대의 옥사로 송치되었다. 당시 올린 시안詩案이 지금 이미 인쇄, 반포되었으니 「오대시안烏臺詩案」이 그것이다. 정강靖康 정미년(1127)에 어사대의 관리가 어가를 수행하며 진본 시안을 갖고 유양維揚에 왔는데, 어사중승御史中丞이었던 참정參政 장전진(張全眞 : 장수張守)이 남쪽으로 천도할 때 이 시안을 취득해 소장했다. 훗날 승상 장덕원(張德遠 : 장준張浚)이 장전진의 묘지墓誌를 써주었는데, 장전진의 자식들이 묘지를 써 준 대가로 진본 글씨의 절반을 장덕원에게 주고 절반은 자기 집에 그대로 보존했다. 내가 일찍이 이것을 빌려 보았는데 모두 소식의 친필이었으며 지우거나 고친 부분에는 그 아래에 압자(押字 : 서명)를 하고 어사대인御史臺

43 오대시안(烏臺詩案) : 신법당(新法黨)의 일원인 어사중승(御史中丞) 이정(李定)과 서단(舒亶) 등이, 소식이 지은 「호주사상표(湖州謝上表)」의 표현과 앞서 지은 시의 내용이 신법(新法)을 비난했다고 하여 소식을 체포, 심리한 사건을 가리킨다. 오대는 어사대의 별칭이고 시안은 시로 인해 발생한 사건이다.

印을 찍었다. 승상 소자용(蘇子容 : 소송蘇頌)이 원풍 무오년(1078)에 개봉부윤開封府尹으로 있으며 진세유陳世儒의 옥사[44]를 심리했는데 말 많은 자들이 관대한 처분을 청구했다고 그를 모함했다. 그 이유로 이해 가을에 그 역시 호주濠州로부터 불려와 어사대에서 신문을 받았고 일찍이 14편의 시를 지었는데 지금 그의 시집 안에 들어있다. 그 서문에서 "소식이 앞서 옥사에 연루되었고, 나는 한낮에 삼원三院[45]의 동각東閣에 있었는데 소식은 지잡사知雜事[46]의 남무南廡에 머물고 있어서 담장 하나 사이였다"라고 했다. 그 시에서 "가여운 북쪽 방의 오흥태수, 밤새 욕하는 소리를 차마 들을 수 없다(遙憐北戶吳興守, 詬辱通宵不忍聞)"라고 하고, 주석에서 "탄핵당한 시는 말해서는 안 되는 것이었는데 비난의 소리가 요란했다"라고 했다.

① '鎸'는 오자로 보이며 '鐫'으로 써야 할 것 같다.

辨歐陽公用金帶事 구양공(歐陽公 : 구양수)이 금대를 인용한 것에 대해 변론함

杜工部詩屢及銀章, 歐陽文忠公詩數言金帶, 此亦常事. 後來士大夫多以不仕爲曠達, 又因前輩偶謂"老覺腰金重, 慵便枕玉涼", 爲未是富貴. 小說遂云"永叔這條金帶, 幾道著." 余謂近世邁往淩雲, 視官職如韁鎖, 誰如東坡. 然「送陳睦」詩云"君亦老嫌金帶重",「望湖海」詞云"不堪金帶垂腰", 豈害其爲達耶?

44 진세유(陳世儒)의 옥사 : 재상 진집중(陳執中)의 아들 진세유가 아내 이씨(李氏)와 모의해 생모 장씨(張氏)를 못으로 박아 살해한 사건을 가리킨다. 진세유철정안(陳世儒鐵釘案)이라 불린다.

45 삼원(三院) : 어사대의 세 관서로, 시어사(侍御史)에 속한 대원(臺院), 전중시어사(殿中侍御史)에 속한 전원(殿院), 감찰어사(監察御史)에 속한 찰원(察院)을 가리킨다.

46 지잡사(知雜事) : 어사대의 부장관인 시어사(侍御史)가 겸직으로 맡는 직책으로, 시어사지잡사(侍御史知雜事)・지잡어사(知雜御史)・지잡(知雜) 등으로 불린다. 여기서는 지잡사가 머무는 관서를 지칭한 것으로 보인다.

두보의 시에서 은장銀章을 누차 언급하고 구양수의 시에서 금대金帶를 자주 언급했는데 이는 일상적인 것이다. 후대 사대부들이 대부분 벼슬하지 않는 것을 막힘없이 트인 삶으로 보고, 또 이전 학자(구준寇準)가 우연히 읊은 "늙어가니 허리춤의 황금이 무겁고, 게을러 기대는 베개가 옥처럼 시원하다[老覺腰金重, 慵便枕玉涼]"를 갖고 부귀를 잘 표현한 말이 아니라고 했다.[47] 그리하여 소설小說에서 결국 "구양수의 이 금대는 자신의 실체를 거의 말한 것이다"라고 했다. 나는 근세에 구름을 박찰 기세로 관직을 속박인 것처럼 여긴 사람 가운데 소식만한 사람이 어디 있을까 생각한다. 「송진목送陳睦」이라는 시에서 "그대 또한 늙으면 황금 띠가 무거운 것을 싫어하리라[君亦老嫌金帶重]"라고 하고, 「망호해望湖海」라는 사詞에서 "황금 띠가 허리에 드리우는 것을 감내하지 못하겠네[不堪金帶垂腰]"라고 했으니 막힘없이 트인 삶에 무슨 문제가 되겠는가.

李石霜月詩 이의산(李義山 : 이상은)과 석만경의 상월에 대한 시

唐李義山「霜月」絶句 : "青女素娥俱耐冷, 月中霜裏鬪嬋娟." 本朝石曼卿云 : "素娥青女元無匹, 霜月亭亭各自愁." 意相反而句皆工.

당나라 이상은의 절구 「상월」에서 "청녀青女와 소아素娥[48]가 추위를

47 또 …… 했다 : 구양수의 『귀전록(歸田錄)』에 다음의 내용이 수록돼 있다. "안원헌공(晏元獻公 : 안수)이 시 품평을 좋아했는데 일찍이 '늙어가니 허리춤의 황금이 무겁고, 게을러 기대는 베개가 옥처럼 시원하다[老覺腰金重, 慵便枕玉涼]'는 부귀를 잘 표현한 말이 아니며 '생황 노래 들으며 정원으로 돌아가고, 등불 들고 누대를 내려간다[笙歌歸院落, 燈火下樓台]'가 부귀를 잘 표현한 것이라 했는데 사람들이 모두 훌륭한 말씀이라고 했다.[晏元獻公喜評詩, 嘗曰'老覺腰金重慵便枕玉涼', 未是富貴語. 不如'笙歌歸院落燈火下樓臺', 此善言富貴者也. 人皆以爲知言.]"

48 청녀(青女)와 소아(素娥) : 청녀는 서리와 눈을 관장한다는 여신(女神)으로서 서리를 상

감내하며, 달 속 서리 안에서 자태를 다툰다[靑女素娥俱耐冷, 月中霜裏鬪嬋娟]"라고 하고, 본조의 석만경은 "소아와 청녀는 원래 짝이 없어, 정정한 서릿달 아래서 저마다 시름한다[素娥靑女元無匹, 霜月亭亭各自愁]"라고 했다. 내용은 상반되지만 시구가 모두 뛰어나다.

陶杜酒詩 도연명과 두보의 술에 대한 시

陶淵明詩 : "酒能消百慮." 杜子美云 : "一酌散千憂." 皆得趣之句也.

도연명의 "술은 온갖 시름을 녹일 수 있다[酒能消百慮]"[49]와 두보의 "한 잔 술은 천 가지 시름을 해소시킨다[一酌散千憂]"[50]는 모두 정취를 획득한 시구이다.

韓杜自比稷契 한유와 두보가 스스로를 직과 설[51]에 견준 것에 대해

子美詩 : "自比稷與契." 退之詩云 : "事業窺稷・契." 子美未免儒者大言, 退之實欲踐之也.

두보의 시에서 "스스로 직과 설에 견준다[自比稷與契]"[52]라고 하고, 한유의 시에서는 "사업은 직과 설을 엿본다[事業窺稷・契]"[53]라고 했다. 두

징하고, 소아는 월궁(月宮)의 선녀인 항아(姮娥)로서 달을 상징한다.

49 『도연명집』 권2 「구일한거(九日閒居)」.

50 『두시상주』 권10 「낙일(落日)」.

51 직(稷)과 설(契) : 모두 순임금의 신하로, 전자는 농업을 담당했고 후자는 사도(司徒)의 직책을 관장했다.

52 『두시상주』 권25 「자경부봉선현영회오백자(自京赴奉先縣詠懷五百字)」.

보는 유학자로서 큰 포부의 표현에 그쳤지만 한유는 실제로 실천하고 싶어한 것이다.

蘇頲九日侍宴應制詩 소정의 「구일시연응제」에 대해

余編校『文苑英華』, 如詩中數字異同, 固不足怪. 至蘇頲「九日侍宴應制得時字韻」詩, 『頲集』與『英華』略同, 首句“嘉會宜長日”, 而『歲時雜詠』作“並數登高日.” 第二句“高遊順動時”, 『雜詠』作“廷齡命賞時.” 第三句“曉光雲半洗”, 『雜詠』作“宸遊天上轉.” 第四句“晴色雨餘滋”, 『雜詠』作“秋物雨來滋.” 第五句“降鶴因韶德”, 『雜詠』作“承仙馭.” 第六句“吹花入御詞”, 『雜詠』作“睿詞.”後一聯云“願陪陽數節, 億萬九秋期”, 『雜詠』作“微臣復何幸, 長得奉恩私.” 竊意『雜詠』乃傳書錄當時之本, 其後編集, 八句皆有改定, 『文苑』因從之耳. 杜甫云: “新詩改罷自長吟.” 信乎不厭雕琢也.

내가 『문원영화文苑英華』를 편집 교정했는데, 시의 내용 가운데 몇몇 글자들이 차이가 나는 것은 본디 이상하게 여길 것이 없다. 하지만 소정의 「구일시연응제득시자운九日侍宴應制得時字韻」에 있어서는 『소정집蘇頲集』과 『문원영화』가 대략 같아서 이들 본에서 첫 구는 “좋은 모임은 오랫동안 이어져야 하고[嘉會宜長日]”라고 했는데 『세시잡영歲時雜詠』에서는 “함께 어울려 높은 곳에 오르는 날[並數登高日]”이라고 돼있고, 제2구는 위 두 본에서는 “고상한 놀이가 순조롭게 움직일 때[高遊順動時]”라고 했는데 『세시잡영』에서는 “나이든 분들을 초빙해 술잔을 내릴 때[廷齡命賞時]”라고 돼있고, 제3구는 위 두 본에서는 “새벽빛에 구름이 절반쯤 씻기고[曉光雲半洗]”라고 했는데 『세시잡영』에서는 “군왕

53 『문충집(文忠集)』 권178 「현재유회(縣齋有懷)」.

의 놀이가 천상에 펼친다[宸遊天上轉]"라고 돼있고, 제4구는 위 두 본에서는 "해맑은 경색景色이 비온 뒤에 더 맑고[晴色雨餘滋]"라고 했는데 『세시잡영』에서는 "가을 사물이 비가 오자 풍성하다[秋物雨來滋]"라고 돼있고, 제5구는 위 두 본에서는 "학이 내려오는 것은 임금의 밝은 덕으로 인하고[降鶴因韶德]"라고 했는데 『세시잡영』에서는 "학이 신선 수레를 타고 내려온다[承仙馭]"라고 돼있고, 제6구는 위 두 본에서는 "꽃을 날려 궁중의 글(御詞) 안으로 들여보낸다[吹花入御詞]"라고 했는데 『세시잡영』에서는 "꽃을 날려 성스런 글(睿詞) 안으로 들여보낸다"라고 했다. 뒤 1연은 위 본에서는 "양의 숫자 절기에 모시고서, 억만이 구추九秋를 기대하길 소원하네[願陪陽數節, 億萬九秋期]"라고 했는데 『세시잡영』에서는 "미약한 신이 이보다 더 다행스러운 것이 있으랴, 오랫동안 은혜를 보답하고 싶네[微臣復何幸, 長得奉恩私]"라고 돼있다. 내가 살며시 추측한 바로는 『세시잡영』의 내용은 당시에 쓴 글을 그대로 적은 것이고 나중에 책으로 편집할 때 8구가 모두 다시 수정된 것인데 『문원영화』가 이를 따른 것으로 보인다. 두보가 "새로 지은 시를 수정해서 다시 오랫동안 읊는다[新詩改罷自長吟]"[54]라고 했으니 참으로 다듬는 것을 싫어하지 않은 것이다.

東坡寒碧軒詩 소식의 「한벽헌」에 대해

蘇文忠公詩, 初若豪邁天成, 其實關鍵甚密. 再來杭州「壽星院寒碧軒」詩, 句句切題, 而未嘗拘. 其云 : "淸風肅肅搖窗扉, 窗前修竹一尺圍. 紛紛蒼雪落夏簟, 冉冉綠霧沾人衣." 寒碧各在其中. 第五句"日高山蟬抱葉響", 頗似無意, 而杜詩云 : "抱葉寒蟬靜." 倂葉言之, 寒亦在中矣.

54 『두시상주』 권17 「해민 십이수(解悶十二首)」 제7수.

"人靜翠羽穿林飛", 固不待言. 末句却說破: "道人絶粒對寒碧, 爲問鶴骨何緣肥." 其妙如此.

소식의 시는 처음에는 호탕하고 고매한 것이 고심 없이 자연스레 이루어진 것처럼 보이지만 실은 매우 긴밀한 짜임새를 보이고 있다. 항주에 두 번째 와서 지은 「수성원한벽헌壽星院寒碧軒」은 구절구절이 제목에 맞으면서도 구속돼 있지 않다. "청풍이 소슬하게 창문을 흔들고, 창 앞에 대나무는 둘레가 한 척이다. 흩날리는 푸른 눈(蒼雪: 댓잎)은 여름 대자리에 떨어지고, 스멀스멀 푸른 안개는 옷깃을 적신다[淸風肅肅搖窗扉, 窗前修竹一尺圍. 紛紛蒼雪落夏簟, 冉冉綠霧沾人衣]"라고 하여 한벽寒碧이 그 속에 들어 있다. 제5구의 "해 드높아 산 매미는 잎을 안고 울고[日高山蟬抱葉響]"는 별 내용이 없는 듯하지만 두보의 시에서 "잎을 안은 찬 매미가 조용하다[抱葉寒蟬靜]"처럼 잎과 함께 거론함으로써 차가움이 그 속에 들어있다. "인적이 잠잠한데 푸른 새가 숲을 뚫고 날아간다[人靜翠羽穿林飛]"는 설명이 필요치 않다. 마지막 구절에서 설파하기를 "도인은 화식火食을 끊고 한벽헌 마주하며, 앙상한 몸이 어떻게 살찔 수 있는가 묻는다[道人絶粒對寒碧, 爲問鶴骨何緣肥]"라고 했으니 그 오묘함이 이렇듯 대단하다.

金鎖甲금쇄 갑옷

周紫芝『竹坡詩話』第一段云: "杜少陵「遊何將軍山林詩」, 有'雨抛金鎖甲, 苔臥綠沉槍'之句. 言甲抛於雨, 爲金所鎖, 槍臥于苔, 爲綠所沉. 有將軍不好武之意. 余讀薛氏『補遺』, 乃以綠沉爲精鐵, 謂隋文帝賜張奫以綠沉之甲是也, 不知金鎖當是何物. 後又讀趙德麟『侯鯖錄』, 謂綠沉爲竹, 乃引陸氏龜蒙詩: '一架三百竿, 綠沉森杳冥.' 此尤可笑." 已上皆紫芝之語. 余按苻堅使熊邈造金銀細鎧, 爲金線以縲之. 蔡琰詩云: "金甲耀日光." 至今謂甲之精細者爲鎖子甲, 言其相銜之密也. 紫芝工詩, 而詩話百篇, 疏失如此, 何邪? 綠沉爲精鐵, 則不待辨矣.

주자지의 『죽파시화』의 첫 번째 단락에서 이렇게 말했다 "두보의 「유하장군산림遊何將軍山林」에 '비에 쇠 갑옷 버려지고, 이끼에 녹슨 창이 누웠다[雨抛金鎖甲, 苔臥綠沉槍]'라는 구절이 있다. 갑옷이 비에 버려지고 창이 이끼 위에 누워 녹이 슨 것을 말한 것으로, 장군이 전투를 좋아하지 않았다는 의미가 들어 있다. 내가 설창서薛倉舒의 『두시보유杜詩補遺』를 읽었는데 녹침綠沉을 정련된 철로 보고 수 문제가 장윤張奫에게 녹이 스민 갑옷을 하사한 것을 예로 들었으며 금쇄金鎖는 무슨 뜻인지 몰랐다. 또 조덕린趙德麟의 『후정록侯鯖錄』에서는 녹침을 대나무라고 하고 육구몽의 '한 시렁 삼백 칸에, 푸른 녹이 아득히 끼었네[一架三百竿, 綠沉森杳冥]'를 인용하였는데 이는 더욱더 가소롭다." 이상은 모두 주자지의 말이다. 내가 살펴보니 부견苻堅이 웅막熊邈에게 금은金銀으로 짠 가는 갑옷을 만들게 했는데 금을 실로 만들어 짠 것이다. 채염蔡琰의 시에서 "금 갑옷에 태양이 빛난다[金甲耀日光]"라고 했다. 오늘날 정교하고 세밀한 갑옷을 쇄자갑鎖子甲이라 하는데 매우 세밀하게 조직한 것을 이야기한다. 주자지는 시에 뛰어나고 많은 내용의 시화를 남겼으면서도 이처럼 잘못을 범한 것은 왜인가? 녹침이 정련된 철인 것은 논할 필요가 없다.

筍薺詩用斤賣事

'죽순'과 '냉이'에 대한 시에서 근으로 판매한 고사를 인용한 것에 대해

紫芝云: "'兩京作斤賣, 五溪無人採.' 此高力詩也. 魯直作「食筍詩」

云:'尙想高將軍, 五溪無人采'是也. 張文潛作「薺羹詩」乃云:'論斤上國何曾飽, 旅食江城日至前. 嘗慕藜羹最淸好, 固應加糝愧吾緣.' 則是高將軍所作乃「薺詩」耳, 非「筍詩」也. 二公同時, 而用事不同如此, 不知其故." 余按二詩各因筍·薺而借用作斤賣之句, 初非用事不同, 紫芝何其拘也.

주자지가 말하길 "'양경兩京에서는 근으로 팔지만, 오계五谿에는 채취하는 사람이 없다[兩京作斤賣, 五谿無人采]'는 고력사高力士의 시다. 황정견이 지은 「식순食筍」에서 '아직도 고장군高將軍의, 오계에 채취하는 사람이 없다는 말이 생각난다[尙想高將軍, 五谿無人采]'는 이를 두고 한 말이다. 그런데 장뢰가 지은 「제갱薺羹」에서 '상국(上國: 도성)에서 근으로 팔 때도 어찌 배부른 적이 있었던가, 하지夏至 전에 강성江城에서 나그네로 기식했다. 일찍이 가장 맑은 명아주국을 좋아했으니, 쌀가루를 넣은 것이 나와 인연 맺은 것을 부끄러워하리라[論斤上國何曾飽, 旅食江城日至前. 嘗慕藜羹最淸好, 固應加糝愧吾緣]'라고 했으니, 고력사가 지은 시는 '냉이(薺)'와 관련된 것이지 '죽순(筍)'과 관련된 것이 아니다. 두 사람이 같은 시대를 살았으면서도 고사의 사용이 이처럼 다른 까닭이 무엇인지 모르겠다"라고 했다. 내가 살펴보건대 두 작품은 각기 죽순과 냉이를 통해 근으로 파는 구절을 빌려 쓴 것일 뿐이지 애초에 고사가 다른 것이 아니니 주자지는 어찌 그렇게 한쪽에 구속되었을까.

綻葩二字 탄·파 두 글자에 대해

紫芝末篇又云:"今日校『譙國集』, 適此兩卷皆公在宣城時詩. 某爲兒時, 先人以公眞稿指示, 某是時已能成誦. 今日讀之, 如見數十年前故人, 終是面熟. 但句中時有與昔時所見不同者, 必是痛遭俗人改易爾.

如「病起」一詩云：'病來久不上層臺，【謂宣城疊嶂雙溪也.】 窗有蜘蛛徑有苔. 多少山茶梅子樹. 未開齊待主人來.' 此篇最爲奇絶. 今乃改云：'爲報園花莫惆悵，故敎太守及春來.' 非特意脈不倫然，亦是何等語. 又如'櫻桃欲破紅'，改作'綻紅'，'梅粉初墜素'，改作'梅葩.' 殊不知綻・葩二字，是世間第一等惡字，豈可令入詩來. 又「喜雨晴」詩云：'豐穰未可期，疲瘵何日起.' 乃易'疲瘵'爲'瘦飢'，若當時果用瘦飢二字，則此老大段窘也." 余謂紫芝論俗子改易張文潛詩，是也. 至引"櫻桃欲綻紅"，謂不應改破作綻，梅粉不應作葩，云是惡字，豈可入詩. 然則"紅綻雨肥梅"，不應見杜子美詩. "詩正而葩"，不應見韓退之「進學解」. "天葩無根常見日"，不應見歐陽永叔長篇. 況古今詩人，亦多有之，豈可如此論詩耶.

주자지가 『죽파시화』 마지막 장에서 이렇게 말했다. "오늘 『초국집譙國集』[55]을 교정했다. 마침 이 두 권은 모두 공이 선성宣城에 있을 때 지은 시이다. 내가 어렸을 때 선친께서 공이 손수 쓴 원고를 보여주셔서 그때 이미 모두 외웠었다. 오늘 이 시를 읽으니 마치 수십 년 전 친구를 만난 듯 낯익은 얼굴로 다가온다. 다만 종종 과거에 보았던 것과 다른 구절이 발견되니 애통하게도 속인들이 고친 탓일 것이다. 예컨대 「병기病起」에서 '몸이 아파 한동안 누대에 오르지 못했더니【선성의 첩장疊嶂과 쌍계雙溪를 이른 것이다】, 창문은 거미줄 치고 길은 이끼가 덮혔다. 산다(山茶 : 동백나무)와 매화나무가, 피지 않은 채 주인이 오기를 기다리고 있다[病來久不上層台，謂宣城疊嶂雙溪也. 窗有蜘蛛徑有苔. 多少山茶梅子樹，未開齊待主人來]'라고 했는데 이 작품이 가장 우수하다. 그런데 지금 '동산 꽃들에게 걱정하지 말라고 하라, 태수에게 봄이 되면 오게 할 터이니[爲報園花莫惆悵，故敎太守及春來]'로 고쳤으니 내용의 맥락이 무질서할 뿐더러 이게 무슨 말이란 말인가. 또 '櫻桃欲破紅'의 '破紅'을 '綻紅'

55 『초국집(譙國集)』: 북송의 문학가로 소문사학사(蘇門四學士)의 한 사람인 장뢰의 시집이다.

으로 고치고 '梅粉初墜素'의 '梅粉'을 '梅葩'로 고쳤다. '탄綻'과 '파葩'는 세상에서 가장 나쁜 글자인데 어떻게 시 속에 들여놓는단 말인가. 또 「희우청喜雨晴」의 '풍년을 기약할 수 없는데, 피채(疲瘵 : 피로에 지침)에서 언제 일어날까[豐穰未可期, 疲瘵何日起]'에서 '疲瘵'를 '瘦飢'로 바꿨다. 당시 글에 정말로 '瘦飢' 두 글자가 있었다면 이 노인이 대단히 군색한 것이다." 나는 다음과 같이 생각한다. 주자지가 속인이 장문잠(張文潛 : 장뢰)의 시를 고쳤다고 본 견해는 맞다. 그런데 '앵도욕탄홍櫻桃欲綻紅'에 대해 '파破'를 '탄綻'으로 바꾸어서는 안 되고 '매분梅粉'을 '매파梅葩'로 바꾸어서는 안 된다고 했으며 '탄'과 '파' 두 글자는 나쁜 글자인데 어떻게 시에 넣을 수 있겠느냐고 했다. 그렇다면 "붉은 꽃 터진 비에 살찐 매화[紅綻雨肥梅]"라는 두보의 시와, "시경은 바르고 아름답다[詩正而葩]"는 한유의 「진학해進學解」의 내용과, "천파天葩[56]는 뿌리 없이도 언제나 태양을 본다[天葩無根常見日]"라는 구양수의 장편長篇(「회음성유가유작겸정원부경인성종會飮聖兪家有作兼呈原父景仁聖從」)을 보지 못한 것이다. 더구나 고금의 시인 중에도 이와 관련된 내용이 많은데 이처럼 시를 논해서야 되겠는가.

論縹緲二字 표·묘 두 글자에 대해

自唐文士詩詞多用"縹眇"二字, 本朝蘇文忠公亦數用之. 其後蜀中大字本, 改作縹緲, 蓋韻書未見眇字爾. 或改作渺, 未知孰是. 余校正『文苑英華』, 姑仍其舊, 而注此說於下.

당나라 이후로 문사들이 시어에서 '표묘縹眇' 두 글자를 많이 사용했

56 천파(天葩) : 비범한 꽃으로, 빼어난 시문(詩文)을 비유한다.

고 본조의 소식 역시 여러 번 사용했다. 그 뒤 촉에서 출간한 대자본大字本『소문충공문집蘇文忠公文集』에서 '표묘縹緲'로 바꿨는데 이는 운서에서 '묘眇' 자가 보이지 않기 때문이다. 때로는 '묘渺'로 바꿔 쓰기도 하는데 어떤 것이 맞는지는 알 수 없다. 내가 『문원영화』를 교정하면서 원래의 것을 그대로 두고 이 설을 그 아래에 주석으로 붙였다.

米元章書無量老人詩句 미불이 쓴 '무량노인' 시구

余家有米元章書"長壽庵"三字, 後題兩句 : "人是西方無量佛, 壽如南極老人星." 不知古人詩句, 或元章自作也?

우리 집에 미불이 쓴 '장수암長壽庵' 세 글자가 있는데 그 뒤에 두 구절이 쓰여 있다. "사람은 서방의 무량불이고, 수명은 남극의 노인성 같아라.[人是西方無量佛, 壽如南極老人星.]" 옛사람의 시구인지 미불의 자작인지 알 수 없다.

程祁陳從古梅花詩 정기와 진종고의 매화시

政和中, 廬陵太守程祁, 學有淵源, 尤工詩. 在郡六年, 郡人段子沖, 字謙叔, 學問過人, 自號潛叟. 郡以遺逸八行薦, 力辭. 與程唱酬「梅花」絶句, 展轉千首, 識者已歎其博. 近歲有同年陳從古, 字希顔, 裒古今梅花詩八百篇, 一一次韻, 其自序云 : "在漢・晉未之或聞, 自宋鮑照之下, 僅得十七人, 共二十一首, 唐詩人最盛, 杜少陵才二首, 白樂天四首, 元微之・韓退之・柳子厚・劉夢得・杜牧之各一首. 自餘不過一二, 如李翰林・韋蘇州・孟東野・皮日休諸人, 則又寂無一篇. 至本朝方盛行, 而余日積月累, 酬和千篇云."

정화(政和 : 1111~1118) 연간에 노릉廬陵 태수로 있었던 정기程祁는 학문의 연원이 있고 시에 더욱 뛰어났다. 노릉에 육 년 동안 있었는데 그 군郡의 단자충段子沖이 학문이 뛰어나서 자호를 잠수潛叟라 했는바, 군에서 유일遺逸[57]과 팔행八行[58]으로 추천했으나 애써 사양했다. 그가 정기와 주고받은 「매화梅花」 절구가 천 수에 이르렀으니 식자들이 그 많은 양에 탄복했다. 근자에 동년 진종고陳從古가 고금의 매화시 팔백 편을 수집하여 하나하나 차운했는데 그 자서自序에서 이렇게 말했다. '한나라와 진나라 때는 별로 알려진 게 없고 송 포조鮑照 이후로는 십칠 명의 이십일 수만 찾을 수 있으며 당나라 시인이 가장 융성해서 두보는 2수, 백거이는 4수, 원진·한유·유종원·두목은 각 1수이다. 나머지는 한두 수에 지나지 않으며 이백·위응물·맹교·피일휴 등은 한 편도 없다. 본조에 와서 성행하게 됐는데 내가 날마다 축적하고 달마다 모아서 화답해 지은 것이 천 편이다.

記舒州司空山李太白詩 서주 사공산의 이백 시를 적다

司空山在舒州太湖縣界, 初經重報寺, 過馬玉河, 至金輪院, 有僧本淨肉身塔, 及不受葉蓮華池, 連理山茶. 自塔院乃上山至本淨坐禪岩, 精巧天成. 中途斷崖絶壑, 傍臨萬仞, 號牛背石. 宗室善修者言, 石如劍脊中起, 側足覆身而過, 危險之甚. 度此步步皆佳. 上有一寺及李太白書堂.

57 유일(遺逸) : 재야에 있으며 학덕이 높은 사람을 말한다.

58 팔행(八行) : 선비의 여덟 가지 덕목인 효(孝)·제(悌)·목(睦)·인(婣)·임(任)·휼(恤)·충(忠)·화(和)를 말하는데, 이를 갖춘 선비는 시험을 보지 않고도 태학생(太學生)·상사생(上舍生)에 오를 수 있으며 상세히 심사받은 후에 관직도 받을 수 있다. 송대 공거(貢擧) 과목 중 하나이다.

一峰玉立, 有太白「瀑布詩」云 : "斷岩如削瓜, 嵐光破崖綠. 天河從中來, 白雲漲川谷. 玉案赤文字, 落落不可讀. 攝衣凌青霄, 松風吹我足." 余兄子中, 守舒日, 得此于宗室公霞. 今胡仔『漁隱叢話』載, 蔡絛『西淸詩話』不言此山, 但云, 太白仙去後, 人有見其詩, 略云 : "斷崖如削瓜, 嵐光破崖綠. 天河從中來, 白雲漲川谷. 玉案勅文字, 世眼不可讀. 攝身凌青霄, 松風吹我足." 又云 : "擧袖露條脫,① 招我飯胡麻." 旣誤以斷岩爲斷崖, 與第二句相重. 赤文作勅文, 落落作世眼, 攝衣作攝身, 皆淺近與前句大相遠. 當塗『太白集』本, 元無此詩, 因子中錄寄, 郡守遂刻于後. 然皆從蔡絛誤本, 子中爭之不從, 僅能勅爲赤而已.

① '露條脫'原作'霞脫條', 據王琦注『李太白全集』「瀑布」斷句改.

사공산司空山은 서주舒州 태호현太湖縣 경계에 있다. 처음 중보사重報寺를 경유해 마옥하馬玉河를 지나 금륜원金輪院에 이르면 본정本淨스님의 육신탑肉身塔이 있고 불수연엽화지不受葉蓮華池에 이르면 연리지 산다連理山茶가 있다. 탑원塔院에서 산으로 오르면 본정本淨의 좌선암坐禪岩에 이르게 되는데 그 바위가 천연의 정교한 형태로 이루어져 있다. 중도에 낭떠러지가 있어서 만 길 골짜기를 굽어보고 있는데 우배석牛背石이라 한다. 종실宗室의 수행에 열중하는 자가 이르기를 칼처럼 생긴 바위가 불쑥 솟아있고 발을 한쪽에 딛고서 몸을 뒤집어 지나가야해 매우 위험하다고 했다. 이곳만 지나면 보이는 것들이 모두 아름답다. 그 위에 사찰 하나와 이백의 글방이 있다. 옥처럼 우뚝 선 봉우리에는 이백의 「폭포」가 새겨져 있다. "깎아지른 바위는 뾰족한 손톱 같고, 아지랑이 빛은 푸른 낭떠러지를 깨트린다. 은하는 그 속에서 내리고, 백운은 골짜기에 퍼진다. 옥안의 붉은 문자를, 아득해 읽을 수가 없다. 옷깃 잡고 푸른 하늘을 박차니, 솔바람이 내 발에 분다(斷岩如削瓜, 嵐光破崖綠. 天河從中來, 白雲漲川谷. 玉案赤文字, 落落不可讀. 凌青霄, 松風吹我足)" 나의 형 주자중(周子中 : 주필정周必正)이 서주舒州 태수로 있을 때 이 글씨를 종실宗室 조공하趙公霞에게서 얻었다. 지금 호자胡仔의 『어은총화漁隱叢話』에 관련 내용이 실려 있으나 채조蔡條의 『서청시화西淸詩話』에서는 이 산에 대해 언급하지 않고 다만 이백이 세상을 떠난 뒤 사람들이 그 시를 보았다고 했는데 그 대략을 "깎아지른 낭떠러지는 뾰족한 손톱 같고, 아지랑이 빛은 푸른 낭떠러지를 깨트린다. 은하는 그 속에서 내리고, 백운은 골짜기에 퍼진다. 옥안의 조칙 문자를, 세상의 눈은 읽을 수가 없다. 몸을 거두어 푸른 하늘을 박차니, 솔바람이 내 발에 분다[斷崖如削瓜, 嵐光破崖綠. 天河從中來, 白雲漲川谷. 玉案勅文字, 世眼不可讀. 攝身凌靑霄, 松風吹我足]"라고 하고, 또 "소매를 들어 조탈條脫[59]을 드러내고 날 불러 호마胡麻를 대접한다[擧袖露條脫, 招我飯胡麻]"라고 했으니 단암斷岩을 단애斷崖로 해서 제2구와 중복이 되고 적문赤文을 칙문勅文으로, 낙락落落을 세안世眼으로, 섭의攝衣를 섭신攝身으로 한 것은 모두 앞 시와 크게 차이가 난다. 당도본當塗本 『태백집太白集』에는 원래 이 작품이 없어 주필정이 적어 보내자 군수가 마침내 그 뒷부분에 새겼다. 하지만 모두 채조蔡條의 잘못된 본을 따르고 있어서 나의 형 주필중이 애써 지적했음에도 따르지 않고 단지 칙勅을 적赤으로만 바꿨다.

① '露條脫'은 원래 '霞脫條'로 돼 있었는데 왕기王琦의 주석본 『이태백전집』 「폭포」의 단구에 의거하여 고쳤다.

辨杜詩閱般闌韻 두보시의 '열'·'은'·'난'[60] 운에 대해 논변함

世言杜子美詩兩押閑字, 不避家諱, 故「留夜宴」詩"臨懽卜夜閑", 七

59 조탈(條脫) : 팔에 끼는 장식물의 하나로 도탈(跳脫)이라고도 한다.

60 '열(閱)'·'은(殷)'·'난(闌)' : 「연왕사군댁제(宴王使君宅題)」 2수 중 제2수 제2구의 '留歡卜夜閑'이, '留歡卜夜闌', '留歡上夜關' 등으로 쓰여 있는 것과 「제장(諸將)」 5수 중 제1수의 '曾閃朱旗北斗閑'이 '曾閃朱旗北斗殷'으로 쓰인 것을 거론한 것이므로 '열(閱)'은 '한(閑)'의 오기인 것으로 보인다.

言詩"曾閃朱旗北斗閑." 雖俗傳孫覿『杜詩押韻』, 亦用二字, 其實非也. 卞圜杜詩本云"留懽上夜關", 蓋有投轄之意. 卜字似上字, 關字似閑字, 而不知者或改作夜閑, 又不在韻, 卞氏本妙不可言. 北斗閑者, 蓋『漢書』有"朱旗降天." 今杜詩旣云"曾閃朱旗", 則是因"朱旗降天", 斗色亦赤, 本是殷字, 於斤切, 盛也. 殷字, 於顔切, 紅也. 故音雖不同, 而字則一體. 是時宣祖正諱殷字, 故改作閑, 全無義理. 今旣祧廟不諱, 所謂"曾閃朱旗北斗殷", 又何疑焉.

사람들이, 두보가 '한閑' 자를 두 번 압운하여 가휘家諱[61]를 피휘避諱하지 않았으므로, 손님을 붙들고 밤까지 연회를 연장한다는 「연왕사군댁제宴王使君宅題」에서 "기쁨에 밤까지 점지해 한가하게 어울린다[臨懽卜夜閑]"라고 하고, 칠언시에서 "번쩍이는 붉은 깃발에 북두성이 한적하다[曾閃朱旗北斗閑]"[62]고 했다 하였다. 세상에 전하는 손적孫覿의 『두시압운杜詩押韻』에서도 위 두 글자를 사용하고 있는데, 사실은 잘못 적용한 것이다. 변환卞圜의 『개주두시改注杜詩』에서 "붙잡아 기쁨 나누려 밤 빗장을 올리고[留懽上夜關]"라고 했는데 수레의 굴대빗장을 빼내 던져버리는[63] 의미가 들어있다. '복卜'은 '상上'과 유사하고 '관關'은 '한閑'과 유사한데, 모르는 자가 '야한夜閑'으로 바꾸기도 하니 이는 운에 들어있지 않는 것인바, 변씨본卞氏本은 그 오묘함을 이루 말할 수 없다. 북두한北斗閑은, 『한서漢書』에 "붉은 깃발이 하늘에서 내리다"는 표현이 있는데, 지금 두보의 시에서 "번쩍이는 붉은 깃발"이라고 했다면 『한서』의 "붉은 깃발이 하늘에서 내리다"에 따른 것이다. 북두의 색은 또

61 가휘(家諱) : 두보의 부친 두한(杜閑)의 이름이 '한(閑)'인 것을 가리킨다.

62 『두시상주』 보주권하(補註卷下), 「제장 오수(諸將五首)」 제1수.

63 수레의 …… 던져버리는 : '할(轄)'은 수레의 굴대빗장인데 한나라 진준(陳遵)이 손님을 좋아하여 연회가 있을 때마다 손님이 타고 온 수레의 굴대빗장을 빼내 우물에 던져버려서 손님이 다급해도 떠날 수 없게 만든 데에서 연유한 것으로, 손님을 환대하는 것을 비유한다. 『한서』 「진준전(陳遵傳)」.

한 붉은 것인바, 본래 '은殷'이 어근절於斤切은 성대함이고, 어안절於顔切은 붉은 것이므로 음은 다르지만 글자는 같은 것이다. 당시에 선조宣祖의 이름 '은殷'을 휘諱하였으므로 '한閑'으로 바꿨다고 한 것은 전혀 의미 없는 주장이다. 지금은 이미 조묘祧廟를 피휘하지 않으니 "번쩍이는 붉은 깃발에 북두성 붉다[曾閃朱旗北斗殷]"에 무슨 의문이 들어있겠는가.

戲擧詩對 놀이 삼아 시의 대구를 들다

乾道七年秋, 余爲禮部侍郎, 一時長貳, 每會食, 多戲擧詩對. 或云: "'薔薇刺刺花奴手.' 刺刺皆側聲, 人謂難對." 余云: "鴻雁行行鳥跡書" 又云: "'半夏禹餘糧.' 借雨爲禹, 涼爲糧也. 宜以何對." 余云: "長春佛見笑." 蓋藥名及花名也. 吏部張津子問侍郎因云: "此雅對耳, 更有通俗之句. 如往年胡邦衡多髯, 初除吏部郎官, 或以'胡銓髯吏部'爲戲, 莫能對者." 是時姚憲令則以司農少卿兼權戶侍在坐, 余謂令則君嘗爲浙憲, 豈復遠使, 欲借以趁對云: "姚憲遠提刑." 蓋借姚爲遙也, 坐皆大笑. 淳熙六年, 吏部尙書兼侍講程大昌泰之講筵, 退入部, 同官問: "今日講何經." 泰之云: "『尙書』." 或又曰: "尙書講『尙書』, 亦詩句也." 屬余對之, 余曰: "行者留行者", 坐中復大笑.

건도乾道 7년(1171) 가을에 내가 예부시랑이었을 때 당시 정正·부副직 관료들이 모여 밥을 먹을 때면 놀이삼아 시의 대구를 들었다. 혹자가 "'장미의 가시에 화노花奴의 손이 찔리고[薔薇刺刺花奴手]'에서 자자刺刺가 모두 측성(側聲: 仄聲)이어서 사람들이 대구를 찾기 어려워하오"라고 해서 내가 "기러기가 나는 길에 조적鳥跡의 글씨가 쓰인다[鴻雁行行鳥跡書]"라고 했다. 또 이르기를 "'반하半夏는 우여량禹餘糧이다[半夏禹餘糧]'에서 우雨를 우禹로 삼고 량涼을 량糧으로 삼았으니 어떻게 대구를 삼아야 하는가”라고 해서 내가 이르기를 “‘장춘長春에 불견소佛見笑[長春佛見笑]’라고 했으니 약藥의 이름과 꽃의 이름인 것이다”라고 했다. 이부시랑 장진張津이 이로 인해 이르기를 “이것은 고아한 대구이며 이 밖에 더 통속적인 시구가 있다. 예컨대 지난날 호방형胡邦衡이 수염이 많고 처음 이부낭관吏部郎官에 임명될 때 혹자가 호전염이부胡銓髥吏部라고 농삼아 글을 지었는데 이에 답하는 자가 없었다”라고 했다. 당시 요헌姚憲이 사농소경겸권호시司農少卿兼權戶侍로 자리에 함께 있어서 내가 그에게 “그대가 일찍이 양절헌사兩浙憲司로 있었으니 어찌 다시 먼 곳으로 나가겠는가”라고 하고 그것을 위의 대구로 만들고 싶다며 “요헌이 제형提刑이 되기에는 멀었다[姚憲遠提刑]”라고 했으니 이는 요姚를 요遙로 삼은 것이었는바, 좌중이 모두 크게 웃었다. 순희淳熙 6년(1179), 이부상서 겸 시강인 정대창程大昌이 경연에서 강론한 뒤 물러나 부서로 들어왔을 때 동관이 묻기를 “오늘 무슨 경을 강론했는가”라고 하니 정대창이 “『상서尙書』라네”라고 했다. 혹자가 이에 대해 “상서尙書가 『상서尙書』를 강론하다, 역시 시구이다”라고 하고 내게 대구를 요청해 내가 “길 떠나는 사람이 길 떠나는 사람을 만류한다”라고 하니 좌중이 다시 크게 웃었다.

紅綾白苧詩홍릉과 백저의 시에 대해

唐薛能詩云:“莫欺闕落殘牙齒, 曾吃紅綾餅餤來.” 記新進士時事也. 王禹偁「賀人及第」詩云:“利市襴衫抛白紵, 風流名紙寫紅箋.” 余嘗以二事爲一聯云:“襴衫抛白苧, 餅餤喫紅綾.” 似是的對. 葉夢得『石林避暑錄話』載:“紅綾餅餤爲盧延讓詩.”

당나라 설능薛能이 지은 시에서 "빠지고 망가진 치아를 속이지 말라, 일찍이 홍릉병담紅綾餠餤[64]을 먹었나니[莫欺闕落殘牙齒, 曾吃紅綾餠餤來]"라고 했는데 새로 진사가 됐을 때의 상황을 묘사한 것이다. 왕우칭의 「하인급제賀人及第」에서 "난삼을 사고 백저를 버리며, 풍류의 명지인 홍전에 쓰다[利市襴衫抛白紵, 風流名紙寫紅箋]"라고 했는데 내가 일찍이 이 두 가지 내용을 일련에 담아 "난삼은 백저를 버리고 병담은 홍릉을 먹는다[襴衫抛白苧, 餠餤喫紅綾]"라고 했으니 알맞은 대구인 듯싶다. 섭몽득葉夢得의 『석림피서록화石林避暑錄話』에서 "'일찍이 홍릉병담을 먹었나니[曾吃紅綾餠餤來]'는 노연향(盧延讓 : 노연손盧延遜)의 시이다"라고 했다.

一麾出守 지방직으로 나감[65]

顔延年詩 : "屢薦不入官, 一麾乃出守." 後人誤用一麾出守事, 以爲起於杜牧之自云 : "獨把一麾江海去." 實用旌麾之麾, 未必本之顔詩. 後人因此二字, 誤用顔詩耳.

안연지의 시에서 "여러 번 추천 받아도 관직에 들지 못하다가, 지방직을 이내 얻어 나가네[屢薦不入官, 一麾乃出守]"라고 했는데 후인들이 '일휘출수[一麾出守]'의 내용을 잘못 적용해서 두목의 "홀로 깃발 하나를 들고 강해로 간다[獨把一麾江海去]"에서 시작된 것이라고 보고 있다. 두목은 실제 깃발이라는 의미의 휘를 사용한 것이며 안연지의 시에 근

64 홍릉병담(紅綾餠餤) : 붉은 비단으로 겉을 싼 떡의 일종으로, 중국의 왕이나 귀족들이 주로 먹던 고급 음식이다.

65 지방직으로 나감 : '일휘(一麾)'는 하나의 깃발로, 지방직에 대한 비유로 쓰인다. 지방직으로 나갈 때 깃발 하나를 앞세우고 가기 때문에 붙여진 말이다.

거를 두고 있진 않다. 후인들이 이 두 글자로 인해 안연지의 시를 잘못 인용한 것이다.

記法慧寺門詩 법혜사 문의 시를 적다

紹興十年六月一日甲辰, 左光祿大夫守尙書右僕射同中書門下平章事兼樞密使監修國史秦檜劄子奏："臣聞'德無常師, 主善爲師, 善無常主, 協于克一.' 此伊尹相湯「咸有一德」之言也. 臣昨見金國撻懶, 有講和割地之議, 故贊陛下取河南故疆. 旣而兀朮戕其叔撻懶, 監公佐之歸, 和議已變, 故贊陛下定吊民伐罪之計. 今兀朮變和議果矣. 臣請爲陛下先至江上, 諭諸路帥, 同力招討. 陛下相次勞軍, 如漢高祖以馬上定天下, 不寧厥居, 爲社稷宗廟決策於今日. 臣言如不可行, 卽乞罷免, 以明孔聖'陳力就列, 不能者止'之義, 臣無任懇切之至." 有旨依奏. 右張嵲代作, 嵲原任司勳員外郞, 五月除起居舍人, 八月除中書舍人. 當時朝士, 大書法慧寺門云："商湯爲太甲, 孔聖作周任." 蓋誤以伊尹告太甲爲相湯, 而『論語』載孔子道周任之言, 今直以爲孔聖也.

소흥 10년(1140) 6월 1일 갑진甲辰에 좌광록대부수상서우복야동중서문하평장사겸추밀사감수국사左光祿大夫守尙書右僕射同中書門下平章事兼樞密使監修國史 진회가 올린 차자劄子에서 "'덕에는 일정한 스승이 없고 선행을 중요하게 여기는 사람이 스승이며, 선에는 일정한 주인이 없고 능히 화합하며 한결같이 하는 것이 중요하다'고 했으니 이는 이윤伊尹이 탕왕을 도우며 지은 「함유일덕咸有一德」의 내용입니다. 신이 지난번에 금나라 달뢰撻懶를 만났는데 강화조약을 맺고 영토를 할애하는 논의가 있었기에 폐하를 도와 하남河南의 옛 영토를 취하도록 한 것입니다. 그런데 올출兀朮이 그 숙부 달뢰를 살해하고 공좌公佐의 귀향을 거울삼아

화친의 논의가 이미 변했으므로 폐하를 도와 백성을 어루만지고 죄를 징벌하는 계획을 확정했습니다. 그런데 지금 올출이 강화의 논의를 정말로 바꿔버렸으니 신이 청컨대 폐하를 위하여 먼저 장강으로 가서 모든 길의 장수들에게 고하여 함께 적을 치도록 하겠습니다. 폐하께서 순차대로 군사들을 위로하기를 한 고조가 말 위에서 천하를 평정하고 사는 곳에 안주하지 않는 것처럼 하셔서 사직과 종묘를 위한 계책을 오늘 결정하시기 바랍니다. 신의 말이 실행되지 않는다면 곧바로 파면을 요청하여 공자의 '힘을 다해 반열에 나아가되 여의치 않으면 멈춘다[陳力就列, 不能者止]'는 의를 밝히겠습니다. 신은 간절한 마음을 이루 금할 수 없습니다"라고 하자 상주에 따른다는 성지가 있었다. 위 글은 장열張嵲이 대신 지은 것이니 장열은 원래 사훈원외랑司勳員外郎이었으나 오월에 기거사인起居舍人에 임명됐다. 당시에 조정의 인사들이 법혜사法慧寺의 문에 크게 쓰기를 "상탕商湯이 태갑太甲을 위하고, 공성孔聖이 주임周任이 되었다[商湯爲太甲, 孔聖作周任]"라고 했다. 이는 이윤이 태갑太甲에게 고한 것을 상탕으로 보고, 『논어』에서 공자가 주임의 말을 인용한 것을 실은 것인데 지금 바로 공성孔聖이라고 한 것은 잘못이다.

辨歐陽公釋奠詩 구양수의 석전시에 대해 논변함

『歐陽文忠公外集』, 有「早赴府學釋奠」詩, 蓋任留守推官, 陪錢惟演行禮時也. 諸處本皆如此寫. 達云 : "省題詩集只云「釋奠」, 却注作國子監試題. 蓋惟演止是使相, 詩中不應云'行祠漢丞相', 且'俎豆兼三代', 及'首善自西京', 語皆有嫌. 專指漢事, 非惟演也. 當從省題." 余答云 : "省題所印, 如秋獮之類, 乃官中試題. 至于釋奠, 似太平易, 況諸本元有早赴府學二字, 書坊傅會剿之耳." 其云 : "昔齒公卿日, 嘗聞絃誦聲." 豈擧業當用乎? 所謂漢丞相, 乃詩句偶然, 如唐卿周士之類, 何必拘泥. 且漢時釋奠, 豈預丞相耶! 今公『外集』第二卷, 「書懷感事寄梅聖兪」云 : "丞相忽南遷, 送之伊水頭." 此惟演落平章事移鄧州時, 亦呼丞相. 『外集』十四卷「送河南戶曹楊子聰序」云 : "居一歲, 相國彭城公薦之." 彭城, 惟演所封郡, 是又呼爲相國. 按唐『白樂天集』第五十八卷, 論節度使王鍔除平章事云 : "伏以宰相者, 人臣極位, 天下具瞻, 非有淸望大功, 不容輕授. 鍔非淸望, 又無大功, 深爲不可." 此是唐使相亦謂之宰相, 故有繫銜大敕之後者. 玆乃丞相・相國・宰相三者, 在使相皆可稱呼之明證. 達號博洽, 故著此以示後學.

『구양문충공외집歐陽文忠公外集』에 「조부부학석전早赴府學釋奠」이 있는데 서경유수추관西京留守推官으로 있을 때 전유연錢惟演을 모시고 석전례를 거행할 때 지은 것이다. 각 판본들에는 모두 이렇게 쓰여 있다. 달達[66]이 이르기를 "성제省題의 시집에는 「석전釋奠」이라 돼 있고 그 주석에서 국자감國子監의 시제試題라 되어 있다. 전유연은 사상使相[67]일 뿐이어서 시에서 응당 '제사를 봉행한 한승상'이라고 하지 않았을 테고, 또

---

66 달(達) : 이와 관련하여 진홍도(陳鴻圖)는 「주필대(周必大)『이로당시화(二老堂詩話)』2제(題)」(홍콩중국어문학회(香港中國語文學會), 『문학논형(文學論衡)』 제13기, 2008, 10쪽)에서 다음과 같이 논술하고 있다. 『영락대전(永樂大典)』본과 『사고전서(四庫全書)』 전집본, 구양계본(歐陽棨本)에는 모두 '왕규운(汪逵云)'이라 돼 있고 담생당본(澹生堂本)에는 '풍달운(馮達云)'이라 돼 있는데 확실치 않은 듯하다. 『형천패편(荊川稗編)』 권82에서 도종희(陶宗羲)의 설을 인용하여 "왕규의 자는 계로이고 단명전 학사(端明殿學士)를 역임했으며 집고당(集古堂)을 세워 많은 기서(奇書)와 비적(祕蹟), 이천 권의 금석유문(金石遺文)을 소장하고 『순화각첩변기(淳化閣帖辨記)』를 저술했다"는 내용과, 주필대의 『문충집(文忠集)』 권55 「발왕규소장동파자(跋汪逵所藏東坡字)」의 마지막에서 "임술년 3월 갑인에 동리(東里) 주(周)아모개가 이를 써서 왕씨(汪氏)에게 돌려보낸다"는 내용을 근거로 할 때 '왕규'로 보는 게 맞다.

67 사상(使相) : 당나라 중기 이후에 각 지방의 절도사에게 중앙 관직인 동평장사(同平章事)의 직함을 얹어주어 사상이라 일컬었고, 송나라 때는 친왕(親王)・유수・절도사 등에게 중앙 관직인 급사중(給事中)・중서령(中書令)・동평장사 등의 직함을 얹어주어 사상이라고 일컬었는데 중앙의 정사에는 간여하지 못하게 하고 대신을 임명하는 조칙에만 부가 서명했다.

'조두는 삼대를 겸하다'와 '수선은 서경으로부터'라는 시어에 모두 혐의가 있다. 따라서 한나라의 이야기를 가리킨 것일 뿐 유연과 관련된 것은 아니다. 그래서 성제의 내용을 따라야한다"라고 하여 내가 답하기를 "성제에서 인쇄한, 예컨대 '추선秋獮'[68]의 유는 궁중의 시제試題이다. 석전에 있어서는 너무 평이한 듯한데, 더구나 제본에는 일찍이 '부학으로 가다'라는 글자가 있었는데 출판사에서 제멋대로 삭제해버린 것이다"라고 했다. 그 내용의 "지난날 공경으로 있었을 때, 일찍이 음악으로 연주한 소리를 들었다[昔齒公卿日, 嘗聞絃誦聲]"는 어찌 거업(擧業: 과거科擧 공부)에서 쓸 수 있는 내용이겠는가? 이른바 한나라 승상이란 시구에서 우연스레 인용한 것으로 마치 당나라 경卿 주周나라 사士와 같은 예이니 어찌 군이 구속될 필요가 있겠는가? 또 한나라 때의 석전에서 어찌 승상이 관여하겠는가? 지금 『구양문충공외집』 제2권의 「서회감사기매성유書懷感事寄梅聖兪」에서 "승상이 갑자기 남쪽으로 옮겨가, 이수까지 전송했네[丞相忽南遷, 送之伊水頭]"라고 했는데 이는 전유연이 평장사平章事에서 떨어져 등주鄧州로 옮기던 시절인데 똑같이 승상이라 부르고 있다. 『구양문충공외집』 14권의 「송하남호조양자총서送河南戶曹楊子聰序」에서 "그로부터 한 해가 지나 상국팽성공相國彭城公이 천거했다"라고 했는데 팽성彭城은 전유연이 책봉받은 군이며 이곳에서 다시 상국相國이라 부르고 있다. 당나라 『백낙천집白樂天集』 제58권에서 절도사 왕악王鍔이 평장사에 임명된 것을 거론하며 "삼가 생각하옵건대 재상은 신하의 최고 직위로 온 세상이 모두 우러러보는 이이니 청정한 인망과 큰 공로가 있지 않으면 가볍게 줄 수 없습니다. 왕악은 청정한 덕망도 아니고 큰 공로도 없으니 매우 불가합니다"라고 했으니 이는 당나라의 사상使相을 재상이라고 이르는 것이므로 대칙大敕의 뒤에 직함을 연계한 것이다. 따라서 승상, 상국, 재상 이 세 가지를 사상에게

68 추선(秋獮) : 임금이 가을철에 행하는 수렵을 지칭하는 말이다.

모두 호칭할 수 있다는 분명한 증거이다. 달은 박학이라고 불리므로 이를 적어서 후학에게 보여주려 한다.

王十李三왕십과 이삼

紹興二十七年, 御筵進士四百二十六人, 溫州王十朋爲之首. 其鄉人吳已正綴末. 特奏狀元則福州李三英, 例賜出身, 附名正奏之後. 已正有詩 : "擧頭不忍看王十, 回首猶欣見李三."

소흥 27년 어연御筵에서 선발된 진사 사백이십육 명 가운데 온주溫州 왕십붕王十朋이 일등을 차지했다. 그의 동향 오기정吳已正은 꼴찌였다. 특주特奏[69] 장원은 복주福州 이삼영李三英으로, 관례에 따라 출신出身을 하사하여 정주正奏[70] 뒤에 이름을 덧붙였다. 오기정이 지은 시에서 "머리 들어 왕십붕을 차마 보지 못해도, 뒤돌아 이삼영을 반갑게 맞이하네[擧頭不忍看王十, 回首猶欣見李三]"라고 했다.

鳩芹詩비둘기 미나리와 관련한 시

蜀人縷鳩爲膾, 配以芹菜. 或爲詩云 : "本欲將芹補, 那知弄巧成."

---

69 특주(特奏) : 특주명(特奏名)으로, 송대(宋代) 과거제도의 특수 규정이다. 진사과(進士科)에 여러 차례 낙방한 사람 가운데 시험을 본 숫자, 나이 등을 고려해 특별히 책자로 만들어 황제에게 상주하여, 직접 시험에 참여하고 급제자에 포함시킨 뒤, 특별히 본과출신(本科出身)을 하사하는 것을 가리킨다. 정식 상주문에 들어있는 합격자(정주명(正奏名))와 구분된다.

70 정주(正奏) : 정주명(正奏名)으로, 정식으로 진사과에 합격한 사람의 명단을 황제에게 보고하여 제가를 받은 정식 진사합격자의 명단이다. 이와 대비되는 특주명(特奏名)이 있다.

촉 지방 사람들이 비둘기를 잘게 썰어 회를 만들고 미나리로 배합했다. 혹자가 시를 짓기를 “원래 미나리로 보완하고 싶었거니와, 교묘하게 만든 것을 누가 알라[本欲將芹補, 那知弄巧成]”라고 했다.

『백석도인시설白石道人詩說』

송宋 강기姜夔

강기姜夔, 『백석도인시설白石道人詩說』 해제

강기(1155~1221)는 자가 요장堯章이며 백석동白石洞 가까이 살아서 호를 백석도인白石道人이라 했고 파양鄱陽 사람이다. 어려서 부친을 잃고 타향을 떠돌며 살다가 소덕조蕭德藻와 장감張鑒에게 차례로 의지하였다. 육유, 범성대, 양만리, 우무, 주희, 신기질, 섭적葉適, 장자張鎡 등 명사들과 교류하며 지냈다. 경원慶元 3년(1197) 「대악의大樂議」를 조정에 올려 아악을 논했고 이듬해에 다시 「성송요가고취聖宋鐃歌鼓吹」를 올렸으나 채택되지 못했다. 그는 결국 관직을 얻지 못한 채 항주에서 생을 마쳤다. 강기는 송사 격률파의 대가로서 사의 경계가 청공淸空하고 음률에 정통했으며 새로운 곡조를 잘 구사했다. 「양주만揚州慢」, 「소영疏影」, 「암향暗香」 등의 작품으로 한 시대를 풍미하여 후인들은 그를 '남도일인南渡一人'이라 칭했다. 그의 시는 소덕조, 양만리를 본받았고 강서시파와 만당 시풍의 영향을 받아 생각이 깊고 아득하며 격조가 높아서 장자와 이름을 나란히 했다. 또 시론은 『백석도인시설』과 『백석도인시집』「자서」에 표현되었다. 그의 저서는 『백석도인가곡』, 『백석도인시집』, 『강첩평絳帖平』, 『집고인보集古印譜』, 『속서보續書譜』, 『금슬고고도琴瑟考古圖』, 『장순왕유사張循王遺事』 등 다방면에 걸쳐 있어 그의 다재다능함을 알 수 있다.

『백석도인시설』은 『백석시설』, 『강씨시설』이라고도 하며 한 권이다. 『사부총간四部叢刊』판, 『유원총각楡園叢刻』판, 『역대시화』판, 『사고전서』판 등 여러 판본이 있는데, 『사고전서』판은 27칙이며 나머지 『유원총각』판, 『역대시화』판 등은 모두 30칙이다.

『백석도인시설』의 내용은 시의 풍격, 예술적 구상과 시작 기교에 대한 전문적인 논의로서 시체의 분별, 주제 설정, 시어의 배치와 사용법, 이치의 개진, 용사用事, 정경 묘사, 체물體物, 대구 등을 모두 언급한다. 가장 중요하게 표방한 것은 자연과 함축인데 "시에는 네 가지 고묘高妙함이 있으니 첫 번째는 이치가 고묘한 것이고, 두 번째는 내용이 고묘한 것이고, 세 번째는 생각이 고묘한 것이고, 네 번째는 자연이 고묘한 것이다[詩有四種高妙: 一曰理高妙, 二曰意高妙, 三曰想高妙, 四曰自然高妙]"라고 하면서 이 중에서도 "기奇도 아니고 괴怪도 아니며 문채가 다 사라져서 오묘한 줄은 알겠는데 어떻게 오묘한 줄은 알 수 없는[非奇非怪, 剝落文采, 知其妙而不知其所以妙]" '자연의 고묘함'을 가장 지극한 것으로 보았다. 여기에서 출발하여 강기는 조탁, 부연, 기험奇險의 폐단을 배제하고 글자 하나하나에 크게 구애받지 않는 한편, '의격意格'에서 시작해 침착, 통쾌함으로 시가 "자체에 기상氣象과 체면體面, 혈맥血脉과 운도韻度가 있게[自有氣象, 體面, 血脈, 韻度]" 함으로써 자연의 고묘함에 이르도록 지향하였다. 이와 관련하여 강기는 의경의 함축미를 추구하여 "시어의 함축의 중시[語貴含蓄]"와 "표현과 내용이 모두 다함이 없는 것[詞意俱不盡]"을 주장하고 "구절 안에 여유로운 맛이 있고 한 편 안에 여유로운 내용이 있는[句中有餘味, 篇中有餘意]" 것을 "뛰어난 것 중의 뛰어난 것[善之善者]"으로 추천하였다. 자연의 고묘함과 함축을 내세우는 이런 관점은

『백석도인시설』에서 시종일관 관철된다. 이른바 "성정情性을 읊는 것은 인장을 찍는 듯해야 하고 예의禮義에 그치는 것은 함양을 중시한다[吟詠情性, 如印印泥, 止乎禮義, 貴涵養也]"는 견해도 집중적으로 자연과 함축의 논리를 구현하였는데, 객관적이면서도 사실적으로 음영의 대상을 표현하면서도 너무 드러나지 않게 함축적으로 예의에 그쳐야 한다는 것이다. 이런 미학적 이상에 근거하여 그는 또 『시경』의 "찬미와 풍자와 경계와 원망이 모두 흔적이 없는[美刺箴怨皆無迹]" 것과 도연명의 "한산하면서도 장엄하고 담박하면서도 살진[散而莊, 澹而腴]" 것, 그리고 두보가 홀로 풍아風雅를 겸비했던 것과 황정견이 함축에 충실했던 것을 모두 추켜올렸다. 강기의 이른바 '자연고묘설'은 사공도, 매요신, 소식, 양만리楊萬里 등의 미학 사상에서 기원했으며 엄우의 '흥취설', 왕사정의 '신운설'에 영향을 주었다.

『백석도인시설』은 '자연고묘설'을 창시한 동시에 필수적으로 인습과 모사를 반대해야 했다. 도연명이 인품과 시품詩品이 다 훌륭하여 후인들이 답습하는 것을 허용치 않는다고 했으며 또 모방작이 말은 비슷할 수 있을지언정 '운韻'은 가져오지 못한다고 생각했다. 강기는 옛날 시인들의 시를 모방하는 것이 창작 개성을 매몰시킨다고 이해했으므로 독창성을 강조하지 않을 수 없었다. "일가一家의 말에는 저절로 일가의 풍미가 있다[一家之語, 自有一家之風味]"는 그의 말이 바로 독창적이며 개성적인 시인의 면모에 대한 높은 평가이다. 그래서 『사고전서총목제요』에서는 강기를 두고서 "그 학문은 정밀한 생각과 홀로 터득한 것을 기조로 삼는다[其學蓋以精思獨造爲宗]"라고 말했다.

『백석도인시설』을 쓴 의도에 관하여 강기는 책의 말미에 겸손하면서도 자부심을 갖고서 "『시설詩說』을 지은 것은 시에 능한 자를 위해서가 아니고 시에 능하지 못한 자들로 하여금 시에 능할 수 있도록 하기 위한 것이다. 시에 능하고 나서 나의 설을 완전히 체현한다면 이는 또한 시에 능한 자를 위하여 지은 것이기도 하다[『詩說』之作, 非爲能詩者作也,

爲不能詩者作, 而使之能詩, 能詩而後能盡我之說, 是亦爲能詩者作也"라고 말하였다. 초학자들에게 길을 알려주고 시에 능한 이들에게도 이론적인 계발을 주려고 했던 그의 고심을 알 만한 대목이다.

『백석도인시설』에는 고증도 없고 일화도 없다. 오직 전문적으로 시 형식의 본질적 특징과 시 창작의 예술적 규칙만을 탐구해 대단히 높은 이론적 가치를 갖고 있다. 그래서 그중의 많은 내용이 후대 시론가들에게 인용되고 찬사를 받았다. 『백석도인시설』을 두고 반덕여潘德輿는 『창랑시화』, 『세한당시화歲寒堂詩話』와 함께, 또 포정박은 『창랑시화』, 『녹당시화麓堂詩話』와 함께 정립鼎立을 이루는 시화라고 칭찬하기까지 했다. 그러나 『백석도인시설』에도 이론적인 한계와 편파성이 존재한다. 예를 들어 그는 지나치게 시구의 의미의 '깊음'과 '아득함', 그리고 시구의 격조의 '맑음'과 '예스러움', 그리고 '조화'에 집착하여 어지러운 시대에 상아탑에 숨어든 사대부 계층의 소극적인 경향을 드러냈다. 그가 『시경』이 "찬미와 풍자와 경계와 원망이 모두 흔적이 없다"고 칭찬하면서 '성정의 음영'도 "예의에 그쳐야 한다"고 한 것도 유가적 시교詩敎의 틀을 못 벗어난 것이다. 더욱이 시의 형식적 기교에 너무 공을 들이면서 시의 사회적 의의와 개인의 요구를 소홀히 한 감이 있다.

백석도인시설白石道人詩說

송宋 강기姜夔

大凡詩, 自有氣象·體面·血脈·韻度. 氣象欲其渾厚, 其失也俗, 體面欲其宏大, 其失也狂, 血脈欲其貫穿, 其失也露, 韻度欲其飄逸, 其失也輕.

무릇 시는 자체에 기상氣象과 체면體面, 혈맥血脉과 운도韻度가 있다. 기상이 혼후하려고 하면 세속적인 오류가 있고, 체면이 넓고 크려고 하면 거침없는(狂) 오류가 있고, 혈맥이 두루 통하려고 하면 드러나는 오류가 있고, 운도가 훤칠해지려고 하면 가벼운 오류가 있다.

作大篇, 尤當布置 : 首尾匀停, 腰腹肥滿. 多見人前面有餘, 後面不足, 前面極工, 後面草草. 不可不知也.

큰 작품을 지을 때는 배치가 더욱더 알맞아서 수미가 균형을 이루고 중앙이 가득 차야 한다. 대부분 앞은 여유로운데 뒤가 부족하거나 앞은 아주 빼어난데 뒤가 그저 그런 경우가 많으니 이 점을 몰라서는 안 된다.

詩之不工, 只是不精思耳. 不思而作, 雖多亦奚爲?

시가 빼어나지 못한 것은 깊이 생각하지 않기 때문이다. 생각하지 않고 짓는다면 아무리 많이 지은들 어디에 쓰겠는가.

雕刻傷氣, 敷衍露骨. 若鄙而不精巧, 是不雕刻之過, 拙而無委曲, 是不敷衍之過.

다듬는 것(雕刻)은 기를 손상시키고 부연하는 것은 골격을 드러낸다. 그런데 촌스럽고 정교하지 않은 것은 다듬지 않은 탓이고 졸렬하고 곡진함(委曲)이 없는 것은 부연하지 않은 탓이다.

人所易言, 我寡言之, 人所難言, 我易言之, 自不俗.

남들이 쉽게 말하는 것을 나는 적게 말하고, 남들이 어렵게 말하는 것을 나는 쉽게 말해야 저절로 속되지 않는다.

花必用柳對, 是兒曹語. 若其不切, 亦病也.

꽃에 반드시 버들을 대구對句로 쓰는 것은 아이들의 말이다. 만일 절실하지 않다면 그 또한 병이다.

難說處一語而盡, 易說處莫便放過, 僻事實用, 熟事虛用, 說理要簡切, 說事要圓活, 說景要微妙. 多看自知, 多作自好矣.

말하기 어려운 것은 한마디로 다해버리고 말하기 쉬운 것은 쉽게 지나치지 말아야 한다. 편벽한 이야기는 실제로 사용하고, 익숙한 이야기는 공허하게 써야 하고, 사리를 설명할 때는 간략 절실해야 하고, 내용을 설명할 때는 원활해야 하고, 경치를 설명할 때는 미묘해야 한다. 많이 보면 저절로 알고 많이 지으면 저절로 좋아진다.

小詩精深, 短章蘊藉, 大篇有開闔, 乃妙.

짧은 시는 정밀하고 깊이가 있고, 짧은 문장은 온축되고, 큰 글은 열고 닫힘이 있어야만 오묘하다.

喜詞銳, 怒詞戾, 哀詞傷, 樂詞荒, 愛詞結, 惡詞絶, 欲詞屑. 樂而不淫, 哀而不傷, 其惟「關雎」乎!

기쁜 말은 예리하고, 노여운 말은 어긋나고, 슬픈 말은 상심하고, 즐거운 말은 거칠고, 사랑의 말은 응결되고, 미움의 말은 끊어지고, 욕심의 말은 자질구레하다. 즐거워도 음탕하지 않고 슬퍼도 손상되지 않는 것은 오직 「관저關雎」뿐일 것이다.

學有餘而約以用之, 善用事者也, 意有餘而約以盡之, 善措辭者也, 乍敍事而間以理言, 得活法者也.

학문에 여유를 갖고 요약해서 활용하는 사람은 용사用事를 잘 하는 사람이고, 내용에 여유를 갖고 요약해서 의미를 다 표현하는 사람은 문장 구성을 잘 하는 사람이고, 서사敍事를 하면서도 이따금 이치를 담는 사람은 활법活法을 터득한 사람이다.

不知詩病, 何由能詩? 不觀詩法, 何由知病? 名家者各有一病, 大醇小疵, 差可耳.

시의 병폐를 모르면 어떻게 시에 능할 수 있겠는가? 시의 법칙을 살피지 못하면 어떻게 병을 알 수 있겠는가? 명사들도 저마다 하나의 병폐를 갖고 있는데 전체적으로 온전하면서 작은 흠을 갖는 것은 괜찮다.

篇終出人意表, 或反終篇之意, 皆妙.

한 편의 끝부분에서 예상치 못한 내용을 만들어 내거나, 또는 전체의 내용을 반전시키는 것은 모두 오묘한 것이다.

守法度曰詩, 載始末曰引, 體如行書曰行, 放情曰歌, 兼之曰歌行. 悲如蛩螿曰吟, 通乎俚俗曰謠, 委曲盡情曰曲.

법도를 지키는 것을 '시詩'라 하고, 시작과 끝을 담는 것을 '인引'이라

하고, 문체가 행서行書와 같은 것을 '행行'이라 하고, 감정을 마음껏 풀어놓은 것을 '歌'라 하고, 위 두 가지를 겸한 것을 '가행歌行'이라 한다. 귀뚜라미와 매미처럼 슬픈 것을 '음吟'이라 하고, 세속과 통하는 것을 '요謠'라 하고, 속내를 다 드러낸 것을 '곡曲'이라 한다.

詩有出於『風』者, 出于『雅』者, 出于『頌』者. 屈·宋之文,① 『風』出也, 韓·柳之詩, 『雅』出也, 杜子美獨能兼之.

① '宋'原作'原', 據『談藝珠叢』本改.

시에는 『풍風』에서 나온 것도 있고, 『아雅』에서 나온 것도 있고, 『송頌』에서 나온 것도 있다. 굴원과 송옥의 문장은 『풍』에서 나온 것이고, 한유와 유종원의 시는 『아』에서 나온 것이고, 두보만 홀로 이를 겸하였다.

① '宋'은 원래 '原'으로 돼 있었는데 『담예주총談藝珠叢』본에 근거하여 고쳤다.

『三百篇』美刺箴怨皆無迹, 當以心會心.

『시경』의 찬미와 풍자와 경계와 원망은 모두 흔적이 없으니 마땅히 마음으로 작자의 마음을 헤아려야 한다.

陶淵明天資旣高, 趣詣又遠, 故其詩散而莊·澹而腴, 斷不容作邯鄲步也.

도연명은 타고난 바탕이 고상할 뿐더러 조예가 깊었으므로 시가 한

산하면서도 장엄하고 담박하면서도 살져서 결코 한단邯鄲의 걸음걸이[1]를 용납지 않는다.

語貴含蓄. 東坡云："言有盡而意無窮者, 天下之至言也." 山谷尤謹於此. 清廟之瑟, 一唱三歎, 遠矣哉! 後之學詩者, 可不務乎? 若句中無餘字, 篇中無長語, 非善之善者也, 句中有餘味, 篇中有餘意, 善之善者也.

시는 함축을 중시한다. 소식이 "말은 끝났지만 의미가 끝이 없는 것이 천하의 최고의 말이다"라고 했고 황정견은 이에 더욱 더 근실했다. 청묘清廟의 슬瑟은 한 번 노래하고 세 번 감탄했으니 심원한 것이다! 훗날 시를 배우는 자들은 이를 힘쓰지 않아서야 되겠는가? 만일 구절 안에 여유로운 글자가 없고 한 편 안에 유장한 표현이 없다면 선善 가운데 선한 자가 아니고, 구절 안에 여유로운 맛이 있고 한 편 안에 여유로운 내용이 있다면 선 가운데 선한 자이다.

體物不欲寒乞.

사물을 실체화함에 있어 초라함을 보여서는 안 된다.

意中有景, 景中有意.

1 한단(邯鄲)의 걸음걸이 : 한단학보(邯鄲學步)로, 남의 것을 모방하려다 실패한 경우를 비유한다. 『장자』「추수(秋水)」에 "그대는 수릉(壽陵)의 소년들이 한단에서 걸음걸이 배운 이야기를 듣지 못했는가. 한단의 걸음걸이를 배우지 못했을 뿐만 아니라 원래 걸음조차 잊고 엉금엉금 기어서 돌아왔다네[子獨不聞壽陵餘子之學行於邯鄲? 未得國能, 又失其故行矣, 直匍匐而歸耳]"라는 말이 보인다.

내용 속에 외경이 있고, 외경 속에 내용이 있어야 한다.

思有窒礙, 涵養未至也, 當益以學.

생각에 막힘이 있는 것은 함양이 충분치 못한 것이니 마땅히 공부로 보충해야 한다.

歲寒知松柏, 難處見作者.

추운 계절에야 소나무와 잣나무를 알아볼 수 있고 대처하기 어려운 곳에서 작가를 알아볼 수 있다.

波瀾開闔, 如在江湖中, 一波未平, 一波已作. 如兵家之陣, 方以爲正, 又復是奇, 方以爲奇, 忽復是正. 出入變化, 不可紀極, 而法度不可亂.

물결이 열고 닫히는 것은 마치 강물 한가운데 있는 듯해서 물결 하나가 평탄하지 않을 때 물결이 이미 이는 것과 같아야 한다. 병가兵家에서 진陣을 칠 때는 방方을 정正으로 삼았다가 또다시 기奇를 택하고, 기를 택했다가 다시 정을 택하는 것처럼 해야 한다. 들고 나갈 때의 변화가 끝이 없어야 하지만 법도가 혼란해서는 안 된다.

文以文而工, 不以文而妙, 然舍文無妙, 勝處要自悟.

문장은 문장의 표현으로 기교를 보일 뿐, 문장의 표현으로 오묘하려 해서는 안 된다. 하지만 문장의 표현을 놓아버리면 오묘함이 없으니 가장 중요한 것은 스스로 깨쳐야 한다.

意出于格, 先得格也, 格出于意, 先得意也. 吟詠情性, 如印印泥, 止乎禮義, 貴涵養也.

내용이 격을 벗어나려면 먼저 격을 얻어야 하고 격이 내용을 벗어나려면 먼저 내용을 얻어야 한다. 성정情性을 읊는 것은 인장을 찍는 듯해야 하고 예의禮義에 그치는 것은 함양을 중시한다.

沈著痛快, 天也. 自然學到, 其爲天一也.

침착과 통쾌는 천天의 경지이다. 자연스레 배움을 통해 도달한다면 그 천은 하나이다.

意格欲高, 句法欲響, 只求工于句・字, 亦末矣. 故始於意格, 成於句・字. 句意欲深・欲遠, 句調欲清・欲古・欲和, 是爲作者.

내용과 격을 높이려 하고 구법이 화음을 내려고 할 때, 다만 구句와 자字에서만 공부를 찾는 다면 본질이 아니다. 그러므로 내용과 격에서 시작하여 구와 자에서 완성된다. 구의 내용은 깊고 요원하려 해야 하고 구의 음조는 맑고 예스럽고 온화하려 해야 하니 이것이 작가이다.

詩有四種高妙：一曰理高妙，二曰意高妙，三曰想高妙，四曰自然高妙。礙而實通，曰理高妙，出自意外，曰意高妙，寫出幽微，如清潭見底，曰想高妙，非奇非怪，剝落文采，知其妙而不知其所以妙，曰自然高妙。

시에는 네 가지 고묘高妙함이 있으니 첫 번째는 이치가 고묘한 것이고, 두 번째는 내용이 고묘한 것이고, 세 번째는 생각이 고묘한 것이고, 네 번째는 자연이 고묘한 것이다. 막혀 있지만 실제로는 통한 것을 이치가 고묘한 것이라 하고, 생각 밖에 벗어나 있는 것을 내용이 고묘한 것이라 하고, 그윽하고 미묘한 것을 묘사해내서 맑은 호수의 밑바닥을 보는 것처럼 하는 것을 생각이 고묘한 것이라 하고, 기奇도 아니고 괴怪도 아니며 문채가 다 사라져서 오묘한 줄은 알겠는데 어떻게 오묘한 줄은 알 수 없는 것을 자연이 고묘한 것이라 한다.

一篇全在尾句，如截奔馬。詞意俱盡，如臨水送將歸是已，意盡詞不盡，如摶扶搖是已，詞盡意不盡，剡溪歸棹是已，詞意俱不盡，溫伯雪子是已。所謂詞意俱盡者，急流中截後語，非謂詞窮理盡者也。所謂意盡詞不盡者，意盡於未當盡處，則詞可以不盡矣，非以長語益之者也。至如詞盡意不盡者，非遺意也，辭中已彷彿可見矣。詞意俱不盡者，不盡之中，固已深盡之矣。一家之語，自有一家之風味。如樂之二十四調，各有韻聲，乃是歸宿處。模倣者語雖似之，韻亦無矣。雞林其可欺哉!

한 편의 중심은 온전히 미구尾句에 있으니 마치 달리는 말을 절단하듯 해야 한다. 표현과 내용이 모두 극진한 것은 마치 물에 임하여 돌아가는 장수를 보내는 듯한 것이 그것이고, 내용은 극진하지만 표현이 극진하지 않은 것은 회오리바람을 박차고 나는 듯한 것이 그것이고, 표현은 극진하지만 내용이 극진하지 않은 것은 섬계剡溪에 돌아오는 배[2]가 그것이고, 표현과 내용이 모두 극진하지 않은 것은 온백설자溫伯雪子[3]가 그것이다. 이른바 표현과 내용이 모두 극진하다는 것은 급류 위에서 뒤를 단절한다는 말이지, 표현이 다하고 내용이 다해버린 것을 두고 말하는 것이 아니다. 이른바 내용이 극진한데 표현이 극진하지 못하다는 것은 내용이 극진하지 않아야할 곳에 극진하게 되면 표현이 극진하지 않아도 된다는 것이지, 유장한 말을 보탠다는 것이 아니다. 표현이 극진한데 내용이 극진하지 못하다는 것은 내용을 유실한 것이 아니라 표현 가운데 이미 유사한 것을 볼 수 있다는 것이다. 표현과 내용이 모두 극진하지 못하다는 것은 극진하지 않은 가운데 이미 매우 극진한 것이다.

一家之語, 自有一家之風味. 如樂之二十四調, 各有韻聲, 乃是歸宿處. 模倣者語雖似之, 韻亦無矣. 雞林其可欺哉!

일가一家의 말에는 저절로 일가의 풍미가 있다. 예컨대 음악의 이십사조調에는 저마다 운성韻聲이 있으니 그곳이 바로 귀결처이다. 모방하는 사람은 표현은 유사하지만 운치는 없다. 계림雞林[4]을 속일 수 있겠는가!

---

2 섬계(剡溪)에 돌아오는 배 : 섬계는 중국 절강성에 있는 물 이름인데 진나라 왕휘지(王徽之)가 눈 내리는 밤에 친구 대규(戴逵)를 찾아 섬계에 배를 띄워 문 앞까지 갔다가 흥이 다해 그냥 돌아왔다는 고사가 전한다.

3 온백설자(溫伯雪子) : 초나라의 득도자로, 『장자』 「전자방(田子方)」에 소개되었다. "그런 사람은 눈으로 보기만 해도 도를 지니고 있는 것을 알 수 있어서 말을 할 필요도 없다.[若夫人者, 目擊而道存矣, 亦不可以容聲矣.]"

4 계림(雞林) : 계림고(鷄林賈)로, 신라의 장사꾼을 말한다. 백거이의 시가 유명하자 신라의 장사꾼들이 그 시를 보는 대로 사가서 돈을 받고 팔았다는 이야기가 전한다. 『신당서』 「백거이전(白居易傳)」.

『詩說』之作, 非爲能詩者作也, 爲不能詩者作, 而使之能詩, 能詩而後能盡我之說, 是亦爲能詩者作也. 雖然, 以我之說爲盡, 而不造乎自得, 是足以爲能詩哉? 後之賢者, 有如以水投水者乎? 有如得兔忘筌者乎? 噫! 我之說已得罪於古之詩人, 後之人其勿重罪余乎!

『시설詩說』을 지은 것은 시에 능한 자를 위해서가 아니고 시에 능하지 못한 자들로 하여금 시에 능할 수 있도록 하기 위한 것이다. 시에 능하고 나서 나의 설을 완전히 체현한다면 이는 또한 시에 능한 자를 위하여 지은 것이기도 하다. 하지만 나의 설을 극진하다고 여겨 자득에 나아가지 않는다면 시에 능하다 할 수 있겠는가? 훗날 현자들 가운데는 물을 물에 던지는 경우와 같은 사람도 있을 것이고 토끼를 잡았으나 토끼우리를 잊어버리는 것과 같은 경우도 있을 것이다. 아! 나의 설은 이미 옛 시인들에게 죄를 얻었으니 후인들이여 나를 거듭 벌하지는 말지어다!

『창랑시화滄浪詩話』

송宋 엄우嚴羽

엄우嚴羽, 『창랑시화滄浪詩話』 해제

엄우(약 1192~1243)는 자가 의경儀卿, 단구丹邱이며 자호自號가 윤랑포객淪浪逋客이고 소무邵武 사람이다. 대체로 송 영종寧宗, 이종理宗 시기에 활동했다. 평생 벼슬을 하지 않고 시골에 은거해서 사적이 거의 알려져 있지 않다. 다만 엄우보다 조금 나이가 많았던 대복고戴復古가 일찍이 그와 주고받은 시에서 "엄우는 바탕이 고매하여, 과거科擧에 관심두려 하지 않았다. 풍아(風雅 : 시경)와 이소離騷만, 가슴에 들어있었다. 문제는 지론이 너무 고상하여, 세상과 잘 맞지 않았다. 장편에 고시의 기풍이 넘쳐서, 스스로 문호를 세웠다[羽自天姿高, 不肯事科擧. 風雅與騷些, 歷歷在肺腑. 持論傷太高, 與世或齟齬. 長歌激古風, 自立一門戶]"라고 한 것에서 그의 깨끗하고 탈속적인 성격과 그로 인해 강호에 묻혀 홀로 시를 즐겼던 삶을 짐작해볼 수 있다. 그의 시집 『창랑음滄浪吟』에는 시 146수가 실려 있는데 대부분 시대를 못 만난 자신의 불우함을 슬퍼하고 세상을 걱정하는 작품들이다. 그러나 엄우의 시의 성취는 그리 높지 않았고 대신 시 이론에서 대단한 업적을 이뤘다. 『창랑시화』와 「답출계숙임안오경선서答出繼叔臨安吳景仙書」는 뛰어난 시론 저작이다.

송나라 시화에서 엄우의 『창랑시화』는 가장 체계적이고 가장 큰 명성을 누렸다. 책은 모두 다섯 부분으로 나뉘는데 첫 번째는 '시변詩辨'으로, 시 창작과 감상, 비평의 기본 이론을 검토하는, 책 전체의 핵심에 해당하는 부분이다. 두 번째, '시체詩體'는 역대 시들의 체제상 특징, 변화, 분류에 관해 서술한다. 셋째, '시법詩法'은 시 창작의 기본 법칙을 검토, 총괄하며, 넷째, '시평詩評'은 역대 시인들과 그들의 작품을 평가한다. 마지막으로 '고증'은 역대 시인 및 작품의 시대, 진위, 오류 등을 고증, 판별한다.

엄우의 이 책은 강서시파江西詩派, 강호시파江湖詩派, 사령시파四靈詩派를 겨냥하여 나온 것이나 다름없다. 당시 시단은 문자, 학문, 의론을 시로 삼거나, "시끄럽게 떠들고 성난 기운을 펼치거나[叫噪怒張]", 요합姚合, 가도賈島를 본받아서 지나치게 세밀한 데에 집착해 청고淸高함을 해치는 폐단이 있었다. 이에 대해 엄우는 "시의 종지를 정하고[定詩之宗旨]", "성당의 시를 법으로 삼는[以盛唐爲法]" 한편, 시를 쓰는 것도 참선과 같아서 '묘오妙悟'를 통해 성당의 '흥취興趣'의 높은 경지에 이르러야 한다고 주장했다.

엄우의 이른바 '묘오'는 특수한 심미적 감지력과 예술적 창조력을 뜻한다. 시의 학습이 '묘오'에 이른다는 것은, 곧 사물을 반복적으로 헤아리고 깊이 이해하여 어떤 깨달음의 경계에 도달한다는 것이다. 이에 관해 엄우는 '시변'에서 "선의 도는 오직 묘오에 달려있는데, 시의 도 역시 묘오에 달려있다. 맹호연이 학문은 한유보다 훨씬 못하지만 시에 있어서는 한유보다 뛰어난 것은 묘오 때문이다. 깨달아야[悟] 본디 자신이 해왔던 것이 되고 본래 모습의 것이 된다[大抵禪道惟在妙悟, 詩道亦在妙悟. 且孟襄陽學力下韓退之遠甚, 而其詩獨出退之之上者, 一味妙悟而已. 惟悟乃爲當行, 乃爲本色]"라고 말했다. 불교에서의 이른바 '묘오'나 '돈오頓悟'는 오랜 수련을 거쳐 어떤 사물의 계시를 받았을 때 갑자기 불법의 요체를 깨닫는 것을 말한다. 시인이 시를 배우는 것 역시 장기간의 연구와 학습을 거쳐 시의 도를 깨닫고 시의 예술 규칙을 파악하게 된다. 이 과정을 엄우는 또 세 단계로 나누어 말했다. 즉, "시를 배우는 데는 세 단계가 있다. 처음에는 좋고 나쁜 것을 구분하지 못한 채 작품을 써놓으며 붓 가는 대로 쓴다. 점차 부끄러운 줄을 알게 되면서 비로소 두려워하고 움츠러드는데 작품을 완성하기가 극히 어렵다. 그러다가 투철透徹의 경지에 이르면 자유자재로 움직여 손 가는 대로 써도 하나하나가 법칙이 된다[學詩有三節: 其初不識好惡, 連篇累牘, 肆筆而成, 旣識羞愧, 始生畏縮, 成之極難, 及其透徹, 則七縱八橫, 信手拈來, 頭頭是道矣]"라고 했다. 엄우는 세 번째 단계에 이르는 것이야말로 '투철의 깨달음', '제일의第一義의 깨달음'이며, 그 전의 두 단계는 '절반만 이해하는(一知半解) 깨달음', '제이의第二義의 깨달음'일 뿐이라고 생각했다. 그리고 '깨달음'의 기준과 정도는 한, 위, 성당의 높은 묘처妙處에 다다라야만 비로소 '제일의', '투철의 깨달음'이라고 지적했다. 만약 중당과 만당, 양송의 시만 안다면 단지 '절반만 이해하는 깨달음'인 것이다. 다시 구체적으로 말한다면, 위로는 『초사』, 한과 위의 고시, 성당의 명가名家로부터 아래로는 소식, 황정견에 이르기까지 반복하여 참고해야 "바른 길을 잃지 않고[不失正路]" 필히 투철의 깨달음에 이르러서 시 쓰기가 "하나하나 법칙이 된다[頭頭是道]"고 하였다.

한편 '묘오'설과 '별재別才', '별취別趣'설은 구별되면서도 관계가 있다. '별재', '별취'의 뜻을 깊이 이해해야만 '묘오'의 경지에 이를 수 있기 때문이다. 이른바 '별재'란 시인이 시를 짓는 별도의 재질을 뜻하며 책 속의 지식과는 무관하다. 또 '별취'는 시의 특수한 흥취를 말하며 이것은 추상적인 이론에서 나오지 않는다. 사실 '별재'는 시의 형상적 사유능력을, '별취'는 시의 예술적 형상에 대한 감지능력을 뜻한다. 엄우가 별재와 별취를 강조한 것은, 강서시파가 시 쓰기에 관하여 "기이하고 독특한 견해를 가져서[奇特解會]" '재주와 학문', '의론'으로 시를 삼은 것에 대한 반발이었다. 그래서 시는 마땅히 형상성과 서정성을 가져야 하는데, 구체적으로 말하면 '성정을 읊는 것'에 있어서 "뛰어난 시문의 소리[一唱三嘆之音]"를 내어 "언어는 끝나도 의미가 끝이 없는[言有盡而意無窮]" 경지에 이르러서 특수한 '흥미興味'를 갖춰야 한다고 생각했다. 그러나 엄우는 시에 대한 학문과 의론의 작용을 배척하지는 않았다. 오히려 그는 책을 많이 읽고 이치를 깊이 따져야만 '별재'와 '별취'를 구사해 지극한 경지에 이를 수 있다고 생각했다. 단지 시 창작에서 형상적 사유와 논리적 사유를 각기 주된 것과 부차적인 것으로 설정하고 양자를 상보적인 관계로 보았을 뿐이다.

『창랑시화』에서 엄우는 또 특별히 '흥취興趣'로 시를 이야기한다. '흥'은 대체로 외적 사물의 촉발로 인해 생겨난 시인의 감정과 생각을 가리키며 '취'는 정취로서 시의 운미韻味에 해당한다. 엄우는 이 '흥'과 '취'를 결합시켜 하나의 개념으로 만들고 미학 이론의 핵심으로 삼았다. 사실 '흥취'는 '별취'이기도 하며 시의 특수한 표현이다. 그 징표는 첫째, "영양羚羊이 뿔을 나무에 건 것처럼 자취를 찾을 수가 없는 것[羚羊挂角, 無迹可求]"으로서 예술적 의경이 흠 잡을 데 없이 자연스러워서 인공적인 조탁의 흔적이 없는 것이다. 또 둘째는 "투철하고 영롱하지만 어떻게 해도 다가갈 수 없는 것[透徹玲瓏, 不可湊泊]"인데, 예술적 경계가 거울 속 꽃, 물속의 달 같은 형상처럼 '정경교융情景交融'과 '허실상생虛實相生'의 경지여서 "언어는 끝나도 의미가 끝이 없어" 독자들에게 무한한 미감을 불러일으키는 것을 가리킨다. '흥취'설은 종영의 '자미滋味'설과 사공도의 '운미韻味'설을 계승하여 한 걸음 더 발전시킨 것으로 평가받는다.

『창랑시화』는 '흥취'설을 기초로 하여 풍격을 논하는 데에 이른다. 엄우는 시를 아홉 가지 품류, 실제로는 아홉 가지 풍격으로 나누었다. 그것들은 고高, 고古, 심深, 원遠, 장長, 웅혼, 표일, 비장, 처완凄婉이며 이것을 또 '우유불박優游不迫'과 '침착통쾌沈着痛快', 즉 음유陰柔와 양강陽剛, 양대 풍격으로 나누기도 했다. 이 두 가지 중 극치의 경지에 다다를 수 있는 것을 이른바 '입신入神'이라고 한다. 이와 관련해 엄우는 말하길, "시의 극치는 하나이니, 입신이다. 시가 신의 경지에 들면 지극하고 극진하여 더 보탤 것이 없다. 오직 이백과 두보만 터득했으며 다른 사람 가운데 이를 터득한 경우는 드물다[詩之極致有一, 曰入神. 詩而入神, 至矣, 盡矣, 蔑以加矣. 惟李杜得之, 他人得之蓋寡也]"라고 했다. 나아가 엄우의 '입신'설은 한, 위를 존중하고 이백, 두보를 숭배하는 한편, 도연명, 왕유, 이백을 전범으로 하는 '우유불박'의 시 전통과, 두보를 전범으로 하는 '침착통쾌'의 현실주의 정신을 배울 것을 제창하였다.

그런데 엄우의 시학 이론에도 어떤 결함들이 존재한다. 예를 들어 옛 시들을 학습해 '묘오'에 이른다는 관점은 현실 생활의 체험을 소홀히 하는 측면이 있다. 또 예술 풍격에 치중해 시를 논하는 것 역시 지나치게 추상적인 논의라는 비판을 받기도 했다. 그러나 엄우의 예술 규칙에 대한 탐구와 시의 본질에 대한 인식은 시 창작의 예술적 수준을 끌어올리는 데 의심할 여지없이 긍정적인 작용을 하였다. 『창랑시화』는 이후 명, 청 양대에 걸쳐 큰 영향을 주었다. 명 칠자七子의 복고 이론, 경릉파竟陵派의 '설불출說不出'론, 그리고 왕사정의 '신운설神韻說'은 모두 『창랑시화』의 영향 아래 발생하였다.

창랑시화滄浪詩話

송宋 엄우嚴羽

詩辯시변

禪家者流, 乘有小大, 宗有南北, 道有邪正. 學者須從最上乘, 具正法眼, 悟第一義. 若小乘禪, 聲聞・辟支果, 皆非正也. 論詩如論禪, 漢·魏·晉與盛唐之詩, 則第一義也. 大曆以還之詩, 則小乘禪也, 已落第二義矣. 晚唐之詩, 則聲聞・辟支果也. 學漢·魏·晉與盛唐詩者, 臨濟下也. 學大曆以還之詩者, 曹洞下也. 大抵禪道惟在妙悟, 詩道亦在妙悟. 且孟襄陽學力下韓退之遠甚, 而其詩獨出退之之上者, 一味妙悟而已. 惟悟乃爲當行, 乃爲本色. 然悟有淺深, 有分限, 有透徹之悟, 有但得一知半解之悟. 漢魏尚矣, 不假悟也. 謝靈運至盛唐諸公, 透徹之悟也, 他雖有悟者, 皆非第一義也. 我評之非僭也, 辯之非妄也, 天下有可廢之人, 無可廢之言. 詩道如是也. 若以爲不然, 則是見詩之不廣, 參詩之不熟耳. 試取漢魏之詩而熟參之, 次取晉宋之詩而熟參之, 次取南北朝之詩而熟參之, 次取沈宋王楊盧駱陳拾遺之詩而熟參之, 次取開元天寶諸家之詩而熟參之, 次獨取李杜二公之詩而熟參之, 又取大曆十才子之詩而熟參之, 又取元和之詩而熟參之,① 又盡取晩唐諸家之詩而熟參之, 又取本朝蘇黃以下諸家之詩而熟參之, 其眞是非自有不能隱者. 倘猶於此而無見焉, 則是野狐外道蒙蔽其眞識, 不可救藥, 終不悟也. 夫學詩者以識爲主, 入門須正, 立志須高. 以漢魏晉盛唐爲師, 不作開元·天寶以下人物. 若自退屈, 卽有下劣詩魔入其肺腑之間, 由立志之不高也. 行有未至, 可加工力. 路頭一差, 愈騖愈遠, 由入門之不正也. 故曰, 學其上僅得其中. 學其中 斯爲下矣. 又曰, 見過于師, 僅堪傳授, 見與師齊, 減師半德也. 工夫須從上做下, 不可從下做上. 先須熟讀『楚辭』, 朝夕諷詠, 以爲之本. 及讀『古詩十九首』, 樂府四篇, 李陵・蘇武漢魏五言, 皆須熟讀, 卽以李杜二集枕藉觀之, 如今人之治經. 然後博取盛唐名家, 醞釀胸中, 久之自然悟入. 雖學之不至, 亦不失正路. 此乃是從頂𩕳上做來, 謂之向上一路, 謂之直截根源, 謂之頓門, 謂之單刀直入也.

① 此二句據『詩人玉屑』補.

선가禪家의 유파로 승에는 소승小乘과 대승大乘이 있고 종에는 남종南宗과 북종北宗이 있으며 도에는 사도邪道와 정도正道가 있다. 배우는 사람은 반드시 최상승最上乘을 따르고 정법안正法眼을 갖추며 제일의第一義를 깨달아야 한다. 소승의 선禪이나 성문聲聞[1]・벽지과辟支果[2] 따위는 모두 바른 것이 아니다. 시를 논하는 것은 선을 논하는 것과 같아서 한・위・진과 성당의 시가 제일의第一義이다. 대력(大曆 : 766~779) 이후의 시

1 성문(聲聞) : 삼승(三乘)의 하나로, 특히 스스로 깨달음을 얻기 위해 힘쓰는 성자를 위해 설해진 가르침이며 성문의 최고 목표인 아라한으로 인도하는 가르침이다.

2 벽지과(辟支果) : 5과(果)의 하나인 벽지불과(辟支佛果)를 말한다. '독각'(獨覺 : 혼자 깨달음)이라는 뜻으로, 벽지불(辟支佛)의 경지에 이른 것을 가리킨다.

는 소승의 선으로, 이미 두 번째로 떨어졌다. 만당의 시는 성문과 벽지과이다. 한·위·진과 성당의 시를 배우는 사람은 임제臨濟[3]의 문하이고, 대력 이후의 시를 배우는 사람은 조동曹洞[4]의 문하이다. 선의 도는 오직 오묘한 깨침에 달려있는데, 시의 도 역시 오묘한 깨침에 달려있다. 맹양양(孟襄陽 : 맹호연)이 학문은 한퇴지(韓退之 : 한유)보다 훨씬 못하지만 시에 있어서는 한유보다 뛰어난 것은 오묘한 깨침 때문이다. 깨쳐야만 본디 자신이 해왔던 것이 되고 본래 모습의 것이 된다. 하지만 깨침에는 깊이가 있고 구분이 있어서, 투철한 깨침이 있는가 하면 절반 정도만 이해하는 깨침도 있다. 한·위는 시대가 오래전이어서 미처 깨침에 이르지 못했다. 사령운에서부터 성당의 몇몇 작가들은 투철한 깨침이고 그 밖에는 깨침이기는 해도 모두 첫 번째는 아니다. 내가 비평하는 것은 분수에 넘치는 일이 아니고 변론하는 것은 망령된 것도 아니니 세상에 쓸모없는 사람은 있으나 쓸모없는 말은 없다. 시의 도란 이러하다. 그렇지 않다고 생각한다면 이는 시를 널리 보지 못하고 시를 충분히 참고하지 못했기 때문이다. 시험 삼아 한·위의 시를 충분히 참고하고, 그다음 진·송의 시를 충분히 참고하고, 그다음 남북조의 시를 충분히 참고하고, 그다음 심전기·송지문·왕발·양형楊炯·노조린盧照隣·낙빈왕駱賓王·진습유(陳拾遺 : 진자앙陳子昂)의 시를 충분히 참고하고, 개원·천보 시기 작가들의 시를 충분히 참고하고, 그다음 이백과 두보의 시를 충분히 참고하고, 다시 대력십재자大曆十才子의 시를 충분히 참고하고, 원화 시기의 시를 충분히 참고하고, 이어서 만당 작가들의 시를 모두 참고하고, 다시 본조本朝의 소식과 황정견 이하 여러 시인들의 시를 참고하면 그 진면목이 저절로 드러날 것이다.

---

3 임제(臨濟) : 불교 선종의 오가(五家) 칠종(七宗) 가운데 하나인 임제종(臨濟宗). 육조(六祖) 혜능(慧能)의 제자인 남악 회양(南嶽懷讓)의 계열로, 당나라 임제 의현(臨濟義玄)에 의해 개창되었다.

4 조동(曹洞) : 불교 선종의 오가 칠종 가운데 하나인 조동종(曹洞宗)을 말한다. 육조 혜능에서 4대를 지나 당나라 동산양개(洞山良介)에 와서 성립되었다.

이렇게 하고도 간파하지 못한다면, 도를 벗어난 야호선野狐禪[5]으로 참된 식견이 가려진 것이니 약으로도 구제할 수가 없어 끝내 깨닫지 못할 것이다.

시를 배우려는 사람은 식견(識)을 근본으로 삼아 배움의 시작을 바르게 해야 하고 뜻을 높게 가져야 한다. 한·위진·성당을 기준으로 삼아야지 개원·천보 이후의 인물을 기준 삼아서는 안 된다. 만약 움츠러들게 되면 열등한 시마詩魔가 가슴 깊이 파고드는데 이는 세운 뜻이 높지 않기 때문이다. 가는 길이 미진할 때는 좀 더 힘을 내야 한다. 방향이 한번 틀어지면 갈수록 정도에서 멀어지는데 이는 배움의 시작이 바르지 않기 때문이다. 그래서 "상등의 것을 배우면 중등이라도 얻지만 중등의 것을 배우면 결국 하등이 된다"라고 했다. 그리고 또 "식견이 스승을 넘어서면 그런대로 전수를 받을 만하지만 스승과 비슷하면 스승보다 성과가 절반이 준다"라고 하였다. 공부는 반드시 위에서 아래로 내려가야지 아래에서 위로 올라가서는 안 된다. 먼저 『초사』를 충분히 읽고 아침저녁으로 읊조려 이를 근간으로 삼은 뒤, 「고시십구수」를 읽고, 악부 네 편과 이릉과 소무 및 한·위의 오언시를 모두 숙독하고, 이백과 두보 두 대가의 시집을 베갯머리에 두고서 요즘 사람들이 경학을 연구하듯 깊이 들여다봐야 한다. 그러고 나서 성당의 유명 작가들의 시를 널리 취하여 가슴속에 삭히며 시간이 흐르다보면 저절로 깨치게 된다. 그렇게 하면 배움이 높은 경지에 이르지 못한다 해도 바른 길을 잃지는 않을 것이다. 이것은 정수리에서부터 공부해가는 것으로, '향상일로向上一路'[6]라고 하기도 하고, '직절근원直截根源'[7]이라 하기도 하고, '돈문頓

5 야호선(野狐禪) : 선학(禪學)을 닦는 사람 중에서 아직 깨닫지 못한 상태인데 깨달았다고 자만하는 이를 낮추어 부르는 말이다.

6 향상일로(向上一路) : 말이나 생각으로 도달할 수 없는 절대 깨침의 경지이다.

7 직절근원(直截根源) : 직각(直覺)으로 분별하여 근원을 파헤치는 것이다.

門'[8] 또는 '단도직입單刀直入'[9]이라고 하기도 한다.

① 이 2구는 『시인옥설詩人玉屑』에 의거해 보완했다.

詩之法有五 : 曰體製, 曰格力, 曰氣象, 曰興趣, 曰音節.

시의 법에 다섯 가지가 있으니 체제體製와 격력格力과 기상과 흥취와 음절音節이다.

詩之品有九 : 曰高, 曰古, 曰深, 曰遠, 曰長, 曰雄渾, 曰飄逸, 曰悲壯, 曰淒婉.

시의 품격에 아홉 가지가 있으니, 고高와 고古와 심深과 원遠과 장(長 : 유장)과 웅혼과 표일과 비장과 처완(淒婉 : 처절과 애원)이다.

其用工有三 : 曰起結, 曰句法, 曰字眼.

관심을 기울여야 할 것으로 세 가지가 있으니 기결(起結 : 시작과 끝)과 구법句法과 자안字眼이다.

其大概有二 : 曰優游不迫, 曰沈着痛快.

---

8 돈문(頓門) : 단박에 깨닫는 수행법의 하나이다.

9 단도직입(單刀直入) : 생각과 분별과 언어에 구애됨 없이 바로 진리의 경계로 들어가는 것이다.

크게 아우를 것으로 두 가지가 있으니 여유로우며 서두르지 않는 것과 차분하며 힘찬 것이다.

詩之極致有一, 曰入神. 詩而入神, 至矣, 盡矣, 蔑以加矣. 惟李·杜得之, 他人得之蓋寡也.

시의 극치는 하나이니, 입신入神이다. 시가 신의 경지에 들면 지극하고 극진하여 더 보탤 것이 없다. 오직 이백과 두보만 터득했으며 다른 사람 가운데 이를 터득한 경우는 드물다.

夫詩有別材, 非關書也, 詩有別趣, 非關理也. 然非多讀書, 多窮理, 則不能極其至, 所謂不涉理路不落言筌者上也. 詩者, 吟詠情性也, 盛唐諸人, 惟在興趣, 羚羊挂角, 無迹可求. 故其妙處, 透徹玲瓏, 不可湊泊. 如空中之音, 相中之色, 水中之月, 鏡中之象, 言有盡而意無窮. 近代諸公乃作奇特解會, 遂以文字爲詩, 以才學爲詩, 以議論爲詩, 夫豈不工, 終非古人之詩也, 蓋於一唱三歎之音, 有所歉焉. 且其作多務使事, 不問興致, 用字必有來歷, 押韻必有出處, 讀之反覆終篇, 不知着到何處. 其末流甚者, 叫噪怒張, 殊乖忠厚之風, 殆以罵詈爲詩. 詩而至此, 可謂一厄也. 然則近代之詩無取乎? 曰 : 有之, 吾取其合於古人者而已. 國初之詩, 尚沿襲唐人, 王黃州學白樂天, 楊文公劉中山學李商隱, 盛文肅學韋蘇州, 歐陽公學韓退之古詩, 梅聖兪學唐人平淡處. 至東坡山谷始自出己意以爲詩, 唐人之風變矣. 山谷用工尤爲深刻, 其後法席盛行, 海內稱爲江西宗派. 近世趙紫芝翁靈舒輩, 獨喜賈島姚合之詩, 稍稍復就清苦之風. 江湖詩人多效其體, 一時自謂之唐宗. 不知袛入聲聞·辟支之果, 豈盛唐諸公大乘正法眼者哉? 嗟乎! 正法眼之無傳久矣. 唐詩之說未唱,唐詩之道或有時而明也. 今旣唱其體曰唐詩矣, 則學者謂唐詩誠止於是耳, 得非詩道之重不幸邪! 故余不自量度, 輒定詩之宗旨, 且借禪以爲喻, 推原漢魏以來, 而截然謂當以盛唐爲法【後舍漢魏而獨言盛唐者, 謂古律之體備也.】, 雖獲罪於世之君子, 不辭也.

시는 특별한 재능이 필요한 것으로 글 공부와 관계가 없다. 또 시는 별도의 흥취가 필요한 것으로 철리哲理와도 관계가 없다. 그러나 책을 많이 읽고 철리를 많이 탐구하지 않으면 최고의 경지에는 도달할 수 없으니 이른바 이치의 길에 얽매이지 않고 말의 통발에 빠지지 않는 것이 최상이다. 시는 사람의 성정을 읊는 것인바, 성당의 시인들은 오직 흥취에 주력하였으니 그것은 영양羚羊이 뿔을 나무에 건 것처럼 자취를 찾을 수가 없다. 그래서 그들의 시의 절묘함은 투철하고 영롱하지만 어떻게 해도 다가갈 수 없다. 마치 공중의 소리, 외형 속의 색깔, 물속의 달, 거울 속의 허상과 같아서 언어는 끝나도 의미가 끝이 없다. 근래에 여러 분들이 기이하고 독특한 견해를 가져서 결국 문장(산문)으로 시를 짓고, 재능과 학식으로 시를 짓고, 의론으로 시를 짓곤 하는데, 뛰어나지 않은 것은 아니지만 결국 옛사람의 시는 아니다. 일창삼탄一唱三歎[10]의 음에는 부족한 것이다. 뿐만 아니라 그 작품들은 대부분 고시를 사용하는데 힘쓰고, 흥취는 묻지 않으며, 사용한 글자에는 반드시 내력이 있고, 압운에도 반드시 출처가 있어야 하니 처음부터 끝까지 되풀이해서 읽노라면 어디에 가 닿는지를 알 수 없게 된다. 그 말단의 부류 가운데 심한 이들은 시끄럽게 떠들고 성난 기운을 펼쳐서 충직하고 돈후한 시풍에 매우 어긋나니, 거의 욕지거리로 시를 짓고 있

10 일창삼탄(一唱三歎) : 한 사람이 노래를 선창하면 세 사람이 화답한다는 뜻인데 시문이 매우 뛰어난 것을 가리킨다. 『예기』 「악기」에서 "청묘(淸廟)의 슬(瑟)은 붉은 현(絃)으로 되어 있고 소리가 느릿하여서 한 사람이 선창하면 세 사람이 화답하여 여음(餘音)이 있다[淸廟之瑟, 朱弦而疏越, 壹倡而三歎, 有遺音者矣]"라고 하였다.

다. 시가 이 지경에 이른다면 재앙이라 할 만하다. "그렇다면 근래의 시는 취할 것이 없단 말인가?"라고 묻는다면 '있다'라고 답할 것이다. 그중에서 옛사람과 합치되는 것만 취하면 되기 때문이다. 개국 초의 시는 여전히 당나라 시인들을 답습해서, 왕황주(王黃州 : 왕우칭王禹偁)는 백거이를 본받았고, 양문공(楊文公 : 양억楊億)과 유중산(劉中山 : 유반劉攽)은 이상은을 본받았고, 성문숙(盛文肅 : 성도盛度)은 위응물을 본받았으며, 구양공(歐陽公 : 구양수)은 한유의 고시를 본받았고, 매요신은 당나라 시인의 평이함과 담박함(平淡)을 본받았다. 동파(東坡 : 소식)와 산곡(山谷 : 황정견)이 비로소 자신의 생각을 드러내 시를 지으면서 당나라 시인의 기풍이 변하였다. 황정견이 특히 공부에 심혈을 기울였는데 그 후에 그를 따르는 무리들이 성황을 이뤄 세상에서 강서시파江西詩派라 불렀다. 근래 조자지趙紫芝와 옹령서(翁靈舒 : 옹권翁卷) 등이 유독 가도와 요합姚合의 시를 좋아하여 차츰 청고淸苦한 기풍으로 나아갔는데, 강호시인들이 다들 그 시체를 본받아서 한때 스스로를 당시唐詩의 정종正宗이라 했다. 하지만 성문聲聞과 벽지과辟支果로 빠져들었음을 몰랐으니 어찌 성당 시인들의 대승정법안大乘正法眼이라 할 수 있겠는가. 아, 정법안이 전해지지 않은 지 오래이다. 당시唐詩에 대한 논설이 제창되지 않을 때도 당시의 도가 간혹 밝아지곤 했지만, 지금 이미 그 시체를 당시라고 제창했다면 배우는 사람들이 당시가 정말 이에 그칠 뿐이라고 말하게 될 테니 그렇게 되면 시도詩道의 거듭된 불행이지 않겠는가. 그래서 내가 자신의 역량을 헤아리지 않고서 바로 시의 종지를 확정하고, 또 선禪을 비유로 삼아 한·위 이래의 시들을 두루 살펴 성당을 모범으로 삼아야 한다고 단언한다【후에 한과 위를 버리고 오직 성당만 말한 것은 당에 들어와서 고시와 율시의 형식이 완비되었기 때문이다】. 이것이 설령 세상 식자들로부터 비난을 받더라도 사양하지 않겠다.

詩體시체

『風』·『雅』·『頌』旣亡, 一變而爲『離騷』, 再變而爲西漢五言, 三變而爲歌行雜體, 四變而爲沈宋律詩. 五言起於李陵·蘇武【或云枚乘】, 七言起於漢武柏梁, 四言起於漢楚王傅韋孟, 六言起於漢司農谷永, 三言起於晉夏侯湛, 九言起於高貴鄕公.

『풍風』·『아雅』·『송頌』이 사라진 뒤, 처음 변해 『이소』가 되었고, 두 번 변해 서한의 오언시가 되었고, 세 번 변해 가행歌行 형식의 잡체雜體가 되었고, 네 번 변해 심전기와 송지문의 율시가 되었다. 오언시는 이릉과 소무에서 시작됐고【혹자는 매승枚乘이라고도 한다】, 칠언시는 한 무제의 「백량柏梁」에서 시작됐고, 사언시는 한 초왕漢楚王의 스승 위맹韋孟에서 시작됐고, 육언시는 한나라의 사농司農 곡영谷永에서 시작됐고, 삼언시는 진晉의 하후담夏侯湛에서 시작됐고, 구언시는 고귀향공(高貴鄕公 : 조모曹髦)에서 시작됐다.

以時而論, 則有建安體【漢末年號. 曹子建父子及鄴中七子之詩】, 黃初體【魏年號. 與建安相接. 其體一也】, 正始體【魏年號. 嵇·阮諸公之詩】, 太康體【晉年號. 左思·潘岳·三張·二陸諸公之詩】, 元嘉體【宋年號. 鮑·顏·謝諸公之詩】, 永明體【齊年號. 齊諸公之詩】, 齊梁體【通兩朝而言之】, 南北朝體【通魏·周而言之. 與齊·梁體一也】, 唐初體【唐初猶襲陳·隋之體】, 盛唐體【景雲以後, 開元·天寶諸公之詩】, 大曆體【大曆十才子之詩】, 元和體【元·白諸公】, 晩唐體, 本朝體【通前後而言之】, 元祐體【蘇·黃·陳諸公】, 江西宗派體【山谷爲之宗】,

시대에 따른 시체를 논한다면 건안체建安體【한말漢末의 연호. 조식 부자 및 업중칠자鄴中七子[11]의 시가 여기에 속한다】, 황초체黃初體【위魏의 연호. 건안을 뒤이은 시기이며, 건안체와 동일하다】, 정시체正始體【위의 연호. 혜강과 완적 등의 시가 여기에 해당한다】, 태강체太康體【진晉의 연호. 좌사와 반악, 두 장씨(張氏 : 장재張載와 장협張協)와 두 육씨(陸氏 : 육기와 육운陸雲)를 포함한 시인들이 이에 해당한다】, 원가체元嘉體【송宋의 연호. 포조·안연지·사령운을 포함한 시인들이 이에 해당한다】, 영명체永明體【제의 연호. 제나라 시인들의 시가 이에 해당한다】, 제량체齊梁體【제와 양 두 시대를 함께 말한다】, 남북조체【북위와 북주의 시체를 통칭한 것으로, 제량체와 동일한 시체이다】, 당초체唐初體【당 초기에는 여전히 진陳과 수의 시체를 답습했다】, 성당체盛唐體【경운(景雲 : 710~711) 이후 개원·천보 연간의 시인들의 시가 이에 속한다】, 대력체大曆體【대력십재자大曆十才子의 시를 말한다】, 원화체元和體【원진과 백거이 등의 시가 이에 해당된다】, 만당체, 본조체本朝體【전·후 시기를 통칭한다】, 원우체元祐體【소식·황정견·진사도 등의 시가 이에 속한다】, 강서종파江西宗派의 시체【황정견이 그 종주다】가 있다.

以人而論, 則有蘇李體【李陵·蘇武】, 曹劉體【子建·公幹】, 陶體【淵明】, 謝體【靈運】, 徐庾體【徐陵·庾信】, 沈宋體【佺期·之問】, 陳拾遺體【陳子昂】, 王楊盧駱體【王勃·楊炯·盧照鄰·駱賓王】, 張曲江體【始興文獻公九齡】, 少陵體, 太白體, 高達夫體【高常侍適】, 孟浩然體·岑嘉州體【岑參】, 王右丞體【王維】, 韋蘇州體【韋應物】, 韓昌黎體, 柳子厚體, 韋柳體【蘇州與儀曹合言之】, 李長吉體, 李商隱體【卽西崑體也】, 盧仝體,

11 업중칠자(鄴中七子) : 후한 건안 연간에 시문으로 이름을 떨친 칠 인, 즉 공융(孔融)·진임(陳琳)·왕찬(王粲)·서간(徐幹)·완우(阮瑀)·응창(應暢)·유정(劉楨)을 말하는데, 모두 업(鄴) 땅에 살았으므로 이렇게 불렸다.

白樂天體, 元白體【微之·樂天, 其體一也】, 杜牧之體, 張籍王建體【謂樂府之體同也】, 賈浪仙體, 孟東野體, 杜荀鶴體, 東坡體, 山谷體, 后山體【后山本學杜, 其語似之者但數篇, 他或似而不全, 又其他則本其自體耳】, 王荊公體【公絶句最高, 其得意處高出蘇·黃·陳之上, 而與唐人尙隔一關】, 邵康節體, 陳簡齋體【陳去非與義也. 亦江西之派而小異】, 楊誠齋體【其初學半山·后山, 最後亦學絶句於唐人. 已而盡棄諸家之體而別出機杼, 蓋其自序如此也】.

시인에 따른 시체를 논한다면, 소리체蘇李體【이릉李陵과 소무蘇武의 시체이다】, 조유체曹劉體【조식과 유정劉楨의 시체이다】, 도체陶體【도연명의 시체이다】, 사체謝體【사령운의 시체이다】, 서유체徐庾體【서릉徐陵과 유신庾信의 시체이다】, 심송체沈宋體【심전기와 송지문의 시체이다】, 진습유체陳拾遺體【진자앙의 시체이다】, 왕양노낙체王楊盧駱體【왕발·양형·노조린·낙빈왕의 시체이다】, 장곡강체張曲江體【시흥始興의 문헌공文獻公 장구령張九齡의 시체이다】, 소릉체少陵體, 이백체太白體, 고달부체高達夫體【상시常侍 고적高適의 시체이다】, 맹호연체, 잠가주체岑嘉州體【잠삼의 시체이다】, 왕우승체王右丞體【왕유의 시체이다】, 위소주체韋蘇州體【위응물의 시체이다】, 한창려체韓昌黎體, 유자후체柳子厚體, 위류체韋柳體【위응물과 유종원을 함께 칭하는 시체이다】, 이장길체李長吉體, 이상은체李商隱體【서곤체西崑體이다】, 노동체盧仝體, 백낙천체白樂天體, 원백체元白體【원진과 백거이를 함께 칭하는 시체이다】, 두목지체杜牧之體, 장적왕건체張籍王建體【악부시체와 동일하다】, 가랑선체價浪仙體, 맹동야체孟東野體, 두순학체杜荀鶴體, 동파체東坡體, 산곡체山谷體, 후산체后山體【후산 진사도는 본래 두보를 배웠지만 그 표현이 두보와 같은 것은 단지 몇 편에 불과하고 나머지도 더러 두보와 유사하지만 완전히 일치하지는 않으며 여타의 것들은 본디 그 자신의 시체이다】, 왕형공체王荊公體【형공 왕안석은 절구가 가장 뛰어난데 득의의 작품은 소식·황정견·진사도보다 훨씬 뛰어나지만 당나라 시인과는 아직 하나의 간극이 존재한다], 소강절체邵康節體, 진간재체陳簡齋體[진여의陳與義이다. 강서시파에 속하면서도 약간 다르다], 양성재체楊誠齋體[처음엔 왕안석·진사도를 배웠지만 나중에는 당나라 시인의 절구를 배웠다. 그러고 나서 여러 시인들의 시체를 모두 버리고 자신의 독특한 기풍을 내놓았다. 자신의 문집 서문에서 이와 같이 서술했다]가 있다.

又有所謂選體[選詩時代不同, 體製隨異, 今人例用五言古詩爲選體非也], 柏梁體[漢武帝與羣臣共賦七言, 每句用韻, 後人謂此體爲柏梁], 玉臺體[『玉臺集』, 乃徐陵所序, 漢·魏·六朝之詩皆有之. 或者但謂纖艷者爲玉臺體, 其實則不然], 西崑體[卽李商隱體, 然兼溫庭筠及本朝楊·劉諸公而名之也], 香匳體[韓偓之詩, 皆裾裙脂粉之語. 有『香奩集』], 宮體[梁簡文傷于輕靡, 時號宮體. 其他體製尙或不一, 然大概不出此耳] 有古詩, 有近體[卽律詩也], 有絶句, 有雜言, 有三五七言[自三言而終以七言, 隋鄭世翼有此詩: "秋風淸, 秋月明. 落葉聚還散, 寒鴉棲復驚. 相思相見知何日, 此時此夜難爲情."], 有半五六言[晉傅休奕「鴻雁生塞北」之篇是也], 有一字至七字[唐張南史「雪月花草」等篇是也. 又隋人應詔有三十字, 凡三句七言·一句九言, 不足爲法, 故不列於此也], 有三句之歌[高祖「大風歌」是也. 古「華山畿」二十五首, 皆三句之詞, 其他古人詩多如此者], 有兩句之歌[荊卿「易水歌」是也. 又古詩「靑驄白馬」·「共戲樂」·「女兒子」之類, 皆兩句之詞也], 有一句之歌[『漢書』"枹鼓不鳴董少年", 一句之歌也. 又漢童謠"千乘萬騎上北邙", 梁童謠"靑絲白馬壽陽來", 皆一句也], 有口號[或四句, 或八句], 有歌行[古有鞠歌行·放歌行·長歌行·短歌行. 又有單以歌名者, 行名者, 不可枚述], 有樂府[漢武帝定郊祀, 立樂府, 采趙·代·秦·楚之謳以入樂府, 以其音調可被于絃管也. 樂府俱備衆體, 兼統衆名也], 有楚詞[屈原以下倣楚詞者,皆謂之楚詞】, 有琴操【古有「水仙操」, 辛德源所作. 「別鶴操」, 商陵牧子所作】, 有謠【沈炯有「獨酌謠」, 王昌齡有「箜篌謠」, 穆天子傳有「白雲謠」也】, 曰吟【古詞有「隴頭吟」, 孔明有「梁父吟」, 文君有「白頭吟」】, 曰詞【『選』有漢武「秋風詞」, 樂府有「木蘭詞」】, 曰引【古曲有「霹靂引」·「走馬引」·「飛龍引」】, 曰詠【『選』有「五君詠」, 唐儲光義有「羣鴟詠」】①, 曰曲【古有「大堤曲」, 梁簡文有「烏棲曲」】, 曰篇【『選』有「名都篇」·「京洛篇」·「白馬篇」】, 曰唱【魏武帝有「氣出唱」】, 曰弄【古樂府有「江南弄」】, 曰長調, 曰短調. 有四聲, 有八病【四聲設于周顒, 八病嚴于沈約. 八病謂平頭·上尾·蜂腰·鶴膝·大韻·小韻·旁紐·正紐之辨. 作詩正不必拘此, 敝法不足據也】. 又有以歎名者【古詞有「楚妃歎」·有「明君歎」】, 以愁名者【『選』有「四愁」, 樂府有「獨處愁」】, 以哀名者【『選』有「七哀」, 少陵有「八哀」】, 以怨名者【古詞有「寒夜怨」·「玉階怨」】, 以思名者【太白有「靜夜思」】, 以樂名者【齊武帝有「估客樂」, 宋臧質有「石城樂」】, 以別名者【子美有「無家別」·「垂老別」·「新婚別」】. 有全篇雙聲疊韻者【東坡經字韻詩是也】, 有全篇字皆平聲者【天隨子「夏日」詩四十字, 皆是平. 又有一句全平, 一句全仄者】, 有全篇字皆仄聲者【梅聖兪「酌酒與婦飮」之詩是也】, 有律詩上下句雙用韻者【第一句, 第三五七句押一仄韻. 第二句, 第四六八句押一平韻. 唐章碣有此體, 不足爲法, 漫列于此, 以備其體耳. 又有四句平入之體, 四句仄入之體, 無關詩道, 今皆不取】, 有轆轤韻者【雙出雙入】, 有進退韻者【一進一退】, 有古詩一韻兩用者【『文選』曹子建「美女篇」有兩"難"字, 謝康樂「述祖德」詩有兩"人"字, 其後多有之】, 有古詩一韻三用者【『文選』任彦昇「哭范僕射」詩, 三用"情"字也】, 有古詩三韻六七用者【古「焦仲卿妻」詩是也】, 有古詩重用二十許韻者【「焦仲卿妻」詩是也】, 有古詩旁取六七許韻者【韓退之"此日足可惜"篇是也. 凡雜用東·冬·江·陽·庚·青六韻. 歐陽公謂"退之遇寬韻則故旁入他韻", 非也. 此乃用古韻耳, 於『集韻』自見之】, 有古詩全不押韻者【古「採蓮曲」是也】, 有律詩至百五十韻者【少陵有百韻律詩,② 白樂天亦有之, 而本朝王黃州有百五十韻五言律】, 有律詩止三韻者【唐人有六句五言律, 如李益詩"漢家今上郡, 秦塞古長城. 有日雲常慘, 無風沙自驚. 當今天子聖, 不戰四方平"是也】. 有律詩徹首尾對者【少陵多此體, 不可概擧】, 有律詩徹首尾不對者【盛唐諸公有此體, 如孟浩然詩: "挂席東南望, 青山水國遙. 舳艫爭利涉, 來往接風潮. 問我今何適, 天台訪石橋. 坐看霞色晩, 疑是赤城標." 又"水國無邊際"之篇, 又太白"牛渚西江夜"之篇, 皆文從字順, 音韻鏗鏘, 八句皆無對偶者】, 有後章字接前章者【曹子建「贈白馬王彪」之詩是也】, 有四句通義者【如少陵"神女峯娟妙, 昭君宅有無." 曲留明怨惜, 夢盡失歡娛."是也】. 有絶句折腰者, 有八句折腰者. 有擬古, 有連句, 有集句, 有分題【古人分題, 或各賦一物, 如云送某人分題得某物也. 或曰探題】. 有分韻, 有用韻, 有和韻, 有借韻【如押七支韻, 可借八微或十二齊一韻是也】, 有協韻【『楚詞』及『選』詩多用協韻】, 有今韻, 有古韻【如退之「此日足可惜」詩用古韻也, 『選』詩蓋多如此】. 有古律【陳子昂及盛唐諸公多此體】, 有今律. 有頷聯, 有頸聯, 有發端, 有落句【結句也】. 有十字對【劉昚虛"滄浪千萬里, 日夜一孤舟"是也】, 有十字句【常建"曲徑通幽處, 禪房花木深"等是也】, 有十四字對【劉長卿"江客不堪頻北望, 塞鴻何事又南飛"是也】, 有十四字句【崔顥"黃鶴一去不復反, 白雲千載空悠悠", 又太白"鸚䳇西飛隴山去, 芳洲之樹何青青"是也】. 有扇對【又謂之隔句對, 如鄭都官"昔年共照松溪影,③ 松折碑荒僧已無. 今日還思錦城事, 雪消花謝夢何如"是也. 蓋以第一句對第三句,④ 第二句對第四句】, 有借對【孟浩然"廚人具雞黍, 稚子摘楊梅", 太白"水舂雲母碓, 風掃石楠花", 少陵"竹葉於人旣無分, 菊花從此不須開"是也】, 有就句對【又曰當句有對, 如少陵"小院迴廊春寂寂, 浴鳧飛鷺晩悠悠", 李嘉祐"孤雲獨鳥川光暮, 萬里千山海氣秋"是也. 前輩於文亦多此體, 如王勃"龍光射牛斗之墟, 徐孺下陳蕃之榻", 乃就句對也】.

① '䳇'原缺, 據『玉屑』補.

② '百'原作'古', 據『談藝珠叢』本改.

③ '影'原作'隱', 據『珠叢』本改.

④ '三句'上原脫'第'字, 據『珠叢』本補.

그 밖에 문선체文選體【『문선』은 수록된 시대가 다르고 시의 체제도 그에 따라 다른데, 지금 사람들이 으레 오언고시를 문선체라고 하는 것은 잘못이다】, 백량체柏梁體【한 무제와 여러 신하들이 칠언시를 지을 때 매 구마다 운을 사용했는데 후인들이 이 시체를 백량체라 했다】, 옥대체玉臺體【『옥대집玉臺集』은 서릉徐陵이 서문을 썼으며, 한·위·육조의 시가 모두 들어 있다. 혹자는 섬세하고 염정이 넘치는 작품을 옥대체라고 주장하는데 사실은 그렇지 않다】, 서곤체西崑體【바로 이상은의 시체이다. 그러나 온정균과 송나라의 양억·유균 등을 모두 포함하여 명명한 것이다】, 향렴체香奩體【한악韓偓의 시는 모두 아녀자와 유관한 시어들로 이루어져 있으며 『향렴집香奩集』이 있다】, 궁체宮體【양간문제簡文帝의 시는 지나치게 가볍고 화려하여 당시에 궁체라고 했다. 그 밖의 형식이 하나 둘이 아니지만 대체로 여기서 벗어나지 않는다】가 있다.

그리고 고체시, 근체시【바로 율시이다】, 절구시, 잡언시, 삼오칠언시三五七言詩【삼언으로 시작하여 칠언으로 끝나는 형식으로, 수나라 정세익鄭世翼이 이런 시를 남겼다. "가을바람 맑고, 가을달 밝다. 낙엽은 모였다가 흩어지고, 까마귀는 깃들었다 놀란다. 그리운 이 언제 볼 수 있을까, 지금 이 밤 마음 가누기 어렵구나[秋風淸, 秋月明. 落葉聚還散, 寒鴉棲復驚, 相思相見知何日, 此時此夜難爲情]"】,[12] 반오육언시半五六言詩【진晉나라 부휴혁(傅休奕 : 부현傅玄)의 「홍안생새북鴻雁生塞北」이 이에 속한다】, 일자지칠자시一字至七字詩【당나라 장남사張南史의 「설월화초雪月花草」 등이 이에 속한다. 수나라 응조應詔는 삼십자시三十字詩를 지었는데, 세 구는

12 이백의 「삼오칠언(三五七言)」.

칠언이고 한 구는 구언이다. 시의 법칙으로 삼을 수 없기에 여기에 열거하지 않는다], 삼구三句의 노래[한 고조의 「대풍가大風歌」가 이에 속한다. 고시 「화산기華山畿」 35수는 대부분 삼구시인데 기타 고시들도 이와 같은 경우가 많다], 양구兩句의 노래[형가荊軻의 「역수가易水歌」가 이에 속한다. 또 고시 가운데 「청총백마青驄白馬」·「공희악共戲樂」·「여아자女兒子」 등의 시도 모두 양구의 시이다], 일구一句의 노래[『한서』에 나오는 "신문고申聞鼓 칠 일 없는 동소년董少年[枹鼓不鳴董少年]"[13]이 바로 일구의 노래이다. 또 한나라 동요 "수천 수만의 수레와 말들이 북망산을 오르네[千乘萬騎上北邙]"와 양나라 동요 "푸른 말고삐 단 백마가 수양으로 오네[青絲白馬壽陽來]"[14]가 모두 한 구로 되어 있다]가 있다.

구호체口號體[사구 혹은 팔구로 되어 있다], 가행체歌行體[고시에 「국가행鞠歌行」·「방가행放歌行」·「장가행長歌行」·「단가행短歌行」 등이 있다. 또 '가歌'로만 이름 붙인 것이 있고 '행行'으로만 이름 붙인 것도 있어서 다 기술할 수가 없다], 악부체[한 무제가 교사郊祀를 제정하고 악부를 설립하여 조趙·대代·진秦·초楚 지방의 음악을 채집해 악부에 들였는데 그 음조가 음악으로 연주할 만했다. 악부는 여러 시체를 다 갖추고 있고 여러 이름을 다 포괄한다], 초사체[굴원 이후 초사체를 모방한 작품들도 모두 초사라고 부른다], 금조琴操[고시 가운데 「수선조水仙操」는 신덕원辛德源이 지었고 「별학조別鶴操」는 상릉목자商陵牧子가 지었다], 요謠[심형沈炯에게 「독작요獨酌謠」가 있고 왕창령에게는 「공후요箜篌謠」가 있으며, 『목천자전穆天子傳』에는 「백운요白雲謠」가 있다], 음吟이라 칭하는 것[고시에 「농두음隴頭吟」이 있고 공명(孔明 : 제갈량)에게

13 신문고(申聞鼓) …… 동소년(董少年) : 동소년은 후한 광무제 때 낙양 영(洛陽令)을 역임한 동선(董宣). 관리로서 강인하고 정직했던 동선은 자기가 잘못하지 않은 이상 어떤 위협에도 굴복하지 않았는데, 황제 앞에서도 목을 쳐들고 대들어 강항령(强項令)이라 말을 들었다. 이 구절은 그의 강력한 법집행으로 인해 더 이상 신문고를 두드리며 억울함을 호소하는 일이 없다는 의미를 담고 있다. 『후한서(後漢書)』 「동선전(董宣傳)」.

14 「대동중동요(大同中童謠)」.

「양보음梁父吟」이 있으며 문군(文君 : 탁문군)의 「백두음白頭吟이 있다】, 사詞라 칭하는 것【『문선』에 한 무제의 「추풍사秋風詞」가 있고 악부에 「목란사木蘭詞」가 있다】, 인引이라 칭하는 것【옛 곡에 「벽력인霹靂引」·「주마인走馬引」·「비룡인飛龍引」이 있다】, 영詠이라 칭하는 것【『문선』에 「오군영五君詠」이 있고, 당나라 저광희儲光羲에게 「군치영羣鴟詠」이 있다】, 곡曲이라 칭하는 것【고시에 「대제곡大堤曲」이 있고, 양 간문제에게 「오서곡烏棲曲」이 있다】, 편篇이라 칭하는 것【『문선』에 「명도편名都篇」·「경낙편京洛篇」·「백마편白馬篇」이 있다】, 창唱이라 칭하는 것【위 무제 조조에게 「기출창氣出唱」이 있다】, 농弄이라 칭하는 것【고악부에 「강남농江南弄」이 있다】, 장조長調라 칭하는 것, 단조短調라 칭하는 것이 있다.

사성四聲이 있고, 팔병八病이 있다【사성은 주옹周顒에 의해 제창되었고 팔병은 심약沈約에 의해 엄격해졌다. 팔병은 평두平頭·상미上尾·봉요蜂腰·학슬鶴膝·대운大韻·소운小韻·방뉴旁紐로 분류했다. 시를 지을 때 반드시 이것에 구애될 필요는 없으니, 폐단이 있는 법을 근거로 삼기에 충분치 않기 때문이다】.

그리고 탄歎으로 시명을 삼은 것【고시에 「초비탄楚妃歎」, 「명군탄明君歎」이 있다】, 수愁로 시명을 삼은 것【『문선』에 「사수四愁」가 있고, 악부에 「독처수獨處愁」가 있다】, 애哀로 시명을 삼은 것【『문선』에 「칠애시七哀詩」가 있고, 두보에게는 「팔애시八哀詩」가 있다】, 원怨으로 시명을 삼은 것【고시에 「한야원寒夜怨」·「옥계원玉階怨」이 있다】, 사思로 시명을 삼은 것【이백에게 「정야사靜夜思」가 있다】, 악樂으로 시명을 삼은 것【제 무제에게 「고객악估客樂」이 있고 송宋나라 장질臧質에게는 「석성악石城樂」이 있다】, 별別로 시명을 삼은 것【두보에게 「무가별無家別」·「신혼별新婚別」이 있다】이 있다.

시 전체가 쌍성雙聲·첩운疊韻을 이룬 것【소식의 「경자운시經字韻詩」가 이에 속한다】, 시 전체의 글자가 평성平聲인 것【천수자(天隨子 : 육구몽)의 「하일夏日」은 사십 자가 모두 평성이다. 그 밖에 한 구는 모두 평성이고 한 구는 모두 측성인 것도 있다】, 시 전체의 글자가 모두 측성인 것【매요신의 「작주여부음酌酒與婦飮」이 이에 속한다】, 율시의 상·하 구에 한 쌍의 운을 사용한 것【제1구, 제3·5·7구가 한 측성으로 압운하고, 제2구와 제4·6·8구는 한 평성으로 압운한 것이다. 당나라 장갈章碣에게 이런 시체가 있는데 모범으로 삼기에 충분치는 않지만 단지 여기에 나열하여 시체의 하나로 구비한다. 또 4구가 평성으로 시작하는 시체가 있고 4구가 측성으로 시작하는 시체가 있지만 시의 원리와는 무관하기에 모두 채택하지 않는다】, 녹로운轆轤韻이라는 것【한 쌍씩 드나든다】, 진퇴운進退韻이라는 것【한 번 나아가고 한 번 물러난다】, 고시에서 한 운을 두 번 쓴 것【『문선』에 실린 조식의 「미녀편美女篇」에 '난難'자가 두 번 나오고 사강락謝康樂의 「술조덕시述祖德詩」에 '인人'자가 두 번 나오는데 이후에 이런 시들이 많이 보인다】, 고시에서 한 운을 세 번 쓴 것【『문선』에 실린 임언승任彦昇의 「곡범복야哭范僕射」에서 '정情'을 세 번 썼다】, 고시에서 이십 개 남짓의 운을 중복해서 쓴 것【「초중경처焦仲卿妻」가 이에 해당한다】, 고시에서 폭넓게 6~7개 남짓의 운을 쓴 것【한유의 「차일족가석此日足可惜」이 이에 해당한다. 동東·동冬·강江·양陽·경庚·청靑 여섯 운을 뒤섞어 썼다. 구양수가 "한유가 관운寬韻[15]을 써야 할 경우 일부러 다른 운을 집어넣었다"라고 말한 것은 잘못이다. 그는 고운古韻을 썼을 뿐이며 『집운集韻』을 보면 알 수 있다】, 고시에서 시 전체를 압운하지 않은 것【고시 「채련곡採蓮曲」이 이러하다】이 있다.

율시에서 백오십 운을 쓴 것【두보에게는 백 운의 율시가 있고 백거이에게도 그런 시가 있다. 그리고 송나라 왕황주(王黃州 : 왕우칭)에게 백오십 운의 오언율시가 있다】, 율시에서 세 개의 운만 사용한 것【당나라 시인 중에는 여섯 구의 오언율시를 쓴 이도 있다. 예컨대 이익李益의 "한나라의 지금 상군上郡, 진秦나라 변경 옛 장성長城. 해가 떠도 구름은

---

15 관운(寬韻) : 운서(韻書)에서 글자 수가 많은 운부(韻部)를 가리킨다.

항상 참담하고, 바람이 없어도 모래는 스스로 놀란다. 지금은 천자께서 성스러워, 싸우지 않고도 천하가 조용하다[漢家今上郡, 秦塞古長城. 有日雲常慘, 無風沙自驚. 當今天子聖, 不戰四方平]"[16]라는 시가 이에 해당한다】, 율시에서 시종 대우對偶를 쓴 것【두보에게 이런 시체가 많은데 다 거론할 수 없다】, 율시에서 시종 대우를 쓰지 않은 시【성당의 시인들에게 이런 시체가 있다. 예컨대 맹호연의 "돛을 걸고 동남쪽 바라보니, 푸른 산과 강물이 저 멀리 펼쳤네. 배들이 앞다퉈 건너며, 오가다가 조수를 만나네. 나더러 어디로 가느냐고 물어, 천태산 석교石橋를 찾아간다 하네. 앉아서 저녁노을 바라보니, 아마 적성赤城의 표지이지 싶네[挂席東南望, 青山水國遙, 舳艫爭利涉, 來往接風潮. 問我今何適, 天台訪石橋. 坐看霞色晚, 疑是赤城標]",[17] "물나라는 가이없구나[水國無邊際]"[18]라는 시와, 이백의 "서강 우저牛渚의 밤[牛渚西江夜]"[19]은 모두 글이 순조롭게 배열되고 음률이 종소리처럼 맑으며 팔구 모두 대우를 쓰지 않았다】가 있다.

뒷장의 글자가 앞 장의 글자와 이어지는 것【조식의 「증백마왕표贈白馬王彪」가 이에 해당한다】, 4구가 하나의 의미를 갖는 것【예컨대 두보의 "신녀봉神女峯은 곱고 신묘한데, 왕소군王昭君의 집은 남아있는 건가? 곡조는 남아 원망을 드러내거늘, 꿈에서 깨니 즐거움 사라졌네[神女峯娟妙, 昭君宅有無, 曲留明怨惜, 夢盡失歡娛]"[20]가 이에 해당한다】이 있다.

절구에서 절요折腰[21]를 쓴 것과 팔구에서 절요를 쓴 것이 있다.

---

16 『전당시(全唐詩)』 권282, 이익, 「등장성(登長城)」.

17 맹호연, 「주중만망(舟中晩望)」.

18 맹호연, 「낙하송해삼환양주(洛下送奚三還揚州)」.

19 이백, 「야박우저회고(夜泊牛渚懷古)」.

20 두보, 「대력삼년춘백제성방선출구당협구거기부장적강릉표박유시범사십운(大歷三年春白帝城放船出瞿塘峽久居夔府將適江陵漂泊有詩凡四十韻)」.

21 절요(折腰) : 격률시의 평측상 변격인 절요체를 말한다. 당나라 고중무(高仲武)가 편찬한 『중흥간기집(中興間氣集)』에서 처음 보인다. 송나라에 이르러서는 많은 이들이 "중간에 실점(失粘 : 전련(前聯)의 하구와 후련의 상구의 평측이 나란하지 못함)하나 뜻이 끊어지지 않는다[中失粘而意不斷]"라고 설명했다.

의고체擬古體, 연구체連句體, 집구체集句體, 분제체分題體가 있다【옛사람들은 제목을 나누어서 시를 지을 때, 때로는 각기 하나의 사물만을 주제로 삼아 썼는데 "어떤 사람을 전송하면서 제목을 나누어 어떤 사물을 얻게 되었다"라고 말한 경우가 이에 해당하며 탐제探題라고도 한다】.

분운체分韻體, 용운체用韻體, 화운체和韻體, 차운체借韻體【예를 들어 일곱 번 째 '지支'운으로 압운한 것에 여덟 번째 '미微'운이나 열두 번째 '제齊'운을 빌려 쓸 수 있는 경우이다】, 협운체協韻體【『초사』 및 『문선』의 시는 대부분 협운을 사용했다】, 금운체今韻體, 고운체古韻體【예컨대 한유의 「차일족가석此日足可惜」은 고운을 썼다. 『문선』의 시는 대체로 이러하다】, 고율체古律體【진자앙 및 성당의 시인들에게 이런 시체가 많다】, 금율체今律體가 있다.

함련頷聯, 경련頸聯, 발단發端, 낙구落句【결구이다】가 있다.

열 글자가 대우를 이룬 것【유신허劉慎虛의 "드넓은 물결 위에, 밤과 낮 한 척의 배[滄浪千萬里, 日夜一孤舟]"[22] 등이 이에 해당한다】, 열 자가 한 구를 이룬 것【상건常建의 "굽은 길은 그윽한 곳으로 통하고, 선방에 꽃과 나무 우거졌다[曲徑通幽處, 禪房花木深]"[23] 등이 이에 해당한다】, 열네 자가 대우를 이룬 것【유장경劉長卿의 "나그네는 차마 북쪽을 자주 바라보지 못하거늘, 변경 기러기는 어찌하여 다시 남쪽으로 날아오는가[江客不堪頻北望, 塞鴻何事又南飛]"[24]가 이에 해당한다】, 열네 자가 한 구를 이룬 것【최호의 "황학이 떠난 뒤 다시 돌아오지 않아, 흰 구름만 천 년을 유유히 떠도네[黃鶴一去不復反, 白雲千載空悠悠]",[25] 이백의 "앵무는 농산隴山 서쪽으로 날아갔거늘, 방주芳洲의 나무는 어찌 저토록 푸를까[鸚鵡西飛隴山去, 芳洲之樹何青青]"[26]가 이에 해당한다】가 있다.

---

22 유신허, 「해상시송설문학귀해동(海上詩送薛文學歸海東)」.

23 상건, 「제파산사후선원(題破山寺后禪院)」.

24 유장경, 「등윤주만세루(登潤州萬歲樓)」. 황보염(皇甫冉)의 시라고도 전한다.

25 최호, 「황학루(黃鶴樓)」.

26 이백, 「앵무주(鸚鵡洲)」.

선대체扇對體【격구대隔句對라고도 한다. 예컨대, 정도관(鄭都官: 정곡鄭谷)의 "지난날 소나무 계곡에서 함께 어울렸거늘, 소나무는 꺾이고 비석은 망가지고 스님도 사라졌네. 오늘 금성錦城에서 놀던 일 생각하니, 눈 녹고 꽃 사라지는 꿈이 어떠했던가(昔年共照松溪影, 松折碑荒僧已無, 今日還思錦城事, 雪消花謝夢何如)"[27]가 이에 해당한다. 대체로 제1구를 제3구와 대우하고, 제2구를 제4구와 대우한다】, 차대체借對體【맹호연의 "주방장은 닭과 기장밥을 준비하고, 어린아이는 양매楊梅를 딴다(廚人具鷄黍, 稚子摘楊梅)",[28] 이백의 "강물은 운모대雲母碓를 절구질하는데, 바람은 석남石楠 꽃을 쓸어간다(水舂雲母碓, 風掃石楠花)",[29] 두보의 "댓잎이 사람 키만큼 자랐으니, 국화는 이제부터 피지 않아도 되리라(竹葉於人旣無分, 菊花從此不須開)"[30] 등이 이에 해당한다】, 취구대就句對【당구대當句對라고도 한다. 예컨대 두보의 "작은 후원 아득한 회랑에 봄이 적막한데, 자맥질 오리와 나는 백로만 황혼에 한가롭네(小院迴廊春寂寂, 浴鳧飛鷺晩悠悠)",[31] 이가우李嘉祐의 "구름과 새가 머무는 강가에 저녁노을 지고, 만리 길 수많은 산 너머로 바다는 가을을 맞았네(孤雲獨鳥川光暮, 萬里千山海氣秋)"[32]가 이에 해당한다. 이전 선인들의 시에도 이런 시체가 많다. 예컨대 왕발의 "용의 빛이 북두성과 견우성 사이를 비출 때, 서유(徐孺: 서치徐稚)가 진번陳蕃의 탁자로 내려왔네(龍光射斗牛之墟, 徐孺下陳蕃之榻)"[33]가 바로 취구대이다】가 있다.

① '鷄'는 원래 누락되어 있었는데 『옥설玉屑』에 의거하여 보충했다.

---

27 정곡, 「장지노군려차수주우배오원외적거(將之瀘郡旅次遂州遇裴晤員外謫居)」.

28 맹호연, 「배사사(혹은 배사공)원사호(혹은 원사사)견심(裴司士(一作功)員司戶(一作司)見尋)」.

29 이백, 「송내심여산여도사이등공이수(送內尋廬山女道士李騰空二首)」 제1수.

30 두보, 「구일오수(九日五首)」 제1수.

31 두보, 「부성현향적사관각(涪城縣香積寺官閣)」.

32 이가우, 「동황보염등중현각(同皇甫冉登重玄閣)」.

33 왕발, 「등왕각서(滕王閣序)」. 「등왕각서」의 내용은 이러하다. "物華天寶, 龍光射斗牛之墟, 人傑地靈, 徐孺下陳蕃之榻."

② '百'은 원래 '古'로 되어 있었는데 『담예주총談藝珠叢』본에 의거하여 고쳤다.

③ '影'은 원래 '隱'으로 되어 있었는데 『담예주총』본에 의거하여 고쳤다.

④ '三句' 위에 원래 '第'자가 탈락되어 있었는데 『담예주총』본에 의거하여 보충했다.

論雜體則有風人【上句述一語, 下句釋其義. 如古「子夜歌」·「讀曲歌」之類, 則多用此體】, 藁砧【古樂府"藁砧今何在, 山上復安山. 何當大刀頭, 破鏡飛上天", 僻辭隱語也】, 五雜俎【見樂府】, 兩頭纖纖【亦見樂府】, 盤中【『玉臺集』有此體, 蘇伯玉妻作, 寫之盤中, 屈曲成文也】, 廻文【起于竇滔之妻, 織錦以寄其夫也】, 反覆【擧一字而誦皆成句, 無不押韻, 反覆成文也. 李公『詩格』有此二十字詩】,① 離合【字相析合成文, 孔融"漁父屈節"之詩是也. 雖不關詩之輕重, 其體製亦古】 建除【鮑明遠有「建除」詩, 每句首冠以建·除·平·定等字.② 其詩雖佳, 蓋鮑本工詩, 非因建除之體而佳也】, 字謎·人名·卦名·數名·藥名·州名【如此詩只成戲謔, 不足爲法也】, 又有六甲十屬之類, 及藏頭·歇後等體【今皆削之. 近世有李公『詩格』, 泛而不備, 惠洪『天廚禁臠』, 最爲誤人. 今此卷有旁參二書者, 蓋其是處不可易也】.

① '二十'原作'三十二', 據『玉屑』改.

② '定'原作'滿', 據『珠叢』本改.

잡체시에 대해 논하면 풍인風人【앞 구에서 시어를 늘어놓고 뒤 구에서 그 뜻을 풀이하는 것으로, 옛 「자야가子夜歌」와 「독곡가讀曲歌」 같은 것이 이 시체를 많이 사용했다】, 고침藁砧【고악부의 "그대는 지금 어디에 있는가, 멀리 떠나가 있네. 언제 다시 돌아와, 서로 만날 수 있을까[藁砧今何在, 山上復安山. 何當大刀頭, 破鏡飛上天]"[34]와 같은 것은 은어隱語

34 그대는 …… 있을까 : 고침(藁砧)은 부(趺 : 도끼)와 함께 극형을 집행할 때 사용하던 기구. 부(趺)의 해음(偕音) '夫'를 지칭하는 은어를 활용한 것이다. 두 번째 구는 '出'을 파자

를 통한 비유적인 표현이다】, 오잡조五雜组【악부에 보인다】, 양두섬섬兩頭纖纖【역시 악부에 보인다】, 반중시盤中詩【『옥대집』에 이 시가 있으며, 소백옥蘇伯玉의 아내가 지었다. 시를 쟁반에 쓴 것으로, 돌아가며 시구를 이룬다】, 회문시迴文詩【두도竇滔의 아내에게서 시작된 것으로, 비단에 내용을 짜서 남편에게 보냈다】, 반복시反覆詩【임의의 한 글자를 골라 읽어도 모두 시가 되며, 전체가 압운이 되어 있고 거꾸로 읽어도 시가 된다. 이공李公의 『시격詩格』에 이십자의 시가 있다】, 이합시離合詩【글자가 나뉘어졌다 합해졌다 하며 시가 되는 것으로, 공융의 「어부굴절漁父屈節」이 이에 해당한다. 시의 깊이와는 무관하지만 그 체제는 예스럽다】, 건제시建除詩【포명원鮑明遠에게 「건제시」가 있다. 매 구의 첫머리가 건建·제除·평平·정定 등의 글자로 시작한다. 시가 훌륭한데, 이는 포명원이 본디 시에 뛰어났기 때문이지 건제의 시체가 아름다워 그런 것이 아니다】, 자미시字謎詩, 인명시人名詩, 괘명시卦名詩, 수명시數名詩, 약명시藥名詩, 주명시州名詩【이들 시는 단지 해학일 뿐, 범칙이 되기에는 부족하다】가 있다.

또 육갑六甲과 십속十屬 및 장두藏頭·헐후歇後 등의 시체가 있다【여기서는 모두 제외시켰다. 근래에 이공이 『시격』을 지었는데 두루뭉술하여 완비되지 않았고 혜홍惠洪의 『천주금련天廚禁臠』은 사람들을 가장 많이 오도했다. 지금 이 책에서 이 두 책을 참고했는데, 그래도 옳은 것은 무시할 수 없기 때문이다】.

① '二十'은 원래 '三十二'로 되어 있었는데 『시인옥설』에 의거하여 고쳤다.

② '定'은 원래 '滿'으로 되어 있었는데 『담예주총』본에 의거하여 고쳤다.

한 것이다. 대도두(大刀頭)는 큰 칼의 자루에 고리[環]가 달려 있는 것이므로 '環'의 해음인 '還'(돌아오다)을 가리킨다. 파경(破鏡)은 거울이 달 모양인 것을 가정할 때, 파경 즉 깨진 거울은 한 달의 반, 십오 일을 가리키게 된다.

詩法시법

學詩先除五俗: 一曰俗體, 二曰俗意, 三曰俗句, 四曰俗字, 五曰俗韻.

시를 배우려면 먼저 다섯 가지 속된 것을 없애야 한다. 첫째는 속된 시체(俗體)고, 둘째는 속된 내용(俗意)이고, 셋째는 속된 구절(俗句)이고, 넷째는 속된 글자(俗字)이고, 다섯째는 속된 압운(俗韻)이다.

有語忌, 有語病. 語病易除, 語忌難除. 語病古人亦有之, 惟語忌則不可有.

시어詩語에는 금기가 있고 병폐도 있다. 시어의 병폐는 제거하기 쉽지만 시어의 금기는 제거하기 어렵다. 시어의 병폐는 고인들도 가지고 있었지만 시어의 금기는 있어서는 안 된다.

須是本色, 須是當行.

반드시 본래의 모습(本色)이어야 하고, 반드시 본디 해왔던 것(當行)이어야 한다.

對句好可得, 結句好難得, 發句好尤難得.

대구는 잘 지을 수 있지만, 결구를 잘 짓기는 어렵고, 기구는 더욱더 잘 짓기 어렵다.

發端忌作擧止, 收拾貴在出場.

시의 시작은 애써 조작하는 것을 삼가야 하고 마무리는 잘 물러나가는 것이 중요하다.

不必太著題, 不必多使事.

시제詩題를 너무 들어낼 필요는 없고 전고를 많이 쓸 필요도 없다.

押韻不必有出處, 用事不必拘來歷.

압운에 반드시 출처가 있어야 하는 것은 아니고 고사를 인용할 때 반드시 내력에 얽매일 필요도 없다.

下字貴響, 造語貴圓.

글자를 사용할 때는 음향을 중시하고 시어를 만들 때는 원만한 것을 중시해야 한다.

意貴透徹, 不可隔靴搔癢.

시의는 투철한 것을 중시하므로 신발 위로 가려운 곳을 긁듯 해서는 안 된다.

語貴脫灑, 不可拖泥帶水.

시어는 깔끔한 것을 중시하므로 진흙탕을 걷듯 질척거려서는 안 된다.

最忌骨董, 最忌襯貼.

낡고 자질구레한 것을 가장 꺼리고 아무렇게나 갖다 붙이는 것도 가장 꺼려야 한다.

語忌直, 意忌淺, 脈忌露, 味忌短, 音韻忌散緩, 亦忌迫促.

시어는 직설을 꺼리고, 시의 내용은 얄팍함을 꺼리고, 시의 맥은 드러남을 꺼리고, 시의 맛은 짧은 것을 꺼리고, 시의 음운은 분산되고 느슨한 것을 꺼리고, 급박하고 촉급한 것도 꺼린다.

詩難處在結裹, 譬如番刀, 須用北人結裹, 若南人便非本色.

시의 어려운 점은 마무리에 있다. 예를 들어 번토(番刀 : 토번의 칼)는 반드시 북방 사람을 시켜 마무리하게 해야지, 남방 사람은 그 당사자가 아니다.

須參活句, 勿參死句.

반드시 활구活句를 추구해야지 사구死句를 추구해서는 안 된다.

詞氣可頡頏, 不可乖戾.

시어의 기는 서로 균형을 이뤄야 하며 서로 어긋나서는 안 된다.

律詩難於古詩, 絶句難於八句, 七言律詩難于五言律詩, 五言絶句難於七言絶句.

율시는 고시보다 어렵고 절구는 율시보다 어렵다. 칠언율시는 오언율시보다 어렵고 오언절구는 칠언절구보다 어렵다.

學詩有三節 : 其初不識好惡, 連篇累牘, 肆筆而成, 旣識羞愧, 始生畏縮, 成之極難, 及其透徹, 則七縱八橫, 信手拈來, 頭頭是道矣.

시를 배우는 데는 세 단계가 있다. 처음에는 좋고 나쁜 것을 구분하지 못한 채 작품을 써놓으며 붓 가는 대로 쓴다. 점차 부끄러운 줄을 알게 되면서 비로소 두려워하고 움츠러드는데 작품을 완성하기가 극히 어렵다. 그러다가 투철透徹의 경지에 이르면 자유자재로 움직여 손가는 대로 써도 하나하나가 법칙이 된다.

看詩須着金剛眼睛, 庶不眩於旁門小法【禪家有金剛眼睛之說】.

시를 볼 때 반드시 본질을 꿰뚫어 보는 안목을 갖춰야만 정통이 아닌 것에 현혹되지 않게 된다【선가禪家에 금강안정金剛眼睛[35]이라는 설이 있다】.

辨家數如辨蒼白, 方可言詩【荊公評文章, 先體製而後文之工拙】.

각종 유파의 구별을 마치 흑백을 구별하듯 해야만 비로소 시를 논할 수 있다【왕안석은 문장을 논평할 때 먼저 체제를 보고 글의 우열은 뒤에 보았다】.

詩之是非不必爭, 試以己詩置之古人詩中, 與識者觀之而不能辨, 其眞古人矣.

시의 옳고 그름은 굳이 논쟁할 필요가 없다. 자신의 시를 옛 시인들의 시 속에 두고 식견이 있는 이에게 보여 구별해 낼 수 없으면 참으로 옛 시인이 된다.

---

35 금강안정(金剛眼睛) : 안광이 예리하여 물질의 원형을 꿰뚫어 볼 수 있는 눈을 가리킨다. 약칭하여 금강안(金剛眼)이라고도 한다. 『경덕전등록(景德傳燈錄)』 「양광선사(良匡禪師)」에 "오직 금강안이 있어야 너희가 진심을 밝히는 데 도움이 되리라(唯有金剛眼睛憑助汝發明眞心)"라는 구절이 보인다.

大曆以前, 分明別是一副言語, 晩唐, 分明別是一副言語, 本朝諸公, 分明別是一副言語. 如此見, 方許具一隻眼.

대력(大曆 : 766~779) 이전의 시는 분명 별도의 언어이고, 만당의 시도 분명 별도의 언어이고, 우리 송나라의 시인들도 분명 별도의 언어이다. 이와 같이 보아야만 제대로 된 안목을 가졌다고 할 수 있다.

盛唐人有似粗而非粗處, 有似拙而非拙處.

성당 시인은 거친 듯하면서도 거칠지 않은 것이 있고 졸렬한 듯하면서도 졸렬하지 않은 것이 있다.

五言絶句, 衆唐人是一樣, 少陵是一樣, 韓退之是一樣, 王荊公是一樣, 本朝諸公是一樣.

오언절구는 당나라 시인들이 나름의 한 틀을 갖추고, 두보가 나름의 한 틀을 갖추고, 한유가 나름의 한 틀을 갖추고, 왕안석이 나름의 한 틀을 갖추고, 우리 송나라 여러 시인들이 나름의 한 틀을 갖추었다.

盛唐人詩, 亦有一二濫觴晩唐者, 晩唐人詩, 亦有一二可入盛唐者, 要當論其大概耳.

성당의 시 중에서 만당의 시작이 되는 몇몇이 있고 만당의 시 중에서도 성당에 들 수 있는 몇몇이 있으니 그 대강을 논하는 것이 중요하다.

唐人與本朝人詩,① 未論工拙, 直是氣象不同.

① '人'原脫, 據『珠叢』本補.

당나라 시인과 송나라 시인들의 시는 우열을 논하기 전에 그 기상이 다르다.

① '人'은 원래 탈락되어 있었는데 『담예주총』본에 의거하여 보충했다.

唐人命題, 言語亦自不同. 雜古人之集而觀之, 不必見詩, 望其題引而知其爲唐人今人矣.

당나라 시인들은 제목을 쓸 때 그 표현이 다르다. 옛사람들의 시집을 섞어놓고 보면 그 시를 꼭 보지 않아도 제목과 서문만 보면 당나라 사람의 것인지 지금 사람의 것인지 알 수 있다.

大曆之詩, 高者尙未失盛唐, 下者漸入晩唐矣. 晩唐之下者, 亦墮野狐外道鬼窟中.

대력의 시 가운데 수준이 높은 것은 여전히 성당 시의 면모를 잃지 않았고 낮은 것은 점차 만당으로 들어갔다. 만당 시 가운데 수준이 낮은 것은 야호외도野狐外道의 귀신굴에 빠져 버렸다.

或問："唐詩何以勝我朝?" 唐以詩取士, 故多專門之學, 我朝之詩所以不及也.

혹자가 "어째서 당시가 우리 송시보다 앞서는가?"라고 물었다. 당나라는 시로 인재를 선발했기에 이를 전문적으로 배운 사람이 많았으니 이것이 우리 송나라 시가 미치지 못하는 까닭이다.

詩有詞理意興. 南朝人尙詞而病於理, 本朝人尙理而病於意興, 唐人尙意興而理在其中. 漢魏之詩, 詞理意興, 無迹可求.

시에는 '표현'과 '내용'과 '의미'와 '흥취'가 있다. 남조南朝 시인들은 표현을 중시하여 내용에 병폐가 있고 송나라 시인들은 내용을 중시하여 의미와 흥취에 병폐가 있다. 당나라 시인들은 의미와 흥취를 중시하는데 내용이 그 안에 들어 있다. 한・위의 시는 표현과 내용과 의미와 흥취가 한데 어우러져 그 자취를 찾을 수 없다.

漢魏古詩, 氣象混沌, 難以句摘. 晉以還方有佳句, 如淵明"採菊東籬下, 悠然見南山", 謝靈運"池塘生春草"之類. 謝所以不及陶者, 康樂之詩精工, 淵明之詩質而自然耳.

한・위의 고시古詩는 기상이 하나로 어우러져 구를 따로 뽑아내기 어렵다. 진晉나라 이후에 비로소 도연명의 "동쪽 울타리에서 국화를 따다, 멀리 남산을 바라본다[採菊東籬下, 悠然見南山]",[36] 사령운의 "연못

36 도연명, 「음주이십수(飮酒二十首)」 제5수.

가에 봄풀이 돋아나[池塘生春草]"[37] 등의 좋은 구가 나온다. 사령운이 도연명에 미치지 못하는 것은, 사령운의 시는 정교하지만 도연명의 시는 질박하면서 자연스럽기 때문이다.

謝靈運之詩, 無一篇不佳.

사령운의 시에는 어느 한 편 아름답지 않은 것이 없다.

黃初之後, 惟阮籍「詠懷」之作, 極爲高古, 有建安風骨.

황초(黃初 : 220~226) 이후 오직 완적의 「영회詠懷」만이 매우 고상하고 예스러워 건안의 풍골이 담겨있다.

晉人舍陶淵明・阮嗣宗外, 惟左太沖高出一時, 陸士衡獨在諸公之下.

진나라 시인 가운데 도연명과 완사종(阮嗣宗 : 완적)을 제외하고는 오직 좌태충(左太沖 : 좌사)이 한 시대를 풍미했고, 육사형(陸士衡 : 육기)은 홀로 가장 낮은 자리에 있다.

顔不如鮑, 鮑不如謝. 文中子獨取顔, 非也.

---

37 사령운, 「등지상루(登池上樓)」.

안연지는 포조만 못하고, 포조는 사령운만 못하다. 문중자(文中子 : 왕통王通)가 유독 안연지만 취한 것은 잘못이다.

建安之作, 全在氣象, 不可尋枝摘葉. 靈運之詩, 已是徹首尾成對句矣, 是以不及建安也.

건안의 작품의 특징은 모두 기상에 있으므로 가지를 찾아 잎을 따려 해서는 안 된다. 사령운의 시는 이미 처음부터 끝까지 대구를 이루었으니 이 때문에 건안에 미치지 못한 것이다.

謝朓之詩, 已有全篇似唐人者, 當觀其集方知之.

사조의 시는 이미 전체가 당나라 시인의 것과 흡사한 것이 있으니 그 시집을 보면 안다.

戎昱在盛唐爲最下, 已濫觴晩唐矣. 戎昱之詩有絶似晩唐者, 權德輿之詩却有絶似盛唐者. 權德輿或有似韋蘇州・劉長卿處.

융욱戎昱은 성당에서 가장 낮으니 이미 만당의 시작이 되었다. 융욱의 시에는 만당의 것과 아주 흡사한 것이 있고 권덕여權德輿의 시에는 성당의 것과 아주 흡사한 것이 있다. 권덕여는 간혹 위응물・유장경과 비슷한 점을 보인다.

顧況詩多在元白之上, 稍有盛唐風骨處,① 冷朝陽在大曆才子中爲最下.

① 此句據『玉屑』補.

고황顧況의 시는 대부분 원진과 백거이 위에 있어서 성당의 풍골을 약간 지니고 있다. 냉조양冷朝陽은 대력십재자 가운데 가장 뒤처진다.

① 이 구절은 『시인옥설』에 의거하여 보충했다.

馬戴在晩唐諸人之上.

마대馬戴는 만당 시인들의 윗자리를 차지한다.

劉滄・呂溫亦勝諸人.

유창劉滄・여온呂溫 또한 다른 사람들보다 뛰어나다.

李頻不全是晩唐, 間有似劉隨州處.

이빈李頻은 완전히 만당은 아니어서 간혹 유장경과 비슷한 면모가 있다.

陳陶之詩, 在晩唐人中, 最無可觀.

진도陳陶의 시는 만당 시인들 중에서 가장 볼 게 없다.

薛逢最淺俗.

설봉薛逢은 가장 천박하고 저속하다.

大曆以後, 我所深取者, 李長吉・柳子厚・劉言史・權德輿・李涉・李益耳.

대력 이후에 내가 깊이 본받고 싶은 시인은 이하・유종원・유언사劉言史・권덕여・이섭李涉・이익뿐이다.

大曆後, 劉夢得之絶句, 張籍・王建之樂府, 我所深取耳.

대력 이후에 유우석의 절구와 장적・왕건의 악부가 내가 가장 본받고 싶은 것이다.

李・杜二公, 正不當優劣. 太白有一二妙處, 子美不能道, 子美有一二妙處, 太白不能作.

이백과 두보 두 분은 진정 우열을 나누어서는 안 된다. 이백이 가진 몇몇 우수한 점은 두보가 가지지 못하였고 두보가 가진 몇몇 훌륭한 점은 이백이 해내지 못했다.

子美不能爲太白之飄逸, 太白不能爲子美之沈鬱.

두보는 이백의 표일한 것을 가지지 못했고 이백은 두보의 침중한 것을 가지지 못했다.

太白「夢遊天姥吟」·「遠別離」等, 子美不能道, 子美「北征」·「兵車行」·「垂老別」等, 太白不能作. 論詩以李·杜爲準, 挾天子以令諸侯也.

이백의 「몽유천모음夢遊天姥吟」·「원별리遠別離」 등의 시를 두보가 지을 수 없고 두보의 「북정北征」·「병거행兵車行」·「수로별垂老別」 등을 이백이 쓸 수 없다. 시를 논함에 있어 이백과 두보를 준칙으로 삼는 것은 마치 천자를 등에 업고 제후들을 호령하는 것과 같다.

少陵詩法如孫·吳, 太白詩法如李廣. 少陵如節制之師.

두보의 시 법칙은 손무孫武·오기吳起와 같고, 이백의 시 법칙은 이광李廣과 같다. 두보는 마치 절도 있는 군사와 같다.

少陵詩, 憲章漢·魏而取材於六朝. 至其自得之妙, 則前輩所謂集大成者也.

두보의 시는 한·위를 본보기로 삼았으나 육조에서 재료를 취했다. 그가 이룬 자득의 묘는 전인들이 말한 집대성이다.

觀太白詩者, 要識眞太白處. 太白天材豪逸語, 多率然而成者. 學者于每篇中, 要識其安身立命處可也.

이백의 시를 보는 사람은 진정한 이백의 진수를 알아야 한다. 이백은 타고난 재능이 호쾌하고 거침이 없어 대부분 순식간에 이루어졌다. 배우는 사람은 매 작품에서 그가 몸과 마음을 둔 곳이 어디인지를 알아야 한다.

太白發句, 謂之開門見山.

이백의 시작 구는 문을 열고 산을 보는 것(開門見山)이라 할 수 있다.

李・杜數公, 如金鳷擘海, 香象渡河, 下視郊・島輩, 直蟲吟草間耳.

이백과 두보를 비롯한 몇몇 시인들은 금시조가 바다를 가르는 듯하고 푸른 코끼리가 강을 건너는 듯하니 맹교나 가도 등을 내려다보면 풀밭에서 벌레가 우는 정도일 뿐이다.

人言太白仙才, 長吉鬼才, 不然. 太白天仙之詞, 長吉鬼仙之詞耳.

사람들이 이백은 선재仙才요, 이하는 귀재鬼才라고 하는데 그렇지 않다. 이백은 천선天仙과 관련된 시어를 썼고 이하는 귀선鬼仙과 관련된 시어를 썼을 뿐이다.

玉川之怪, 長吉之瑰詭, 天地間自欠此體不得.

옥천(玉川 : 노동盧仝) 시의 괴이함과 이하 시의 기괴함은 세상에 없어서 안 되는 기풍이다.

高岑之詩悲壯, 讀之使人感慨, 孟郊之詩刻苦, 讀之使人不歡.

고적과 잠삼의 시는 비장하여 읽으면 비분강개하게 되고, 맹교의 시는 참담하여 읽으면 즐겁지 않게 된다.

『楚詞』, 惟屈・宋諸篇當讀之外, 此惟賈誼「懷長沙」・淮南王「招隱」操・嚴夫子「哀時命」宜熟讀. 此外亦不必也.

『초사』 가운데 굴원과 송옥宋玉의 작품들은 마땅히 읽어야 하고 그 밖에 가의賈誼의 「회장사懷長沙」, 회남왕淮南王의 「초은招隱」, 엄부자(嚴夫子 : 엄기嚴忌)의 「애시명哀時命」 정도만 읽으면 된다. 이 밖에 굳이 더 읽을 필요는 없다.

「九章」不如「九歌」, 「九歌・哀郢」尤妙.

「구장九章」은 「구가九歌」만 못한데 「구가」의 「애영哀郢」이 특히 뛰어나다.

前輩謂「大招」勝「招魂」, 不然.

이전 사람들은 「대초大招」가 「초혼招魂」보다 훌륭하다고 하지만 그렇지 않다.

讀『騷』之久, 方識眞味, 須歌之抑揚, 涕淚滿襟, 然後爲識『離騷』. 否則爲戞釜撞甕耳.

『이소』를 오랫동안 읽어야만 비로소 그 참맛을 알 수 있으니, 반드시 높낮이에 맞춰 노래하여 눈물이 옷섶을 흥건하게 적셔야만 『이소』를 안다 할 수 있다. 그렇지 않으면 솥을 두드리고 동이를 치는 시끄러운 소리일 뿐이다.

唐人惟柳子厚深得騷學, 退之・李觀, 皆所不及. 若皮日休「九諷」, 不足爲騷.

당나라 시인 가운데 오직 유종원만 이소에 깊은 조예가 있으며, 한유나 이관李觀은 모두 이에 미치지 못한다. 피일휴皮日休의 「구풍九諷」은 이소가 될 수 없다.

韓退之「琴操」極高古, 正是本色, 非唐賢所及. 釋皎然之詩, 在唐諸僧之上. 唐詩僧有法震・法照・無可・護國・靈一・清江・無本・齊己・貫休也.

한유의 「금조琴操」는 지극히 고상하고 예스러운데 바로 그의 본모습이며 당나라의 여타 시인들이 미칠 바가 아니다. 승려 교연皎然의 시는 당나라 여타 승려들보다 위에 있다. 당나라의 시승詩僧에는 법조法照·무가無可·호국護國·영일靈一·청강淸江·무본無本·제기齊己·관휴貫休 등이 있다.

集句惟荊公最長, 「胡笳十八拍」渾然天成, 絶無痕迹, 如蔡文姬肺肝間流出.

구를 모아 한 편의 시로 만든 것에는 왕안석이 가장 뛰어나니 「호가십팔박胡笳十八拍」은 매우 자연스럽게 이루어져 전혀 흔적이 없는데, 마치 채문희蔡文姬[38]의 가슴속에서 흘러나온 듯하다.

擬古惟江文通最長, 擬淵明似淵明, 擬康樂似康樂, 擬左思似左思, 擬郭璞似郭璞, 獨擬李都尉一首, 不似西漢耳.

의고擬古의 시는 강문통(江文通 : 강엄江淹)이 가장 뛰어난데 도연명을 본뜬 것은 도연명과 흡사하고, 사령운을 본뜬 것은 사령운과 흡사하고, 좌사를 본뜬 것은 좌사와 흡사하고, 곽박郭璞을 본뜬 것은 곽박과 흡사하다. 이도위(李都尉 : 이릉)를 본뜬 작품만 서한의 것과 흡사하지 않다.

38 채문희(蔡文姬) : 후한 때 학자 채옹(蔡邕)의 딸이다. 첫 남편이었던 위중도(衛仲道)가 죽은 뒤에 친정에 돌아왔다가 흥평(興平)의 난을 만나 오랑캐에게 잡혀갔으며 그곳에서 두 아들을 낳았다. 후에 조조의 주선으로 귀국하여 동사(董祀)란 사람에게 개가하였다. 글과 음률에 능한 여인으로 전해진다. 『후한서』 권84 「동사처전(董祀妻傳)」.

雖謝康樂擬鄴中諸子之詩, 亦氣象不類. 至於劉休玄「擬行行重行行」等篇, 鮑明遠『代君子有所思』之作, 仍是其自體耳.

사령운은 건안 시인들을 모방해 시를 지었지만 기상이 같지는 않다. 유휴현(劉休玄: 유삭劉鑠)의 「의행행중행행擬行行重行行」 등과 포조의 「대군자유소사代君子有所思」는 여전히 자신의 시체일 뿐이다.

和韻最害人詩, 古人酬唱不次韻, 此風始盛於元·白·皮·陸, 而本朝諸賢乃以此而鬪工, 遂至往復有八九和者.

화운和韻시는 사람을 가장 해치는 시이다. 옛사람들은 수창할 때 차운次韻[39]을 하지 않았다. 이러한 풍조는 원진·백거이·피일휴·육구몽에게서 흥성하기 시작했고 송나라 여러 시인들도 이것으로 솜씨를 다투어서 결국 여덟아홉 번을 화운하기까지 했다.

孟郊之詩, 憔悴枯槁, 其氣局促不伸, 退之許之如此, 何邪? 詩道本正大, 孟郊自爲之艱阻耳.

맹교의 시는 초췌하고 메말랐으며 그 기풍은 움츠러들어 펼쳐지지 못했는데도 한유가 그처럼 인정한 것은 왜일까? 시의 도란 본디 정정당당한 것인데 맹교는 스스로 어렵고 막히게 했다.

39 차운(次韻): 남이 쓴 운에 맞추어 시를 짓는 것인데, 그 시에서 쓴 운의 순서에 맞춰 쓴다.

孟浩然之詩, 諷詠之久, 有金石宮商之聲.

맹호연의 시는 한참 읊조리다보면 음악 소리가 들리는 듯하다.

唐人七言律詩, 當以崔顥「黃鶴樓」爲第一.

당나라 시인의 칠언율시로는 최호의 「황학루黃鶴樓」를 첫손에 꼽아야 한다.

唐人好詩, 多是征戍·遷適·行旅·離別之作, 往往能感動激發人意.

당나라 시인들의 훌륭한 작품은 대체로 전쟁·좌천·여행·이별 등을 노래한 것들로 종종 사람의 마음을 감동시키고 흥분시킨다.

蘇子卿詩"幸有絃歌曲, 可以喻中懷. 請爲游子吟, 泠泠一何悲. 絲竹厲清聲, 慷慨有餘哀. 長歌正激烈, 中心愴以摧. 欲展清商曲, 念子不能歸", 今人觀之, 必以爲一篇重複之甚, 豈特如「蘭亭」"絲竹管絃"之語邪! 古詩正不當以此論之也.

소무의 시, "다행히 현을 타며 노래하는 곡이 있어, 마음속 회포를 그릴 수 있네. 떠나는 이를 위해 노래하노니, 차가운 것이 얼마나 슬픈가. 현악과 관악이 맑은 소리 내니, 강개 속에 슬픔이 감도네. 긴 노래 격렬해지니, 마음이 슬퍼 무너지네. 「청상곡淸商曲」[40]을 연주하려 하나, 그대 돌아가지 못할까 싶네[幸有絃歌曲, 可以喩中懷. 請爲游子吟, 泠泠一何

悲. 絲竹屬淸聲, 慷慨有餘哀. 長歌正激烈, 中心愴以摧. 欲展淸商曲, 念子不能歸"[41]는 요즘 사람이 보면 반드시 표현의 중복이 심하다고 하면서 어찌 「난정집서蘭亭集序」의 '사죽관현絲竹管絃'이란 표현뿐이겠느냐고 폄하할 것이다. 그러나 고시를 이렇게만 논해서는 안 된다.

「十九首」"青青河畔草, 鬱鬱園中柳. 盈盈樓上女, 皎皎當窗牖. 娥娥紅粉粧, 纖纖出素手", 一連六句, 皆用疊字. 今人必以爲句法重複之甚. 古詩正不當以此論之也.

「고시십구수」의 "푸른 강가의 풀, 울창한 정원의 버들. 어여쁜 누각의 여인, 하얀 창가의 달빛, 곱게 분홍색 화장을 하고, 가느다란 흰 손을 드러내네[靑靑河畔草, 鬱鬱園中柳. 盈盈樓上女, 皎皎當窗牖. 娥娥紅粉粧, 纖纖出素手]"는 여섯 구가 쭉 연결된 것으로 모두 첩자疊字를 썼다. 지금 사람들이 보면 반드시 표현의 중복이 심하다고 할 것이다. 하지만 고시를 이렇게만 논해서는 안 된다.

任昉「哭范僕射」詩, 一首中凡兩用"生"字韻, 三用"情"字韻. "夫子値狂生"·"千齡萬恨生", 猶是兩義. "猶我故人情"·"生死一交情"·"欲以遣離情", 三"情"字皆用一意.

임방任昉이 「곡범복사哭范僕射」에서 1수 안에서 '생生' 자 운을 두 번 사용하고 '정情' 자 운을 세 번 사용했다. "당신께서 미치광이를 만났다

40 「청상곡(淸商曲)」: 악부(樂府)의 가곡(歌曲) 이름으로, 가을에 속하는 상성(商聲)의 맑고도 슬픈 노래를 말한다.

41 소무, 「고시사수(古詩四首)」 제2수.

[夫子値狂生]"와 "천 년 헤어짐에 오만 한이 생기네[千齡萬恨生]"는 서로 다른 의미이다. "나의 친구에 대한 정은 한결 같으리라[猶我故人情]", "생사를 넘어 맺은 정이여[生死一交情]", "석별의 정을 나누고 싶네[欲以遣離情]"에서의 세 '정情' 자는 모두 같은 의미로 사용했다.

『天廚禁臠』謂"平韻可重押, 若或平或仄則不可." 彼但以「八仙歌」言之耳, 何見之陋邪? 詩話謂"東坡兩'耳'韻, 兩'耳'義不同, 故可重押", 要之亦非也.

『천주금련』에서 "평운平韻은 중복해서 쓸 수 있지만 평운과 측운을 섞는 것은 안 된다"라고 했다. 이는 단지 두보의 「음주팔선가飮酒八仙歌」를 가지고 말한 것일 뿐이니 그 견해가 어찌 이토록 누추하단 말인가. 왕직방王直方의 시화에서 "소식은 '이耳' 자 운을 두 번 썼는데, 두 '이耳' 자의 뜻이 다르므로 중복해서 쓸 수 있다"라고 한 것도 결국 잘못이다.

劉公幹「贈五官中郎將」詩"昔我從元后, 整駕至南鄉. 過彼豐沛都, 與君共翺翔." 元后蓋指曹操也. 至南鄉謂伐劉表之時, 豐沛都, 喻操譙郡也. 王仲宣『從軍』詩云 : "籌策運帷幄, 一由我聖君." 聖君亦指曹操也. 又曰 : "竊慕負鼎翁, 願厲朽鈍姿." 是欲效伊尹負鼎干湯以伐桀也. 是時漢帝尙存, 而二子之言如此, 一曰元后, 一曰聖君, 正與荀彧比曹操爲高光同科. 或以公幹平視美人爲不屈, 是未爲知人之論. 『春秋』誅心之法, 二子其何逃?

유공간(劉公幹 : 유정)이 「증오관중랑장贈五官中郎將」에서 "지난날 원후元后를 따를 때, 수레 나란히 해 남향南鄕에 이르렀네. 저 풍패도豐沛都를 지날 대, 그대(조비)와 함께 날 듯했네[昔我從元后, 整駕至南鄕. 過彼豐沛都, 與君共翺翔]"라고 했다. 원후는 조조를 가리킨 것이다. 남향에 이르렀다는 것은, 유표劉表를 정벌한 때를 말한 것이며 풍패도는 조조의 고향 초군譙郡을 비유한 말이다. 왕중선(王仲宣 : 왕찬王粲)이 「종군從軍」에서 "군막에서 책략을 세우는 것은, 모두 우리 성군에게서 나오네[籌策運帷幄, 一由我聖君]"라고 했다. 성군은 역시 조조를 가리킨다. 또 "솥을 짊어진 늙은이를 살며시 사모하여, 썩고 무딘 몸 힘내기를 바랬네[竊慕負鼎翁, 願厲朽鈍姿]"라고도 했는데 이는 상商나라 이윤伊尹이 정鼎을 지고 탕湯을 만나 걸傑을 치는 것을 본받고자 한 것이다. 당시에 한나라 황제가 아직 건재했는데도 두 사람의 말이 이러해서 한 사람은 원후라고 하고 한 사람은 성군이라 했으니 순욱荀彧이 조조를 한나라 고조와 광무제에 비유한 것과 같다. 혹자는 유정이 조비의 부인을 똑바로 마주본 것을 가지고 굽히지 않는 사람이라고 평하지만 사람을 잘 모르고 하는 말이다. 『춘추』의 마음을 처벌하는 법에 따른다면 두 사람이 어디로 도망갈 수 있겠는가.

古人贈答多相勉之詞. 蘇子卿云 : "願君崇令德, 隨時愛景光." 李少卿云 : "努力崇明德, 皓首以爲期." 劉公幹云 : "勉哉修令德, 北面自寵珍." 杜子美云 : "君若登台輔, 臨危莫愛身." 往往是此意. 有如高達夫「贈王徹」云 : "我知十年後, 季子多黃金." 金多何足道, 又甚於以名位期人者. 此達夫偶然漏逗處也.

옛사람의 주고받은 시는 대부분 서로 격려하는 말을 썼다. 소무는 "부디 고운 인품 닦고, 언제나 시간을 아끼구려[願君崇令德, 隨時愛景光]"[42]라고 했다. 이릉은 "부디 훌륭한 인품 길러, 백발을 기약하구려[努力崇明德, 皓首以爲期]"[43]라고 했다. 유정은 "부디 훌륭한 인품 닦아, 관직

나가면 총애가 뒤따르리다[勉哉修令德, 北面自寵珍]"[44]라고 했다. 두보는 "공께서 재상에 오른다면, 위험 앞에 몸을 아끼지 마오[君若登台輔, 臨危莫愛身]"[45]라고 했다. 대략 이런 유이다. 고달부(高達夫 : 고적)가 「증왕철贈王徹」에서 "나는 십 년 후, 그대가 황금을 많이 가질 줄 아네[我知十年後, 季子多黃金]"라고 했는데, 황금 많은 것이 어찌 입에 담을 내용이겠는가? 명성과 지위를 기대한 것보다도 더 심하다. 고적이 어쩌다 소홀히 한 점이다.

考證① 고증

少陵與太白, 獨厚於諸公, 詩中凡言太白十四處, 至謂"世人皆欲殺, 吾意獨憐才"・"醉眠秋共被, 携手日同行"・"三夜頻夢君, 情親見君意." 其情好可想. 『遯齋閑覽』謂二人名旣相逼, 不能無相忌, 是以庸俗之見而度賢哲之心也, 予故不得不辨.

① '考'原作'詩', 據『津逮祕書』本改.

두보와 이백은 여느 시인들보다도 교분이 두터웠다. 두보의 시에서 이백을 언급한 곳이 열네 곳인데 "사람들 모두 죽이려 하나, 나는 홀로 그 재능을 아까워하네[世人皆欲殺, 吾意獨憐才]",[46] "가을 술에 취할 때 이불을 함께 덮고, 낮에 손을 잡고 길을 나서네[醉眠秋共被, 携手日同行]",[47]

42 소무, 「고시사수」 제2수.
43 이릉, 「여소무시삼수(與蘇武詩三首)」 제3수.
44 유정, 「증오관중랑장사수(贈五官中郞將四首)」 제2수.
45 두보, 「봉송엄공입조십운(奉送嚴公入朝十韻)」.
46 두보, 「불견(不見)【근무이백소식(近無李白消息)】」.

"사흘 밤을 그대가 꿈에 나타나니, 정이 깊은 그대의 마음을 느끼네[三夜頻夢君, 情親見君意]"[48]라고 했으니 정이 깊었음을 알 수 있다. 진정민陳正敏의 『둔재한람遯齋閑覽』에서 "이 두 사람은 이름과 명성이 서로 부딪혀서 시기가 없을 수 없다"라고 했는데 이는 세속적인 견해로 현자의 마음을 헤아린 것이다. 그래서 내가 이에 대해 논하지 않을 수 없다.

① '考'는 원래 '詩'로 되어 있었는데, 『진체비서津逮祕書』본에 의거하여 고쳤다.

『古詩十九首』, 非止一人之詩也. 「行行重行行」, 樂府以爲枚乘之作, 則其他可知矣.

『고시십구수』는 한 사람의 작품이 아니다. 「행행중행행行行重行行」을 악부에서는 매승枚乘이 지었다고 했으니 나머지 것도 미루어 알 만하다.

『古詩十九首』「行行重行行」, 『玉臺』作兩首. 自"越鳥巢南枝"以下, 別爲一首, 當以『選』爲正.

『고시십구수』의 「행행중행행」은 『옥대신영』에 2수로 되어 있다. "월越 땅 새는 남쪽 가지에 깃들고[越鳥巢南枝]" 이하가 별도의 시로 되어 있는데 『문선』의 것을 바른 것으로 삼아야 한다.

『文選』長歌行, 只有一首「青青園中葵」者, 郭茂倩『樂府』有兩篇, 次一首乃「仙人騎白鹿」者. 「仙人騎白鹿」之篇, 予疑此詞"岧岧山上亭"以

47 두보, 「여이십이백동심범십은거(與李十二白同尋范十隱居)」.
48 두보, 「몽이백이수(夢李白二首)」 제2수.

下, 其義不同, 當又別是一首, 郭茂倩不能辨也.

『문선』의 장가행長歌行에는 「청청원중규靑靑園中葵」 한 수가 있을 뿐이다. 곽무천郭茂倩의 『악부시집』에는 두 수가 있는데 다음 한 수는 「선인기백록仙人騎白鹿」이다. 나는 「선인기백록」의 내용에서 "높은 산 위의 정자[岧岧山上亭]" 이하는 그 내용이 다르므로 별도의 한 수가 돼야 한다고 생각하니 곽무천이 가려내지 못했던 것이다.

『文選』「飮馬長城窟」古詞, 無人名, 『玉臺』以爲蔡邕作.

『문선』의 고사古詞 「음마장성굴飮馬長城窟」은 작가의 이름이 없는데 『옥대신영』에선 채옹이 지었다고 했다.

古詞之不可讀者, 莫如「巾舞歌」, 文義漫不可解也.

고사古詞 가운데 해독할 수 없는 작품으로 「건무가巾舞歌」만한 것이 없다. 글 내용을 도무지 이해할 수 없다.

又古「將進酒」·「芳樹」·「石留」·「豫章行」等篇,① 皆使人讀之茫然.

① '又古'原作'古文', 據『珠叢』本改.

또 고사 「장진주將進酒」·「방수芳樹」·「석류石留」·「예장행豫章行」 등의 작품은 읽노라면 종잡을 수가 없다.

① '又古'는 원래 '古文'으로 되어 있었는데 『담예주총』본에 의거하여 고쳤다.

又「朱鷺」·「稚子斑」·「艾如張」·「思悲翁」·「上之回」等, 只二三句可解, 豈非歲久文字舛訛而然邪?

또「주로朱鷺」·「치자반雉子斑」·「애여장艾如張」·「사비옹思悲翁」·「상지회上之回」등은 2~3 구만 이해할 수 있을 뿐이니 세월이 오래 지나 글자가 잘못 전한 탓이지 않겠는가.

「木蘭歌」"促織何喞喞", 『文苑英華』作"喞喞何切切", 又作"壢壢." 『樂府』作"喞喞復喞喞", 又作"促織何喞喞." 當從『樂府』也.

「목란가木蘭歌」의 "베 짜는 소리 어찌 저리 찰칵거릴까[促織何喞喞]"를 『문원영화文苑英華』에서는 "즐즐하절절喞喞何切切"이라고 하고 "역력壢壢"이라고도 했다. 『악부시집』에서는 "즐즐복즐즐喞喞復喞喞"이라 하고, 또 "촉직하즐즐促織何喞喞"이라고도 했는데 『악부시집』의 것을 따라야 할 것이다.

"願馳千里足", 郭茂倩『樂府』作"願借明駝千里足", 『酉陽雜俎』作"願馳千里明駝足." 『漁隱』不考, 妄爲之辨.

"원치천리족願馳千里足"[49]을 곽무천의 『악부시집』에서는 "천차명타천리족願借明駝千里足"이라 하고, 『유양잡조』에서는 "원치천리명타족願馳千里明駝足"이라 했다. 『어은총화漁隱叢話』는 잘 살펴보지도 않고, 멋대로 변론을 가했다.

---

49 「목란시이수(木蘭詩二首)」 제1수.

「木蘭歌」最古, 然"朔氣傳金柝, 寒光照鐵衣"之類, 已似太白, 必非漢魏人詩也.

「목란가木蘭歌」가 가장 오래되었으나 "북방의 찬 기운은 금탁金柝에 전해지고, 찬 달빛은 철갑옷을 비추네["朔氣傳金柝, 寒光照鐵衣]" 같은 구절은 이미 이백과 흡사하니, 결코 한·위시대 사람의 것이 아니다.

「木蘭歌」,『文苑英華』直作韋元甫名字. 郭茂倩『樂府』有兩篇, 其後篇乃元甫所作也.

「목란가」를 『문원영화』에서는 위원보韋元甫의 작품이라 명기했다. 곽무천의 『악부시집』에 두 편이 들어있는데, 후편은 바로 위원보의 작품이다.

班婕妤「怨歌行」, 文選直作班姬之名,『樂府』以爲顔延年作.

반첩여班婕妤의 「원가행怨歌行」을 『문선』에서는 반희班姬의 작품이라고 명기했는데 『악부시집』에서는 안연년(顔延年 : 안연지)의 작품이라고 했다.

孔明「梁父吟」"步出齊東門, 遙望蕩陰里",『樂府解題』作"遙望陰陽里." 青州有陰陽里. "田疆古冶子",『解題』作"田疆固野子."

제갈량의 「양보음梁父吟」에 "제齊 동문을 걸어 나와, 멀리 탕음리蕩陰

里를 바라보네[步出齊東門, 遙望蕩陰里]"라는 구절이 있는데 『악부해제樂府解題』에서는 "멀리 음양리를 바라보네[遙望陰陽里]"로 되어 있다. 청주靑州에 음양리陰陽里라는 곳이 있다. 또 "전강田彊과 고야자古冶子[田疆古冶子]"[50]라는 구절이 『악부해제』에서는 "전강과 고야자固野子[田疆固野子]"로 되어 있다.

南北朝人惟張正見詩最多, 而最無足省發, 所謂"雖多亦奚以爲."

남북조의 시인들 가운데 장정견張正見의 시가 가장 많지만 가장 내세울 게 없으니 이른바 "많다고 한들 무슨 소용이겠는가[雖多亦奚以爲]"에 해당한다.

『西淸詩話』載 : 晁文元家所藏陶詩, 有「問來使」一篇云 : "爾從山中來, 早晚發天目? 我屋南山下, 今生幾叢菊? 薔薇葉已抽, 秋蘭氣當馥. 歸去來山中, 山中酒應熟." 余謂此篇誠佳, 然其體製氣象與淵明不類, 得非太白逸詩, 後人諼取以入陶集耳.

『서청시화西淸詩話』에 의하면 조문원(晁文元 : 조형晁逈)의 집에 소장되어 있는 도연명의 시 가운데 「문래사問來使」라는 시가 있는데 "그대 산중에서 왔으니, 천목산天目山을 언제 출발했던가? 나의 집 남산 아래에, 지금 국화 몇 그루나 피었던가? 장미는 잎이 이미 나오고, 가을 난초는 향기 가득하리라. 산중으로 돌아가면, 산중의 술이 잘 익었을 것이네[爾從山中來, 早晚發天目? 我屋南山下, 今生幾叢菊? 薔薇葉已抽, 秋蘭氣當馥. 歸

50 제갈량, 「양보음(梁甫吟)」. 양보는 산 이름으로, 태산 아래에 위치한다.

去來山中, 山中酒應熟"라고 되어 있다. 내 생각으로는 이 시가 참으로 훌륭하긴 하지만 체제와 기상이 도연명을 닮지 않았다. 이백의 유작이 아니면 후인들이 아무렇게나 가져다 도연명의 문집 속에 넣은 것이 아닐까싶다.

『文苑英華』有太白「代寄翁參樞先輩」七言律一首, 乃晩唐之下者. 又有五言律三首, 其一,「送客歸吳」, 其二,『送友生遊峽中」, 其三,「送袁明甫任長江」. 集本皆無之, 其家數在大曆·貞元間, 亦非太白之作. 又有五言「雨後望月』一首·「對雨」一首·「望夫石」一首·「冬日歸舊山」一首, 皆晩唐之語. 又有"秦樓出佳麗"四句, 亦不類太白, 皆是後人假名也.

『문원영화』에 이백의 작품이라는 칠언율시 「대기옹참추선배代寄翁參樞先輩」가 있는데 만당의 작품에서도 하등급에 해당한다. 또 오언율시 3수가 있는데 그 첫 번째가 「송객귀오送客歸吳」, 두 번째가 「송우생유협중送友生遊峽中」, 세 번째가 「송원명보임장강送袁明甫任長江」이다. 이백의 시집에는 들어있지 않으며 풍격은 대력·정원 연간의 것으로, 역시 이백의 작품이 아니다. 또 오언시 「우후망월雨後望月」 1수·「대우對雨」 1수·「망부석望夫石」 1수·「동일귀구산冬日歸舊山」 1수가 있는데 모두 만당 때의 시어로 되어 있다. 또 절구 "진루출가려秦樓出佳麗"[51]가 있는데 이 역시 이백을 닮지 않았으니 모두 후인들이 이름을 가탁한 것이다.

『文苑英華』有「送史司馬赴崔相公幕」一首云: "崢嶸丞相府, 清切鳳凰池. 羨爾瑤臺鶴, 高棲瓊樹枝. 歸飛晴日好, 吟弄惠風吹. 正有乘軒樂,

51 이백, 「일출동남우행(日出東南隅行)」.

初當學舞時. 珍禽在羅網, 微命若遊絲. 願托周周羽, 相銜漢水湄." 此或太白之逸詩也. 不然, 亦是盛唐人之作.

『문원영화』에 「송사사마부최상공막送史司馬赴崔相公幕」이 있는데 "드높은 승상부, 해맑은 봉황지鳳凰池. 부럽구나 요대瑤臺의 학이여, 경수瓊樹 가지에 높이 깃들었네. 맑은 날 돌아가고, 봄바람 맞아 읊조리네. 마침 수레에 오를 때 연주되는 음악 있고, 이제 막 춤을 배우기도 하네. 진귀한 새가 그물에 걸려, 미미한 목숨 아지랑이와 같네. 부디 주주周周새[52] 날개에 맡겨, 한수漢水의 물 마시기 바라네[崢嶸丞相府, 清切鳳凰池. 羨爾瑤臺鶴, 高棲瓊樹枝. 歸飛晴日好, 吟弄惠風吹. 正有乘軒樂, 初當學舞時. 珍禽在羅網, 微命若遊絲. 願托周周羽, 相銜漢水湄]"라고 했다. 이 시는 아마 이백의 일시逸詩일 것이다. 그렇지 않다면 성당 시인의 작품일 것이다.

『太白集』中「少年行」, 只有數句類太白, 其他皆淺近浮俗, 決非太白所作, 必誤也.①

① '必誤也'原作'必至誤人也', 據『津逮』本改.

『태백집』 안의 「소년행少年行」은 몇 구만 이백과 닮았을 뿐이고 나머지는 모두 수준이 낮고 저속해서 결코 이백의 작품이 아니다. 필경 잘못 수록된 것이다.

① '必誤也'는 원래 '必至誤人也'로 되어 있었는데 『진체비서』본에 의거하여 고쳤다.

"酒渴愛江清"一詩, 『文苑英華』作暢當, 而黃伯思注『杜集』編作少陵

52 주주(周周)새 : 머리가 무겁기 때문에 하수(河水)에서 물을 마시려면 반드시 넘어지므로 언제나 깃을 입에 물고 물을 마신다는 전설의 새이다.

詩. 非也.①

① 此段據玉屑補.

"주갈애강청酒渴愛江淸"[53]을 『문원영화』에서는 창당暢當의 작품으로 보고 황백사黃伯思가 주석한 『두공부집杜工部輯』에서는 두보의 시로 편집했는데, 잘못이다.

① 이 단락은 『시인옥설』에 의거하여 보충했다.

"迎旦東風騎蹇驢"絶句, 決非盛唐人氣象, 只似白樂天言語. 今世俗圖畫以爲少陵詩, 『漁隱』亦辯其非矣, 而黃伯思編入『杜集』何也?①

① '何', 『津逮』本作'非.'

"아침에 동풍을 맞으며 다리 저는 나귀를 타네[迎旦東風騎蹇驢]"라는 절구는 결코 성당 시인의 기상이 아니며 백거이의 시어와 유사할 뿐이다. 오늘날 세간에 전하는 그림에 두보의 시로 간주했는데 『어은총화』도 그 잘못을 바로잡았다. 그런데 황백사가 이 시를 『두공부집』에 편집해 넣은 것은 왜인가?

① '何'는 『진체비서』본에 '非'로 되어 있다.

少陵有「避地」逸詩一首云: "避地歲時晩, 竄身筋骨勞. 詩書遂牆壁, 奴僕且旌旄. 行在僅聞信, 此生隨所遭. 神堯舊天下, 會見出腥臊." 題下

53 「군중취음기침팔류수(軍中醉飮寄沈八劉叟)」. 『어정전당시』에서는 이를 창당의 작품으로 표기하였고 구조오의 『두시상주』에서는 이를 두보의 작품으로 명기하였다. 그런데 『어정전당시』에 위장(韋莊)의 「주갈애강청(酒渴愛江淸)」이란 작품도 수록되어 있어 주의를 요한다.

公自注云："至德三載丁酉作", 此則眞少陵語也. 今書市集本, 並不見有.

두보의 일시逸詩 「피지避地」에서 "피난처에서 한 해가 저물며, 몸 숨기자니 심신이 피로하네. 시서詩書를 결국 벽 속에 숨기나니, 종들이 깃발을 들고 있네. 천자 계신 곳에서 겨우 소식 들려오나니, 이 목숨 처한 상황에 따를 뿐이다. 신묘했던 옛 천하에, 마치 비린내 나는 것을 보고 있네[避地歲時晩, 竄身筋骨勞. 詩書遂牆壁, 奴僕且旌旄. 行在僅聞信, 此生隨所遭. 神堯舊天下, 會見出腥臊]"라고 했다. 제목 아래 공의 원주原註에서 "지덕至德 3년(758) 정유에 짓다"라고 되어 있는데 이것은 정말 두보의 말이다. 지금 책방에서 파는 두보집에는 이 부분이 없다.

舊蜀本杜詩, 並無註釋, 雖編年而不分古近二體, 其間略有公自注而已. 今豫章庫本以爲翻鎭江蜀本, 雖分雜注, 又分古律, 其編年亦且不同. 近寶慶間, 南海漕臺雕杜集, 亦以爲蜀本, 雖刪去假坡之注, 亦有王原叔以下九家, 而趙注比他本最詳, 皆非舊蜀本也.

구 촉본蜀本 두보시집에는 모두 주석이 없으며 편년 형식으로 되어 있지만 고체와 근체를 구분하지 않았고 사이사이에 공의 자주自注가 있을 뿐이다. 지금 예장고본豫章庫本은 진강鎭江 촉본을 번각한 것으로, 여러 주석을 나열하고 고시와 율시를 분류했지만 편년의 내용이 다르다. 근래 보경(寶慶 : 1225~1227) 연간에 남해南海의 조운漕運 총독이 『두보시집』을 간행했는데 이 또한 촉본이라 하며 소식의 이름을 빌린 주석을 삭제했지만 왕원숙(王原叔 : 왕수王洙) 이하 구가九家의 주가 있다. 그 가운데 조언재趙彦材의 주가 다른 본에 비해 가장 상세한데 모두 구 촉본은 아니다.

『杜集』注中"坡曰"者, 皆是托名假僞. 『漁隱』雖嘗辯之, 而人尙疑者, 蓋無至當之說以指其僞也. 今擧一端, 將不辯而自明矣. 如"楚岫八峯翠", 注云 : "景差「蘭亭春望」'千峰楚岫碧, 萬水郢城陰.'" 且五言始於李陵·蘇武, 或云枚乘. 漢以前五言古詩尙未有之, 寧有戰國時已有五言律句邪? 觀此可以一笑而悟矣. 雖然, 亦幸而有此漏逗也.

『두공부집』의 주석에 있는 '파왈坡曰'은 모두 이름을 가탁한 것이다. 『어은총화』가 일찍이 변별했음에도 사람들이 여전히 의문을 갖는 것은 합당한 논지로 그 허위를 지적하지 못했기 때문이다. 이제 그 일단을 들어 보면 굳이 논쟁하지 않아도 저절로 밝혀질 것이다. "초나라 산 여덟 봉우리 푸르다[楚岫八峯翠]"라는 구절의 주석에서는 "경차景差[54]의 「난정춘만蘭亭春望」에서, '수많은 봉우리 초나라 산이 푸르고, 수많은 물 영성郢城에 나무그늘 우거지다[千峰楚岫碧, 萬水郢城陰]'라고 읊었다"라고 했다. 오언시는 이릉과 소무에서 시작되었고 혹자는 매승에서 시작됐다고 한다. 한나라 이전에는 오언고시가 없었는데 어떻게 전국시대에 오언율시가 있을 수 있겠는가. 이를 보면 웃음이 나오며 금방 실체를 알아차릴 수 있다. 그렇긴 하지만 이런 오류가 보인 것이 한편으로 다행스럽다.

杜注中"師曰"者, 亦"坡曰"之類, 但其間半僞半眞, 尤爲淆亂惑人, 此深可歎. 然具眼者, 自默識之耳.

『두공부집』 주석의 "사왈師曰"은 "파왈坡曰"과 같은 부류로서 절반은 허위이고 절반은 진실이어서 사람을 더욱더 혼란하게 하니 이것이 참

54 경차(景差) : 전국시대 초나라 사람으로, 송옥과 비슷한 시기에 살았던 것으로 추정된다. 하지만 구체적인 생졸 연대와 출생지 등은 전하지 않는다.

개탄스럽다. 하지만 안목을 갖춘 사람은 저절로 알 수가 있다.

崔顥「渭城少年行」, 「百家選」作兩首, 自"秦川"以下別爲一首. 郭茂倩『樂府』止作一首,① 『文苑英華』亦止作一首, 當從『樂府』·『英華』爲是.

① '止'原作'已', 據『珠叢』本改.

최호의 「위성소년행渭城少年行」은 『백가선百家選』에서 두 수로 보아서 '진천秦川' 이하를 별도의 한 수로 만들었다. 곽무천의 『악부시집』에는 한 수로 되어 있고 『문원영화』에서도 한 수로 되어 있는데, 『악부시집』과 『문원영화』를 따라야 할 것이다.

① '止'는 원래 '已'로 되어 있었는데 『담예주총』본에 의거하여 고쳤다.

玉川子"天下薄夫苦耽酒"之詩, 荊公『百家詩選』止作一篇, 本集自"天上白日悠悠懸"以下別爲一首.① 當從荊公爲是.

① '悠悠懸'原作'懸悠悠', 據『珠叢』本改.

옥천자(玉川子 : 노동)의 "세상 범부가 술에 빠져 있네[天下薄夫苦耽酒]"[55]가 왕안석의 『백가시선百家詩選』에서는 한 수로 되어 있는데, 본집本集에는 "하늘에 해가 높이 걸려 있고[天上白日悠悠懸]" 이하를 별도의 한 수로 설정했으니 왕안석을 따르는 것이 옳다.

① '悠悠懸'은 원래 '懸悠悠'로 되어 있었는데 『담예주총』본에 의거하여 고쳤다.

55 노동, 「탄작일삼수(嘆昨日三首)」 제2수.

太白詩"斗酒渭城邊, 爐頭耐醉眠", 乃岑參之詩誤入.

이백의 시, "위성渭城에서 한 말 술을 마시고, 화톳가에서 취해 잘 만하네[斗酒渭城邊, 爐頭耐醉眠]"[56]는 잠삼의 시가 잘못 들어간 것이다.

太白「塞上曲」"騮馬新跨紫玉鞍"者, 乃王昌齡之詩, 亦誤入. 昌齡本有二篇, 前篇乃"秦時明月漢時關"也.

이백의 「새상곡塞上曲」의 "류마騮馬에 자옥紫玉 안장을 다시 얹는다[騮馬新跨紫玉鞍]"는 왕창령의 시가 잘못 들어간 것이다. 왕창령에게는 본래 두 편이 있는데 앞 편이 바로 "진나라 때의 달 한나라 때의 관문[秦時明月漢時關]"[57]이다.

孟浩然有「贈孟郊」一首. 按東野乃貞元・元和間人, 而浩然終於開元二十八年, 時代懸遠, 其詩亦不似浩然, 必誤入.

맹호연에게 「증맹교贈孟郊」 한 수가 있다. 맹교는 정원(貞元 : 785~805)・원화(元和 : 806~820) 연간 사람이고 맹호연은 개원 28년(740)에 죽었으므로 시대적으로 많은 차이가 나며 시 역시 맹호연을 닮지 않았으니 분명 잘못 들어간 것이다.

---

56 『전당시』에서는 이백의 「송별(送別)」과 잠삼의 「송양자(送楊子)」에 이 구절이 모두 들어있다.

57 왕창령, 「출새이수(出塞二首)」 제1수.

杜詩"五雲高太甲, 六月曠摶扶", "太甲"之義殆不可曉, 得非"高太乙"耶? "乙"與"甲"蓋亦相近,① 以星對風, 亦從其類也. 至于"杳杳東山携漢妓", 亦無義理, 疑是"携妓去." 蓋子美每於絶句喜對偶耳. 臆度如此, 更俟宏識.

① '與'原作'爲', 據『珠叢』本改.

두보의 시, "오운五雲이 태갑太甲보다 높고, 유월이 회오리바람보다 넓다[五雲高太甲, 六月曠摶扶]"[58]에서 '태갑'의 의미를 이해할 수 없는데, 혹시 '태을太乙보다 높다'가 아닐까. 을乙과 갑甲은 서로 유사하고, 별이 바람과 대를 이루는 것 또한 서로 부류가 맞다. 그리고 "아득한 동산으로 한나라 기녀 데려가고[杳杳東山携漢妓]"[59] 또한 의미상 맞지 않는데 아마 "휴기거携妓去"일 것 같다. 이렇게 보는 것은 두보가 절구를 지을 때 대우對偶를 즐겨 사용했기 때문이다. 나의 억측이 이러하니 넓은 식견을 기다린다.

① '與'는 원래 '爲'로 되어 있었는데 『담예주총』본에 의거하여 고쳤다.

王荊公『百家詩選』, 蓋本於唐人『英靈』·『間氣集』. 其初明皇·德宗·薛稷·劉希夷·韋述之詩, 無少增損, 次序亦同. 孟浩然止增其數, 儲光羲後, 方是荊公自去取. 前卷讀之盡佳, 非其選擇之精, 蓋盛唐人詩無不可觀者. 至於大曆以後, 其去取深不滿人意. 況唐人如沈·宋·王·楊·盧·駱·陳拾遺·張燕公·張曲江·賈至·王維·獨孤及·韋應物·孫逖·祖詠·劉昚虛·綦毋潛·劉長卿·李長吉諸公, 皆大名家, - 李·杜·韓·柳以家有其集,① 故不載 - 而此集無之. 荊公當時所選, 當據宋次道之所有耳. 其序乃言"觀唐詩者觀此足矣", 豈不

58 두보, 「대력삼년춘백제성방선출구당협구(大曆三年春白帝城放船出瞿塘峽久)」.
59 두보, 「희작기상한중왕이수(戲作寄上漢中王二首)【왕신(王新)】」 제2수.

誣哉! 今人但以荊公所選, 斂衽而莫敢議, 可歎也.

① '以'原作'四', 據『津逮』本改.

왕안석의 『백가시선』은 당나라 시인 은번殷璠의 『하악영령집河岳英靈集』과 고중무高仲武의 『중흥간기집中興間氣集』에 근거를 두었다. 책 앞부분에 명황(明皇 : 현종) · 덕종德宗 · 설직薛稷 · 유희이劉希夷 · 위술韋述의 시가 실려 있는데 조금의 가감도 없고 순서 역시 같다. 맹호연만 분량을 증가시켰을 뿐이다. 저광희儲光羲 이후부터 왕안석이 직접 취사선택했다. 전권前卷을 읽어보면 모두가 훌륭한데, 취사선택이 뛰어났기 때문이 아니라 성당의 시는 모두 볼만하기 때문이다. 대력 이후는 취사선택이 매우 만족스럽지 못하다. 더구나 심전기 · 송지문 · 왕발 · 양형 · 노조린 · 낙빈왕 · 진자앙 · 장연공張燕公 · 장구령張九齡 · 가지賈至 · 왕유 · 독고급獨孤及 · 위응물 · 손적孫逖 · 조영祖詠 · 유신허劉愼虛 · 기모잠綦毋潛 · 유장경 · 이하 등은 모두 훌륭한 시인들인데 – 이백 · 두보 · 한유 · 유종원은 대가들로 시집이 있기에 싣지 않았다 – 선집에서 싣지 않았다. 왕안석의 선집은 송차도(宋次道 : 송민구宋敏求)가 가지고 있던 책에만 근거했던 것이다. 그 서문에서 "당시를 살펴보고자 하는 사람은 이 책만 보면 충분할 것이다"라고 했는데 어찌 사람을 기만한 것이 아니겠는가. 지금 사람들이 왕안석이 선별한 것에 대해 옷깃을 여기며 감히 이의를 제기하지 못하니 참 안타까운 일이다.

① '以'는 원래 '四'로 되어 있었는데 『진체비서』본에 의거하여 고쳤다.

荊公有一家但取一二首而不可讀者, 如曹唐二首. 其一首云 : "年少風流好丈夫, 大家望拜漢金吾. 閒眠曉日聽啼鳩, 笑倚春風仗轆轤. 深院吹笙從漢婢, 靜街調馬任奚奴. 牡丹花下鉤簾畔, 獨倚紅肌捋虎鬚." 此不足以書屛幛, 可以與閭巷小人文背之詞. 又「買劍」一首云:"青天露拔雲霓泣, 黑地潛驚鬼魅愁." 但可與師巫念誦耳.① 予嘗見「方子通墓誌」"唐詩有八百家, 子通所藏有五百家", 今則世不見有, 惜哉!

① '耳'原作'也', 據『津逮』本改.

왕안석이 선정한 시인 가운데 한두 수만 취택한 것으로도 차마 읽을 수 없는 것이 있는데, 조당曹唐의 2수가 그렇다. "젊었을 때는 풍류 넘친 대장부로, 사람들이 금오金吾 되리라 기대했네. 한적한 잠자리에 날 밝으며 까치 소리 듣고, 웃으며 봄바람 기대어 도르래를 짚네. 깊은 정원에는 생황 불며 계집종들 뒤쫓고, 조용한 거리에서는 말 부리며 노복에게 맡기네. 모란꽃 아래 주렴을 걸고, 홀로 여인에 기대어 범 수염을 쓰다듬네.[年少風流好丈夫, 大家望拜漢金吾. 閒眠曉日聽啼鵲, 笑倚春風仗轆轤. 深院吹笙從漢婢, 靜街調馬任奚奴. 牡丹花下鉤簾畔, 獨倚紅肌捋虎鬚.]"[60] 이것은 병풍에 쓸 수 없는, 길거리에서 글 짓는 무리들의 작품에 해당될 뿐이다. 다른 1수 「매검買劍」에서는 "푸른 하늘에 뽑아들면 구름과 무지개 울고, 어두운 땅에서는 슬그머니 놀래주면 귀신도 겁을 내리[青天露拔雲霓泣, 黑地潛驚鬼魅愁]"라고 했는데 무당의 주문에 어울릴 뿐이다. 내가 일찍이 「방유심묘지方惟深墓誌」를 본 적이 있는데 "당나라 시인은 팔백 가인데 자통(子通: 방유심方惟深)은 오백 가의 시만 가지고 있었다"라고 돼 있었다. 지금 이것을 볼 수 없는 것이 안타깝다.

① '耳'는 원래 '也'로 되어 있었는데 『진체비서』본에 의거하여 고쳤다.

柳子厚"漁翁夜傍西岩宿"之詩, 東坡刪去後二句, 使子厚復生, 亦必心服. 謝朓"洞庭張樂地, 瀟湘帝子遊. 雲去蒼梧野, 水還江漢流. 停橈我

60 조당, 「모춘희증오단공(暮春戲贈吳端公)」.

悵望, 輟棹子夷猶. 廣平聽方籍, 茂陵將見求. 心事俱已矣, 江上徒離憂", 予謂"廣平聽方籍, 茂陵將見求"一聯删去, 只用八句, 尤爲渾然, 不知識者以爲何如?

유종원의 "어부는 밤이 되자 서쪽 바위에 묵는다[漁翁夜傍西岩宿]"[61]라는 시를 소식이 후반부 두 구절을 삭제했는데 유종원이 다시 태어나더라도 반드시 수긍할 것이다. 사조謝朓가 "동정호는 음악을 연주했던 곳이고, 소상강은 황제가 노닐던 곳이네. 구름은 창오蒼梧의 들판으로 흐르고, 강물은 강한江漢을 되돌아가네. 삿대를 멈추고 내가 서글피 바라볼 때, 노를 멈춘 그대가 주저주저하네. 광평廣平처럼 평판이 널리 퍼져, 무릉령茂陵令도 구할 수 있으리라. 마음이 다 정리됐는데도, 강가에서 그저 시름에 젖는다[洞庭張樂地, 瀟湘帝子遊. 雲去蒼梧野, 水還江漢流. 停橈我悵望, 輟棹子夷猶. 廣平聽方籍, 茂陵將見求. 心事俱已矣, 江上徒離憂]"[62]라고 했는데 내 생각에는 '광평청방적廣平聽方籍, 무릉장견구茂陵將見求' 1연을 버리고 8구만 쓰면 더욱 완전할 것이라고 본다. 식자들은 어떻게 생각할지 모르겠다.

---

61 유종원, 「어옹(漁翁)」.

62 사조, 「신정저별범령릉시일수(新亭渚別范零陵詩一首)」.

附「答吳景仙書」【按他本, 滄浪「答吳保義手書」. 吳陵字景仙, 表叔行, 有詩名】

「오경선(오릉)에게 답한 글」【다른 본에는 「오보의에게 손수 쓴 답서」로 돼 있다. 오릉은 자가 경선으로, 엄우와 표숙 항렬이며 시인으로서 명성이 있었다】

僕之「詩辯」, 乃斷千百年公案, 誠驚世絶俗之談, 至當歸一之論. 其間說江西詩病, 眞取心肝劊子手. 以禪喩詩, 莫此淸切. 是自家實證實悟者, 是自家閉門鑿破此片田地, 卽非傍人籬壁·拾人涕唾得來者. 李杜復生, 不易吾言矣. 而我叔靳靳疑之, 況他人乎? 所見難合固如此, 深可歎也. 我叔謂說禪, 非文人儒者之言. 本意但欲說得詩透徹, 初無意于爲文, 其合文人儒者之言與否, 不問也. 高意又使回護, 毋直致褒貶. 僕意謂辯白是非, 定其宗旨, 正當明目張膽而言, 使其詞說沈着痛快, 深切著明, 顯然易見. 所謂不直則道不見, 雖得罪於世之君子, 不辭也. 我叔『詩說』, 其文雖勝, 然只是說詩之源流, 世變之高下耳. 雖取盛唐而無的. 然使人知所趨嚮處, 其間"異戶同門"之說, 乃一篇之要領. 然晩唐·本朝謂其如此, 可也. 謂唐初以來至大曆之詩異戶同門, 已不可矣, 至於漢·魏·晉·宋·齊·梁之詩, 其品第相去, 高下懸絶, 乃混而稱之, 謂錙銖而較, 實有不同處, 大率"異戶"而"同門", 豈其然乎? 又謂韓柳不得爲盛唐, 猶未落晩唐. 以其時則可矣. 韓退之固當別論, 若柳子厚五言古詩, 尙在韋蘇州之上, 豈元·白同時諸公所可望耶? 高見如此, 毋怪來書有甚不喜分諸體製之說. 我叔誠於此未瞭然也. 作詩正須辨盡諸家體製, 然後不爲旁門所惑. 今人作詩差入門戶者, 正以體製莫辨也. 世之技藝, 猶各有家數, 市縑帛者, 必分道地, 然後知優劣, 況文章乎?

僕於作詩不敢自負, 至識則自謂有一日之長, 於古今體製, 若辨蒼素, 甚者望而知之. 來書又謂"忽被人捉破發問, 何以答之?" 僕正欲人發問而不可得者, 不遇盤根, 安別利器. 我叔試以數十篇詩, 隱其姓名, 擧以相試, 爲能別得體製否? 惟辨之未精, 故所作惑雜而不純. 今觀盛集中, 尚有一二本朝立作處, 毋乃坐視而然耶? 又謂盛唐之詩"雄深雅健", 僕謂此四字但可評文, 於詩則用"健"字不得. 不若「詩辯」"雄渾悲壯"之語爲得詩之體也. 毫釐之差, 不可不辨. 坡・谷諸公之詩, 如米元章之字, 雖筆力勁健, 終有子路未事夫子時氣象. 盛唐諸公之詩, 如顏魯公書, 旣筆力雄壯, 又氣象渾厚, 其不同如此. 只此一字, 便見我叔脚根未點地處也. 所論屈原「離騷」, 則深得之, 實前輩之所未發, 此一段文亦甚佳. 大概論武帝以前皆好, 無可議者. 但李陵之詩, 非虜中感故人還漢而作, 恐未深考, 故東坡亦惑江漢之語, 疑非少卿之詩, 而不考其胡中也. 妙喜【是徑山名僧宗杲也】自謂"參禪精子", 僕亦自謂"參詩精子." 嘗謁李友山論古今人詩, 見僕辨析毫芒, 每相激賞, 因謂之曰: "我論詩, 若那吒太子析骨還父, 析肉還母." 友山深以爲然. 當時臨川相會匆匆, 所惜多順情放過, 盖傾盖執手, 無暇引惹, 恐未能卒竟其辨也. 鄙見若此, 若不以爲然, 却願有以相復, 幸甚.

저의 「시변詩辨」은 결국 오랫동안의 공안公案[63]을 결단한 것으로 참으로 세상을 깜짝 놀라게 하는 담론이며 지극히 온당하고 하나로 귀결되는 논의입니다. 그 가운데 강서시파의 병폐를 지적한 것은 참으로 심장과 내장을 발라내는 망나니와 같은 것으로, 선禪으로 시를 비유하는 것이 이보다 적절하고 적합할 수는 없습니다. 이것은 제 자신이 실제로 검증하고 실제로 터득한 것이며 직접 해당 분야를 파고들어 분석해 낸 것이지, 다른 사람의 울타리에 기대거나 다른 사람의 것을 가져

63 공안(公案) : 공정하여 범할 수 없는 법칙을 말한다.

온 것이 아닙니다. 이백과 두보가 다시 태어난다고 해도 제 말을 바꾸지는 못할 것입니다. 그럼에도 숙부께서는 한사코 의심스러워하시니 다른 사람이야 말할 나위가 있겠습니까. 이처럼 견해에 동의하기가 어려우니 참 안타깝습니다.

숙부께서는 선禪은 문인이나 유생이 거론할 것이 아니라고 하셨습니다. 저의 본래 생각은 다만 시를 철저하게 설명하려는 것일 뿐, 애초에 글로 만들 생각은 없으며 그것이 문인이나 유생의 말에 부합하느냐의 문제에는 관심이 없습니다.

숙부께서는 또 완곡하고 우호적이어야지 직접적으로 추켜세우거나 깎아내리지 말아야 한다고 하셨습니다. 하지만 저의 생각은, 시비를 분명히 가리고 그 종지를 확정하려면 눈을 부릅뜨고 담대하게 말하여 그 말이 차분하면서도 후련하고 깊고 적절하며 확연하게 드러나야 한다고 봅니다. 올곧지 않으면 본지가 드러나지 않는다 했으니 이것으로 세상 식자들에게 죄를 짓는다 해도 마다하지 않겠습니다. 숙부의 『시설詩說』은 문장이 훌륭하긴 하지만 시의 원류와 시대의 변화에 따른 우열을 논했을 뿐입니다. 비록 성당을 취하셨지만, 정확한 지향점이 없습니다. 사람들에게 그 나아갈 바를 알려주었지만 외양은 달라도 유파가 같다는 이호동문異戶同門의 견해가 전편의 핵심입니다. 그러나 만당과 본조本朝가 그렇다고 하면 그럴 수 있지만, 당나라 초기부터 대력大曆까지의 시가 이호동문이라 한다면 동의할 수 없습니다. 한·위·진·송·제·양의 시는 등급의 차이가 현격한데도 이를 뭉뚱그려 "세세하게 비교하면 분명 다른 점이 있지만 대체로 외양은 달라도 유파는 같다"라고 하시니 어찌 그렇겠습니까.

또, "한유와 유종원은 성당에 포함될 수 없으나 만당에 떨어지지는 않았다"고 하셨는데 그 시기로 보면 그렇다고 할 수 있습니다. 하지만 한유는 별도로 논해야 하고 유종원의 경우 그 오언고시는 위응물보다 위에 있으니 어찌 원진과 백거이 등 동시대의 작가들이 넘볼 수 있겠습니까. 숙부의 견해가 이러하시기에 어쩐지 제게 주신 편지에서 여러 체제로 나눈 저의 견해를 매우 달갑게 여기지 않으셨습니다. 하지만 숙부께서는 이 점에 대해 정말 잘 모르시고 계십니다. 시를 지을 때는 반드시 각 시인들의 체제를 명확히 구분해야만 정통이 아닌 것들에 현혹되지 않습니다. 요즘 사람들이 시를 지을 때 길을 잘못 들어가는 것은 바로 체제를 구분하지 못하기 때문입니다. 기예의 세계에도 정통이 있고 비단을 파는 것도 반드시 산지를 따져야만 우열을 구분할 수 있는 법인데 문장이야 말할 나위가 있겠습니까. 제가 시를 짓는 것은 감히 자부할 수 없지만 식별하는 데는 약간의 재능이 있어, 고금의 체제에 대해 흑백을 가리듯 가려내며 더한 경우에는 보기만 해도 알아차립니다. 보내신 편지에서 "갑자기 결점이 발견되어 남에게 질문을 받으면 어떻게 할 것인가?"라고 하셨습니다. 저는 정말 누군가가 질문하여 대답하지 못하게 되기를 바라는바, 깊은 뿌리를 만나지 못하면 어떻게 날카로운 도구인지를 알 수 있겠습니까. 숙부께서는 이름을 가린 채 수십 편의 시를 보여드릴 때 능히 그 체제를 구분할 수 있겠습니까. 구분이 정확하지 않기 때문에 지은 시가 혼잡스럽고 순수하지 못한 것입니다. 지금 숙부의 시집을 살펴보면 한두 곳은 여전히 본조의 기풍이 들어 있으니 바로 저의 위 견해를 간과한 탓이지 않겠습니까.

또 "성당의 시는 웅장하고 깊고 우아하고 힘차다"고 하셨는데 저는 이 네 글자는 문장을 논평하는 데에만 써야하며 시에 대해서 "힘차다"고 해서는 안 된다고 생각합니다. 차라리 "웅혼하고 비장하다"는 제 「시변詩辯」에서의 용어가 시의 풍격에 맞습니다. 아주 미세한 차이도 따지지 않을 수 없습니다. 소식이나 황정견 등의 시는 필력이 굳세고 힘찬 미원장(米元章 : 미불米芾) 같지만 결국 공자를 섬기기 전의 자로의 기상(강인하며 정제되지 않은 모습)을 지니고 있습니다. 성당 시인들의 시는 필력이 웅장하고 기상이 혼후한 안노공(顔魯公 : 안진경顔眞卿)과 같습니다. 그 차이가 이와 같습니다. 이 한 글자에서 숙부의 발꿈치가 아직 땅에 닿지 않았음을 확인할 수 있습니다.

굴원의 「이소」에 대해 논하신 내용은 깊은 이해가 담긴 것으로, 실로 선배들이 밝혀내지 못한 것이며 이 단락의 문장도 매우 아름답습니다. 대체로 한 무제 이전의 시를 논한 것은 모두 훌륭해서 재론할 것이 없습니다. 그러나 이릉의 시가 포로로 잡혀 있을 때 친구가 고국으로 돌아가는 것을 보고 느껴 지은 것이 아니라고 하신 것은 깊이 고찰하지 못한 탓이지 않나 싶으며 소식 역시 '강江', '한漢' 등의 말에 현혹돼 소경(少卿 : 이릉)의 시가 아니라고 의심했는데 이는 그가 오랑캐 땅에 있었음을 살피지 못한 탓입니다.

묘희妙喜【경산徑山의 명승名僧 종고宗杲이다】가 스스로 '참선의 달인'이라고 했는데 저 역시 스스로 '시 공부의 달인'이라고 생각합니다. 일찍이 이우산(李友山 : 이가李賈)을 찾아가 고금의 시인들을 논할 때, 저의 분석이 치밀한 것을 보고 매번 칭찬해마지 않았으며 그래서 제가 "내가 시를 논하는 것은 나타태자那吒太子가 뼈를 추려 아버지에게 돌려주고 살을 추려 어머니에게 돌려준 것과 같다"[64]고 하니 이우산도 깊이 동의했습니다. 지난번 임천臨川에서 뵐 때 바쁜 나머지, 인정에 의거해 그냥 지나쳐버린 것이 참 아쉬웠습니다. 수레를 기울이고 악수 나눌 때 제대로 논의할 겨를이 없는 터여서 그 논변을 미처 다 마치지 못하지 않았나 싶습니다. 저의 견해가 이러하니 그렇지 않다고 여기셔서 답신을 주신다면 매우 다행이겠습니다.

---

64 나타태자(那吒太子)가 …… 같다 : 나타태자는 불교 호법신의 이름. 전설에 의하면 비사문천왕(毗沙門天王)의 아들로, 뼈를 추려 아버지에게 돌려주고 살을 추려 어머니에게 돌려준 뒤 신통력을 발휘하여 부모를 위해 설법하였다고 한다.

『산방수필山房隨筆』

원元 장정자蔣正子

장정자蔣正子, 『산방수필山房隨筆』 해제

장정자는 생애가 전혀 알려져 있지 않다. 『사고전서총목』에서는 이름을 '蔣子正'으로 쓰기도 했다. 『산방수필』의 '두선보杜善甫' 부분을 보면 "내가 율양溧陽에서 교관教官으로 있을 때[予分教溧陽]"이라고 씌어 있어서 그가 한때 율양의 학관學官이었음을 알 수 있다. 또 "염귀비 부친 염양신이 향화공덕원을 지었다[閻貴妃父良臣起香火功德院]"는 부분에서 "목릉穆陵이 보위에 있을 때[穆陵載御]"라는 말도 있는데, 영목릉永穆陵은 송 이종의 능 이름이므로 장정자는 송에서 원으로 넘어간 유민이 아닐까 추측된다.

이 시화의 내용은 대부분 송말, 원초의 일화들이어서 기사체記事體 시화에 속한다. 새로운 시 이론을 제시하지도 못했고 형식적으로도 필기소설과 비슷해서 『사고전서총목』에서는 자부子部 소설가류小說家類에 넣었다. 그 내용을 보면 우선 가사도賈似道가 나라를 망친 것에 대한 후인들의 풍자시를 상세히 소개한 것이 눈에 띈다. 예를 들어 오잠吳潛이

송 이종 개경(開慶, 1259) 때 재상이 되자 사명四明 지방의 한 선비가 가사도에 의해 어지러운 조정을 우려해서 "온 것이 그른 것인가 옳은 것인가, 제방을 가다가 다시 백사장을 갈 필요 있으랴. 슬瑟의 음을 고를 때에는 기러기발 고정하기 어렵고, 바둑 두다 위험에 봉착했을 때 고수高手를 알게 되네. 공론 앞에 누가 당당히 서랴, 일이 이 지경에 이르면 더욱 난감하네. 겹겹의 산과 한 쌍의 시내 아래서, 청산을 마주하고 앉아 꽃을 구경하는 것만 못하네[來則非邪抑是邪, 緣堤何必更行沙. 瑟當調處難膠柱, 棋到危時見作家. 公論有誰能著脚, 事機至此轉聱牙. 不如疊嶂雙溪下, 行對青山坐看花]"라는 시를 지어 올렸다. 측근을 통해 이 시를 전해 받은 가사도는 결국 오잠을 탄핵해 순주循州로 좌천시켜 죽게 했다. 이 사건은 또 요주饒州의 선비 웅熊 아무개로 하여금 풍자시를 쓰게 했다. 그는 "근래 서북쪽에 또다시 전쟁이 일어나, 석양에 홀로 서서 감개에 젖네. 우레는 원성元城이 돼 병화를 몰아내건만, 하늘은 어찌하여 정위丁謂에게 큰 파도를 일으키게 하는가. 구천에 계신 선생은 다시 불러오긴 어렵지만, 만세에 공론을 어찌할 것인가. 조봉산雕峰山 지나다 지팡이 놓고 쉬며, 종친의 원로 만나 긴 노래 이어 지을 것을 생각하네[近來西北又干戈, 獨立斜陽感慨多. 雷爲元城驅劫火, 天胡丁謂活鯨波. 九原難起先生死, 萬世其如公論何. 道過雕峰休插竹, 想逢宗老續長歌]"라고 하였다. 나라를 잃은 장정자는 이런 시들을 골라 소개함으로써 강렬한 민족의식을 우회적으로 표현한다.

또 육수부陸秀夫가 장세걸張世傑을 애도하며 지은 시, "일찍이 해상에서 '강철 같은 담'이라는 말을 들었거늘, 아직 구름 속에서 금갑金甲 입은 신을 보네[曾聞海上鐵鬥膽, 猶見雲中金甲神]"에 대한 기록도 비록 비현실적이기는 하지만 전대前代의 충의지사를 찬양하고 그리워하던 당시 사람들의 깊은 감정을 반영하였다. 장정자는 기록하길, "장세걸이 덕우德祐, 경염景炎, 상흥祥興 연간에 해상에 주둔하고 있어서 양쪽이 남쪽과 북쪽 해안에서 각각 군대를 주둔하는 형국이 되었다. 그런데 어느 날 저녁 비바람이 몰아쳐 모두 불리한 상황일 때 장공의 배가 난파돼 장공이 익사하였다. 다음날 아침 시신을 인양하여 관에 넣어 화장하였으나 말(斗)만 한 담膽이 불에 타지 않아 군사들이 모두 감격, 통곡했다. 그때 갑자기 구름 속에서 금갑을 입은 신인이 나타나 '지금 하늘이 나를 죽였으나 문제가 가볍지 않다. 후세에 다시 태어나 회복할 것이다'라고 하였다[張公擁德祐景炎祥興於海上, 各擁兵南北岸. 一夕大風雨, 皆不利. 張覆舟而薨. 翌蚤獲屍, 棺殮焚化, 其膽如斗大, 而焚不化, 諸軍感慟. 忽雲中見金甲神人, 且云: "今天亡我, 關係不輕, 後身當出恢復矣"]"라고 했다. 이 밖에 시에 얽힌 일화에 관한 다른 기록들도 대부분 중요한 사료적 가치가 있다.

『산방수필』은 『역대시화』본을 비롯해 『백천학해』본, 『설고說庫』본, 장씨 『적원총서適園叢書』본, 『국고전서國庫全書』본, 『우향령습藕香零拾』본이 있다.

산방수필山房隨筆

원元 장정자蔣正子

辛稼軒帥浙東時, 晦庵南軒任倉憲使. 劉改之欲見辛, 不納. 二公爲之地, 云:"某日公燕至後筵便坐, 君可來. 門者不納, 但喧爭之, 必可入." 旣而, 改之如所教, 門外果諠譁. 辛問故, 門者以告, 辛怒甚. 二公因言改之豪傑也, 善賦詩, 可試納之. 改之至, 長揖. 公問:"能詩乎." 曰:"能." 時方進羊腰腎羹, 辛命賦之. 改之對:"寒甚, 願乞卮酒." 酒罷, 乞韻. 時飮酒手顫, 餘瀝流於懷, 因以'流'字爲韻. 卽吟云:"拔毫已付管城子, 爛首曾封關內侯. 死後不知身外物, 也隨樽酒伴風流." 辛大喜, 命共嘗此羹, 終席而去, 厚饋焉. 席散, 南軒邀至公廨, 置酒語之曰:"先君魏公, 一生公忠, 爲國功臣, 厄於命, 來挽者竟無一篇得此意. 願君有作, 以發幽潛." 改之卽賦一絕 云:"背水未成韓信陣, 明星已隕武侯軍. 平生一點不平氣, 化作祝融峰上雲." 南軒爲之墮淚. 今『龍洲集』中不見此二詩, 豈遺之邪? 又云:"稼軒守京口時, 大雪, 帥僚佐登多景樓. 改之敝衣曳履而前, 辛令賦雪, 以'難'字爲韻. 卽吟云:"功名有分平吳易, 貧賤無交訪戴難." 自此莫逆雲.

신가헌(辛稼軒 : 신기질辛棄疾)이 절동안무사浙東按撫使로 있을 때 회암(晦庵 : 주희朱熹)과 남헌(南軒 : 장식張栻)이 창헌사倉憲使를 맡고 있었는데 유개지(劉改之 : 유과劉過)가 신기질을 만나려고 하였으나 받아주지 않았다. 이에 주희와 장식 두 분이 주선하며 말하기를 "아무 날 공公이 연회를 연 뒤 뒤풀이 자리가 있을 때 그대는 오게나. 문지기가 들여보내지 않을 때는 시끄럽게 떠들기만 하면 반드시 들어올 수 있을 것이네"라고 하였다. 그 날이 되어 유과가 찾아와 시킨 대로 시끄럽게 떠들었다. 신기질이 문지기를 불러 연유를 묻자 그가 사실대로 아뢰었다. 이에 신기질이 몹시 화를 냈다. 이때 두 분이 "유과는 호걸로서 시를 잘 지으니 한 번 들어오게 합시다"라고 하였다. 그래서 유과가 들어와 읍을 하고서 있자, 신기질이 "시를 지을 수 있는가?"라고 물었고 "지을 수 있습니다"라고 답했다. 이때 마침 양羊의 콩팥을 삶은 국이 나와서 신기질이 이를 제재로 시를 지으라고 명하니 유과가 "추위가 심하니 술을 한 잔 주십시오"라고 하였다. 술을 마시고 나서 그가 운자韻字를 내달라고 했는데 마침 술을 마시다가 손이 떨려 술이 가슴께로 흐른 것을 빌미 삼아 '유流'를 운자로 삼았다. 유과가 즉시 시를 짓기를 "털은 뽑아 붓을 만들었고, 머리는 삶아 관내후關內侯에 봉해졌네.[1] 죽고 나면 몸이 어떻게 될 지 잘 모르나, 술과 어울려 풍류를 돕고 있네[拔毫已付管城子, 爛首曾封關內侯. 死後不知身外物, 也隨樽酒伴風流]"라고 하였다. 신기질이 크게 기뻐하며 그 국을 함께 먹자고 하고 연회를 마치고 돌아갈 때 후한 선물까지 주었다. 연회를 끝내고 흩어질 때 장식이 유과를 데리고 공해(公廨

1 머리는 …… 봉해졌네 : 후한 때 장안에서 떠돌던 "양의 위장 굽는 사람 기도위가 되고, 양 머리 굽는 사람 관내후가 됐네[爛羊胃騎都尉, 爛羊頭關內侯]"라는 말을 염두에 두고 쓴 것이다.(『후한서』「유현전(劉玄傳)」) 본래 자격도 없는 사람들이 고위직을 차지하는 세태를 풍자하는 말이다.

: 공관)로 가서 술자리를 마련하며 "선군先君 위국공(魏國公 장준張浚)께서는 일생 동안 나라에 충성을 다해 국가의 공신이 되었으나 불우한 운명으로 세상을 떠나셨는데 그 만사挽詞 중에 그 내용을 담아낸 것이 한 편도 없네. 그대가 시를 한 수 지어 가려진 내용을 드러내 주기 바라네"라고 하니, 유과가 즉시 절구 한 수를 지었다. "배수진背水陣은 한신韓信의 진陣을 이루지 못하였는데,[2] 밝은 별은 이미 제갈무후諸葛武侯의 군중軍中에 떨어졌네.[3] 평생에 한 점 편치 않은 기가, 축융봉祝融峯 위 구름이 되었네[背水未成韓信陣, 明星已隕武侯軍. 平生一點不平氣, 化作祝融峰上雲]"라고 하니 장식이 눈물을 흘렸다. 지금 『용주집龍洲集』 안에 이 두 편의 시가 보이지 않으니 아마 유실된 듯하다. 또 신기질이 경구京口에서 진강지부鎭江知府를 맡고 있을 때, 큰 눈이 내리자 관속官屬들을 데리고 다경루多慶樓에 올라갔는데 마침 해진 옷에 신을 끌고 찾아온 유과에게 눈에 대해 시를 지어보라고 하며 '난難'을 운자로 냈다. 유과가 즉시 읊기를 "공명은 분수가 있어 오나라를 평정하긴 쉬워도, 빈천한 자는 사귀는 이 없어 대안도戴安道를 방문하기 어렵네[功名有分平吳易, 貧賤無交訪戴難]"[4]라고 하였다. 이때부터 둘은 막역한 사이가 되었다고 한다.

---

2 배수진(背水陣)은 …… 못하였는데 : 한나라 한신이 정형구(井陘口)에서 배수진을 치고 싸워 조나라에 대승을 거둔 것(『사기(史記)』 권92 「회음후열전(淮陰侯列傳)」)과 달리, 장준(張浚)은 금나라의 침입을 방어하다가 주화파인 진회에게 몰려 영주(永州)에 좌천되었음을 말하는 듯하다.

3 밝은 …… 떨어졌네 : 유비가 죽은 뒤 제갈량이 후주(後主)를 도와 위나라를 치다가 오장원(五丈原) 진중(陣中)에서 병이 들어 오십여 세의 나이로 죽었을 때 하늘에서 큰 별이 떨어졌다는 고사를 빗대어 장준의 죽음을 나타낸 것이다.

4 대안도(戴安道)를 방문하기 어렵네 : 대안도는 동진 사람으로 이름은 대규(戴逵)이고 자(字)가 안도(安道)이다. 박학하여 담론을 잘하고 금을 잘 탔으며 그림을 잘 그렸다. 범선(範宣)의 제자였으나 벼슬하지 않고 은거하였다. 왕희지의 장남 왕휘지가 산음(山陰)에 살면서 눈 내리는 밤에 불현듯 섬계(剡溪)에 있는 벗 대안도가 생각나서 작은 배를 타고 찾아갔다가, 정작 그곳에 도착해서는 문 앞에서 다시 돌아왔다. 그 까닭을 누가 물었더니 "내가 본래 홍에 겨워 왔다가 홍이 다하여 돌아가는 것이니 대안도를 보아 무엇하겠는가"라고 하였다. 여기에서는 자기가 신기절과 사귀기 어려움을 에둘러 표현한 것이다. 『세설신어』 「임탄(任誕)」.

李公山節, 汾州人也. 端平中, 朱湛盧復之使北, 展覲八陵, 引李與王仲偕南. 李初任鄉郡節制司幹官, 後任西山倅. 時正倅陳三嶼松龍會僚友於多景樓, 賞楊妃菊, 令諸妓各持紙筆, 侍衆官請詩. 李後至, 酒一行, 起背手數步吟云 : "命委馬嵬坡畔泥, 驚魂飛上傲霜枝. 西風落日東籬下, 薄幸三郎知不知." 詞至精切, 或至閣筆.

이산절李山節 공은 분주汾州 사람이다. 단평(端平 : 1234~1236) 연간에 감로湛盧 주복지朱復之가 북쪽으로 사신을 가서 여덟 왕릉을 참배한 뒤 이산절과 왕중王仲을 데리고 함께 남쪽으로 왔다. 이산절은 처음에 향군절제사鄕郡節制司의 간관幹官을 맡았다가 후에 서산西山의 부관(倅)이 되었다. 이때 정쉬正倅인 삼서三嶼 진송룡陳松龍이 다경루에서 동료와 벗들을 모아 양비국楊妃菊을 감상하며 기녀들에게 종이와 붓을 가지고 여러 관원들을 시중들며 시 쓰기를 청하게 하였다. 이산절이 뒤늦게 참석하였는데 술이 한 순배 돌자 일어나 뒷짐을 지고 몇 걸음 걷다가 읊기를 "마외파馬嵬坡의 진흙에 목숨을 맡겼다가, 놀란 넋이 서리조차 무시하는 국화 가지 위로 날아갔네. 서풍과 함께 동쪽 울타리에 해가 지거늘, 박절한 삼랑(三郎 : 당 현종)은 알고 있는 건가[命委馬嵬坡畔泥, 驚魂飛上傲霜枝. 西風落日東籬下, 薄幸三郎知不知]"라고 하였다. 시어가 지극히 정치하여 붓을 던지는 사람까지 있었다.

西山張倅芸窗, 有繡養娘者, 命蒼頭遞一羅帕與館人劉啓之, 童偶遺之於地. 芸窗責劉, 卽遣去. 劉作詩謝張云 : "夜深檛鼓醉紅裙, 半世侯門熟稔聞. 自是東鄰窺宋玉, 非關司馬挑文君. 蒼頭誤送香羅帕, 簧舌翻成貝錦文. 幸賴老成持定力, 一帆安穩過溪雲."

서산西山의 부관 장운창(張芸窗 : 장구張榘)에게 시봉하는 여인이 있었다. 그녀가 종을 시켜 비단 머리띠를 객관에 묵고 있는 유계지劉啓之에게 전해주었는데, 유계지의 시동이 우연히 땅에 떨어뜨려 잃어버렸다. 이를 알아챈 장구가 유계지를 꾸짖으며 즉시 내보냈다. 유계지가 시를 지어 장구에게 사과하기를 "깊은 밤 북을 치며 붉은 치마에 취하는 것을, 반생 동안 고관의 집에서 익숙히 들었다오. 동쪽 이웃에서 송옥宋玉을 엿본 것일 뿐, 사마상여가 문군文君을 꾀는 것[5]과는 상관이 없다오. 종이 향기로운 비단 머리띠를 잘못 보내와, 교묘한 말이 홀연히 비방하는 글이 되었다오. 다행히 노숙한 분 덕택에 힘을 얻어, 돛배 타고 편안히 운무 서린 강물을 건넜다오[夜深檛鼓醉紅裙, 半世侯門熟稔聞. 自是東鄰窺宋玉, 非關司馬挑文君. 蒼頭誤送香羅帕, 簧舌翻成貝錦文. 幸賴老成持定力, 一帆安穩過溪雲]"라고 하였다.

李邦美過句容之村鄉, 見酒肆粉壁明潔, 題云:"青裙白面鬪挑菜, 茅舍竹籬疏見梅." 未及後聯, 店翁怒曰:"我以此壁爲人塗汙, 方一新之, 今爾又作俑也." 遂不書. 有客續至, 問翁, 翁悔之. 一日李再過之, 翁請足成, 李笑取筆書云:"春事隔年無信息, 一聲啼鳥喚將來." 往來知音皆愛之.

이방미李邦美가 구용현句容縣의 시골 마을을 지나다가 술집의 회를 바른 벽이 깨끗한 것을 보고 그 벽에 시를 쓰기를 "푸른 치마 흰 얼굴 시끄러운 도채절挑菜節,[6] 띠집 대울타리에 드문드문 매화 보이네[青裙白面鬪挑菜, 茅舍竹籬疏見梅]"라고 하고 다음 연을 채 쓰지 못했는데 술집 노인이 화를 내며 "이 벽을 사람이 더럽혀놓아서 방금 새로 회칠을 했

5 사마상여(司馬相如)가 …… 것 : 문군(文君)은 한나라의 부호 탁왕손(卓王孫)의 딸 탁문군(卓文君)을 말한다. 사마상여가 유혹하는 거문고 소리에 반하여 밤중에 집을 빠져 나와 그의 아내가 되었다. 『사기』 권117.

6 도채절(挑菜節) : 당나라의 풍속으로, 음력 2월 2일 관료의 부인들은 들에 나가서 나물을 뜯고 사민(士民)들은 그곳에서 유람하는 답청(踏青)의 일종이다.

는데 지금 당신이 또다시 낙서를 한 거요?"라고 해서 결국 쓰지 못하였다. 뒤이어 온 나그네가 노인에게 누가 쓴 것이냐고 물어서 그제야 노인이 후회하였다. 어느 날 이방미가 다시 그 술집에 들르니 노인이 완성시켜달라고 부탁했다. 이방미가 웃으며 붓을 들어 쓰기를 "한 해가 다 되어 가는데도 봄이 소식 없더니, 문득 새소리가 불러오누나[春事隔年無信息, 一聲啼鳥喚將來]"라고 하였다. 왕래하는 지인들이 모두 좋아했다.

寶祐甲寅, 江東多虎, 有司行禬禳之典, 靑詞末聯云: "雖曰寅年之足, 或有數存, 去其乙字之威, 尙祈神力." 蓋古詩有"寅年足虎狼"之句, 傳謂"虎威如乙字", 對屬甚工.

보우寶祐 갑인년(1254)에 강동江東에 호랑이가 많자, 담당 관리가 재앙을 물리쳐주기를 기도하는 제사를 지냈다. 그 청사靑詞[7]의 말련末聯에서 "인자寅字 간지 든 해에 호랑이가 많은 것은, 시운 탓이겠거니와, 을자乙字의 위세를 제거하도록, 신의 힘을 비나이다[雖曰寅年之足, 或有數存, 去其乙字之威, 尙祈神力]"라고 하였다. 이는 고시에 "인자 간지가 든 해에 호랑이가 많다[寅年足虎狼]"[8]라는 구절이 있는데, 전해오는 말인 "호랑이의 위세는 을자와 같다"[9]가 그 대구로 아주 잘 맞다고 한 것에

7 청사(靑詞): 도사가 제사를 지내면서 천신에게 고하는 글인데 주필(朱筆)로 청등지(靑藤紙)에 쓰기 때문에 청사라고 한다. 당나라 이조(李肇)가 쓴 『한림지(翰林志)』에 "태청궁(太淸宮) 도관(道觀)이 고하는 글은 청등지에 붉은 글씨로 쓰는데 이를 청사라고 한다"고 하였는데 그 뒤에 일종의 문체가 되었다.

8 백거이(白居易), 『백씨장경집(白氏長慶集)』 권16 「동남행일백운기통주원구시어풍주이십일사인과주최이십시사군개주위대원외유삼십이보궐두십사습유이이십조교원외두칠교서(東南行一百韻寄通州元九侍御澧州李十一舍人果州崔二十二使君開州韋大員外庾三十二補闕杜十四拾遺李二十助教員外竇七挍書)」. 본래 "寅年足虎貙"로 되어 있다.

9 호랑이의 …… 같다: 호랑이는 양쪽 옆구리와 꼬리 끝에 뼈가 있는데 모양이 을(乙) 자

근거하였다.

京口韓香除夜請客作桃符云："有客如擒虎, 無錢請退之." 以其姓爲對也.

경구京口의 한향韓香이 제야에 손님에게 도부桃符[10]를 지어달라고 청하니 "손님은 잡힌 호랑이와 같으니, 돈이 없으면 물러나시지요[有客如擒虎, 無錢請退之]"라고 하였다. 이것은 성(姓 : '錢')으로 대구를 삼은 것이다.

直北某州有道君題壁一詩云："徹夜西風撼破扉, 蕭條孤館一燈微. 家山回首三千里, 目斷山南無雁飛."

직북直北의 어느 주州에 도군道君[11]이 벽에 쓴 시 한 수가 있는데 "밤새 서풍이 부서진 사립을 흔드는데, 쓸쓸한 외딴 집에 등불 하나 희미하네. 고향을 떠올리니 삼천 리 밖, 아득한 산 남쪽에는 날아가는 기러기도 없구나[徹夜西風撼破扉, 蕭條孤館一燈微. 家山回首三千里, 目斷山南無雁飛]"라고 하였다.

"曾聞海上鐵門膽, 猶見雲中金甲神." 乃陸樞密君實挽張郢州世傑詩

처럼 생겼으며 호위(虎威)라고 부른다. 『서양잡조(酉陽雜俎)』「미편(毛篇)」.

10 도부(桃符) : 두 개의 복숭아나무 판자에 신도(神荼)와 울루(鬱壘) 두 귀신 이름을 써서 만든 부적으로, 사기(邪氣)를 막을 목적으로 정초에 이것을 문간에 걸어두었다. 『설부(說郛)』「울루(鬱壘)」.

11 도군(道君) : 남송 휘종을 가리킨다. 그가 도교를 매우 숭상하여 일찍이 교주도군황제(敎主道君皇帝)라 자칭한 데서 온 말이다.

也. 張公擁德祐景炎祥興於海上,① 各擁兵南北岸. 一夕大風雨, 皆不利. 張覆舟而薨. 翌蚤獲屍, 棺殮焚化, 其膽如斗大, 而焚不化, 諸軍感慟. 忽雲中見金甲神人, 且云 : "今天亡我, 關係不輕, 後身當出恢復矣." 此詩全篇不傳. 忠義英烈, 雖亡, 尤耿耿也.

① '景炎祥興'原作'景祥炎興', 今改.

"일찍이 해상에서 '강철 같은 담'이라는 말을 들었거늘, 아직 구름 속에서 금갑金甲 입은 신을 보네[曾聞海上鐵鬥膽, 猶見雲中金甲神]"는 추밀樞密 육군실(陸君實 : 육수부陸秀夫)이 영주郢州 장세걸張世傑을 그리며 지은 애도시이다. 장세걸이 덕우(德祐 : 1275), 경염(景炎 : 1276~1277), 상흥(祥興 : 1278) 연간에 해상에 주둔하고 있어서 양쪽이 남쪽과 북쪽 해안에서 각각 군대를 주둔하는 형국이 되었다. 그런데 어느 날 저녁 비바람이 몰아쳐 모두 불리한 상황일 때 장공의 배가 난파돼 장공이 익사하였다. 다음날 아침 시신을 인양하여 관에 넣어 화장하였으나 말(斗)만 한 담膽이 불에 타지 않아 군사들이 모두 감격, 통곡했다. 그 때 갑자기 구름 속에서 금갑을 입은 신인이 나타나 "지금 하늘이 나를 죽였으나 문제가 가볍지 않다. 후세에 다시 태어나 회복할 것이다"라고 하였다. 이 시는 전편이 전하지는 않는다. 충의와 열의가 죽어서도 더욱 빛나고 있는 것이다.

① '景炎祥興'은 원래 '景祥炎興'으로 돼 있었는데 자금 바로잡았다.

僧本眞, 號月湖半顚, 賦吳門上元云 : "村翁看了上元歸, 正是西樓月落時. 誇道官衙好燈火, 不知渾爾點膏脂." 微聞於郡守吳退奄, 遂命住虎邱寺.

승려 본진本眞은 호가 월호반전月湖半顚인데 오문吳門의 상원上元[12] 행사에 대해 시를 짓기를 "촌 늙은이 상원上元을 보고 돌아오니, 마침 서쪽 누각에 달이 지네. 관아에서 등불을 좋아한다고 자랑삼아 말하지만, 그것은 다 백성의 기름 태우는 것인 줄 모르는 것이네[村翁看了上元歸, 正是西樓月落時. 誇道官衙好燈火, 不知渾爾點膏脂]"라고 하였다. 이 소문이 군수 오퇴암(吳退菴 : 오연吳淵)에게 알려져 결국 그를 호구사虎邱寺에 머물게 했다.

有刺夏金吾貴云 : "節樓高聳與雲平, 通國誰能有此榮. 一語淮西聞養老, 三更江上便抽兵. 不因賣國謀先定, 何事勤王詔不行. 縱有虎符高一丈, 到頭難免賊臣名." 人謂北兵旣至, 許貴以淮西一道與之養老, 故戢兵不戰. 然宋當國者處置失宜, 方詔貴及其子松上流策應.① 又知正陽失利, 松已死, 不能無憾. 又俾受孫虎臣節制, 乃大不樂, 本無戰心. 況秋壑退師, 數十萬衆一鼓而潰, 夏雖勇健, 亦何爲哉!

① '方'原作'力', 據繆荃孫藕香零拾本改.

어떤 사람이 금오金吾 하귀夏貴[13]에 대해 풍자하기를 "절도사節度使의 누각 높이 솟아 구름까지 닿으니, 나라 안에서 누가 이런 영광 누리랴. 회서淮西에서 노년 휴양하라는 말 한마디 듣고는, 삼경에 강가에서 군

---

12 상원(上元) : 음력 정월 보름을 말하는데 당나라 때부터 이날이면 관등(觀燈) 놀이를 즐겼다.

13 하귀(夏貴 : 1197~1279) : 남송(南宋)의 장령(將領)이다. 안풍(安豐) 사람이며 자는 용화(用和)이다. 병법에 뛰어나 가희(嘉熙) 3년(1239)에 군대를 이끌고 가서 포위된 수춘(壽春)을 구하는 등 전공을 세웠다, 이종(理宗) 경정(景定) 4년(1263)에는 사천안무제치부사(四川安撫制置副使)를 제수 받아 주사(舟師)를 이끌고 신영(新郢)에 이르러 양번(襄樊)의 송군을 구원하려다가 원나라 장수 아술(阿術)에게 붙잡히기도 했다. 공제(恭帝) 덕우(德祐) 원년(1275)에는 가사도를 따라 병사를 이끌고 무호(蕪湖 : 지금의 안휘 무호시(蕪湖市))에 이르렀는데 가사도가 손호신(孫虎臣)에게 보병 칠만 명으로 정가주(丁家洲)에서 적을 막으라고 명령했지만 그가 원나라 장수 백안(伯顔)에게 대패하자 여주(廬州)로 도망쳤다.

대를 빼내었네. 나라 팔지 않았어도 계책이 정해졌으니, 임금에 충성할 일 없어 명령이 실행되지 않았네. 높이가 한 장丈 되는 호부虎符[14]가 있다 하나, 결국 적신賊臣이라는 이름 면하기 어렵네[節樓高聳與雲平, 通國誰能有此榮. 一語淮西聞養老, 三更江上便抽兵. 不因賣國謀先定, 何事勤王詔不行. 縱有虎符高一丈, 到頭難免賊臣名]"라고 하였다. 사람들은 "북쪽 원나라 군대가 이미 이른 상태에서 하귀에게 회서 지역을 내주어 노년을 휴양할 수 있도록 허락했으므로 그가 군사를 거두어 싸우지 않은 것이다"라고 말한다. 그러나 송나라 당국자들의 조처가 타당성을 잃어, 하귀와 그 아들 하송에게 조서를 내려서 강의 상류에서 적을 공격하라 하였고, 또 정양正陽에서 패하여 아들 하송이 이미 죽었다는 것을 알았으므로 하귀는 유감이 없을 수 없었다. 또 손호신孫虎臣의 절제節制를 받게 되자 기분이 크게 상하여 본디 싸울 마음이 없기도 했다. 더구나 추학秋壑이 군대를 물려 수십만 대군이 북소리 한 번에 궤멸되었으니 하귀가 강건하고 용맹스럽다 해도 어찌하였겠는가.

① '方'은 원래 '力'으로 돼 있었는데 무전손繆荃孫의 『우향영습藕香零拾』본에 의거하여 고쳤다.

京口天慶觀主聶碧窗, 江西人, 嘗爲龍翔宮書記. 北朝赦至, 感而有詩云: "乾坤殺氣正沈沈, 又聽燕臺降德音. 萬口盡傳新詔好, 四朝誰念舊恩深. 分茅列土將軍志, 問舍求田老父心. 麗正押班猶昨日, 小臣無語淚沾襟." 又哀被虜婦云: "當年結髮在深閨, 豈料人生有別離. 到底不知因色誤, 馬前猶自買胭脂." 又詠北婦云: "雙柳垂鬟別樣梳, 醉從馬上倩人扶. 江南有眼何曾見, 爭捲珠簾看固姑."① 觀中有趙太祖眞容, 北來者見必拜. 聶因題其上云: "鳳表龍姿儼若新, 一回展卷一傷神. 天顔亦

14 호부(虎符) : 동호부(銅虎符)로, 범 모양으로 만든 구리 병부인데 군국(郡國)의 수상(守相)들이 지니던 물품이다.

怪君非虜, 河北・山東總舊臣."②

① '固姑'原作'鷓鴣', 據繆本改.

② '臣'原作'君', 據繆本改.

경구京口에 있는 천경관天慶觀의 주인 섭벽창聶碧窗은 강서江西 사람이다. 일찍이 용상궁龍翔宮의 서기書記를 지냈는데, 북조(北朝 : 원나라)의 사면 조서가 이르자 감격하여 시를 짓기를 "천지에 살기가 잠잠하거늘, 연대燕臺에서 내린 은혜의 소리를 듣노라. 모두들 새 조서가 훌륭하다 하니, 조정의 어느 누가 옛 은혜 깊은 것을 생각하랴. 왕후를 책봉하고 땅을 나누는 것은 장군의 뜻이요, 집을 묻고 전답을 구하는 것은 노부老父의 마음이다. 정도의 편에 서서 압반押班[15]하던 때가 어제 같으니, 소신은 말없이 눈물이 옷깃을 적시네[乾坤殺氣正沈沈, 又聽燕臺降德音. 萬口盡傳新詔好, 四朝誰念舊恩深. 分茅列土將軍志, 問舍求田老父心. 麗正押班猶昨日, 小臣無語淚沾襟]"[16]라고 하였다. 또 포로로 잡혀간 부인을 슬퍼하여 지은 시에서는 "부부의 인연 맺어 규방에 있을 때, 인생에 이별이 있을 줄 어찌 예상했으랴. 고운 자태 탓에 잘못될 줄 꿈에도 생각 못하고, 말 앞에서 여전히 연지를 사네[當年結髮在深閨, 豈料人生有別離. 到底不知因色誤, 馬前猶自買胭脂]"[17]라고 하였다. 또 북쪽에 있는 부인을 두고 지은 시에서 "두 그루 버들처럼 별난 머리 드리우고, 취한 채 말을 타고 사람의 부축을 받네. 강남에 눈 있어도 언제 본 적 있었던가, 서둘러 주렴 걷고 고고固姑[18]를 바라보네[雙柳垂鬟別樣梳, 醉從馬上倩人扶. 江南有眼何曾

15 압반(押班) : 조회 때 백관의 위차(位次)와 질서를 유지하는 관원, 혹은 그 행위를 말한다.

16 『송시기사(宋詩紀事)』 권90, 섭벽창(聶碧窗), 「사조지유감(赦詔至有感)」.

17 『송시기사』 권90, 섭벽창, 「애피략부(哀被畧婦)」.

18 고고(固姑) : 몽골의 귀족 여자들이 머리에 쓰던 관(冠) 이름이다. 철사를 사용하여 만드는데, 모양이 죽부인(竹夫人)과 같고 길이는 삼 척(尺) 남짓 되며 붉은색과 파란색의 비단 수나 주옥(珠玉)을 장식한다. 고고모(罟罟帽), 고고(姑姑), 고고(顧姑), 고고(罟罟), 고

見, 爭捲珠簾看固姑]"[19]라고 하였다. 천경관 안에는 조태조(趙太祖 : 조광윤)의 영정이 있었는데 북쪽에서 내려온 사람들이 이를 보면 반드시 절을 했다. 섭벽창은 그 위에 쓴 시에서 "봉황의 형상과 용의 자태가 어엿하게 살아있어, 펼칠 때마다 마음이 서글퍼지네. 황제의 얼굴 또한 오랑캐 아닌 것을 이상하게 여기는 그대들은, 하북河北과 산동山東의 옛 신하들이네[鳳表龍姿儼若新, 一回展卷一傷神. 天顔亦怪君非虜, 河北·山東總舊臣]"라고 하였다.

① '固姑'는 원래 '鶻鴣'로 돼 있었는데 무전손繆荃孫의 『우향영습藕香零拾』본에 의거하여 고쳤다.

② '臣'은 원래 '君'으로 돼 있었는데, 무전손의 『우향영습』본에 의거하여 고쳤다.

梁棟隆吉題茅峰云 : "杖藜絶頂窮追尋, 青山世界開嶇嶔. 碧雲遮斷天外眼, 春風吹老人間心. 大龍升天寶劍化, 小龍入海明珠沉. 何人更守元帝鼎, 有客欲問秦皇金. 顚崖誰念受辛苦, 古洞未易尋幽深. 神光不破黑暗惱, 山鬼空作『離騷』吟. 安得長松撑日月, 華陽世界收層陰. 長嘯一聲下山去, 草木爲我留清音." 隆吉以戊辰登科, 任仁和尉, 老依元符宮宗師許道杞. 許甚禮之, 且賙其家. 梁好嘲罵, 衆道士惡之, 遂箋此詩告官, 以譏時逮捕金陵, 備嘗笞楚, 卒得免, 亦終不偶而殂.

융길隆吉 양동梁棟이 모봉茅峰에 대해 지은 시에서 "지팡이 짚고 정상에 올라 구석구석 찾아가니, 청산 안에 높고 험한 세상 열려 있네. 푸른 구름은 하늘 밖을 못 보게 차단하고, 봄바람은 인간의 마음을 시들게 하네. 큰 용은 승천하여 보검이 되고, 작은 용은 바다에 들어가 여의주가 물에 잠겼네. 누가 다시 원제元帝의 정鼎을 지킬까, 나그네가 진시황

고륵(古庫勒)이라고도 한다.

19 『송시기사』 권90, 섭벽창, 「영북부(詠北婦)」.

의 황금을 물으려 하네. 벼랑 위에서 누가 고생 당할 일을 생각하랴, 옛 골짜기에서 깊숙한 곳 찾기가 쉽지 않네. 신의 빛이 암흑의 번뇌를 깨뜨리지 않고, 산 귀신은 부질없이 『이소경』을 읊네. 어찌하면 해와 달을 떠받치는 큰 소나무 얻어, 화양華陽의 세계에서 층층의 그늘을 거둘까. 휘파람 휘 불며 산을 내려오니, 초목이 나를 위해 맑은 음을 남기누나[杖藜絶頂窮追尋, 青山世界開嶇嶔. 碧雲遮斷天外眼, 春風吹老人間心. 大龍升天寶劍化, 小龍入海明珠沉. 何人更守元帝鼎, 有客欲問秦皇金. 巓崖誰念受辛苦, 古洞未易尋幽深. 神光不破黑暗惱, 山鬼空作『離騷』吟. 安得長松撑日月, 華陽世界收層陰. 長嘯一聲下山去, 草木爲我留淸音]"[20]라고 하였다. 양동은 무진년에 과거에 급제하여 인화위仁和尉를 역임하고 노년에는 원부궁元符宮의 종사宗師 허도기許道杞에 의지했다. 허도기는 그를 매우 예우하고 집안까지 돌봐주었다. 그러나 양동은 남을 조롱하거나 욕하기를 좋아해서 그를 싫어한 도사들이 결국 이 시의 내용을 적어 관에 고발했다. 그는 세상을 조롱했다는 죄목으로 금릉金陵에서 체포되어 곤장을 두들겨 맞았다. 나중에 풀려났지만 결국 불우하게 살다가 죽었다.

吳履齋開慶之變, 再入相. 四明士子上詩: "來則非邪抑是邪, 緣堤何必更行沙. 瑟當調處難膠柱, 棋到危時見作家. 公論有誰能著脚, 事機至此轉聱牙. 不如疊嶂雙溪下, 行對青山坐看花." 言者附賈似道描畫彈劾, 貶循州而殂. 饒州士熊某嘲之云: "近來西北又干戈, 獨立斜陽感慨多. 雷爲元城驅劫火, 天胡丁謂活鯨波. 九原難起先生死, 萬世其如公論何. 道過雕峰休插竹, 想逢宗老續長歌." 菊岩李苾祭以文曰: "潞公不能不疏, 溫公不能不毀, 趙忠簡不能不遷, 寇萊公不能不死. 爾民無福, 豈天奪之? 我士無祿, 豈天厭之! 嗚呼, 後世而無先生者乎, 孰能志之?

20 『송시기사』 권74, 양동(梁棟), 「등대모봉(登大茅峯)」.

後世而有先生者乎, 孰能待之."

오이재(吳履齋 : 오잠吳潛)는 개경(開慶 : 1259)의 변고[21] 때 재차 조정에 들어가 재상이 되었다. 사명四明 지방의 선비가 시를 지어 올리기를 "온 것이 그른 것인가 옳은 것인가, 제방을 가다가 다시 백사장을 갈 필요 있으랴. 슬瑟의 음을 고를 때에는 기러기발 고정하기 어렵고, 바둑 두다 위험에 봉착했을 때 고수高手를 알게 되네. 공론 앞에 누가 당당히 서랴, 일이 이 지경에 이르면 더욱 난감하네. 겹겹의 산과 한 쌍의 시내 아래서, 청산을 마주하고 앉아 꽃을 구경하는 것만 못하네[來則非邪抑是邪, 緣堤何必更行沙. 瑟當調處難膠柱, 棋到危時見作家. 公論有誰能著脚, 事機至此轉聱牙. 不如疊嶂雙溪下, 行對青山坐看花]"라고 하였는데, 말 많은 자가 이를 가사도에게 보내 탄핵을 모의한 끝에 결국 순주循州로 좌천되어 죽었다. 요주饒州의 선비 웅熊 아무개가 이를 조롱하며 지은 시에서 "근래 서북쪽에 또다시 전쟁이 일어나, 석양에 홀로 서서 감개에 젖네. 우레는 원성元城[22]이 돼 병화를 몰아내건만, 하늘은 어찌하여 정위丁謂[23]에게 큰 파도를 일으키게 하는가. 구천에 계신 선생은 다시 불러오긴 어렵지만, 만세에 공론을 어찌할 것인가. 조봉산雕峰山 지나다 지팡이 놓고 쉬며, 종친의 원로 만나 긴 노래 이어 지을 것을 생각하네[近來西北又干戈, 獨立斜陽感慨多. 雷爲元城驅劫火, 天胡丁謂活鯨波. 九原難起先生死, 萬世其如公論何. 道過雕峰休揷竹, 想逢宗老續長歌]"라고 하였다. 국암菊岩 이필李苾이 쓴 제문에서는 "노공(潞公 : 문언박)은 상소하지 않을 수 없었고, 온

21 개경(開慶 : 1259)의 변고 : 개경은 송 이종(理宗) 조윤(趙昀)의 일곱 번째 연호인데 이때 몽케 칸이 남송 합주(合州)를 포위하는 등 몽골의 침입이 잦았다.

22 원성(元城) : 매우 강직하여 전상호(殿上虎)라 불렸던 북송의 유안세(劉安世)를 가리킨다. 그가 죽을 때 바람과 우레가 크게 일고 구름과 안개가 자욱하였다고 한다. 『주자어류(朱子語類)』 권3.

23 정위(丁謂) : 북송의 간신으로, 자는 공언(公言)이고 호는 손정(孫丁)이다. 글씨, 그림, 음률, 노름 등 모든 방면에 통달했던 인물이라고 전한다.

공(溫公 : 사마광)은 비난하지 않을 수 없었고, 조충간(趙忠簡 : 조정趙鼎)은 좌천되지 않을 수 없었고, 구래공(寇萊公 : 구준寇準)은 죽지 않을 수 없었다. 백성들이 복이 없는 것인가? 어찌하여 하늘이 빼앗아 간단 말인가! 우리 선비들이 복이 없는 것인가? 어찌하여 하늘이 싫어한단 말인가. 아! 후세에 선생 같은 분이 없으리니, (있다 해도) 누가 잘 기릴까. 후세에 선생 같은 분이 있을까? (있다면) 누가 잘 대접할까"라고 하였다.

永嘉余德鄰宗文, 與聶碧窗弈棋, 餘屢北. 有賈地仙丹者, 國手也. 餘呼之至, 紿聶云 : "某有僕能棋, 欲試數著不敢." 聶俾對枰, 連敗數局. 餘自內以片紙書十字 : "可憐道士碧, 不識地仙丹." 聶大笑曰 : "我固疑其不凡."

영가永嘉 사람 종문宗文 여덕린余德鄰이 섭벽창과 바둑을 두다가 여러 판을 졌다. 또 지선地仙 가단賈丹이라는 사람이 있는데 국수國手였다. 여덕린이 그를 부른 뒤, 섭벽창을 속이며 말하기를 "내게 종이 있는데 바둑을 둘 줄 아오. 몇 번 시험해 보고 싶은데 감히 청하지 못하겠구려"라고 하자 섭벽창이 자기와 대국하게 했고 몇 판을 연달아 졌다. 여덕린이 안에서 쪽지에 열 글자를 쓰기를 "가련하다 도사 섭벽창이여, 지상의 신선 단丹을 모르는구나[可憐道士碧, 不識地仙丹]"라고 하자, 섭벽창이 한바탕 웃으며 "내가 처음부터 그가 범인凡人이 아니라고 의심했소"라고 하였다.

三山林觀過, 年七歲, 嬉遊市中, 以鶯詩自命. 或戲令詠轉失氣云 : "視之不見名曰希, 聽之不聞名曰夷. 不啻若自其口出, 人皆掩鼻而過之." 林曾試神童科, 不甚達.

삼산三山의 임관과林觀過가 칠 세 때 저잣거리에 나가 시를 판다고 선전했다. 어떤 사람이 장난삼아 전실기(轉失氣 : 방귀)에 대해 시를 지으라고 하자, "보아도 보이지 않으니 희希라 하고, 들어도 들리지 않으니 이夷라 한다. 자기 입에서 나온 듯한 것에만 그치지 않아, 사람들이 모두 코를 막고 지나간다[視之不見名曰希, 聽之不聞名曰夷. 不啻若自其口出, 人皆掩鼻而過之]"[24]라고 하였다. 임관과는 일찍이 신동과神童科[25]에 응시했으나 크게 영달하지는 못했다.

三衢留中齋, 甲辰大魁. 文山宋瑞, 丙辰大魁. 中齋作相, 身享富貴三十年, 仕北爲尙書. 文山才登第, 丁父憂, 仕塗亦坎壈. 乙亥糾義兵勤王, 終以罔功, 患難中倚之爲重. 雖名爲相, 黃扉之貴, 萬鍾之奉, 無有也. 江西羅秋臺詩云 : "齧雪蘇卿受苦辛, 庾公老作北朝臣. 當年龍首黃扉客, 猶是衡門一樣人." 中齋物色將羅織之, 亟歸而免.

삼구三衢의 유중재(留中齋 : 유몽염留夢炎)가 갑진년(1244)에 장원에 급제하고, 문산文山 송서(宋瑞 : 문천상文天祥)는 병진년(1256)에 장원급제했다. 유몽염은 재상이 되어 삼십 년 동안 부귀를 누리다 북쪽 원나라에서도 벼슬하여 상서尙書까지 역임했다. 반면에 문천상은 과거에 급제하자마자 부친상을 당하고 벼슬길도 험난하였다. 을해년(1275)에 의병을 규합하여 국가에 투신했으나 끝내 공을 세우지 못했고 난리 중에 왕이 그

24 보아도 …… 지나간다 : "視之不見名曰希, 聽之不聞名曰夷"는 『노자』 14장의 "視之不見名曰夷, 聽之不聞名曰希"을 약간 바꾼 것이고, "不啻若自其口出"는 『대학』에, "人皆掩鼻而過之"는 『맹자』 「이루하(離婁下)」에 나오는 구절이다. 본래 방귀와는 관련이 없지만 관련 경전 구절들을 장난삼아 구성한 것이다.

25 신동과(神童科) : 경전 암송에 두각을 드러내는 아이를 등용하던 송나라 과거 제도이다. 이익의 『성호사설』을 참고하면, 태종 때 곽충서(郭忠恕)가 칠 세의 나이로 구경(九經)에 통달했고 상부(祥符) 연간에는 채백희(蔡伯希)가 사 세의 나이로 시 백여 편을 외웠다고 한다.

에게 크게 의지하여 명목은 재상이었으나 고관으로서의 존귀함과 만종鍾의 녹봉은 받지 못했다. 강서江西 나추대羅秋臺가 지은 시에서 "눈을 씹은 소경蘇卿[26]은 온갖 고초 겪었고, 유공庾公[27]은 늙어서 북조北朝의 신하 되었네. 당시에 장원급제하고 고관이 되었으나, 가난한 평민과 다름이 없었네[齧雪蘇卿受苦辛, 庾公老作北朝臣. 當年龍首黃扉客, 猶是衡門一樣人]"라고 하였다. 유몽염은 당시 원나라에서 자신을 체포하려는 것을 눈치 채고 재빨리 귀환하여 화를 면하였다.

薛制機言, 有賀自長沙移鎭南昌者, 啓云:"夜醉長沙, 曉行湘水, 難敎檣燕之留.【杜詩】朝飛南浦, 暮卷西山, 來聽佩鸞之舞.【王勃】" 又有賀除直秘閣依舊沿江制置司幹辦公事云:"望玉宇瓊樓之邃, 何似人間? 從綸巾羽扇之遊, 依然江表." 上巳請客云:"三月三日, 長安水邊多麗人. 一觴一詠, 會稽山陰修禊事." 又云:"良辰美景, 賞心樂事, 四者難並. 崇山峻嶺, 茂林修行, 羣賢畢至." 姚橘洲君臨安時, 吳履齋拜相, 姚語諸客作啓賀之. 商量起句, 彭晉叟云:"轉鴻鈞, 運紫極, 萬化一新. 自龍首, 到黃扉, 百年幾見."

설제기薛制機가 말했다. 장사長沙에서 남창南昌으로 자리를 옮긴 것을 축하하는 사람이 올린 글에서 "밤에 장사에서 취하고, 새벽에 상수湘水

26 소경(蘇卿) : 한나라 두릉(杜陵) 사람인 소무를 가리킨다. 자가 자경(子卿)이기에 소자경으로 불렸다. 무제 때 중랑장(中郎將)으로서 흉노에 사신으로 갔다가 십구 년 동안 억류되었는데, 눈이 내리면 먹을 것이 없어서 눈과 함께 부절(符節)의 수술인 털을 씹어 먹었다고 전한다. 귀국한 뒤에는 절개를 굳게 지킨 공으로 전속국(典屬國)에 임명되었다. 『한서』 권54 「소무전」.

27 유공(庾公) : 진(晉)나라 때 정서장군(征西將軍)이었던 유량(庾亮)을 가리킨다. 자는 원규(元規)이며 명목황후(明穆皇后)의 오빠이다. 조정의 국사를 좌지우지하여 이를 못마땅하게 여긴 왕도(王導)가 가을바람에 먼지가 날리는 것을 보고는 부채를 들어 가리면서 "원규의 먼지가 사람을 더럽힌다"라고 했다는 고사가 전한다. 『진서』 권73 「유량열전」.

를 건너니, 돛대에 제비를 머물게 하기 어렵고【두보의 시이다】,[28] 아침에 남포南浦를 날아, 저녁엔 서산西山에서 걷히며, 흔들리는 방울 소리를 소리를 듣네【왕발王勃의 시이다】[29][夜醉長沙, 曉行湘水, 難教檣燕之留. 朝飛南浦, 暮卷西山, 來聽佩鸞之舞]"라고 하였다. 또 직비각直秘閣에 제수되고 여전히 연강제치사沿江制置司로 공무를 보는 것을 축하하기를 "그윽한 곳에 있는 화려한 누대 바라보니, 어찌 인간 세상 같으랴! 윤건綸巾[30]에 깃 부채 든 제갈량을 따라 놀며, 강가에 나섰네[望玉宇瓊樓之邃, 何似人間? 從綸巾羽扇之遊, 依然江表]"라고 하였다. 상사일上巳日에 손님을 청하는 글에서는 "3월 3일 장안의 물가에 근사한 이들이 많이 모이고, 술 마시고 시 읊조리며, 회계會稽 산음山陰에서 계禊를 치르네[三月三日, 長安水邊多麗人. 一觴一詠, 會稽山陰修禊事]"라고 하였다. 그리고 또 "좋은 때, 아름다운 풍경, 완상하는 마음, 즐거운 일, 이 네 가지는 겸하기가 어렵고, 높은 산과 준엄한 고갯마루, 우거진 숲 울창한 대나무 아래, 뭇 현자들이 모두 모였네[良辰美景, 賞心樂事, 四者難並. 崇山峻嶺, 茂林修行, 羣賢畢至]"라고 하였다. 요귤주(姚橘洲 : 요희득姚希得)가 임안臨安을 맡아 다스릴 때 오잠吳潛이 재상에 임명되자, 여러 객들에게 계啓를 지어 축하하자고 했다. 기구起句를 생각하고 있는데 팽진수彭晉叟가 나서 "홍균鴻鈞[31]을 굴리고, 자극紫極[32]을 돌리니, 모든 교화가 일신되고, 과거에 장

28 『어정전당시』 권233, 두보, 「발담주(發潭州)【시자담지형(時自潭之衡)】」. 본래 오언시로 전문은 다음과 같다. "夜醉長沙酒, 曉行湘水春. 岸花飛送客, 檣燕語留人. 賈傅才未有, 褚公書絶倫. 高名前後事, 回首一傷神."

29 『어정전당시』 권55, 왕발(王勃), 「등왕각(滕王閣)」. 본래 칠언시로 전문은 다음과 같다. "滕王高閣臨江渚, 珮玉鳴鸞罷歌舞. 畫棟朝飛南浦雲, 珠簾暮捲西山雨. 閒雲潭影日悠悠, 物換星移幾度秋. 閣中帝子今何在, 檻外長江空自流."

30 윤건(綸巾) : 푸른 실로 엮어 만든 두건으로, 제갈량이 만들었다는 일명 '제갈건'이다. 후에는 은자가 쓰는 모자로 여겨졌다.

31 홍균(鴻鈞) : 도기(陶器)를 만드는 녹로(轆轤)이다. 본래 대자연이 원기(元氣)를 조화시켜 만물을 생성하는 것을 가리키는데, 임금이나 재상이 훌륭한 정치를 하는 것을 비유하기도 한다. 홍균(洪鈞)이라고도 한다. 두보의 「상위좌상이십운(上韋左相二十韻)」에서 "사방에 인수(仁壽)의 세계가 열리는 가운데, 하나의 양기가 홍균을 돌리기 시작했다

원하여, 재상에 이른 것을, 백 년에 몇 번 보았던가[轉鴻鈞, 運紫極, 萬化一新. 自龍首, 到黃扉, 百年幾見]"라고 하였다.

陳雲屋嘲翟兄之姓云 : "失足如何躍, 無光耀不成. 若非身倚木, 爲櫂亦難行" 時翟館水南楊氏, 蓋嘲其倚楊也.

진운옥陳雲屋이 '적翟'이라는 형의 성을 가지고 조롱하기를 "다리를 잃었으니 어떻게 뛰겠는가(躍), 빛이 없으니 비출(耀) 수도 없네. 만약 몸이 나무에 기댄 것이 아니라면, 노(櫂)가 되어도 움직이기 어렵네[失足如何躍, 無光耀不成. 若非身倚木, 爲櫂亦難行]"라고 하였다. 당시에 적翟이 수남水南의 양씨楊氏 집에 묵고 있어서 양씨에게 의탁한 것을 조롱한 것이다.

莫兩山傷丁氏故基, 題一絶於太虛堂 : "疏雨斑斑灑葉舟, 前山喚客作清遊. 芳華消歇春歸後, 野草荒田一片愁."

막양산(莫兩山 : 막륜莫侖)이 정씨丁氏의 옛터에서 슬픔에 젖어 태허당太虛堂에 절구 한 수를 쓰기를 "성긴 비가 아롱아롱 작은 배를 씻어낼 때, 객을 불러 앞산에 유람을 나서네. 꽃 시들어 봄이 떠나고 나자, 잡초 우거진 묵정밭에 시름이 이네[疏雨斑斑灑葉舟, 前山喚客作清遊. 芳華消歇春歸後, 野草荒田一片愁]"라고 하였다.

[八荒開壽域, 一氣轉洪鈞]"라고 하였다.

32 자극(紫極) : 제성(帝星 : 북극성)이 있는 하늘이다. 비유하여 임금, 혹은 임금이 거처하는 곳을 가리키기도 한다.

文本心典淮郡, 蕭條之甚, 謝賈相啓中云:"人家如破寺, 十室九空, 太守若頭陀, 兩粥一飯."

문본심文本心이 회군淮郡을 맡아 다스릴 때 몹시 쓸쓸하던 어느 날 가賈 정승에게 답한 글에서 "인가는 무너진 절과 같아, 열에 아홉은 비었고, 태수太守는 승려와 같아, 한 끼에 죽이 두 그릇이네[人家如破寺, 十室九空, 太守若頭陀, 兩粥一飯]"라고 하였다.

蔣復軒「鑷白髮」詩云:"勸君休鑷鬢毛斑, 鬢到斑時已自難. 多少朱門少年子, 業風吹上北邙山."

장복헌蔣復軒의 「섭백발鑷白髮」에서 "그대여 반백의 귀밑머리 뽑지 말라, 귀밑머리 반백 되면 이미 어렵나니. 부잣집에 사는 젊은이들도, 업풍業風[33]이 불어오면 북망산에 오르리라[勸君休鑷鬢毛斑, 鬢到斑時已自難. 多少朱門少年子, 業風吹上北邙山]"라고 하였다.

杜氏婦作「北行」詩:"江南幼女別鄕閭, 一似昭君遠嫁胡. 默默一身離故國, 區區千里逐狂夫. 慵拈簫管吹羌曲, 懶繫羅裙舞鷓鴣. 多少眼前悲泣事, 不如花柳舊江都." 此等多有戲作, 題之驛亭, 以爲美談.

두씨杜氏 부인이 지은 「북행北行」에서 "강남 어린 여인이 고향을 떠난 것은, 왕소군王昭君이 멀리 오랑캐에게 시집가는 것과 같구나. 단신으로 묵묵히 고국을 떠나, 굽이굽이 천 리 길 광부狂夫를 뒤따르네. 애

33 업풍(業風): 불교 용어로, 사람이 선과 악의 업에 따라 삼생(三生)을 윤회하는 것을 바람에 비유하여 이르는 말이다. 윤회의 바람.

써 피리 들어 오랑캐의 곡을 연주하고, 힘없이 비단 치마 매고 자고사鷓鴣詞에 춤추네. 눈앞에 놓인 수많은 슬픔들, 옛 강도江都의 기방에 있을 때만 못하네[江南幼女別鄕閭, 一似昭君遠嫁胡. 默默一身離故國, 區區千里逐狂夫. 慵拈簫管吹羌曲, 懶繫羅裙舞鷓鴣. 多少眼前悲泣事, 不如花柳舊江都]"라고 하였다. 농 삼아 지은 이런 작품들을 역정驛亭에 써놓아서 미담으로 전하고 있다.

許平仲衡, 學問文藝, 爲世所尊, 稱爲夫子, 人目爲許先生. 養志不仕, 有「辭召命」詩云 : "一天雷雨誠堪畏, 千載風雲謾企思. 留取閒身臥田舍, 靜看蝴蝶掛蛛絲." 可以觀其志矣. 一號魯齋.

평중平仲 허형許衡은 학문과 문예로 세상 사람들의 존경을 받아 부자夫子로 칭송되었고 사람들은 그를 허선생이라고 불렀다. 평소 포부를 함양하며 벼슬에 나가지 않았던 그는 「사소명辭召命」이라는 시를 지었는데 "잠깐의 우레와 비도 참으로 두렵거늘, 천 년의 바람과 구름(세상의 명예)을 부질없이 바라랴. 한가한 몸 농가에 누워, 범나비 거미줄에 걸린 모습 조용히 보며 지내리라[一天雷雨誠堪畏, 千載風雲謾企思. 留取閒身臥田舍, 靜看蝴蝶掛蛛絲]"라고 하였다. 그의 포부를 엿볼 수 있다. 그의 다른 호는 노재魯齋이다.

張文簡「雪」詩 : "銀簷不雨溜常滴, 玉樹無風花自開." 其家集不收.

장문간(張文簡 : 장강국張康國)이 「설雪」에서 "은빛 처마에는 비 내리지 않아도 물방울 항상 맺혀있고, 옥빛 나무에는 바람 없어도 꽃이 절로 피었네[銀簷不雨溜常滴, 玉樹無風花自開]"라고 하였다. 그의 문집에는 수록되지 않았다.

盧梅坡詠梅開一花詩云:"昨夜花神有底忙, 先敎踏白入南邦. 冷將雙眼窺春破, 肯把孤心受雪降. 樊弟得兄呼最長, 竹君取友歎無雙. 試於月夜窗前看, 一在枝頭一在窗."

노매파盧梅坡가 매화가 핀 것을 보고 지은 시에서 "어젯밤 화신花神이 바쁜 일 있었던지, 먼저 흰 눈을 밟고 남쪽 나라 들게 했네. 차갑게 두 눈으로 봄이 터지는 것을 엿보고, 한 송이 꽃봉오리는 내리는 눈을 받으려 하네. 번제(樊弟 : 수선화)는 형을 얻어 맏형이라 부르고, 죽군(竹君 : 대나무)은 벗으로 받아들여 대적할 자 없다고 감탄하네. 달밤 창문 앞에서 바라보니, 한 송이는 가지에 있고 한 송이는 창가에 있네[昨夜花神有底忙, 先敎踏白入南邦. 冷將雙眼窺春破, 肯把孤心受雪降. 樊弟得兄呼最長, 竹君取友歎無雙. 試於月夜窗前看, 一在枝頭一在窗]"라고 하였다.

杜善甫山東名士, 工詩文, 不屑仕進, 遊嚴相之門.① 嚴迺濟南望族, 善甫爲所敬重. 一日讒者間之, 情分寖乖. 杜謝以詩云:"高臥東窗興已成, 簾鉤無復掛冠聲. 十年恩愛淪肌髓, 只說嚴家好弟兄." 嚴悟非其過, 欵密如初. 時有掌兵官遠戍於外, 其妻宴客, 笙歌終夕. 善甫詩曰:"高燒銀燭照雲鬟, 沸耳笙歌徹夜闌. 不念征西人萬里, 玉關霜重鐵衣寒." 聞者快之, 有薦之於朝, 遂召之, 表謝不赴. 中二聯云:"俾獻言於乞言之際, 敢盡其忠, 若求仕於致仕之年, 恐無此理. 不能爲白居易, 謾法香山居士之名, 惟願學陸龜蒙, 拜賜江湖散人之號." 予分敎溧陽, 一淮士過,② 求宿學舍. 士遊山東甚久, 爲餘道其詞甚多, 僅記此.

① '嚴相之門'原作'嚴之相門', 據繆本改.

② '淮'原作'候', 據繆本改.

두선보(杜善甫 : 두인걸杜仁傑)는 산동山東의 명사로 시문에 능하였으나 벼슬살이를 탐탁하게 여기지 않고 정승 엄실嚴實의 집에서 식객으로 지냈다. 엄실은 제남濟南의 명문가였는데 두인걸을 존경했다. 그런데 어느 날 시기하는 자가 이간질하여 관계가 점점 멀어지자 두인걸이 시를 지어 사절의 뜻을 전했다. "누워 있는 동창東窗에 흥취가 일어서, 더 이상 발을 거는 갈고리에 관冠을 거는 소리가 들리지 않네. 십 년 은혜와 사랑이 골수에 젖어, 엄씨 집안 좋은 형제라고 말해왔네.[高臥東窗興已成, 簾鉤無復掛冠聲. 十年恩愛淪肌髓, 只說嚴家好弟兄.]" 이에 엄실이 그의 잘못이 아님을 깨닫고 처음처럼 친밀하게 지냈다. 당시 무관 가운데 먼 변방으로 수자리 살러 나간 자가 있었는데 그의 처가 손님들을 불러 음악을 연주하고 노래를 부르며 밤새 즐겼다. 두인걸이 이에 대해 시를 짓기를 "타오르는 은촛대 불빛은 쪽머리를 비추고, 귀에 쟁쟁한 음악 소리는 밤새 들리네. 서쪽 만 리 수자리 간 사람, 옥문관玉門關 찬 서리에 철갑 시린 것을 생각지 않네[高燒銀燭照雲鬟, 沸耳笙歌徹夜闌. 不念征西人萬里, 玉關霜重鐵衣寒]"라고 했다. 이 내용을 들은 자들이 통쾌하게 여겼다. 누군가 그를 조정에 천거하여 부름을 받았으나 표문表文을 올려 거절하고 나아가지 않았다. 그 표문의 제2연에서 "나라에서 직언을 구할 즈음에 의견을 올리도록 한다면 감히 그 충성을 다하겠으나, 치사致仕할 나이에 벼슬을 구하는 것이라면 그런 이치는 없을 듯하다. 백거이처럼 부질없이 향산거사香山居士라는 이름을 본받지는 못하겠고, 육구몽陸龜蒙처럼 강호산인江湖散人이라는 호를 하사받기를 원한다[俾獻言於乞言之際, 敢盡其忠, 若求仕於致仕之年, 恐無此理. 不能爲白居易, 謾法香山居士之名, 惟願學陸龜蒙, 拜賜江湖散人之號]"라고 하였다. 내가 표양溧陽에서 교관敎官으로 있을 때 회淮 지역에 사는 선비 하나가 학사學舍에서 묵기를 청하였다. 산동 지역을 오랫동안 유람한 그가 두인걸의 글을 많이 들려주었지만 겨우 이 정도만 적는다.

① '嚴相之門'은 원래 '嚴之相門'으로 돼 있었는데, 무전손의 『우향영습』본에 의거하여 고쳤다.

② '淮'는 원래 '候'로 돼 있었는데, 무전손의 『우향영습』본에 의거하여 고쳤다.

楊煥然號關西夫子, 「題孔子廟」: "會見春風入杏壇, 奎文閣上獨憑欄. 淵源自古尊洙·泗, 祖述何人似孟·韓. 竹簡不隨秦火冷, 楷林高倚魯城寒. 漂零蹤跡千年後, 無分東家寄一簞." 又黨懷英詩: "魯國遺蹤墮渺茫, 獨餘林廟壓城荒. 梅梁分曙霞棲影, 松牖回春月駐光. 老檜曾沾周雨露, 斷碑猶是漢文章. 不須更問傳家遠, 泰岱參天汶·泗長." 黨, 承安間人, 工篆書, 嘗作杏壇二字, 刻於祖庭.

양환연(楊煥然 : 양환楊奐)의 호는 관서부자關西夫子인데 「제공자묘題孔子廟」라는 시에서 "때마침 봄바람이 행단杏壇에 들어가는 것을 보고, 규문각奎文閣 위 난간에 홀로 기대어 섰네. 연원은 예로부터 수사洙泗[34]를 존숭했고, 조술祖述[35]한 이로 맹자와 한유만한 이 어디 있으랴. 죽간은 진나라의 분서갱유에 사라지지 않았고, 해림楷林[36]은 드높게 차가운 노성魯城을 의지했네. 종적이 사라진 지 천 년이 지나, 친분 없는 동쪽 집에 바리 하나 맡기네[會見春風入杏壇, 奎文閣上獨憑欄. 淵源自古尊洙·泗, 祖述何人似孟·韓. 竹簡不隨秦火冷, 楷林高倚魯城寒. 漂零蹤跡千年後, 無分東家

34 수사(洙泗) : 노나라 곡부에 있는 수수(洙水)와 사수(泗水)를 함께 일컫는 말이다. 공자가 이 지역에서 강학을 했으므로 유교의 학문을 뜻하는 말이 되었다.

35 조술(祖述) : 옛사람의 도에 근거하여 자신의 주장을 펼치는 것을 말한다.

36 해림(楷林) : 공자의 무덤 옆에 있는 개목[楷] 숲. 이와 관련하여 다음과 같은 고사가 전한다. 공자가 죽었을 때 자공은 외지에 있었는데 상(喪) 소식을 듣고 급히 집으로 돌아왔다. 자공이 해목(楷木 : 해나무)으로 된 곡상봉(哭喪棒 : 상주가 장례 때 짚는 지팡이)을 가지고 무덤으로 왔다가 이를 무덤 속에 가지고 갈 수 없어서 무덤 앞 근처에 꽂아 두었다. 그러자 시일이 지나 지팡이가 자라나서 해나무가 되었다.

寄一篁]"[37]라고 하였다. 또 당회영黨懷英의 시에서는 "노나라의 유적은 아득히 사라졌으나, 숲 속의 사당만 남아 황폐한 성에 남아 있네. 대들보에 새벽빛 비추어 노을 그림자 깃들고, 소나무 창에 봄이 돌아와 달빛이 머무네. 늙은 홰나무 일찍이 주나라의 은혜를 입었고, 깨진 비석은 여전히 한나라의 문장이네. 전해 내려온 것이 얼마나 오래인지 물을 필요 없으니, 태산泰山과 대산岱山은 하늘에 닿고 문수汶水와 사수泗水는 유유히 흐르나니[魯國遺蹤墮渺茫, 獨餘林廟壓城荒. 梅梁分曙霞棲影, 松牖回春月駐光. 老檜曾沾周雨露, 斷碑猶是漢文章. 不須更問傳家遠, 泰岱參天汶·泗長]"[38]라고 하였다. 당회영은 승안(承安 : 1196~1200) 연간의 사람으로 전서篆書에 능하였다. 일찍이 행단杏壇 두 글자를 써서 비석에 새겨 공자묘 마당에 세웠다.

翟惠父「詠鬼門關」: "盤盤重險壓三塗, 慘慘陰靈怖萬夫. 青海戰魂來守鑰, 黃塵行客過張弧. 西風古道悲羸馬, 落日荒山嘯老狐. 年少文人今白首, 小猖休苦笑揶揄." 惠父北人.

적혜보(翟惠父)의 「영귀문관詠鬼門關」에서 "구불구불 험준한 관문 세 갈래 길을 압도하고, 음산한 귀신들은 만인을 두렵게 하네. 청해青海에서 전사한 혼령들 와서 자물쇠를 지키고, 먼지 뒤집어 쓴 나그네는 지나가며 활을 당기네. 서풍 부는 옛길에 파리한 말이 슬프고, 해 지는 황량한 산에 늙은 여우가 우네. 연소했던 문인이 백발노인 되었으니, 악동들이여 부디 비웃지들 말거라[盤盤重險壓三塗, 慘慘陰靈怖萬夫. 青海戰魂來守鑰, 黃塵行客過張弧. 西風古道悲羸馬, 落日荒山嘯老狐. 年少文人今白首, 小猖休苦笑揶揄]"라고 하였다. 적혜보는 원나라 사람이다.

---

37 양환(楊奐), 『환산유고(還山遺稿)』 권下 「알성묘(謁聖廟)」.

38 『산동통지(山東通志)』 권35, 당회영(党懷英), 「알공림(謁孔林)」.

閻子靜復, 至元間翰林學士. 後廉訪浙西, 有「梅杖」詩云:"凍盡西湖萬玉柯, 春風入手重摩挲. 較量龍竹能香否, 比並鳩藤奈白何. 聲破夢寒霜滿戶, 影隨詩瘦月橫坡. 只知功到調羹盡, 不道扶顚力更多."

자정子靜 염복閻復은 지원(至元 : 1264~1294) 연간의 한림학사였다. 후에 절서 염방사浙西廉訪使가 되었는데 그때 지은 「매장梅杖」에서 "꽁꽁 언 서호의 수많은 옥 가지들, 봄바람 불어와 고이고이 어루만지네. 용죽龍竹[39]과 견주어 어느 것이 향기로울까, 구등鳩藤과 나란히 두면 누가 더 하얄까. 지팡이 소리 찬 꿈을 깰 때 서리 문에 가득하고, 지팡이 그림자 시인을 뒤따를 때 달빛이 언덕에 가득하네. 그 용도가 국 맛 내는 데에 쓰이는 줄만 알고, 늙은 몸 부축하는 데에 더 많은 힘들이는 것을 말하지 않네[凍盡西湖萬玉柯, 春風入手重摩挲. 較量龍竹能香否, 比並鳩藤奈白何. 聲破夢寒霜滿戶, 影隨詩瘦月橫坡. 只知功到調羹盡, 不道扶顚力更多]"라고 하였다.

元遺山好問裕之, 北方文雄也. 其妹爲女冠, 文而豔. 張平章當揆, 欲娶之, 使人囑裕之. 辭以可否在妹, 妹以爲可則可. 張喜, 自往訪, 覘其所向. 至則方自手補天花板, 輟而迎之. 張詢近日所作, 應聲答曰:"補天手段暫施張, 不許纖塵落畫堂. 寄語新來雙燕子, 移巢別處覓雕梁." 張悚然而出.

유산遺山(호號) 유지裕之(자字) 원호문元好問은 북방의 문호이다. 그의 누이가 여관女冠[40]이었는데, 문재文才가 있고 예뻤다. 정승으로 있던 장평

39 용죽(龍竹) : 대나무의 일종이다. "뿌리에 2각(角)이 있으며 마디가 높고 안이 차있다. 지팡이로 만들 수 있어서 산을 유람하는 사람들이 많이 채집한다[根有二角, 高節實中, 可爲杖, 遊山者, 多採之]"라는 기록이 『어정패문재광군방보(御定佩文齋廣羣芳譜)』 권82의 「죽보(竹譜)」에 보인다.

40 여관(女冠) : 여황관(女黃冠), 여도사(女道士), 도고(道姑)라고도 한다. 여자는 본래 관을

장(張平章 : 장규張珪)이 그녀에게 장가들고 싶어 사람을 시켜 원호문에게 부탁하자, 가부는 누이에게 달려있으며 누이가 가능하다고 하면 허락하겠다고 했다. 장규가 기쁜 마음에 직접 찾아가 그녀의 의향을 떠보려고 하였다. 그가 도착할 때 소란반자[天花板]를 손수 보수하고서 누이가 일을 멈추고 그를 맞이하였다. 장규가 요즘 지은 작품이 있느냐고 묻자, 바로 답하기를 "하늘을 깁는 솜씨를 잠시 펼쳐서, 작은 먼지 하나 방에 떨어지는 것을 허락하지 않네. 새로 온 한 쌍의 제비에게 말하노니, 화려한 집 다른 곳으로 집을 옮기거라[補天手段暫施張, 不許纖塵落畫堂. 寄語新來雙燕子, 移巢別處覓雕梁]"라고 하니 장규가 모골이 송연해져 밖으로 나왔다.

劉山翁汝進, 漫塘幼子, 學問宏深, 文字典雅. 與客九日遊龍山, 以"人世難逢開口笑"分韻,① 翁得'口'字云 : "縱步龍山顚, 放舟龍蕩口. 羣然雁鶩行, 雜之牛馬走. 我拙不能詩, 我病不能酒. 試問賞花人, 還有菊花否?" 衆服其工, 諸信齋誦此.

①'人世'繆本作'塵世'

산옹山翁 유여진劉汝進은 유만당(劉漫塘 : 유재劉宰)의 아들이다. 학문의 폭이 넓고 깊으며 문장이 전아했다. 객과 함께 9월 9일 용산龍山을 유람했는데 "세상에 웃을 일 만나기 어렵다[人世難逢開口笑]"라는 문장을 가지고 운을 나누었다. 유여진이 '口' 자를 얻어 시를 짓기를 "용산龍山의 위를 오르고, 용탕龍蕩의 입구에 배를 띄웠네. 기러기 오리가 무리 되어 날고, 소와 말이 뒤섞여 달리네. 나는 재주 없어 시를 짓지 못하고, 나는 병이 들어 술을 마시지 못하네. 묻노니 꽃을 감상하는 이들이여, 아

쓰지 않는데 당나라의 여도사는 모두 황관(黃冠)을 썼기에 붙여진 명칭이다.

직 국화꽃이 피어있던가?[縱步龍山顚, 放舟龍蕩口. 羣然雁鶩行, 雜之牛馬走. 我拙不能詩, 我病不能酒. 試問賞花人, 還有菊花否?]"라고 하니 사람들이 그의 재능에 탄복했다. 제신재諸信齋가 이 시를 외워 들려주었다.

① '人世'는 무전손의 『우향영습』본에 '塵世'로 돼있다.

金國南遷後, 國浸弱不支, 又遷睢陽. 某后不肯播遷, 寧死於汴. 元遺山曰: "桃李深宮二十年, 更將顏色向誰憐. 人生只合梁園死, 金水河邊好墓田."

금나라가 남쪽으로 천도하고 나서 국력이 쇠약해져 지탱하기 어려워지자 다시 저양睢陽으로 천도했다. 당시 어떤 왕후王后가 옮겨가지 않으려 하며 차라리 변汴에서 죽겠다고 했다. 이에 원호문이 시를 짓기를 "복사꽃 오얏꽃 가득한 궁중의 이십 년 삶, 누구에게 다시 사랑 받으랴. 사람은 양원梁園[41]에서 죽는 것이 알맞은 터, 금수하金水河[42] 물가는 묘를 쓰기 좋다네[桃李深宮二十年, 更將顏色向誰憐. 人生只合梁園死, 金水河邊好墓田]"라고 하였다.

至元戊寅己卯間, 有董恢者, 江陵人, 後居太原, 任丁角酒稅副使, 僦屋以居. 詩云: "白髮蒼頭一腐儒, 行無轍跡住無廬. 鄧林萬頃青青木, 肯爲鷦鷯借一枝." 又"翠閣朱樓畫掩扉, 尋巢燕子不能歸. 落花吹泥東風雨, 繞徧芳簷無處依."

41 양원(梁園): 한나라 경제(景帝) 때 양 효왕(梁孝王) 유무(劉武)가 만든 토원(兎園)을 가리키며 당시 많은 문인들과 어울려 연회를 베푼 곳으로 유명하다.

42 금수하(金水河): 북경의 자금성 밖을 흐르는 물 이름. 옥하(玉河)라고도 한다.

지원至元 무인년(1338)과 기묘년(1339) 사이에 동회董庾라는 사람이 있었는데, 강릉江陵 사람이었다. 후에 태원太原으로 이사해 정각주세부사丁角酒稅副使를 역임했는데, 남의 집을 빌려 살았다. 그가 지은 시에서 "백발의 쓸모없는 유생이, 타고 다닐 수레 없고 머물 집도 없네. 드넓은 등림鄧林[43]의 푸른 나무들, 굴뚝새(鷦鷯) 위해 가지 하나 빌려줄까[白髮蒼頭一腐儒, 行無轍跡住無廬. 鄧林萬頃靑靑木, 肯爲鷦鷯借一枝]"라고 하였다. 다른 한 편의 시에서는 "화려한 누각은 낮에도 문이 닫혀, 집을 찾는 제비도 돌아갈 수 없네. 동쪽 비바람에 꽃잎 떨어져 진흙에 뒹굴고, 화려한 처마가 빙 둘러 의지할 곳이 없네[翠閣朱樓晝掩扉, 尋巢燕子不能歸. 落花吹泥東風雨, 繞偏芳簷無處依]"라고 하였다.

漫塘先生與客燕坐, 只窗外櫻桃惟一實, 共以爲笑. 忽一客來訪, 自言能詩, 因命賦之, 云: "燒丹道士藥爐空, 枉費先生九轉功. 一粒丹砂尋不見, 曉來枝上弄春風." 衆鹹喜之.

만당(漫塘: 유재劉宰) 선생이 객들과 앉아 있을 때, 창 밖에 열매가 하나 달린 앵두를 가리키며 함께 껄껄 웃었다. 마침 이때 한 사람이 찾아와서 시에 능하다고 했다. 그래서 그것에 대해 시를 지어보라고 하자, "단약 굽는 도사의 약 화로가 비어, 선생에게 아홉 번 굽는 수고를 하게 하네. 단사丹砂 찾았으나 한 알도 보이지 않더니, 새벽 되자 가지 위에서 봄바람을 농하네[燒丹道士藥爐空, 枉費先生九轉功. 一粒丹砂尋不見, 曉來枝上弄春風]"라고 하니 모두들 기뻐하였다.

43 등림(鄧林): 전설상의 아름답고 무성한 수풀이다. 『회남자』에 "과보가 막대를 버린 것이 등림이 되었다[夸父棄其策是爲鄧林]"라는 말이 보인다. 과보가 하수(河水)를 마시고도 부족하여 서해(西海)를 마시려고 가다가 중도에 목이 말라 죽었는데, 그가 심은 막대기가 살아나 큰 수풀을 이루었다고 한다.

周芝田浙人, 浪跡江湖, 道冠野服, 詩酒諧笑, 略無拘檢, 亦時出小戲以悅人, 而不知其能琴與詩也. 遇琴則一彈, 適興則吟一二句, 而不終篇. 嘗「賦石上兩竹」云:"淋漓滿腹藏春雨, 突兀半拳生曉雲." 亦自可人. 又"草香花落後, 雲黑雨來時."「琴」詩云:"膝上橫陳玉一枝, 此音惟獨此心知. 夜深斷送鶴先睡, 彈到空山月落時."

주지전周芝田은 절강 사람으로 강호를 두루 유람했다. 도사의 관에 야인의 복장을 한 채 시를 짓고 술을 마시며 아무 거리낌이 없었다. 이따금 작은 유희거리를 내보여 사람들을 즐겁게 하였으나 그가 금琴과 시에 능하다는 것은 아무도 몰랐다. 금이 있으면 연주하고 흥이 나면 한 두 구만 읊고 한 편을 완성하지는 않았다. 일찍이 지은 「부석상양죽賦石上兩竹」에서 "배 속 가득 봄비를 감추고 있다, 우뚝 솟은 반 주먹이 새벽 구름 만들어내네[淋漓滿腹藏春雨, 突兀半拳生曉雲]"라고 하였으니 음미할 만하다. 다른 작품에서는 "풀은 꽃이 떨어진 뒤에 향기롭고, 구름은 비가 올 때에 검다[草香花落後, 雲黑雨來時]"라고 하였다. 「금琴」이라는 시에서는 "무릎 위에 가로 놓인 옥玉 같은 악기, 이 음은 오직 이 마음만 안다오. 깊은 밤 연주할 때 학은 먼저 잠들고, 빈 산에 달이 지도록 연주가 이어지네[膝上橫陳玉一枝, 此音惟獨此心知. 夜深斷送鶴先睡, 彈到空山月落時]"라고 하였다.

遨溪張復「題雨竹圖」云:"涓涓而淨, 森森而立. 孟宗倚之, 淚痕猶濕."「風竹圖」云:"可屈者氣, 不屈者節. 故人來之, 盡掃秋月." 皆有思致.

오계遨溪 장복張復의 「제우죽도題雨竹圖」에서 "조르르 깨끗하고, 빼곡히 서 있네. 맹종孟宗[44]이 기대어, 여전히 눈물자국 촉촉하네[涓涓而淨, 森森而立. 孟宗倚之, 淚痕猶濕]"라고 하고, 「풍죽도風竹圖」에서는 "굽힐 수 있는 것은 기氣이고, 굽히지 않는 것은 절節이다. 친구가 찾아오면, 가을 달을 모두 쓸어낸다[可屈者氣, 不屈者節. 故人來之, 盡掃秋月]"라고 하였으니 모두 의취意趣가 있다.

趙靜齋淮, 被執於溧陽豐登莊, 至北府, 辭家廟云 : "祖父有功王室, 德澤沾及子孫. 今淮計窮被執, 誓以一死報君. 刀鋸置之不問, 萬折忠義常存. 急告先靈速引, 庶幾不辱家門." 卽登棹船發. 至瓜洲被刑, 無有敢埋其屍者. 有一寵姬在焦僉省處, 此姬啓僉省云 : "趙四知府, 今日已死矣. 妾元是他婢子, 望相公以妾之故, 許妾將屍焚化, 也是相公一段陰騭事." 焦許之. 乃作一棺焚之. 又啓收骨, 投之於水, 亦從之. 遂以裙盛骨殖, 到江邊大慟, 投江而死. 又聞其孫享祭, 靜齋降筆云 : "生居四代將門家, 不幸遭逢被虜拏. 死在瓜洲無葬地, 幽魂夜夜到長沙." 其兄冰壺, 潛自京口遷金陵. 北兵至, 棄家而遁, 南徙不返, 死葬海旁山上.

정재靖齋 조회趙淮가 표양溧陽의 풍등장豐登莊에서 원나라 군에게 사로잡혀 북부北府에 이르렀을 때 가묘家廟에 하직하기를 "조부께선 왕실에 공로가 있어 그 덕택을 자손에게 미치셨으나, 지금 조회는 계책이 궁하여 사로잡혔으니, 죽음으로써 임금께 보답하겠습니다. 칼과 톱을 앞에 놓고 협박해도 따지지 않을 것이며, 만 번을 꺾여도 언제나 충의를 간직하겠습니다. 선대 영령이시여 빨리 저를 데려가셔서, 부디 가문을 욕되지 않게 하소서[祖父有功王室, 德澤沾及子孫. 今淮計窮被執, 誓以一死報君. 刀鋸置之不問, 萬折忠義常存. 急告先靈速引, 庶幾不辱家門]"라고 한 뒤, 즉시 배에 올라 출발하였다. 과주瓜洲에 이르러 사형을 당했는데 감히 그

---

44 맹종(孟宗) : 삼국시대 오나라의 효자이다. 한겨울에 맹종이 대숲에서 평소 자기 어머니가 즐기던 죽순을 찾았지만 없어서 슬피 울었는데 갑자기 눈 속에서 죽순이 자라났다는 고사가 전한다.

시신을 매장해주는 자가 없었다. 조회에게 총애를 받던 여인이 이때 초첨성焦僉省의 거처에 있었는데 이 여인이 초첨성에게, "조사지부(趙四知府 : 조회)가 오늘 죽었습니다. 첩은 본디 그의 종이었는바, 부디 상공께서는 첩이 그 시신을 수습해 화장하도록 허락하소서. 이것은 상공께서 음덕을 쌓는 일이기도 할 것입니다"라고 하여, 초첨성이 허락하였다. 이에 관 하나를 만들어 화장을 하였고 다시 뼈를 거두어 강물에 던지겠다고 건의하여 이 또한 허락 받았다. 여인이 치마에 뼈를 싸서 강가로 가 통곡한 뒤 강물에 뛰어들어 죽었다. 또 들으니 손자가 제사를 지낼 때 조회가 글을 내리기를 "사대 장군의 집안에서 태어났으나, 불행히도 오랑캐에게 붙잡히고 말았네. 과주瓜洲에서 죽을 때 장사지낼 곳 없어, 저승의 넋이 밤마다 장사長沙로 오네[生居四代將門家, 不幸遭逢被虜拏. 死在瓜洲無葬地, 幽魂夜夜到長沙]"라고 하였다. 그의 형 조빙호趙冰壺는 경구京口에서 몰래 금릉으로 이사했는데, 원나라 군대가 이르자 집을 버리고 달아나 남쪽으로 가서 돌아오지 않았다. 그는 죽어서 바닷가 산에 묻혔다.

吳門有吏娶一娼, 燕客, 歌舞徹旦. 明日犯事, 決配九江, 與婦泣別登舟. 盧梅坡詩云 : "昨夜笙歌燕畫樓, 明朝揮淚送行舟. 當初嫁作商人婦, 無此江頭一段愁."

오문吳門의 어느 관리가 기생에게 장가들었는데 손님을 맞아 잔치를 베풀 때 밤새 노래와 춤이 이어졌다. 그는 다음날 죄를 범하여 구강九江으로 유배를 가게 되었고 부인과 눈물을 흘리며 이별을 고하고서 배에 올랐다. 노매파盧梅坡가 시를 짓기를 "어젯밤 화려한 누각에서 생황 불고 노래하더니, 다음날 눈물 훔치며 떠나는 배를 전송하네. 애초에 상인의 아내가 되었다면, 이렇게 강가에서 걱정하는 일 없었을 것을[昨夜笙歌燕畫樓, 明朝揮淚送行舟. 當初嫁作商人婦, 無此江頭一段愁]"이라고 하였다.

一戶曹之妻, 與太守有私, 府學一士子知其事. 戶曹任滿將去, 守招其夫婦飮, 士子作「祝英臺近」付妓, 令歌之: "抱琵琶, 臨別語, 把酒淚如洗. 似恁春時, 倉卒去何意. 牡丹恰則開園, 荼蘼厮勾, 便下得, 一帆千里. 好無謂, 復道明日行呵, 如何戀得你. 一葉船兒, 休要更沉醉. 後梅子青時, 楊花飛絮 側耳聽喜鵲哩."① 守與此婦俱墮淚, 其夫不悟.

① 按詞律 祝英臺近似有脫字.

어느 호조戶曹의 아내가 태수와 간통을 하고 있었는데, 부학府學의 학생이 그 사실을 알았다. 호조가 임기가 차서 떠나려고 할 때 태수가 그 부부를 초대하여 연회를 베풀었는데 그 학생이 「축영대근祝英臺近」을 지어 기녀에게 부르게 했다. "비파를 안고, 이별의 말을 전하며, 술잔을 들고 눈물이 줄줄 흐르네. 언제나 봄일 줄 알았는데, 갑자기 떠나는 것은 무슨 일인가! 모란은 마침 동산에 활짝 피었는데, 씀바귀 도미와 가까워, 내려가면, 천 리 멀리 사라지겠지. 할 말이 없구나, 내일 떠나면, 어찌 그대를 사랑할 수 있으랴. 일엽편주여, 더 이상 취하지 말라. 훗날 매화 열매 푸르고, 버들 솜 날 때 귀 기울일지어다, 기쁜 까치 소리를.[抱琵琶, 臨別語, 把酒淚如洗. 似恁春時, 倉卒去何意. 牡丹恰則開園, 荼蘼厮勾, 便下得, 一帆千里. 好無謂, 復道明日行呵, 如何戀得你. 一葉船兒, 休要更沉醉. 後梅子青時, 楊花飛絮 側耳聽喜鵲哩.]" 태수와 부인이 모두 눈물을 흘렸으나 남편은 그 내용을 몰랐다.

① 사율詞律에 의거해 살펴보면 「祝英臺近」에 빠진 글자가 있는 듯하다.

靈隱寺主僧元肇, 號淮海. 寺有松大數十圍, 史相當軸, 遣人伐松. 松與月波亭相對, 僧作詩云 : "大夫去作棟梁材, 無復淸陰覆綠苔. 惆悵月波亭上望, 夜深惟見鶴歸來."

영은사靈隱寺의 주지 원조元肇는 호가 회해淮海이다. 절에 수십 아름 되는 큰 소나무가 있었는데 사史 정승이 국정을 담당할 때 사람을 보내 소나무를 베게 하였다. 소나무가 월파정月波亭과 마주보고 있었는데 원조가 시를 짓기를 "대부가 동량의 재목 삼으러 베어가면, 다시는 푸른 이끼 덮을 맑은 그림자 없겠네. 서글픈 마음에 월파정에서 바라보니, 깊은 밤 학이 돌아오는 것만 보이네[大夫去作棟梁材, 無復淸陰覆綠苔. 惆悵月波亭上望, 夜深惟見鶴歸來]"라고 하였다.

穆陵在御, 閻貴妃父良臣起香火功德院, 欲勝靈竺, 乃伐鄰松供屋材. 僧作詩曰 : "不爲栽松種茯苓, 只緣山色四時靑. 老僧不惜攜將去, 留與西湖作畫屛." 詩徹於上, 遂命勿伐. 又山中有寺基久圮, 勢家規其地營葬. 僧亦有詩刺之 : "一定空山已有年, 不須惆悵起頹塼. 道旁多少麒麟塚, 轉眼無人送紙錢." 遂不復取.

목릉(穆陵 : 송 이종理宗)이 보위에 있을 때 염귀비閻貴妃의 부친 염양신閻良臣이 향화공덕원香火功德院을 지었는데, 절보다 더 좋아 보이게 하려고 절 근처 소나무를 베어 집의 재목으로 쓰려 했다. 절의 승려가 시를 짓기를 "소나무를 심은 것은 복령茯苓을 심으려는 것이 아니라, 산이 사계절 푸르게 하려는 것이었네. 노승은 베어가는 걸 아까워하지 않으나, 서호의 그림 병풍으로 남겼으면 하네[不爲栽松種茯苓, 只緣山色四時靑. 老僧不惜攜將去, 留與西湖作畫屛]"[45]라고 하였다. 그 시가 임금에게까지 알려져 결국 베지 말라는 명이 내려졌다. 또 산 안에 오래전 폐허가

된 절터가 있었는데 권력을 가진 자가 묘지로 삼으려 하자, 승려가 시를 지어 풍자하기를 "빈 산이 된 지 이미 여러 해여서, 고민하며 무너진 벽돌 일으킬 일 없네. 길 옆 수많은 고관의 무덤들, 어느 순간 지전紙錢[46]을 보낼 일이 없겠네[一定空山已有年, 不須惆悵起頹塼. 道旁多少麒麟塚, 轉眼無人送紙錢]"라고 하니 더 이상 차지하려 하지 않았다.

吉州羅西林集近詩刊, 一士囊詩及門, 一童横臥棖闑間, 良久, 喚童起曰:"將見汝主人, 求刊詩." 童曰:"請先與我一觀, 我以爲可, 則爲公達." 客怪之曰:"汝欲觀我詩, 汝必能吟, 請賦一詩, 當示汝." 童請題. 客曰:"但以汝適來睡起搔首意爲之." 童卽吟曰:"夢跨青鸞上碧虛, 不知身世是華胥. 起來搔首渾無事, 啼鳥一聲春雨餘." 客駭服, 同入見西林, 欸之數日. 取其「菊」詩云:"不逐春風桃李妍, 秋風收拾短籬邊, 如何枝上金無數, 不與淵明當酒錢." 童乃羅之子也.

길주吉州 나서림羅西林이 근체시를 모아 간행하려고 할 때, 학사 한 사람이 자신의 시를 가지고 찾아왔는데 동자가 문간에 누워 있었다. 잠시 기다렸다가 동자를 불러일으키며 "너의 주인을 만나 내 시를 간행집에 넣어달라고 부탁하러 왔다"라고 하니 동자가 "먼저 저에게 한 번 보여주시죠. 제가 괜찮다고 생각되면 뜻을 전달하겠습니다"라고 했다. 객이 이상하게 여기며 "네가 나의 시를 보려고 하니, 네가 시를 지을 줄 아는 것이다. 시 한 수를 지어 보거라. 시를 지으면 너에게 보여주겠다"라고 하였다. 동자가 제목을 말해달라고 하니 객이 "네가 졸다가 일어나 머리를 긁적인 것으로 제목을 삼아라"라고 하니 동자가 즉

45 여악(厲鶚), 『송시기사』 권93, 원조(元肇), 「석송(惜松)」.

46 지전(紙錢) : 종이를 돈 모양으로 만든 것으로, 죽은 사람이 저승으로 가는 길에 쓰라는 뜻으로 관 속에 넣기도 하고 초혼제(招魂祭)에서 뿌리기도 한다.

시 시를 지었다. "꿈에 푸른 난새를 타고 푸른 하늘을 날아가니, 그곳이 화서씨華胥氏의 나라[47]인 줄 몰랐네. 일어나 머리 긁적이니 아무 일 없고, 봄비 뒤에 새소리 들려오네.[夢跨青鸞上碧虛, 不知身世是華胥. 起來搔首渾無事, 啼鳥一聲春雨餘.]" 객이 깜짝 놀라 탄복하고 함께 들어가 나서림을 만나서 며칠간 정담을 나누었다. 그의 작품으로 「국菊」을 선택했으니 "봄바람 따라 복사꽃 오얏꽃이 곱더니, 가을바람이 낮은 울타리에서 수습하네. 어찌하여 가지 위 수많은 황금이, 도연명의 술값이 되지 못하는 건가[逐春風桃李姸, 秋風收拾短籬邊, 如何枝上金無數, 不與淵明當酒錢]"이다. 동자는 바로 나서림의 아들이었다.

南康建昌縣有神童山, 每大比, 試童子至百人, 七取其一. 有鄧文龍, 年八歲, 穎出諸童子右. 方岳巨山守南康, 欲祝爲子, 父謂之曰 : "汝, 余所鍾愛, 太守固欲祝汝, 將若何." 文龍曰 : "第許之." 巨山一日招諸名士, 如馮紫山深居兄弟者, 而鄧父子與焉. 席上太守及諸公只服褙子, 文龍以綠袍居座末. 坐定, 供茶, 文龍故以托子墮地, 諸公戲以失禮. 文龍曰 : "先生衩衣, 學生落托." 衆爲一笑. 酒酣, 巨山戲曰 : "口紅衣綠如鸚鵡." 文龍應曰 : "頭白形烏似老鴉." 又令賦君子竹, 卽詠曰 : "瀟湘子猷宅, 平將風月分. 兩軒渾似我, 一日可無君." 衆異之. 後易名元觀, 年十五領鄉薦, 登上第.

남강군南康郡 건창현建昌縣에 신동산神童山이 있는데 과거가 있을 때마다 동자童子 백 명을 시험하여 일곱 명을 뽑고 그중에서 다시 한 명을 뽑았다. 등문룡鄧文龍이라는 아이는 나이가 팔 세였는데 동자들 중에서

47 화서씨(華胥氏)의 나라 : 옛날 황제 헌원씨가 꿈속에서 노닐었던 이상국이다. 황제가 그 나라에 군장(君長)이 없는데도 백성들이 욕심이 없어 절로 다스려지는 것을 보고는 도를 터득하여 천하를 잘 다스렸다고 한다. 『열자』「황제」.

출중했다. 거산巨山 방악方岳이 남강군의 태수로 있을 때 그를 아들로 삼으려 하자, 등문룡의 아버지가 등문룡에게 "너는 내가 아주 사랑하는 자식인데 태수가 아들로 삼으려 하니 너는 어떻게 하겠느냐?"라고 하니 등문룡이 "우선 그렇게 하겠습니다"라고 하였다. 방악이 어느 날 자산紫山 풍심거馮深居 형제 같은 명사들을 초빙하였는데 등문룡 부자도 참여하였다. 그 자리에서 태수와 제공들은 배자褙子를 입고 있었고 등문룡은 녹포綠袍를 입고 말석에 있었다. 자리를 정하고 앉자 차가 나왔는데 등문룡이 일부러 찻잔 받침대를 바닥에 떨어뜨렸다. 제공들이 실례했다고 놀리자 등문룡이 대응하기를 "선생이 홑옷(衩衣)을 입으니 학생이 찻잔 받침대를 떨어뜨렸습니다"라고 하니 사람들이 한바탕 웃었다. 술자리가 무르익었을 즈음에 방악이 농하기를 "입이 붉고 옷이 푸르니 앵무와 같다[口紅衣綠如鸚鵡]"라고 하자, 등문룡이 응하기를 "머리만 희고 전체가 까마니 늙은 갈가마귀 같네[頭白形烏似老鴉]"라고 하였다. 또 군자죽君子竹에 대해 시를 지으라고 하자, 즉시 읊기를 "소상瀟湘의 자유子猷의 집[48]은, 공평하게 풍월風月을 나누네. 두 집이 모두 나와 같은데, 하루라도 그대가 없어서야 되겠는가[瀟湘子猷宅, 平將風月分. 兩軒渾似我, 一日可無君]"라고 하니 사람들이 기특하게 여겼다. 뒤에 이름을 원관元觀으로 바꿨고 십오 세 때 주현州縣의 추천을 받아 과거에서 장원으로 급제했다.

僧德豐, 三山人, 有「重陽」詩云 : "戰盡今秋見太平, 西風多作北風聲. 不吹烏帽吹氈帽, 籬下黃花笑不成." 鍾山長老擧以自代, 答云 : "耿耿孤

48 자유(子猷)의 집 : 자유는 왕희지의 아들 왕휘지의 자(字)이다. 왕휘지가 일찍이 빈집에 살게 되었는데 대나무를 심으라고 하였다. 어떤 사람이 그 까닭을 물으니 "어찌 하루도 이 사람이 없어서야 되겠는가[何可一日無此君]"라고 대답하였다. 바로 이 고사를 인용한 것이다. 『진서』「왕휘지전」.

吟對古梅, 忽傳軍將送書來. 倚崖枯木摧殘甚, 虛負陽和到一回." 竟不赴.

승려 덕풍德豐은 삼산三山 사람이다. 그가 지은 「중양重陽」에서 "전쟁 끝난 올 가을 평화를 만났거늘, 서풍이 곧잘 북풍 소리를 만들어내네. 오모烏帽[49]에 불지 않고 전모氈帽[50]에 부니, 울타리 아래 국화가 웃지 못하네[戰盡今秋見太平, 西風多作北風聲. 不吹烏帽吹氈帽, 籬下黃花笑不成]"라고 하였다. 종산鍾山의 장로長老가 자신의 대임으로 추천하자, 그는 답하기를 "혼자서 시 읊조리며 옛 매화 마주하는데, 갑자기 장군이 편지를 보내왔네. 벼랑에 기댄 마른 나무 심하게 꺾여서, 한 번 돌아온 봄볕을 부질없이 저버리네[耿耿孤吟對古梅, 忽傳軍將送書來. 倚崖枯木摧殘甚, 虛負陽和到一回]"라고 하며 나아가지 않았다.

賈秋壑敗師亡國, 後有人刺以詩曰:"深院無人草已荒, 漆屛金字尙輝煌. 只知事去身宜去, 豈料人亡國亦亡. 理考發身端有自, 鄭人應夢果何祥. 臥龍不肯留渠住, 空使晴光滿畫牆." 又云:"事到窮時計亦窮, 此行難倚鄂州功. 木棉庵上千年恨, 秋壑堂中一夢空. 石砌苔稠猿步月, 松庭葉落鳥呼風. 客來未用多惆悵, 試向吳山望故宮." 又「傷西樓」詩云:"檀板歌殘陌上花, 過牆荊棘刺簷牙. 指揮已失鐵如意, 賜予寧存玉辟邪. 破屋春歸無主燕, 壞池雨產在官蛙. 木棉庵外尤愁絶, 月黑夜深聞鬼車." 有人和云:"榮華富貴等浮花, 膂力難爲國爪牙. 漢世只知光擁立, 唐朝誰識杞奸邪. 綺羅化作春風蝶, 絃管翻成夜雨蛙. 縱有清漳人

49 오모(烏帽): 흑모(黑帽)로, 일명 오사모(烏紗帽)라고 한다. 당나라 때에는 귀족들만 쓰다가 점차 위아래 사람들이 모두 착용하였으며 후에는 한가하게 거할 때 입는 평상복이 되었다.

50 전모(氈帽): 털로 만든 모자이다. 한위(漢魏) 때 서북 지역에서 내륙으로 전파되었으며 수당 때 민간에서 널리 유행했다. 당대에는 백전(白氈)으로 만든 전모를 착용했는데 이를 '백제(白題)'라고 일컬었다.

百死, 碧天難挽紫雲車." 秋壑出處本末, 自有知者, 玆不書.

가추학(賈秋壑 : 가사도)이 전쟁에 패하여 나라가 망하였는데 후인이 시를 지어 풍자하기를 "으슥한 정원에 사람은 없고 풀만 무성한데, 옻칠 병풍에 황금 글씨가 여전히 찬란하네. 일이 떠나면 사람도 떠나야 한다는 것만 알 뿐, 사람이 망하면 나라 또한 망할 줄을 어찌 예상했으랴. 이종(理宗 : 남송 이종 조윤趙昀)이 성공하는 데는 단서가 있었거니와,[51] 정나라 사람이 꿈에 응한 것은 무슨 상서인가.[52] 와룡臥龍은 그가 있는 곳에 머물려 하지 않고, 부질없이 밝은 달빛만 그림 담장에 가득하게 하네[深院無人草已荒, 漆屛金字尙輝煌. 只知事去身宜去, 豈料人亡國亦亡. 理考發身端有自, 鄭人應夢果何祥. 臥龍不肯留渠住, 空使晴光滿畫牆]"라고 하였다. 또 "상황이 곤궁하면 계책도 곤궁한 법, 이번 길은 악주鄂州의 공로에 기대기 어렵네. 목면암木棉庵[53]에는 천 년의 한이 서리고, 추학당秋壑堂[54]에는 한바탕 꿈이 부질없네. 돌계단에 이끼 가득하고 달빛에 원숭이 뛰어놀거늘, 뜰 소나무 잎 떨어지고 새는 바람을 부르네. 나그네 찾거든 서글퍼하지 말고, 오산吳山 쪽 고궁을 바라보거라[事到窮時計亦窮, 此行難倚鄂州功. 木棉庵上千年恨, 秋壑堂中一夢空. 石砌苔稠猿步月, 松庭葉落鳥呼風. 客來未用多惆悵, 試向吳山望故宮]"라고 하였다. 또 「상서루傷西樓」에서는 "단판檀板[55]의 노래 시들고 길에는 꽃이 피었거늘, 담장 넘은 가시덤불

51 이종(理宗)이 …… 있었거니와 : 송 이종은 송 영종(寧宗 : 조광[趙擴])의 먼 당질(堂侄)로, 원래 평민과 다름없는 신분이었지만 당시 권력을 좌지우지하던 사미원(史彌遠)의 특별한 계략에 의해 발탁되어 궁중에 들어온 지 이 년 만에 제위에 올랐다.

52 정나라 …… 상서인가 : 가사도가 어렸을 때 꾼 꿈에서 용을 타고 하늘을 오르다가 어떤 용사로부터 공격을 받아 구덩이에 떨어졌는데 그 용사의 옷 등에 '형양(滎陽)'이라는 글자가 새겨져 있었다. 형양은 바로 정주(鄭州)의 군 이름이다. 이는 술객 부춘자(富春子)가 정씨 성을 가진 사람과 사귀지 말라고 한 것과 일치했다. 이에 의거해 가사도는 일생 동안 정씨 성을 가진 사람을 배척했다.

53 목면암(木棉庵) : 가사도가 순주(循州)로 귀양 가다가 정호신(鄭虎臣)에게 몽둥이로 맞아 죽은 곳이다. 『유세명언(喩世明言)』.

54 추학당(秋壑堂) : 가사도의 서호(西湖) 갈령(葛嶺) 저택에 있었던 건물 이름이다.

처마를 찌르네. 지휘하던 철여의鐵如意[56]를 이미 잃었으니, 하사한 옥벽사玉辟邪[57]가 어찌 남아 있으랴. 무너진 집에 봄이 왔으나 주인 제비 없고, 버려진 연못에 비 내리자 청개구리만 시끄럽네. 목면암 밖에는 수심 더욱 가득하고, 달 없는 캄캄한 밤에 귀신의 수레 소리 들리네[檀板歌殘陌上花, 過牆荊棘刺簷牙. 指揮已失鐵如意, 賜予寧存玉辟邪. 破屋春歸無主燕, 壞池雨產在官蛙. 木棉庵外尤愁絶, 月黑夜深聞鬼車]"라고 하였는데, 어떤 사람이 이에 화답하기를 "영화와 부귀는 물거품과 같은 것, 완력은 국가의 보좌되기 어렵네. 한나라 때는 곽광霍光[58]만 옹립했거니와, 당나라 때는 노기盧杞[59]의 간사함을 누가 알았으랴. 비단은 봄바람에 나비로 변하고, 음악은 밤비에 개구리 소리로 바뀌었네. 장수漳水에서 많은 사람이 죽었다 해도, 하늘에 자운거紫雲車[60]를 끌어오긴 어렵네[榮華富貴等浮花, 膂力難爲國爪牙. 漢世只知光擁立, 唐朝誰識杞奸邪. 綺羅化作春風蝶, 絃管翻成夜雨蛙. 縱有淸漳人百死, 碧天難挽紫雲車]"라고 하였다. 가사도의 행

---

55 단판(檀板) : 옛날에 노래의 박자를 맞추기 위해 두드리던 악기인 가판(歌板) 가운데 박달나무로 만든 것을 일컫는다.

56 철여의(鐵如意) : 쇠로 만든 여의(如意)를 말한다. 여의는 효자손처럼 생긴 불교 용구의 하나로, 뼈, 대나무, 뿔, 쇠 따위로 만든다.

57 옥벽사(玉辟邪) : 일명 남북조 옥벽사이다. 형상을 보면 가느다란 목에 가슴을 내밀고 있으며 몸에는 한 쌍의 날개가 있고 긴 꼬리는 위로 말려 있는데 앞 다리는 쭉 뻗고 있고 뒷다리는 웅크리고 있다. 양 빰 사이에 구멍을 뚫어서 허리에 차고 다녔다.

58 곽광(霍光) : 한 무제의 총애를 받은 명신이다. 무제의 유조(遺詔)를 받고 소제(昭帝)를 보필하면서 대사마(大司馬), 대장군(大將軍)이 되었고 소제가 죽자 창읍왕(昌邑王) 하(賀)를 모셨다가 그를 폐위시키고 다시 선제(宣帝)를 영입하는 등 약 이십 년 동안 국정을 장악했다. 『한서』 권68.

59 노기(盧杞) : 당 덕종(德宗)에게 총애를 받아 문하시랑(門下侍郎), 동중서문하평장사(同中書門下平章事)에 발탁되었던 인물이다. 어질고 유능한 사람을 시기하여 조금이라도 자신의 뜻을 거스르면 사지(死地)로 내몰았다. 양염(楊炎), 두우(杜佑), 안진경(顔眞卿) 등이 그의 모함을 받았다.

60 자운거(紫雲車) : 서왕모가 타는 구름이다. 진(晉)나라 장화(張華)의 『박물지(博物志)』 권8 「사보(史補)」에 다음과 같은 고사가 전한다. 한 무제가 신선술을 좋아했는데 그때 서왕모가 백록(白鹿)을 탄 사자(使者)를 보내 자신의 방문을 예고하였다. 이에 무제가 구화전(九華殿)에서 기다렸더니 7월 7일 밤 7각(刻)에 서왕모가 자운거를 타고 구화전 서쪽에 이르렀다.

동거지에 대해서는 알고들 있을 것이므로 여기에 쓰지 않는다.

秋壑在朝, 有術者言平章不利姓鄭之人, 因此每有此姓爲官者, 多困抑之. 武學生鄭虎臣登科, 輒以罪配之, 後遇赦得還. 秋壑喪師, 陳靜觀諸公欲置之死地, 遂尋其平日極仇者監押. 虎臣遂請身爲之, 乃假以武功大夫, 押其行. 虎臣一路淩辱, 至漳州木棉庵病泄瀉, 踞虎子, 欲絶. 虎臣知其服腦子求死. 乃云 : "好教作只恁地死." 遂趯數下而殂.

가사도가 조정에 있을 때, 어떤 술객術客이 정씨 성을 가진 사람이 그에게 이롭지 못하다고 했다. 그래서 정씨 성을 가진 관리들이 억압 당하는 일이 많았다. 무학武學[61]의 학생 정호신鄭虎臣이 과거에 급제했으나 갑자기 죄를 씌워 유배시켰다. 정호신은 나중에 사면을 받아 돌아왔다. 가사도가 전쟁에서 패하자, 진정관(陳靜觀 : 진의중陳宜中) 등이 그를 없애기 위해 평소 그에게 큰 원한을 가진 사람을 찾아 압송하는 일을 담당하게 하려 했다. 이에 정호신이 나서 자신이 하겠다고 하자, 무공대부武功大夫[62]의 직위를 임시로 주어 압송하게 했다. 정호신이 압송하는 길에서 줄곧 그에게 모욕을 주었는데, 장주漳州 목면암에 이르러서는 가사도가 설사가 나서 변기에 앉아 숨이 멎을 상황까지 갔다. 정호신은 가추학이 뇌자腦子[63]를 먹고 죽으려 한다는 사실을 알고 "이렇게

61 무학(武學) : 송나라 때부터 설치된 기관으로, 병법과 무예 등을 교육했으며 태학(太學)·종학(宗學)과 함께 삼학(三學)이라 불렀다.

62 무공대부(武功大夫) : 송나라 관원 품급(品級)의 명칭이다. 휘종 정화(政和 : 1111~1117) 연간에 무신(武臣)의 품계를 오십삼 개로 정했는데 무공대부는 그중 제27번째 품계였다. 소흥 연간에 무관의 품계를 고쳐서 '대부(大夫)'는 일률적으로 '낭(郎)' 앞에 놓이게 되었으며 무공대부는 제15번째 품계가 되었다.

63 뇌자(腦子) : 용뇌향(龍腦香)을 가리킨다. 명나라 이시진의 『본초강목』 「목일(木一)」 「용뇌향(龍腦香)」에 다음과 같은 구절이 보인다. "송나라 문천상과 가사도는 모두 뇌자를 복용하고 죽으려 했으나 죽지 못했다. 요영중(廖瑩中)만 뜨거운 술로 몇 줌을 복용하

제멋대로 죽게 놔둘 줄 아느냐?"라고 한 뒤 몽둥이로 수차례 내리쳐서 죽였다.

庚申, 履齋吳相循州安置, 以賈似道私憾之故, 未幾除承節郎劉宗申知循州. 劉江湖士, 專以口舌嚇迫當路要人, 貨賄官爵. 士大夫畏其口, 姑厚饋彌縫, 其得官亦由此. 守循之際, 似道欲其殺吳相. 宗申至郡所以捃摭屨齋者, 無所不至. 隨行吏僕, 以次並亡. 或謂置毒所居井中, 故飮水者皆患足軟而死, 履齋亦不免. 似道遭鄭虎臣之辱, 其時趙介如守漳, 賈門下客也. 宴虎臣於公舍,① 介如欲客似道, 似道不可, 以讓虎臣, 口口稱"天使唯謹", 虎臣不答, 似道遂坐於下. 介如察其有殺賈意, 命館人啓鄭, 且以辭挑之. 於時似道衣服飮食皆爲鄭減抑, 介如作錦衣等饋之. 見其行李輜重, 令截寄其處, 伺得命放回日取之. 其館人語鄭云: "天使今日押使至此, 度必無生理, 曷若令速殞, 免受許多苦惱." 鄭卽云: "便是這物事, 受得這苦, 欲死而不死." 未幾遂殞. 趙往哭, 鄭不許. 趙固爭, 鄭怒云: "汝欲檢我邪." 趙云: "汝也直得一檢." 然末如之何. 趙經紀棺殮, 且致祭, 其詞云: "嗚呼! 履齋死循, 死於宗申. 先生死閩, 死於虎臣. 嗚呼!"雲雲, 只此四句. 然哀激之悃, 無往不復之微意, 悉寫其中. 季一山闈爲郡學正, 爲餘道之.

① '公舍'下繆本有'秋壑亦與焉'五字.

경신년(1260)에 이재(履齋: 오잠吳潛) 오吳 정승이 순주循州에 안치安置[64] 되었는데 이는 가사도의 사감私憾 때문이었다. 그리고 얼마 지나지 않

여 아홉 구멍에서 피를 흘리며 죽었다. 이는 뇌자에 독이 있어서가 아니라 뜨거운 술이 그 매운 향을 끌어내어 경락에 넘쳐흐르게 하고 기혈을 들끓고 요동치게 해서 그런 것이다.[宋文天祥賈似道, 皆服腦子求死不得, 惟廖瑩中以熱酒服數握, 九竅流血而死. 此非腦子有毒, 乃熱酒引其辛香, 散溢經絡, 氣血沸亂而然爾.]"

64 안치(安置): 宋時官吏被貶謫, 輕者稱送某州居住, 稍重者稱安置, 更重者稱編管.

아 승절랑承節郎 유종신劉宗申을 순주태수에 임명하였다. 무지하고 거침없는 유종신은 요직에 있는 관리들을 매관매직한다고 협박했다. 이에 그의 입을 두려워한 사대부들은 금품을 주어 입을 막았고 그가 관직을 얻은 것도 이런 이유 때문이었다. 순주태수가 되었을 즈음에 가사도가 오잠을 죽이려 한다는 사실을 안 유종신은 순주에 오자마자 갖은 방법으로 오잠을 옥죄었고 오잠을 수행하던 아전과 종들도 차례로 죽어갔다. 혹자는 오잠이 살고 있는 집 우물에 독을 풀어 그 물을 마신 자들이 다리가 풀려 죽었으며 오잠도 화를 면치 못했다고 했다. 가사도가 정호신에게 욕을 당할 즈음에 조개여趙介如가 장주漳州 태수로 있었는데 조개여는 원래 가사도의 문객門客이었다. 공관에서 정호신에게 연회를 베풀 때 조개여가 가사도를 객으로 대우하려고 하자 가사도가 안 된다며 정호신에게 자리를 양보하고 말끝마다 "천사(天使 : 천자의 사신)께서 신중하십니다"라고 하였다. 하지만 정호신은 대꾸하지 않았고 결국 가사도가 아래쪽에 앉았다. 정호신이 가사도를 죽이려한다는 것을 알아 챈 조개여는 관인(館人 : 공관에서 일하는 사람)을 시켜 정호신에게 뜻을 전하게 하고 자신도 여러 가지 말로 정호신을 달랬다. 가사도의 의복과 음식이 모두 정호신에게 제재 당하자, 비단옷 등을 마련해 전해주기도 했다. 그리고 가사도의 행장과 짐을 보고서는 별도로 자기가 머무는 곳에 맡겨두게 했는데 석방돼 돌아갈 때 가져가게 할 생각이었다. 이때 관인이 정호신에게 "천사께서 오늘 여기로 압송해오셨으니 아마 살 수가 없을 것입니다. 빨리 죽게 해서 수많은 고통을 받는 것을 면하게 하는 것이 낫지 않겠습니까?"라고 하자, 정호신은 바로 "이런 인간은 이런 고통을 당해야 하며 죽고 싶어도 죽어선 안 된다"라고 하였는데 얼마 지나지 않아 결국 가사도가 죽었다. 조개여가 찾아가 애도를 표하려 하자 정호신이 허락하지 않았다. 이에 조개여가 강하게 요구하자, 정호신은 화를 내며 "네가 나를 조사하려고 하느냐?"라고 했고 조개여도 "당신은 조사를 받을 만하오"라고 대꾸했다. 하지만 결국 어떻게 할 수가 없었다. 조개여가 관을 마련해 염을 하고 제사를 지냈는데 그 제문은 "아! 이재(履齋 : 오잠)가 순주에서 죽은 것은 유종신에게 죽임을 당한 것이고, 선생이 민閩에서 돌아가신 것은 정호신에게 죽임을 당한 것이다. 아![嗚呼! 履齋死循, 死於宗申. 先生死閩, 死於虎臣. 嗚呼!]" 라는 네 구뿐이었다. 그러나 차오르는 슬픔 속에서, 간 것은 모두 되돌아온다는 심오한 뜻을 다 드러내고 있다. 군郡의 학정學正으로 있는 일산一山 계천季闈이 나에게 말해주었다.

① 무전손의 『우향영습』본에는 '公舍' 아래에 '秋壑亦與焉' 다섯 자가 있다.

似道敗後, 有題其養樂園曰 : "老壑曾居葛嶺西, 遊人誰敢問蘇堤. 勢將覆餗不回首, 事到出師方噬臍. 廢圃久無人作主, 敗垣惟有客留題. 算來只有孤山耐, 依舊梅花片月低." 養樂者, 以其奉母而樂也. 其賜第正在蘇堤·葛嶺·孤山之近, 遊人常盛. 自賈據此, 有遊騎過其門, 必爲偵事者察報, 每爲所羅織, 有官者被黜, 有財者被禍, 逮世變而後已. 有人題葛嶺二詩云 : "當年誰敢此經過, 相國門前衛士多. 諸葛功名猶未滿, 周公事業竟如何. 雕梁雨蠹藏狐鼠, 花礎雲蒸長薜蘿. 萬死莫酬亡國恨, 空留遺跡在山阿." 又"樓臺突兀妓成圍, 正是襄·樊失援時. 王氣暗隨檀板歇, 江聲流入玉簫悲. 姓名不在功臣傳, 家廟徒存御賜碑. 誤國誤民還自誤, 滿庭秋草露垂垂."

가사도가 실패한 뒤 어떤 사람이 그의 양락원養樂園에 대해 시를 썼다. "늙은 가추학이 일찍이 갈령葛嶺 서쪽에 살 때, 어느 유람객이 감히 소제蘇堤[65]를 물을 수 있었으랴. 형세가 기울려고 하는데도 뒤돌아보지 않다가, 출병이 되고서야 크게 후회했네. 황폐한 정원은 오랫동안 주

65 소제(蘇堤) : 송나라 소식이 항주지사(杭州知事)일 때 서호에 쌓은 제방으로, 소공제(蘇公堤)라고도 한다.

인이 없고, 무너진 담장에만 나그네가 시를 남겼네. 가만히 보니 고산孤山[66]만 홀로 서있고, 매화만 조각달 아래 가만히 피었네.[老壑曾居葛嶺西, 遊人誰敢問蘇堤. 勢將覆餗不回首, 事到出師方噬臍. 廢圃久無人作主, 敗垣惟有客留題. 算來只有孤山耐, 依舊梅花片月低.]" 양락養樂이란 어머니를 즐겁게 봉양한다는 뜻이다. 그의 사제賜第[67]는 바로 소제, 갈령,[68] 고산 근처에 있어서 유람객이 성황을 이루는 곳이었다. 가사도가 이곳을 차지한 후로는 말을 탄 유람객이 그 집을 찾기만 하면 반드시 정탐자의 사찰을 받아 곧잘 법망에 걸려들었다. 그래서 관직이 있는 자는 관직에서 쫓겨나고, 재산이 있는 자는 재앙을 당했는데 세상이 변한 뒤에야 그런 일이 멈췄다. 어떤 사람이 「갈령葛嶺」이라는 두 편의 시를 남겼다. "그가 살던 때에 누가 감히 이곳을 지났으랴, 재상의 문 앞에는 호위병이 많았다. 제갈량의 공명도 만족하지 않았거니와, 주공周公의 사업이 얼마나 대단하랴 했다. 화려한 들보에 비 들이쳐 좀먹으니 여우와 쥐가 살고, 꽃 새긴 주춧돌에 구름 자욱하며 쑥과 미나리 자라누나. 만 번 죽어도 망국의 한을 갚을 수 없는 터, 유적만 산기슭에 부질없이 남았구나.[當年誰敢此經過, 相國門前衛士多. 諸葛功名猶未滿, 周公事業竟如何. 雕梁雨蠹藏狐鼠, 花礎雲蒸長薛蘿. 萬死莫酬亡國恨, 空留遺跡在山阿]" "우뚝 솟은 누대에 기녀들이 에워싸고 있을 때, 양양襄陽과 번성樊城에서 지원을 받지 못했네. 왕의 기운은 단판檀板을 따라 조용히 멈추고, 강물은 옥피리 소리 따라 슬프게 흐르네. 이름은 공신전功臣傳에 들어가지 못하고,[69] 가묘家廟에는 덩그러니 어사비御賜碑만 남아 있네. 나라 그르치고 백성

---

66 고산(孤山) : 항주 서호 북쪽에 있는 작은 산이다.

67 사제(賜第) : 상으로 하사받은 저택을 말한다.

68 갈령(葛嶺) : 도교의 명산승지(名山勝地)로, 절강성 항주시 서호의 북쪽, 보석산(寶石山)의 서쪽에 위치해 있다.

69 이름은 …… 못하고 : 가사도가 『송사』의 「공신전(功臣傳)」에 들어가지 못하고 「간신전(姦臣傳)」에 들어갔다는 말이다. 가사도는 「간신전」의 맨 마지막에 만사리(萬俟卨)·한탁주(韓侂胄)·정대전(丁大全)과 함께 실려 있다. 『송사』 「열전」 「간신(姦臣) 4」.

그르치고 자신 또한 그르쳐, 마당 가득 가을 풀에 이슬방울 맺혔네.[樓臺突兀妓成圍, 正是襄·樊失援時. 王氣暗隨檀板歇, 江聲流入玉簫悲. 姓名不在功臣傳, 家廟徒存御賜碑. 誤國誤民還自誤, 滿庭秋草露垂垂.]”

『시법가수詩法家數』

원元 양재楊載

양재楊載, 『시법가수詩法家數』 해제

양재(1271~1323)는 자가 중홍仲弘이며 포성蒲城 사람이고 나중에 항주로 이주했다. 사십 세가 되어서도 벼슬을 얻지 못하다가 호부戶部 가국영賈國英의 추천으로 한림국사원翰林國史院 편수관이 되어 『무종실록武宗實錄』 편찬에 참여했다. 그러다가 연우延祐 2년(1314)에 등과하여 유림랑儒林郎 등을 지냈다. 시문에 뛰어났던 그를 『원사元史』에서는 "오흥吳興 조맹부趙孟頫가 한림翰林에 있을 때 양재가 지은 글을 보고 대단한 호평을 하면서, 양재의 문명이 서울에 널리 알려졌고, 그의 작품을 외우는 사람이 많았다. 그의 문장은 한결같이 기氣를 위주로 했는데 범위가 넓으면서도 예민하고 거리낌 없이 솔직하여 스스로 일가를 이루었다. …… 그의 시가 출현하면서 송말의 누추한 시풍을 일신했다[初, 吳興趙孟頫在翰林, 得載所爲文, 極推重之. 由是載之文名, 隱然動京師. 凡所撰述, 人多傳誦之. 其文章一以氣爲主, 博而敏, 直而不肆, 自成一家言 …… 自其詩出, 一洗宋季之陋]"라고 기록하였다. 그는 우집虞集, 게혜사揭傒斯, 범팽范梈과 함께 '원시사대가元詩四大家'로 불렸다. 저서로 『양중홍집楊仲弘集』과, 시 작법을 탐구한 『시법가수』를 남겼다.

『시법가수』는 아주 뛰어난 시화 저작은 아니지만 당나라 시인들의 시격詩格, 시식詩式, 시례詩例의 창작 풍격을 전승해 송대 시화의 한담식 수필체의 한계를 벗어났다. 계승과 창작 등에 관한 관점도 취할 점이 없지 않다고 평가된다. 안의 내용을 보면 '시학정원詩學正源', '작시준승作詩準繩', '율시요구律詩要求', '총론' 등의 몇 부분으로 나뉜다. 시를 논하면서 특히 전대의 우수한 전통을 배우고 계승하는 것을 강조하여 "시에 뜻을 두고 있는 사람이 있다면 먼저 한나라, 위나라, 성당 때의 여러 시들에 끊임없이 침잠하고 읊어서 그 시어를 숙지하고 그 내용을 깊이 연구한 다음, 다시 시를 잘 아는 식자를 찾아가 강구해서 밝혀야 한다[倘有志乎詩, 須先將漢魏盛唐諸詩, 日夕沉潛諷詠, 熟其詞, 究其旨, 則又訪諸善詩之士, 以講明之]"라고 하였다. 그러나 학습과 계승은 결코 '답습'이 아니라 '창신創新'을 위한 것이다. 양재는 별도로 "지저분하고 혼탁하여 청신하지 않은 것[陳爛不新]"과 "남의 것을 본뜨고 자기 언어를 구사할 줄 모르는 것[蹈襲不識使]"을 시의 십계十戒 안에 열거하였다. 그리고 "남들이 흔히 하는 말을 나는 적게 말하고 남들이 어렵게 하는 말을 나는 쉽게 말하면 저절로 속되지 않게 된다[人所多言, 我寡言之, 人所難言, 我易言之, 則自不俗]"라고 힘껏 주장하였다.

양재는 시의 표현법에 관해서는 '육의六義'의 부賦, 비比, 흥興을 '시의 법칙(詩之法)'으로 명확히 규정하고 그것을 "시학의 바른 원천이자 법도의 준칙[詩學之正源, 法度之準則]"이라는 높은 위치까지 끌어올렸다. 그러면서 "시에는 육의六義가 있지만 실제로는 3체體이다. 풍, 아, 송은 시의 체이고 부, 비, 흥은 시의 법칙이다[詩之六義, 而實則三體. 風雅頌者, 詩之體, 賦比興者, 詩之法]"라고 했으며 "시를 지어 그 내용을 다 갖추게 된다면 고인의 경지에 이르는 것이 어렵지 않다[凡有所作, 而能備盡其義, 則古人不難到矣]"고 인식했다. 아울러 시 예술의 특성과 관련하여 부, 비, 흥 중에서 특히 비와 흥을 중시하여, "만약 사실을 곧바로 서술하여 여유로운 아취와 침착하고 분명한 효과 없이 있는 그대로 읊고 만다면 무엇을 취할 것이 있겠는가?[若直賦其事, 而無優遊不迫之趣, 沉著痛快之功, 首尾率直而已, 夫何取焉?]"라고 하였다.

'시학준승' 부분에서 양재는 구체적인 시작법을 거론하기도 한다. 시 창작에서의 입의立意, 연구練句, 조탁, 사경寫景, 사의寫意, 서사書事, 용사用事, 압운, 하자下字 등의 요령을 나눠 서술하였다. 그리고 다른 부분에서는 한 걸음 더 나아가 율시, 고시, 다양한 제재를 가진 시들의 '요법要法'을 차례로 언급한다. 그중에는 형식과 기교에 치중하고 전인들의 말을 그대로 이어받은 것들도 많다. 그러나 "시를 지을 때는 정대하고 웅장하여 순전히 나라를 염두에 두어야 한다. 자신의 부를 자랑하고 귀함을 뽐내고 망자만 슬퍼하고 불우함만 애도하는 사람은 시인 가운데 하품이다[作詩要正大雄壯, 純爲國事. 誇富耀貴傷亡悼屈一身者, 詩人下品]", "시어는 함축을 중시한다. 말이 끝나도 여운이 끝없이 이어지는 것이 최고의 시어이다[語貴含蓄, 言有盡而意無窮者, 天下之至言也]" 같은 주장과, "시는 고심해서 지어야 하니 시가 뛰어나지 않은 것은 정밀하게 생각하지 않아서이다[詩要苦思, 詩之不工, 只是不精思耳]"라는 지적, 그리고 율시를 지을 때 파제破題는 "아주 독특하고 고상하고 심원해야 하는데 마치 광풍이 휘몰아쳐 하늘까지 닿을 듯해야 하며[要突兀高遠, 如狂風卷浪, 勢欲滔天]", 결구는 "마치 섬계剡溪의 배가 자유로이 오가는 것처럼 말은 끝나도 여운은 끝이 없어야 한다[如剡溪之棹, 自去自回, 言有盡而意無窮]"는 등의 견해는 다 양재의 창작 경험과 인식을 포함하고 있다. 이런 내용은 처음 시를 배우는 창작자들에게 여러 모로 도움이 되었다. 그런데 『사고전서총목제요』에서는 이 시화에 대해 "논의가 대부분 평범하고 피상적이며 예들은 더욱 잡스럽다[論多庸膚, 例尤猥雜]"고 평하였다.

『시법가수』는 본래 『격치총서格致叢書』, 『시학지남詩學指南』, 『담예주총談藝珠叢』에 수록되었으며 현재는 『역대시화』본이 남아 있다.

시법가수詩法家數

원元 양재楊載

夫詩之爲法也, 有其說焉. 賦・比・興者, 皆詩製作之法也. 然有賦起, 有比起, 有興起, 有主意在上一句, 下則貼承一句, 而後方發出其意者, 有雙起兩句, 而分作兩股以發其意者, 有一意作出者, 有前六句俱若散緩, 而收拾在後兩句者. 詩之爲體有六 : 曰雄渾, 曰悲壯, 曰平淡, 曰蒼古, 曰沉著痛快, 曰優遊不迫. 詩之忌有四 : 曰俗意, 曰俗字, 曰俗語, 曰俗韻. 詩之戒有十 : 曰不可硬礙人口, 曰陳爛不新, 曰差錯不貫串, 曰直置不宛轉, 曰妄誕事不實, 曰綺靡不典重, 曰蹈襲不識使, 曰穢濁不清新, 曰砌合不純粹, 曰俳徊而劣弱. 詩之爲難有十 : 曰造理, 曰精神, 曰高古, 曰風流, 曰典麗, 曰質幹, 曰體裁, 曰勁健, 曰耿介, 曰淒切. 大抵詩之作法有八 : 曰起句要高遠, 曰結句要不著跡, 曰承句要穩健, 曰下字要有金石聲, 曰上下相生, 曰首尾相應, 曰轉搯要不著力, 曰占地步, 蓋首兩句先須闊占地步, 然後六句若有本之泉, 源源而來矣. 地步一狹, 譬猶無根之潦, 可立而竭也. 今之學者, 倘有志乎詩, 須先將漢・魏・

盛唐諸詩, 日夕沉潛諷詠, 熟其詞, 究其旨, 則又訪諸善詩之士, 以講明之. 若今人之治經, 日就月將, 而自然有得, 則取之左右逢其源. 苟爲不然, 我見其能詩者鮮矣! 是猶孩提之童, 未能行者而欲行, 鮮不仆也. 余于詩之一事, 用工凡二十餘年, 乃能會諸法, 而得其一二, 然於盛唐大家數, 抑亦未敢望其有所似焉.

시의 법칙에 대해 전해오는 설이 있다. 부賦, 비比, 흥興은 모두 시를 짓는 법이다. 그러나 부로 시작하는 것이 있고, 비로 시작하는 것이 있고, 흥으로 시작하는 것이 있다. 그 밖에 주된 뜻이 위 구에 있고 그 아래는 한 구를 이어 붙인 뒤 비로소 그 주제를 드러내는 것도 있으며, 두 구를 한 쌍으로 시작하여 두 갈래로 나눠서 그 주제를 드러내는 것도 있고, 하나의 내용으로 이루어진 것이 있는가 하면, 앞 여섯 구는 모두 느슨하게 풀어져 있다가 마지막 두 구에서 수습하는 것도 있다. 시의 체體에는 여섯 가지가 있으니, 웅혼雄渾, 비장悲壯, 평담平淡, 창고蒼古, 침착하고 분명함, 서두르지 않는 여유이다. 시에서 꺼리는 것은 네 가지가 있으니 속의俗意, 속자俗字, 속어俗語, 속운俗韻이다. 시에서 경계하는 것은 열 가지가 있으니 읽을 때 딱딱한 것, 진부하여 신선하지 않은 것, 앞뒤가 어긋나 일관되지 않은 것, 바로 서술하여 완곡하게 전환하지 않는 것, 허황된 걸 일삼아 사실에서 벗어난 것, 화려함에 묻혀 전아, 진중하지 않은 것, 남의 것을 본뜨고 자기 언어를 구사할 줄 모르는 것, 지저분하고 혼탁하여 청신하지 않은 것, 뒤섞여 순수하지 않은 것, 주변만 배회하며 열약하고 나약한 것이다. 시에서 어려운 것은 열 가지가 있으니 조리造理, 정신精神, 고고高古, 풍류風流, 전려典麗, 질간質幹, 체재體裁, 경건勁健, 경개耿介, 처절淒切이다. 시의 작법作法에는 여덟 가지가 있으니 기구起句는 고상하고 원대하게 할 것, 결구結句는 자취가 드러나지 않게 할 것, 승구(承句 : 잇는 구)는 온건하게 할 것, 글자를 사용할 때 금석金石 소리가 나게 할 것, 위 구와 아래 구가 상생하게 할 것, 수미가 상응하게 할 것, 전환할 때 힘을 들이지 말 것, 공간을 확보하는 것 등인데 처음 두 구가 반드시 먼저 공간을 확보해야만 나머지 여섯 구가 근원이 있는 샘물처럼 끊임없이 흘러나오게 된다. 공간이 좁아지면 근원 없는 길바닥 물 같아서 바로 마르게 된다. 오늘날 학자들 가운데 시에 뜻을 두고 있는 사람이 있다면 먼저 한나라, 위나라, 성당 때의 여러 시들에 끊임없이 침잠하고 읊어서 그 시어를 숙지하고 그 내용을 깊이 연구한 다음, 다시 시를 잘 아는 식자를 찾아가 강구해서 밝혀야 한다. 이는 마치 지금 사람들이 경전을 공부할 때 일취월장하여 자연히 터득한 것이 있게 되면 지극히 가까운 곳에서도 그 근원을 만날 수 있는 것과 같다. 그렇게 하지 않고 시에 능한 사람을 나는 별로 본 적이 없다. 이것은 어린아이가 걷지도 못하면서 걸으려고 할 때 넘어지지 않을 확률이 드문 것과 같은 것이다. 나는 시에 대해 이십여 년을 공부하면서 여러 법을 취합하여 그 가운데 한두 가지를 터득했지만 성당의 대가들과 비교하면 감히 그 근처에도 다가갈 수 없다.

詩學正源 시학정원

風雅頌賦比興 풍아송비부흥

詩之六義, 而實則三體. 風・雅・頌者, 詩之體, 賦・比・興者, 詩之法. 故賦・比・興者, 又所以製作乎風・雅・頌者也. 凡詩中有賦起, 有比起, 有興起, 然『風』之中有賦・比・興, 『雅』・『頌』之中亦有賦・比・興, 此詩學之正源, 法度之準則. 凡有所作, 而能備盡其義, 則古人不難到矣. 若直賦其事, 而無優遊不迫之趣, 沉著痛快之功, 首尾率直而已, 夫何取焉?

시에는 육의六義가 있지만 실제로는 삼 체體이다. 풍, 아, 송은 시의 체이고 부, 비, 흥은 시의 법칙이다. 따라서 부, 비, 흥은 또 풍, 아, 송을 짓는 방법인 것이다. 대체로 시에는 부로 시작하는 것이 있고, 비로 시작하는 것이 있고, 흥으로 시작하는 것이 있다. 그러나 풍 안에도 부와 비와 흥이 있고 아와 송 안에도 부와 비와 흥이 있으니 이것이 시학의 바른 근원이고 법도의 준칙이다. 시를 지어 육의六義를 다 갖추게 된다면 고인의 경지에 이르는 것이 어렵지 않다. 만약 사실을 곧바로 서술하여 여유로운 아취와 침착하고 분명한 효과 없이 있는 그대로 읊고 만다면 무엇을 취할 것이 있겠는가.

作詩準繩작시준승

立意주제 설정

要高古渾厚, 有氣槪, 要沉著. 忌卑弱淺陋.

고고高古하고 혼후해야 하고 기개가 있어야 하고 침착해야 한다. 비루하고 나약하고 누추함을 피해야 한다.

鍊句 구의 연마

要雄偉清健, 有金石聲.

웅장하고 건사하고 청아하고 건장해야 하며 금석金石의 소리가 들어 있어야 한다.

琢對 대구 조탁

要寧粗毋弱, 寧拙毋巧, 寧樸毋華. 忌俗野.

거칠지언정 나약하지 말아야 하고, 옹졸할지언정 기교부리지 말아야 하고, 투박할지언정 화려하지 말아야 한다. 저속함을 피해야 한다.

寫景 외경 묘사

景中含意, 事中瞰景, 要細密清淡. 忌庸腐雕巧.

외경 안에 내용을 담고 서사에서 외경을 들여다 볼 때 세밀하고 맑고 담백해야 한다. 평범하고 진부하고 기교 부리는 것을 피해야 한다.

寫意 내용 묘사

要意中帶景, 議論發明.

내용 안에 외경이 뒤따르고 이야기가 드러나야 한다.

書事사실의 서술

大而國事, 小而家事, 身事, 心事.

크게는 나라의 이야기, 작게는 집안 이야기, 자신의 이야기와 마음의 이야기이다.

用事고사 인용

陳古諷今, 因彼證此, 不可著跡, 只使影子可也. 雖死事亦當活用.

옛일을 거론하여 오늘을 풍자하고 이것을 통해 저것을 증명할 때는 자취를 드러내서는 안 되고 그림자만 약간 비출 정도여야 한다. 오래된 일이라도 활용할 만하다.

押韻압운

押韻穩健, 則一句有精神, 如柱礎欲其堅牢也.

압운이 온건穩健하면 구에 정신이 깃들게 되니 주춧돌처럼 견고해야 한다.

下字글자의 사용

或在腰, 或在膝, 在足, 最要精思, 宜的當.

허리에 있을 수도 있고, 무릎에 있을 수도 있고, 발에 있을 수도 있는데 정밀하게 생각하고 알맞게 적용하는 것이 가장 중요하다.

律詩要法율시요법

起기 承승 轉전 合합

破題파제

或對景興起, 或比起, 或引事起, 或就題起. 要突兀高遠, 如狂風卷浪, 勢欲滔天.

외경을 대하여 흥興으로 시작하기도 하고, 비比로 시작하기도 하고, 어떤 일로 인해 시작하기도 하고, 특정한 제목으로 시작하기도 한다. 아주 독특하고 고상하고 심원해야 하는데 마치 광풍이 휘몰아쳐 하늘까지 닿을 듯해야 한다.

頷聯함련

或寫意, 或寫景, 或書事, 用事引證. 此聯要接破題, 要如驪龍之珠,抱而不脫.

내용을 피력하거나, 외경을 묘사하거나, 사실을 기술하거나, 고사를 인용해 증거를 제시해야 한다. 이 연은 파제와 접속돼야 하는데 마치 흑룡의 여의주처럼 끌어안고 벗어나지 않게 해야 한다.

頸聯경련

或寫意, 寫景, 書事, 用事引證, 與前聯之意相應相避. 要變化, 如疾雷破山, 觀者驚愕.

내용을 피력하거나, 외경을 묘사하거나, 사실을 기술하거나, 고사를 인용해 증거를 제시해야 하는데 앞 연의 내용과 서로 호응하면서도 서로 피해야 한다. 변화를 보여야 하는데 마치 세찬 우레가 산을 깨뜨려 보는 자가 경악하는 것처럼 해야 한다.

結句결구

或就題結, 或開一步, 或繳前聯之意, 或用事, 必放一句作散場, 如剡溪之棹, 自去自回, 言有盡而意無窮.

제목을 가지고 끝맺기도 하고, 다른 길을 새로 열기도 하고, 앞 연의 뜻을 잇기도 하고, 고사를 인용하기도 한다. 그런데 반드시 종결을 짓는 한 구를 구사해야 하니 마치 섬계剡溪의 배가 자유로이 오가는 것[1]

1 섬계(剡溪)의 …… 것 : 진나라 왕희지의 장남 왕휘지가 산음(山陰)에 살면서 눈 내리는 밤에 불현듯 섬계에 있는 벗 대안도가 생각나서 작은 배를 타고 찾아갔다가, 정작 그 곳에 도착해서는 문 앞에서 다시 돌아왔다. 그 까닭을 물었더니, "흥이 일어 갔다가 흥이

처럼 말은 끝나도 여운은 끝이 없어야 한다.

七言칠언

聲響, 雄渾, 鏗鏘, 偉健, 高遠.

소리 울림이 있고, 웅혼하고, 화음이 있고, 위대, 건장하고, 고상, 심원해야 한다.

五言오언

沉靜, 深遠, 細嫩.

조용하면서도 차분하고, 심원하고, 세심하고 부드러워야 한다.

五言七言, 語句雖殊, 法律則一. 起句尤難, 起句先須闊占地步, 要高遠, 不可苟且. 中間兩聯, 句法或四字截, 或兩字截, 須要血脈貫通, 音韻相應, 對偶相停, 上下匀稱. 有兩句共一意者, 有各意者. 若上聯已共意, 則下聯須各意, 前聯旣詠狀, 後聯須說人事. 兩聯最忌同律. 頸聯轉意要變化, 須多下實字. 字實則自然響亮, 而句法健. 其尾聯要能開一步, 別運生意結之, 然亦有合起意者, 亦妙.

오언과 칠언은 어구는 다르지만 법칙은 같다. 기구가 특히 어려운데, 기구는 먼저 공간을 충분히 확보해야 하고 고상하고 심원해야 하

사라져 돌아왔으니 대안도를 보아 무엇하겠는가"라고 하였다. 『세설신어』「임탄」.

며 구차해선 안 된다. 중간의 두 연은 구법이 네 자로 끊을 수도 있고 두 자로 끊을 수도 있지만 반드시 흐름이 이어져야 하고, 음운이 상응해야 하고, 대우가 균등해야 하고, 상하가 잘 어울려야 한다. 두 구가 내용을 동일하게 끌고 갈 수도 있고, 각기 다른 내용으로 갈 수도 있다. 위 연이 동일한 내용으로 갔다면 아래 연은 반드시 각각의 뜻으로 가야하고, 앞 연이 형상을 묘사했다면 뒤 연은 반드시 인사를 거론해야 한다. 두 연이 같은 흐름으로 가는 것은 절대 피해야 한다. 경련은 내용을 전환시켜 변화를 주어야 하므로 실자實字[2]를 많이 사용해야 한다. 글자가 실實하면 자연히 울림이 맑고 구법이 건장하다. 미련尾聯은 별도의 장을 열어 별도의 내용으로 끝맺어야 하지만 기구의 내용과 부합시키는 것도 오묘하다.

詩句中有字眼, 兩眼者妙, 三眼者非. 且二聯用連綿字, 不可一般. 中腰虛活字, 亦須回避. 五言字眼多在第三, 或第二字, 或第四字, 或第五字.

시구 안에는 자안字眼[3]이 있는데, 자안이 두 개이면 절묘하지만 세 개인 것은 문제이다. 또 두 연에 연면자連綿字[4]를 사용할 때 똑같아서는 안 된다. 중간 허리에 허활자虛活字를 쓰는 것도 반드시 피해야 한다. 오언시의 자안은 대부분 세 번째나 두 번째, 또는 네 번째나 다섯 번째 글자에 있다.

---

2 실자(實字) : 지금의 '실사(實詞)'와 유사한 말로, 실제 의미를 내포하고 있는 사어(詞語)이다. 일반적으로 명사, 동사, 형용사, 수사, 양사(量詞), 대사(代詞), 부사를 가리킨다. 상반되는 용어는 허자(虛字)다.

3 자안(字眼) : 시문에서 중요하고 관건이 되는 문자이다.

4 연면자(連綿字) : 두 개의 음절이 연결되어 의미를 이루어서 분리할 수 없는 말을 가리킨다. 쌍성첩운(雙聲疊韻)과 관계가 있는 영롱(玲瓏) · 배회(徘徊) · 참차(參差)와 같은 것들이나, 쌍성첩운과 관계가 없는 오공(蜈蚣) · 축리(妯娌)와 같은 것들이나, 동음(同音)이 중복되는 총총(匆匆) · 진진(津津)과 같은 것들이 있다.

자안이 세 번째 글자에 있는 경우

鼓角悲荒塞, 星河落曉山. 江蓮搖白羽, 天棘蔓青絲. 竹光團野色, 舍影漾江流.

"뿔피리 소리에 황량한 변방이 슬프고, 은하는 새벽 산에 떨어진다."[5] "강 연꽃은 흰 깃을 흔들고, 천극(天棘 : 천문동天門冬)은 푸른 실을 뻗었다."[6] "대 빛은 들판의 빛을 모으고, 집 그림자는 강물에 일렁인다."[7]

자안이 두 번째 글자에 있는 경우

屛開金孔雀, 褥隱繡芙蓉. 碧知湖外草, 紅見海東雲. 坐對賢人酒, 門聽長者車.

"병풍에 황금 공작이 나래 펼치고, 요에는 수놓은 연꽃이 은은하다."[8] "푸른 것이 호수 밖 풀인 걸 알겠고, 붉은 것은 바다 동쪽 구름이네."[9] "앉아서 현인의 술을 대하고, 문에서 장자長者의 수레 소리를 듣네."[10]

자안이 다섯 번째 글자에 있는 경우

兩行秦樹直, 萬點蜀山尖. 香霧雲鬟濕, 淸輝玉臂寒. 市橋官柳細, 江

5 두보, 「장효(將曉)」 2수 중 제1수.
6 두보, 「이상인모재(已上人茅齋)」.
7 두보, 「병적(屛跡)」 3수 중 제2수.
8 두보, 「이감댁(李監宅)」.
9 두보, 「청(晴)」 2수 중 제1수.
10 두보, 「대우서회주요허십일부공(對雨書懷走邀許十一簿公)」.

路野梅香.

"길 양쪽에 진秦나라 나무가 곧고, 수많은 촉나라 산이 뾰족하네."[11] "향기로운 안개에 구름 같은 머리가 젖고, 맑은 달빛에 옥 같은 팔이 시리네."[12] "저자 다리에 관청 버들이 휘늘어지고, 강변길에 들매화가 향기롭네."[13]

자안이 두 번째 글자와 다섯 번째 글자에 있는 경우

地坼江帆隱, 天清木葉聞. 野潤煙光薄, 沙暄日色遲. 楚設關河險, 吳呑水府寬.

"땅 열리며 강 위 배가 숨고, 하늘 맑으며 나뭇잎 지는 소리 들리네."[14] "들판이 젖어 안개 빛이 엷고, 모래 따스하며 해가 더디 흐르네."[15] "초나라는 험한 관하(關河 : 변방 요새)를 설치하고, 오나라는 넓은 수부水府를 삼켰네."[16]

杜詩法多在首聯兩句, 上句爲頷聯之主, 下句爲頸聯之主.

두보의 시 법칙은 대부분 수련首聯 두 구에 있는데, 위 구는 함련의 주가 되고, 아래 구는 경련의 주가 된다.

11 두보, 「송장이십참군부촉주인정양오시어(送張二十參軍赴蜀州因呈楊五侍御)」.
12 두보, 「월야(月夜)」.
13 두보, 「서교(西郊)」.
14 두보, 「효망(曉望)」.
15 두보, 「후유(後遊)」.
16 두보, 「기차(寄此)」 2수 중 제1수.

七言律難於五言律, 七言下字較粗實, 五言下字較細嫩. 七言若可截作五言, 便不成詩, 須字字去不得方是. 所以句要藏字, 字要藏意, 如聯珠不斷, 方妙.

칠언율시는 오언율시보다 어려운데 칠언은 글자를 쓸 때 비교적 선이 굵고 사실적이며 오언은 글자를 쓸 때 비교적 세밀하고 여리다. 칠언을 잘라서 오언으로 만들 수 있는 것은 제대로 된 시가 아니니 반드시 글자 하나하나를 버릴 수 없는 것이 돼야 비로소 바른 것이 된다. 그래서 구는 그 속에 글자를 담고 있어야 하고 글자는 그 속에 내용을 담고 있어야 하니 마치 구슬이 단절 없이 연결된 것처럼 해야만 오묘해진다.

古詩要法고시요법

凡作古詩, 體格・句法俱要蒼古. 且先立大意, 鋪敍旣定, 然後下筆, 則文脈貫通, 意無斷續, 整然可觀.

고시를 지을 때는 체격體格과 구법이 모두 힘차고 고졸해야 한다. 그리고 대 주제를 먼저 설정하고 포치를 확정한 다음에 글을 쓰게 되면 문맥이 연결되고 내용의 단절이 없어서 정연하여 볼만하다.

五言古詩오언고시

五言古詩, 或興起, 或比起, 或賦起. 須要寓意深遠, 托詞溫厚, 反復優遊, 雍容不迫. 或感古懷今, 或懷人傷己, 或瀟灑閒適. 寫景要雅淡, 推人心之至情, 寫感慨之微意, 悲懽含蓄而不傷, 美刺婉曲而不露, 要有『三百篇』之遺意方是. 觀魏・漢古詩, 藹然有感動人處, 如『古詩十九首』, 皆當熟讀玩味, 自見其趣.

오언고시는 흥으로 시작하기도 하고, 비로 시작하기도 하고, 부로 시작하기도 하는데 담은 뜻이 심원하고, 가탁한 표현이 온후하고, 반복해서 여유로워야 하고, 차분하고 서두르지 않아야 한다. 옛일을 감상하며 오늘을 돌아보기도 하고, 다른 사람을 그리며 스스로 슬퍼하기도 하고, 탁 트이고 여유로워야 한다. 외경을 묘사할 때는 고아하고 담백하여 사람의 극진한 정을 유추해내고 미묘한 감개를 그려내야 하며, 슬픔과 기쁨이 온축돼 감정이 상하지 않아야 하고 찬미와 풍자가 완곡하여 드러나지 않는 등 『시경』에 담긴 뜻이 들어있어야만 한다. 위나라와 한나라의 고시를 보면 꿈틀대듯 사람을 감동시키니 『고시십구수』 등을 충분히 읽고 감상하면 그 의취를 저절로 맛보게 될 것이다.

七言古詩칠언고시

七言古詩, 要鋪敍, 要有開合, 有風度, 要迢遞險怪, 雄俊鏗鏘, 忌庸俗軟腐. 須是波瀾開合, 如江海之波, 一波未平, 一波復起. 又如兵家之陣, 方以爲正, 又復爲奇, 方以爲奇, 忽復是正, 出入變化, 不可紀極. 備此法者, 惟李・杜也.

칠언고시는 포치와 서술이 있어야 하고, 개폐와 기풍이 있어야 하고, 곡절과 기괴, 웅장과 조화가 있어야 하고, 저속함과 나약함, 진부함을 피해야 한다. 반드시 파란波瀾이 이루어져서 강과 바다의 물결처럼 한 물결이 가라앉기 전에 다른 물결이 다시 일어나는 것처럼 해야 한다. 또 전장의 진陣처럼 정법으로 대응하다 다시 변법으로 바꾸고 변법으로 대응하다 갑자기 정법으로 바꾸어서 출입과 변화가 끝이 없어야 한다. 이 법을 갖춘 사람은 오직 이백과 두보뿐이다.

絶句 절구

絶句之法, 要婉曲回環, 删蕪就簡, 句絶而意不絶, 多以第三句爲主, 而第四句發之. 有實接, 有虛接, 承接之間, 開與合相關, 反與正相依, 順與逆相應, 一呼一吸, 宮商自諧. 大抵起承二句固難, 然不過平直敍起爲佳, 從容承之爲是. 至如宛轉變化工夫, 全在第三句, 若於此轉變得好, 則第四句如順流之舟矣.

절구의 법은 완곡婉曲하고 순환하며, 번잡한 것을 버리고서 간략한 데로 나아가야 하고, 구는 끊어져도 내용은 끊어지지 않아야 하는데 대부분 제3구를 중심으로 삼고 제4구에서 이를 발휘한다. 실제의 접속(實接)이 있고 허환의 접속(虛接)이 있는데 위 구와 아래 구가 연결될 때 개開와 합合이 서로 관련되고, 반反과 정正이 서로 의지하고, 순順과 역逆이 서로 호응하면 한 번 내쉬고 한 번 들이마시게 돼 음률이 저절로 조화를 이룬다. 기起와 승承 두 구가 본디 어렵지만 평이하게 바로 서술하는 것으로 시작(起)하는 것이 좋고 자연스레 계승(承)하는 것이 바른 것이다. 그리고 완곡하게 전환하고 변화하는 공부는 제3구에 달려 있으니 여기에서 전환과 변화가 잘 이루어지면 제4구는 순풍에 돛을 단 배와 같게 된다.

榮遇 영광과 조우

榮遇之詩, 要富貴尊嚴, 典雅溫厚. 寫意要閒雅, 美麗淸細. 如王維·賈至諸公「早朝」之作, 氣格雄深, 句意嚴整, 如宮商迭奏, 音韻鏗鏘, 眞麟游靈沼, 鳳鳴朝陽也. 學者熟之, 可以一洗寒陋. 後來諸公應詔之作, 多用此體, 然多志驕氣盈. 處富貴而不失其正者, 幾希矣. 此又不可不知.

영광과 현달을 묘사하는 시는 부귀와 존엄, 전아함과 온후함이 들어 있어야 한다. 내용을 그릴 때는 한적하고 고아하며 미려하고 맑고 세밀해야 한다. 왕유와 가지賈至 등의 「조조早朝」를 재제로 한 작품은 기운과 격이 웅장, 심오하고 구의 내용이 엄정하여 궁상宮商이 잘 어울려서 음운이 조화를 이룬 듯하니 참으로 기린이 영소靈沼에서 놀고 봉황이 조양朝陽에서 우는 것과 같다. 공부하는 자가 이것을 충분히 익힌다면 썰렁하고 누추한 것을 완전히 씻어낼 수 있을 것이다. 조칙에 응하여 지은 후세 제공들의 작품이 대부분 이 체를 사용했지만 대부분 태도가 교만하고 기운이 넘쳤다. 부귀한 지위에 있으면서 바른 태도를 잃지 않는 예가 드무니 이것을 몰라서는 안 된다.

諷諫 풍자와 간언

諷諫之詩, 要感事陳辭, 忠厚懇惻. 諷諭甚切, 而不失情性之正, 觸物感傷, 而無怨懟之詞. 雖美實刺, 此方爲有益之言也. 古人凡欲諷諫, 多借此以喻彼, 臣不得於君, 多借妻以思其夫, 或托物陳喻, 以通其意. 但觀魏·漢古詩及前輩所作, 可見未嘗有無爲而作者.

풍자와 간언의 시는 구체적인 일에 감응하여 진술해야 하는데 충직하고 온후하고 정성을 기울여야 한다. 풍자와 일깨움이 절실해야 하되 바른 성정性情을 잃지 않고, 사물에 감촉하여 감상感傷을 표하되 원망하는 표현이 없어야 한다. 찬미이지만 실제로는 풍자인 것이 유익한 것이 된다. 고인들이 풍자하고 간언하려 할 때 대부분 이것을 빌려 저것에 비유하는데, 신하가 임금의 신임을 얻지 못했을 땐 곧잘 아내가 그 남편을 생각하는 것으로 설정하며, 때로는 사물에 기탁해 비유를 제시하여 그 내용을 전한다. 한나라와 위나라의 고시와 선인들이 지은 시 가운데 아무런 인위적 조치 없이 지어진 작품이 없다는 것을 알 수 있다.

登臨높은 곳에 오름

登臨之詩, 不過感今懷古, 寫景歎時, 思國懷鄕, 瀟灑遊適, 或譏刺歸美, 有一定之法律也. 中間宜寫四面所見山川之景, 庶幾移不動. 第一聯指所題之處, 宜敍說起. 第二聯合用景物實說. 第三聯合說人事, 或感歎古今, 或議論, 卻不可用硬事. 或前聯先說事感歎, 則此聯寫景亦可, 但不可兩聯相同. 第四聯就題生意發感慨,① 繳前二句, 或說何時再來.

① '生'原作'主', 據『談藝珠叢』本改

높은 곳에 올랐을 때 짓는 시는 현재를 돌아보고 지난날을 회상하거나, 외경을 묘사하며 당시를 한탄하거나, 고국을 생각하고 고향을 그리거나, 조용히 유유자적하거나, 풍자와 찬미를 나타내거나 등인데 여기에는 일정한 법칙이 있다. 중간에 사방으로 보이는 산천의 풍경을 묘사해야 하니 이것은 거의 바꿀 수 없다. 제1연은 소재로 삼은 곳을 가리켜 서술해야 하고, 제2연은 외경의 실제를 묘사해야 하고, 제3연은 인사를 말하거나 고금을 감탄하거나 논의를 가하되 딱딱한 이야기를 써서는 안 된다. 앞 연에서 사실을 이야기하며 감탄을 표했다면 이 연에서는 외경을 묘사해도 된다. 다만 두 연이 같아서는 안 된다. 제4연은 제목에 주안점을 둔 채 의미를 도출하고 감개를 드러내 앞 두 구와 연결시켜도 되고 "언제 다시 올 것인가" 따위의 내용으로 가도 된다.

① '生'은 원래 '主'로 되어 있었는데 『담예주총』본에 의거하여 고쳤다.

征行먼 길을 떠남

征行之詩, 要發出悽愴之意, 哀而不傷, 怨而不亂. 要發興以感其事, 而不失情性之正. 或悲時感事, 觸物寓情方可. 若傷亡悼屈, 一切哀怨, 吾無取焉.

먼 길을 떠날 때 짓는 시는 서글픈 마음을 드러내야 하는데 슬퍼하되 상심에 이르지 않고, 원망하되 혼란에 이르지 않아야 한다. 감흥을 일으켜 그 일에 감응하되 바른 성정을 잃지 않아야 한다. 당시를 슬퍼하고 현재에 감응하며 사물에 감촉하여 마음을 담아내도 된다. 망자를 슬퍼하고 불우함을 애도하며 오직 슬픔과 원망으로 흐른다면 나는 취하지 않겠다.

贈別이별의 즈음에

贈別之詩, 當寫不忍之情, 方見襟懷之厚. 然亦有數等, 如別征戍, 則寫死別, 而勉之努力效忠, 送人遠遊, 則寫不忍別, 而勉之及時早回, 送人仕宦, 則寫喜別, 而勉之憂國恤民, 或訴己窮居而望其薦拔, 如杜公唯待吹噓送上天之說是也. 凡送人多托酒以將意, 寫一時之景以興懷, 寓相勉之詞以致意. 第一聯敍題意起. 第二聯合說人事, 或敍別, 或議論. 第三聯合說景, 或帶思慕之情, 或說事. 第四聯合說何時再會, 或囑付, 或期望. 於中二聯, 或倒亂前說亦可, 但不可重複, 須要次第. 末句要有規警, 意味淵永爲佳.

이별에 즈음하여 짓는 시에서 차마 어찌하지 못하는 감정을 묘사할 때 깊은 심금을 엿보게 된다. 그런데 여기에도 여러 등급이 있다. 수자리 가는 사람과 작별할 때는 사별死別을 묘사하면서 힘을 다해 충성할 것을 권면하고, 멀리 유람 떠나는 사람과 작별할 때는 차마 헤어질 수 없음을 묘사하며 제때 돌아오라고 권면하고, 벼슬살이 가는 사람과 작별할 때는 기쁜 이별을 묘사하되 나라를 걱정하고 백성을 구휼하라고 권면한다. 이런 경우 때로는 자신의 곤궁한 사정을 호소하며 천거해 주기를 바라기도 하니 두보의 "후 불어 하늘에 올려지기만 기다린다[唯待吹噓送上天]"[17]라는 표현이 이에 해당한다. 사람을 전송할 때는 대부분 술에 기탁하여 생각을 이끌어내고, 당시의 외경을 묘사하여 감회를 이끌어내고, 권면의 말을 담아서 생각을 전한다. 제1연은 제목을 서술하고, 제2연은 인사를 이야기하거나 작별을 서술하거나 논의를 가하고, 제3연은 외경을 말하거나 사모하는 정을 띠거나 사실을 거론해야 한다. 제4연은 "언제 다시 만날까"를 이야기해야 하지만 부탁이나 기대를 말해도 된다. 중간 두 연은 앞의 것을 뒤바꿔도 되지만 중복해서는 안 되며 반드시 순서가 있어야 한다. 마지막 구는 경계가 들어 있어야 하는데 의미가 깊고 유장한 것이 좋다.

17 두보, 「증헌납사기거전사인(贈獻納使起居田舍人)」.

詠物사물을 노래함

詠物之詩, 要托物以伸意. 要二句詠狀寫生, 忌極雕巧. 第一聯須合直說題目, 明白物之出處方是. 第二聯合詠物之體. 第三聯合說物之用, 或說意, 或議論, 或說人事, 或用事, 或將外物體證. 第四聯就題外生意, 或就本意結之.

사물을 노래한 시는 사물에 기탁하여 생각을 펼쳐야 하는데, 두 구로 형상을 읊고 사실을 묘사할 때 조탁과 기교를 극히 피해야 한다. 제1연은 반드시 제목을 곧장 이야기하여 사물의 출처를 명백하게 해야 한다. 제2연은 사물의 체제를 노래해야 하고 제3연은 사물의 쓰임새를 설명해야 하는데, 내용을 이야기하거나 의론을 하거나 인사를 말하거나 고사를 인용하거나 다른 사물을 가지고 구체적으로 증명해야 한다. 제4연은 제목 밖에서 내용을 도출해 내거나 본의 안에서 끝을 맺어야 한다.

讚美찬미

贊美之詩, 多以慶喜頌禱期望爲意, 貴乎典雅渾厚, 用事宜的當親切. 第一聯要平直, 或隨事命意敘起. 第二聯意相承, 或用事, 必須實說本題之事. 第三聯轉說要變化, 或前聯不曾用事, 此正宜用引證, 蓋有事料則詩不空疏. 結句則多期望之意. 大抵頌德貴乎實, 若褒之大過, 則近乎諛, 贊美不及, 則不合人情, 而有淺陋之失矣.

찬미의 시는 대부분 경사에 대한 기쁨, 송축과 기대를 주 내용으로 하는데 전아典雅와 혼후渾厚를 중시하며 고사의 사용은 타당하고 친절해야 한다. 제1연은 평탄하게 서술하거나 상황에 따라 주지를 확립해서 서술해야 한다. 제2연은 내용이 서로 이어져야 하는데 고사를 인용할 경우 반드시 본 주제의 내용을 사실적으로 거론해야 한다. 제3연은 전환의 내용으로 변화를 주어야 하는데 앞 연에서 고사를 인용하지 않았다면 이 연에서 인용하여 증명하면 된다. 사실에 대한 재료가 있으면 시가 공허하거나 소원하지 않다. 결구는 대부분 기대의 내용이 많다. 덕을 칭송할 때는 사실을 중시하는데, 포장이 너무 지나치면 아첨에 가깝고 찬미가 부족하면 인정에 부합되지 않아서 하찮고 누추한 잘못을 범하게 된다.

賡和[18] 갱화

賡和之詩, 當觀元詩之意如何. 以其意和之, 則更新奇. 要造一兩句雄健壯麗之語, 方能壓倒元·白. 若又隨元詩腳下走, 則無光彩, 不足觀. 其結句當歸著其人方得體. 有就中聯歸著者, 亦可.

갱화賡和의 시는 원래 시의 내용이 무엇인지 살펴야 한다. 그 내용으로 화답한다면 더욱더 신기新奇해진다. 웅장하고 건사하고 장엄하고 화려한 시어를 만들어내야만 비로소 원진과 백거이를 압도하게 된다. 만약 단순히 원래 시만 따라간다면 광채가 없어서 보잘것없게 된다. 결구는 해당되는 사람에게 귀착시켜야 갱화의 체에 맞다. 중간 연에서 귀착시켜도 된다.

---

18 갱화(賡和) : 다른 사람의 원운(原韻)이나 시제(詩題)를 따라 창화(唱和)하는 것을 말한다.

哭挽애도

哭挽之詩, 要情眞事實. 於其人情義深厚則哭之, 無甚情分, 則挽之而已矣. 當隨人行實作, 要切題, 使人開口讀之, 便見是哭挽某人方好. 中間要隱然有傷感之意.

애도의 시는 감정이 진실하고 내용이 사실적이어야 한다. 그 사람과의 정의情義가 깊고 두터우면 곡을 하고 그다지 정분이 없으면 애도만 표하면 된다. 그 사람의 실제 행적에 맞춰 짓되 제목과 완전히 일치하게 해서 사람들이 읽을 때 누구를 애도한 것인지 알 수 있게 해야만 한다. 중간에 은연중에 상심하는 내용이 들어있어야 한다.

總論총론

詩體『三百篇』, 流爲『楚辭』, 爲樂府, 爲『古詩十九首』, 爲蘇·李五言, 爲建安·黃初, 此詩之祖也, 『文選』劉琨·阮籍·潘·陸·左·郭·鮑·謝諸詩, 淵明全集, 此詩之宗也, 老杜全集, 詩之大成也.

시의 체體는 『시경』이 유전流轉하여 『초사』가 되고, 악부가 되고, 『고시십구수』가 되고, 소무와 이릉의 오언이 되고, 건안체와 황초체黃初體가 되었으니 이것이 시의 원조이고, 『문선』, 유곤劉琨, 완적, 좌사左思, 곽박郭璞, 포조, 사령운 등의 시와 도연명의 전집은 시의 종주이고, 두보의 전집은 시의 대성이다.

詩不可鑿空強作, 待境而生自工. 或感古懷今, 或傷今思古, 或因事說景, 或因物寄意, 一篇之中, 先立大意, 起承轉結, 三致意焉, 則工緻矣. 結體・命意・鍊句・用字, 此作者之四事也. 體者, 如作一題, 須自斟酌, 或騷, 或選, 或唐, 或江西. 騷不可雜以選, 選不可雜以唐, 唐不可雜以江西, 須要首尾渾全, 不可一句似騷, 一句似選.

시는 근거 없이 억지로 지어서는 안 되며 적절한 경계境界를 기다렸다 지어야 좋은 작품이 된다. 지난 일을 감상하며 오늘을 돌아보기도 하고, 오늘을 아쉬워하며 지난날을 생각하기도 하고, 사실을 통해 외경을 거론하기도 하고, 사물을 통해 생각을 기탁하기도 한다. 한 편 안에서 먼저 큰 주제를 설정하고 기승전결을 거치며 재삼 생각을 드러낸다면 정교해진다. 체의 묶음(結體), 주제의 설정(命意), 구의 연마(鍊句), 글자의 사용(用字)은 작가의 네 가지 주안점이다. 체體란 가령 하나의 제목을 가지고 쓸 때 반드시 이소체로 할 것인지, 문선체로 할 것인지, 당시체로 할 것인지, 강서체江西體로 할 것인지 스스로 헤아려야 한다. 이소체에 문선체를 섞어서는 안 되고, 문선체에 당시체를 섞어서는 안 되고, 당시체에 강서체를 섞어서는 안 된다. 처음과 끝이 모두 온전해야 하며 한 구는 이소체와 유사하고 한 구는 문선체와 유사해서는 안 된다.

詩要鋪敍正, 波瀾闊, 用意深, 琢句雅, 使字當, 下字響. 觀詩之法, 亦當如此求之.

시는 포치와 서술이 바르고, 파란波瀾의 폭이 넓고, 내용이 깊고, 구의 조탁이 전아하고, 글자의 운용이 타당하고, 쓰인 글자가 화음을 내야 한다. 시를 보는 법칙도 이와 같이 해야 한다.

凡作詩, 氣象欲其渾厚, 體面欲其宏闊, 血脈欲其貫串, 風度欲其飄逸, 音韻欲其鏗鏘, 若雕刻傷氣, 敷演露骨, 此涵養之未至也, 當益以學.

시를 지을 때는 기상은 혼후해야 하고, 윤곽은 광활해야 하고, 혈맥은 관통되어야 하고, 기풍은 훤칠해야 하고, 음운은 조화를 이뤄야 한다. 조탁하여 기를 손상시키거나 부연하여 골격을 드러내는 것은 함양이 미진해서이니 공부를 더 깊이 해야 한다.

詩要首尾相應, 多見人中間一聯, 儘有奇特, 全篇湊合, 如出二手, 便不成家數. 此一句一字, 必須著意聯合也, 大概要沉著痛快優遊不迫而已.

시는 반드시 처음과 끝이 서로 호응해야 하는데, 중간의 한 연이 아주 남다르다 해도 전체를 봤을 때 두 사람이 지은 것처럼 느껴진다면 일가를 이룰 수 없다. 한 구 한 자를 반드시 주의를 기울여 연결시켜야 하니 침착하고 분명하고 여유롭고 서두르지 않는 것이 가장 중요하다.

長律妙在鋪敍, 時將一聯挑轉, 又平平說去, 如此轉換數匝, 卻將數語收拾, 妙矣!

장편 율시는 포치와 서술에 오묘함이 있으니 한 연을 전환시켰으면 다시 평이하게 서술해야 한다. 이렇게 몇 번을 전환하고 나서 몇 글자로 수습하는 것이 절묘한 것이다.

語貴含蓄, 言有盡而意無窮者, 天下之至言也. 如「清廟」之瑟, 一倡三歎, 而有遺音者也.

시어는 함축을 중시한다. 말이 끝나도 여운이 끝없이 이어지는 것이 최고의 시어이다. 예컨대 「청묘淸廟」의 슬瑟[19]은 한 사람이 부르면 세 사람이 찬탄의 화답을 하여 여운이 남아 있다.

詩有內外意, 內意欲盡其理, 外意欲盡其象, 內外意含蓄, 方妙.

시에는 내의內意와 외의外意가 있다. 내의는 그 내용을 다 표현해야 하고 외의는 그 형상을 다 드러내야 하니 내의와 외의가 함축돼 있어야만 비로소 절묘하게 된다.

詩結尤難, 無好結句, 可見其人終無成也. 詩中用事, 僻事實用, 熟事虛用. 說理要簡易, 說意要圓活, 說景要微妙. 譏人不可露, 使人不覺.

시는 끝을 맺기가 특히 어렵다. 좋은 결구가 없으면 끝내 완성할 수 없다. 시에서 고사를 사용할 때 보기 드문 전고는 실제 사실에 응용하고 익숙한 전고는 허구에 사용해야 한다. 원리를 말할 때는 간단, 평이해야 하고, 내용을 말할 때는 원활해야 하고, 외경을 말할 때는 미묘해야 한다. 남을 조롱할 때는 드러나지 않게 해서 남들이 알아차리지 못하게 해야 한다.

---

19 「청묘(淸廟)」의 슬(瑟) : 「청묘(淸廟)」는 『시경』 「주송(周頌)」의 편명이다. 이 시는 종묘에서 제사 지낼 때 슬(瑟)을 연주하면서 노래했다. 본문의 내용은 『예기』 「악기」에 나온다.

人所多言, 我寡言之, 人所難言, 我易言之, 則自不俗.

남들이 흔히 하는 말을 나는 적게 말하고 남들이 어렵게 하는 말을 나는 쉽게 말하면 저절로 속되지 않게 된다.

詩有三多, 讀多, 記多, 作多.

시에는 삼다三多가 있으니 많이 읽고, 많이 기억하고, 많이 짓는 것이다.

句中要有字眼, 或腰, 或膝, 或足, 無一定之處.

구 안에는 자안字眼이 있어야 하는데 허리일 수도 있고, 무릎일 수도 있고, 발일 수도 있어서 일정한 위치가 없다.

作詩要正大雄壯, 純爲國事. 誇富耀貴傷亡悼屈一身者, 詩人下品.

시를 지을 때는 정대하고 웅장하여 순전히 나라를 염두에 두어야 한다. 자신의 부를 자랑하고 귀함을 뽐내고 망자만 슬퍼하고 불우함만 애도하는 사람은 시인 가운데 하품이다.

詩要苦思, 詩之不工, 只是不精思耳. 不思而作, 雖多亦奚以爲? 古人苦心終身, 日鍊月鍛, 不曰"語不驚人死不休", 則曰"一生精力盡於詩." 今人未嘗學詩, 往往便稱能詩, 詩豈不學而能哉?

시는 고심해서 지어야 하니 시가 뛰어나지 않은 것은 정밀하게 생각하지 않아서이다. 생각하지 않고 짓는다면 작품이 제아무리 많아야 뭐 하겠는가. 고인은 일생 동안 고심하여 날마다 단련하고 달마다 단련하여 "시어가 사람을 놀라게 할 정도가 아니면 죽어도 그만두지 않겠다"[20]라고 하지 않으면 곧 "일생의 정력을 시에 소진했다"라고 했다. 지금 사람들이 일찍이 시를 배우지도 않았으면서도 시에 능하다고들 하는데 시가 어찌 배우지도 않고 능할 수 있는 것이겠는가.

詩要鍊字, 字者, 眼也. 如老杜詩:"飛星過水白, 落月動簷虛." 鍊中間一字. "地坼江帆隱, 天清木葉聞." 鍊末後一字. "紅入桃花嫩, 青歸柳葉新." 鍊第二字. 非鍊歸入字, 則是兒童詩. 又曰"暝色赴春愁", 又曰"無因覺往來." 非鍊赴覺字便是俗詩. 如劉滄詩云:"香消南國美人盡, 怨入東風芳草多." 是鍊消入字. "殘柳宮前空露葉, 夕陽川上浩煙波." 是鍊空浩二字, 最是妙處.

시는 글자를 단련해야 하니 글자는 시의 눈이다. 예를 들어 두보의 시에서 "유성流星은 물을 지나며 하얗게 보이고, 지는 달은 처마를 움직이며 공허하게 사라지네[飛星過水白, 落月動簷虛]"[21]는 중간의 한 글자를 단련한 것이고, "땅이 갈라지며 강 배가 숨고, 하늘이 맑으며 나뭇잎 지는 소리 들리네[地坼江帆隱, 天清木葉聞]"[22]는 마지막 글자를 단련한 것이고, "붉은 빛은 여린 복사꽃으로 들어가고, 푸른색은 새로운 버들잎으로 돌아가네[紅入桃花嫩, 青歸柳葉新]"[23]는 두 번째 글자를 단련한 것

20 두보, 「강상치수여해세료단술(江上值水如海勢聊短述)」.
21 두보, 「중소(中宵)」.
22 두보, 「효망(曉望)」.
23 두보, 「봉수이도독표장조춘작(奉酬李都督表丈早春作)」.

이다. 귀歸와 입入을 단련하지 않았다면 어린아이의 시이다. 또 "석양이 봄의 시름으로 내몬다[暝色赴春愁]",[24] "왕래하는 것을 알 수가 없다[無因覺往來]"[25]라고 하였는데, 부赴와 각覺을 단련하지 않았으면 저속한 시이다. 유창劉滄의 시에서 "향기 소멸한 남국에 미인이 다 사라지고, 원망 깃든 동풍에 방초가 무성하네[香消南國美人盡, 怨入東風芳草多]"[26]는 소消와 입入을 연마한 것이고, "시든 버들 궁 앞에는 이슬 잎만 공허하고, 석양 강가에는 안개물결만 넘실대네[殘柳宮前空露葉, 夕陽川上浩煙波]"[27]는 공空과 호浩를 연마한 것이니 가장 절묘한 부분이다.

24 황보염(皇甫冉), 「귀도낙수(歸渡洛水)」.
25 두보, 「서교(西郊)」.
26 유창(劉滄), 「경양제행궁(經煬帝行宮)」.
27 유창, 「경양제행궁(經煬帝行宮)」.

『목천금어木天禁語』

원元 범덕기範德機

범팽范梈, 『목천금어木天禁語』, 『시학금련詩學禁臠』 해제

범팽(1272~1330)은 원대 청강淸江 사람으로 자는 형보亨父, 덕기德機이며 세상에서 문백선생文白先生으로 불렸다. 평생 시문에 전념했던 그는 대덕大德 11년(1307) 대도大都에 초빙되어 한림원 편수관, 복건 민해도閩海道 지사 등을 역임했다. 양재, 우집, 게혜사와 함께 '원시 4대가'로 불릴 정도로 당시 명성을 떨쳤다. 저서로 『범덕기시집』 7권이 있으며 그의 시에 대해 호응린胡應麟은 『시수詩藪』에서 "두보를 추종한다[步趨工部]"라고 했고 부약금傅若金은 『시법정론詩法正論』에서 "시경의 전통을 이었다[以上遡三百篇]"라고 했다. 또 『사고전서총목』에서는 "범팽의 시격은 진실하고 고상한데 그 구성은 대부분 스스로 운용한 것이고 고인을 모방하거나 답습하지 않았다[梈詩格實高, 其機杼亦多自運, 未嘗規規刻畫古人]"라고 했다.

범팽의 시론 저작인 『목천금어』와 『시학금련』은 전문적으로 시의 작법을 논하여 시 쓰기 입문자들을 지도하는 작품이다. 이론적 가치는 높지 않지만 시 관련 지식의 보급에 일정하게 기여했다. 먼저 범팽은 『목천금어』의 자서에서 "개원 · 대력 연간 이후로 제공들이 평소 문단에 있으면서 논한 비지秘旨를 책으로 엮어서 후세의 식자들의 의견을 기다리는 한편, 배우기를 좋아하고 뜻을 가진 이들에게 보인다[茲集開元 · 大曆以來, 諸公平昔在翰苑所論秘旨, 述爲一編, 以俟後之君子, 爲好學有志者之告]"라고 하면서 "이 책은 고금의 『본초本草』와 같아서 실려 있는 것이 수명에 유익한 품목이 아닌 것이 없다. 복용하는 자가 의심을 일으켜서 딴 세상에 떨어지지 말아야 한다[是編猶古今『本草』, 所載無非有益壽命之品. 服食者莫自生狐疑, 墮落外道]"라고 스스로 칭찬했다.

『목천금어』는 편법篇法, 구법句法, 자법字法, 기상氣象, 가수家數, 음절音節을 '육관六關'으로 삼았는데. 이는 시학의 요강要綱이자 관건을 의미한다. 먼저 칠언율시의 편법을 논하면서는 당나라 이숙李淑의 『시원詩苑』을 원칙으로 삼고 그 격을 열세 가지로 넓혀 율시의 변화 형태를 망라했다. 각 격마다 든 예들은 전부 당시였으며 후대의 것은 전혀 없었다. 또 자법에서 "『사문류취事文類聚』의 고사는 사용해서는 안 되니 대부분 송나라 고사이기 때문이며[『事文類聚』事不可用, 多宋事也]"라고 한 말에서 범팽이 종당宗唐에 치우쳤음을 알 수 있다. 또 범팽은 시에서 기상을 중시하여 "시의 기상은 마치 글씨의 획畫에 있어 그 장단長短과 비수肥瘦, 청탁淸濁과 아속雅俗이 모두 사람의 본성에서 흘러나오는 것과 같다[詩之氣象, 猶字畫然, 長短肥瘦, 淸濁雅俗, 皆在人性中流出]"고 하였다. 시의 기상과 시인의 기질, 개성이 함께 연결되어 있다는 인식이 엿보인다. 이어서 가수를 논하면서는 『시경』, 『이소』부터 당시에 이르는 풍격 발전의 특징을 포착해 시의 특징에 대한 당시 사람들의 인식의 심화를 반영하였다. 그러나 전체적으로 볼 때 『목천금어』의 이론적 가치는 높지 않아서 『사고전서총목』에서는 "내용이 번잡하고 자질구레해서 이루 다 말하기 어렵다[體例叢脞冗雜, 殆難枚擧]"라고 평했다.

다음으로 『시학금련』 역시 『목천금어』와 비슷하게 전문적으로 시 창작을 지도하는 책이다. 우선 모든 시를 열다섯 가지 격으로 나누었는데, '칭송 안에 풍자가 들어가 있는 격(頌中有諷格)', '찬미 안에 풍자가 들어가 있는 격(美中有刺格)', '앞에서 묻고 뒤에서 답하는 격(先問後答格)', '현재에 감흥을 일으키며 옛일을 회상하는 격(感今懷古格)', '한 구로 내용을 만드는 격(一句造意格)', '두 구로 내용을 만드는 격(兩句立意格)', '표현의 이면에 내용을 기탁하는 격(物外寄意格)', '전아한 내용으로 사물을 노래하는 격(雅意詠物格)', '한 글자가 전체를 관통하고 있는 격(一字貫篇格)', '첫 연과 조응하는 격(起聯應照格)', '한 가지 내용으로 이뤄진 격(一意格)', '웅장하고 훤칠하여 평범하지 않은 격(雄偉不常格)', '고당高唐을 상상하는 격(想象高唐格)', '정경을 감상하며 감탄을 담아내는 격(撫景寓嘆格)', '오로지 자신의 감정만 서술하는 격(專叙己情格)'이 그것이다. 범팽은 각 격마다 한 수씩 당시를 예로 들고 내용과 형식을 설명하는 동시에 자신의 관점을 피력했다. 그리고 시의 문체를 분별하는 방식을 통해 작시作詩의 경로를 알려주지만 분류법이 비과학적이고 논의가 극히 피상적이어서 이론적 가치와 실용적 가치가 다 높지 않다. 그래서 『사고전서총목』에서는 "지나치게 얕고 협소하다[其淺陋尤甚]"고 평하고 아예 분류 서목에 넣지 않았다. 또 허학이許學夷의 『시원변체詩源辯體』에서는 "인용한 시들이 대부분 만당의 평범한 작품들[所引詩, 多晩唐庸劣之作]"이라고 평하면서 이 책을 가짜라고 비판했다.

『목천금어』는 『역대시화』본 외에 명대의 정덕간본正德刊本, 『학해유편學海類編』본, 『담예주총』본이 있으며 『시학금련』은 『역대시화』본 외에 『격치총서』본과 『담예주총』본이 있다.

목천금어木天禁語

원元 범덕기範德機

內篇내편

詩之說尚矣. 古今論著, 類多言病而不處方, 是以沉痼少有瘳日, 雅道無復彰時. 玆集開元·大曆以來, 諸公平昔在翰苑所論秘旨, 述爲一編, 以俟後之君子, 爲好學有志者之告. 所謂天地間之寶物, 當爲天地間惜之. 切慮久而泯沒, 特筆之於楮, 以與天地間樂育者共之. 授非其人, 適足招議, 故又當慎之. 得是說者, 猶寐而寤, 猶醉而醒. 外則用之以觀古人之作, 萬不漏一, 內則用之以運自己之機, 聞一悟十. 若夫動天地, 感鬼神, 神而明之, 則又存乎其人也. 是編猶古今『本草』, 所載無非有益壽命之品. 服食者莫自生狐疑, 墮落外道. 噫! 草木之向陽生而性暖者解寒, 背陰生而性冷者解熱. 此通確之論, 至當之理. 或專執己見, 而不知信，則曰："神農氏誤後世人多矣." 豈不爲大誣也哉!

시에 대한 설은 예로부터 있어 왔다. 그런데 고금의 논저들이 대부분 병만 말하고 처방을 내놓지 않아서 고질병이 치유되는 경우가 적었고 도가 다시 드러난 때가 없었다. 이에 개원·대력 연간 이후로 제공들이 평소 문단에 있으면서 논한 비지秘旨를 책으로 엮어서 후세의 식자들의 의견을 기다리는 한편, 배우기를 좋아하고 뜻을 가진 이들에게 보인다. 이른바 세상의 보물은 세상을 위해 아껴야 한다. 세월이 흐르면 없어지지 않을까 싶어 특별히 종이에 써서 세상의 영재를 기르는 이들과 함께하려 한다. 적임자에게 전하지 않으면 비방만 초래하므로 물론 신중해야 한다. 이 설을 읽는 자는 잠에서 깨어난 것과 같고 술에서 깨어난 것과 같을 것이다. 밖으로는 이를 기준으로 고인의 작품을 보면 만에 하나도 놓치지 않을 것이고, 안으로는 이것을 기준으로 자기의 타고난 재능(天機)을 운용하면 하나를 들어 열을 깨닫게 될 것이다. 그리고 천지를 감동시키고 귀신을 감동시켜서 신묘하게 밝히는 것에 있어서는 그 사람에게 달려 있다. 이 책은 고금의 『본초本草』와 같아서 실려 있는 것이 수명에 유익한 품목이 아닌 것이 없다. 복용하는 자가 의심을 일으켜서 딴 세상에 떨어지지 말아야 한다. 아, 초목 가운데 양陽을 향해 자라서 성질이 따뜻한 것은 한기寒氣를 풀어주고, 음陰을 등지고 자라서 성질이 차가운 것은 열기를 풀어준다. 이것은 정확한 의견이고 지당한 이치이다. 만약 자신의 견해만 고집하고 믿지 않는다면 "신농씨神農氏가 후세 사람을 그르친 것이 많다"라고 할 것이니 어찌 크게 잘못된 일이 아니겠는가.

六關여섯 가지 관건

전편의 법칙(篇法)
구의 법칙(句法)
글자의 법칙(字法)
기상氣象
일가를 이룬 시인(家數)
음절音節

右一篇詩成, 必須精研, 合此六關方爲佳. 不然則過不無矣.①

① 此句『類編』作"不然則過矣."

한 편의 시를 완성하기 위해서는 반드시 정밀하게 연구해야 하는데 이 여섯 가지 관건을 모두 갖춰야 비로소 훌륭한 작품이 된다. 그렇지 않으면 잘못이 없을 수 없다.

① 이 구는 『시화유편詩話類編』본에 '不然則過矣'로 돼 있다.

篇法전편의 법칙

有以字論者, 有以意論者, 有以故事論者, 有以血脈論者.

글자로 논한 것이 있고, 내용으로 논한 것이 있고, 고사故事로 논한 것이 있고, 혈맥으로 논한 것이 있다.

七言律詩篇法칠언율시의 법칙

唐人李淑, 有『詩苑』一書, 今世罕傳. 所述篇法, 止有六格, 不能盡律詩之變態. 今廣爲十三, 檃括無遺. 猶六十四卦之動, 不出於八卦, 八卦之生, 不離奇偶, 可謂神矣. 目曰"屠龍絶藝." 此法一洩, 大道顯然.

당나라 이숙李淑이 『시원詩苑』을 지었는데 오늘날 전해오지 않는다. 그가 기술한 작품의 법칙은 여섯 가지 격식만 거론돼 율시의 변화 형태를 다 포괄하지 못했다. 지금 그것을 열세 가지로 확대해 빠짐없이 정리한다. 마치 육십사괘六十四卦의 움직임이 팔괘八卦에서 벗어나지 않고 팔괘의 생성이 음양을 떠나지 않는 것과 같으니 신묘하다고 할 수 있다. '용을 잡을 빼어난 기예(屠龍絶藝)'라고 할 수 있으니 이 법이 새어 나가면 대도大道가 훤히 드러날 것이다.

한 글자의 혈맥(一字血脈)
두 글자의 관통(二字貫穿)
세 글자의 기둥(三字棟梁)
여러 글자들이 순서에 맞춰 이어짐(數字連序)
중간의 단절(中斷)
고리들의 연결(鉤鎖連環)
흐름을 따라 내려감(順流直下)
두 가지를 드러냄(雙抛)
한 가지만 드러냄(單抛)
안에서 벗겨나감(內剝)
밖에서 벗겨 들어감(外剝)
앞부분의 분산(前散)
뒷부분의 분산(後散)

一字血脈한 글자의 혈맥

「鴛鴦」「원앙」[1]

翠鬣紅衣舞夕暉, 水禽情似此禽稀. 纔分煙島猶回首, 只度寒塘亦共飛. 映霧乍迷珠殿瓦, 逐梭齊上玉人機. 采蓮無限蘭橈女, 笑指中流羡爾歸.

푸른 갈기 붉은 옷으로 석양에 춤을 추니, 다정한 물새 중에 이만한 새 드물리라. 안개 섬에서 헤어질 때 이내 뒤돌아보고, 차가운 연못인 줄 알고도 함께 날아가네. 안개에 비치며 궁전의 기와인 양 혼미하고, 북(梭)을 좇아 고운 여인의 베틀 위로 나란히 오르네. 쉼 없이 연밥 따는 작은 배의 여인이, 물결 위 가리키며 돌아가는 너희를 부러워하누나. [翠鬣紅衣舞夕暉, 水禽情似此禽稀. 纔分煙島猶回首, 只度寒塘亦共飛. 映霧乍迷珠殿瓦, 逐梭齊上玉人機. 采蓮無限蘭橈女, 笑指中流羡爾歸.]

二字貫穿 三字棟梁두 글자의 관통 '세 글자의 기둥'도 함께 들어 있음

「江村」「강촌」[2]

清江一曲抱村流, 長夏江村事事幽. 自去自來堂上燕, 相親相近水中鷗. 老妻畫紙爲棋局, 稚子敲針作釣鉤. 多病所須惟藥物, 微軀此外更何求.

1 당나라 최각(崔珏)의 작품이며, 원제는 「화우인원앙지십(和友人鴛鴦之什)」이다.
2 두보(杜甫)의 작품이다.

한 굽이 강물이 마을 안고 흐르니, 한 여름 강촌은 그윽하기만 하다. 처마의 제비는 제멋대로 오가고, 물속 갈매기는 어울려 논다. 늙은 아내는 종이에 바둑판을 그리고, 어린아이는 바늘로 낚시 바늘 만든다. 병 많은 몸에 필요한 건 오직 약물뿐, 미천한 몸 이 밖에 무엇을 바라랴.[淸江一曲抱村流, 長夏江村事事幽. 自去自來堂上燕, 相親相近水中鷗. 老妻畫紙爲棋局, 稚子敲針作釣鉤. 多病所須惟藥物, 微軀此外更何求.]

三字棟梁 세 글자의 기둥

「南遷」「남천」[3]

瘴江南下接雲煙, 望盡黃茅是海邊. 山腹雨晴添象跡, 潭心日暖長蛟涎. 射工巧伺遊人影, 颶母偏驚賈客船. 從此憂來非一事, 可容華髮度流年.

장기瘴氣 가득한 강 남쪽 내려가며 운무와 만나니, 아스라이 먼 누런 풀들이 바로 바닷가라네. 산허리 비가 개어 코끼리 자취 더해지고, 호수에 날이 따뜻해 교룡의 침이 늘어졌네. 사공충射工蟲[4]은 몰래 유랑자 모습 엿보고, 구모颶母[5]는 홀로 상인의 배를 놀라게 하네. 이제부터 걱정할 일이 한두 가지가 아닐 터, 하얗게 센 머리로 세월 보내야 하리라. [瘴江南下接雲煙, 望盡黃茅是海邊. 山腹雨晴添象跡, 潭心日暖長蛟涎. 射工巧伺遊人影, 颶母偏驚賈客船. 從此憂來非一事, 可容華髮度流年.]

---

3 유종원의 작품이며, 원제는 「영남교행(嶺南郊行)」이다.

4 사공충(射工蟲) : 양자강 남쪽 지방에 있는 독충으로, 길이가 1~2촌(寸)쯤 된다. 입 안의 쇠뇌 모양의 기관을 이용해 사람에게 상처를 입히는데, 이 상처를 치료하지 않으면 죽는다고 한다.

5 구모(颶母) : 여름에서 가을로 바뀌는 환절기에 불어오는 거센 회오리바람을 말한다.

數字連序 中斷在內여러 글자가 순서에 맞춰 이어짐 '중간의 단절'도 안에 들어 있음

「奉送蜀州柏二別駕將中丞命赴江陵起居衛尚書太夫人因示從弟行軍司馬位」
「중승의 명을 받들어 강릉의 기거 위상서 태부인에게 가는 촉주의 백이별가(백정절)를 전송하며 그 편에 종제 행군사마 두위[6]에게 보이다」[7]

中丞問俗畫熊頻, 愛弟傳書彩鷁新. 遷轉五州防禦使, 起居八座太夫人. 楚宮臘送荊門水, 白帝雲偸碧海春. 爲報惠連詩莫惜, 嗟余斑鬢總如銀.

중승은 풍습을 살피러 화웅畫熊[8]이 잦거니와, 아우 그리워 편지 전하는 채익彩鷁[9]이 새롭다. 다섯 고을 방어사를 옮겨 다니고, 팔좌八座[10]의 태부인太夫人[11]께 문안을 하네. 초궁楚宮에서 섣달 형문荊門의 물을 보내고, 백제성白帝城 구름은 벽해碧海의 봄을 훔쳤다. 혜련惠連[12]의 시 전하는 걸 아끼지 말거라, 아, 나의 희끗한 귀밑머리 온통 은빛 되었단다.

---

6 두위(杜位) : 두보의 종제이다. 당나라 숙종 때 두보와 함께 엄무(嚴武)의 막하(幕下)에 있다가 후에 신주(新州)로 좌천되었다가 십 년 만에 돌아왔다. 후에 기부사마(夔府司馬)가 되었다. 『도광광동통지(道光廣東通志)』 권262.

7 두보의 작품이다.

8 화웅(畫熊) : 고을 수령이 타는 수레. 수레의 식(軾 : 수레 앞턱 가로나무)을 곰의 형상으로 꾸민 데에서 연유한다.

9 채익(彩鷁) : 뱃머리에 익조(鷁鳥)를 그려 수신(水神)을 제압하였다. 『집천가주두공부시집(集千家註杜工部詩集)』 권16.

10 팔좌(八座) : 당(唐)나라의 제도에 육상서(六尙書)와 좌우복야(左右僕射)를 합쳐서 팔좌(八座)라고 하였다. 『집천가주두공부시집(集千家註杜工部詩集)』 권16.

11 태부인(太夫人) : 한나라 때 열후(列侯)의 처를 부인(夫人)이라고 하고, 열후가 죽고 그 아들이 다시 열후가 되면 그 아들의 어머니를 태부인(太夫人)이라고 불렀다. 『보주두시(補注杜詩)』 권32.

12 혜련(惠連) : 사령운의 족제(族弟)인데 여기에서는 두보의 종제 두위(杜位)를 빗대어 말한 것이다. 『집천가주두공부시집(集千家註杜工部詩集)』 권16.

[中丞問俗畫熊頻, 愛弟傳書彩鷁新. 遷轉五州防禦使, 起居八座太夫人. 楚宮臘送荊門水, 白帝雲偸碧海春. 爲報惠連詩莫惜, 嗟余斑鬢總如銀.]

鉤鎖連環고리들의 연결

「草」「초」[13]

百花苑路易萋陰, 五穀塍疇苦見侵. 農父芟時嫌若刺, 宮人鬪處惜如金. 別離空惹王孫恨, 穮耨深勞稷畯心. 綠野荒蕪好歸去, 朱門閒僻少相尋.

꽃들이 무성한 동산 길은 풀로 무성해지기 쉽고, 오곡 심은 밭은 침범 당해 괴롭네. 농부가 베어낼 때는 찌르는 듯해 싫어도, 궁녀들이 시합[14]할 때는 황금처럼 아끼네. 이별할 땐 괜스레 왕손王孫의 한恨을 야기하고,[15] 김을 맬 때는 권농관勸農官의 마음을 힘들게 하네. 푸른 들판 뒤덮여도 돌아가기 좋거니와, 고관 집은 외져서 찾는 일이 적네.[百花苑路易萋陰, 五穀塍疇苦見侵. 農父芟時嫌若刺, 宮人鬪處惜如金. 別離空惹王孫恨, 穮耨深勞稷畯心. 綠野荒蕪好歸去, 朱門閒僻少相尋.]

---

13 「초(草)」: 미상.

14 시합: 투초(鬪草)놀이로, 두 사람이 각자 풀을 들고 그 풀의 질김을 다투는 것이다.

15 이별할 …… 야기하고: 『초사』「초은사(招隱士)」의 "왕손은 집 떠나서 돌아오지 않는데, 봄풀은 나서 무성하도다[王孫遊兮不歸, 春草生兮萋萋]"라는 구절을 염두에 둔 표현이다.

順流直下 흐름을 따라 내려감

「張鍊師」「장련사」[16]

東嶽眞人張鍊師, 高情雅澹世間稀. 堪爲列女書青簡, 久事元君住翠微. 金縷機中抛錦字, 玉淸壇上著霓衣. 雲衢不用吹簫伴, 只擬乘鸞獨自歸.

동악진인東嶽眞人 장련사張鍊師는, 고아하고 담박한 정취가 세상에 드무네. 기꺼이 열녀(列女 : 열녀烈女)를 위해 청간靑簡[17]에 기록하고, 오랫동안 원군元君[18]을 섬기며 취미(翠微 : 산기슭)에 머물렀네. 금실 베틀 위에서 비단 글자 수놓고, 옥청玉淸[19]의 단상에서 무지개 치마 입었네. 구름 위에서 피리 불 사람 필요 없어, 난새 타고 혼자 돌아갈 뿐이네.[東嶽眞人張鍊師, 高情雅澹世間稀. 堪爲列女書青簡, 久事元君住翠微. 金縷機中抛錦字, 玉淸壇上著霓衣. 雲衢不用吹簫伴, 只擬乘鸞獨自歸.]

16 유우석의 작품이며 원제는 「송동악장련사(送東嶽張煉師)」이다.

17 청간(靑簡) : 죽간의 다른 이름으로, 서책・공책을 뜻한다.

18 원군(元君) : 태산낭랑(泰山娘娘)・태산노모(泰山老母)・태산노내내(泰山老奶奶)・벽하원군(碧霞元君)이라고도 하는데 문헌에 의하면 태산신(泰山神)의 딸이라 한다. 만주에서는 산악의 신으로 간주돼 민중 신앙의 대상이 되고 있다.

19 옥청(玉淸) : 도교에서 신선이 산다는 삼청경(三淸境) 중의 하나로, 옥청(玉淸)・상청(上淸)・태청(太淸)이 있다. 삼청경은 도교의 최고신인 원시천존(元始天尊)이 있는 대라천(大羅天) 바로 아래에 위치해 있는 것으로 되어 있는데, 거기에는 각각 중앙과 좌우의 세 궁전이 있고 각 궁전에는 현세의 궁정 조직 같이 선왕(仙王)・선공(仙公)・선경(仙卿)・선백(仙伯)・선대부(仙大夫)가 있다. 또 이러한 선관(仙官)들과 별도로 독립해서 태상노군천사(太上老君天師)가 있는 것으로 되어 있다. 『운급칠첨(雲笈七籤)』.

雙抛두 가지를 드러냄

「汴門用兵後」「변문용병후」[20]

隋堤風物已淒涼, 堤下仍多舊戰場. 金鏃有苔人拾得, 蘆花無主鳥銜將. 秋聲暗促河聲急, 野色遙連日色黃. 獨上寒城更愁絶, 戍鼙驚起雁行行.

수나라 제방은 풍경이 처량해, 제방 아래는 아직도 옛 전쟁터들이다. 이끼 낀 화살촉을 사람들이 주워가고, 주인 없는 갈대꽃[21]을 새들이 물어간다. 쓸쓸한 가을은 조용히 세찬 강물 재촉하고, 황금 들판은 멀리 태양과 어울렸다. 홀로 차가운 성터에 올라 더욱 시름겹나니, 변방 북소리에 놀라 기러기 줄지어 날아가네.[隋堤風物已淒涼, 堤下仍多舊戰場. 金鏃有苔人拾得, 蘆花無主鳥銜將. 秋聲暗促河聲急, 野色遙連日色黃. 獨上寒城更愁絶, 戍鼙驚起雁行行.]

單抛한 가지만 드러냄

「秋興」「추흥」

昆明池水漢時功, 武帝旌旗在眼中. 織女機絲虛夜月, 石鯨鱗甲動秋風. 波漂菰米沉雲黑, 露冷蓮房墜粉紅. 關塞極天惟鳥道, 江湖滿地一漁翁.

20 만당 시인 오융(吳融)의 작품이며 「팽문용병후경변로(彭門用兵後經汴路)」 3수가 원제로서 인용된 시는 제2수이다.

21 갈대꽃: 솜 대신 갈대꽃을 넣어서 만든 겨울옷을 가리킨다. 여기에서는 갈대에 달려 있는 꽃이 아니라 당시 병사들이 입었던, 갈대꽃을 누벼 만든 겨울옷이 오랫동안 들판에 버려져서 밖으로 터져 나온 것을 가리킨다.

곤명지昆明池[22]는 한나라 때 세워져 한 무제의 깃발이 눈앞에 선하다. 직녀의 베틀은 한밤 달빛에 아련하고, 돌고래 비늘은 가을바람에 움직인다.[23] 물결에 흔들리는 고미菰米[24]는 검은 구름에 잠기고, 이슬 찬 연방蓮房[25]은 분홍 꽃송이 떨어진다. 변방의 하늘 끝은 새가 다니는 길 뿐이고, 드넓은 강호에는 어부 한 사람뿐이다.[昆明池水漢時功, 武帝旌旗在眼中. 織女機絲虛夜月, 石鯨鱗甲動秋風. 波漂菰米沉雲黑, 露冷蓮房墜粉紅. 關塞極天惟鳥道, 江湖滿地一漁翁.]

內剝안에서 벗겨나감

「玉臺觀」「옥대관」[26]

中天積翠玉臺遙, 上帝高居絳節朝. 遂有馮夷來擊鼓, 始知嬴女善吹簫. 江光隱見黿鼉窟, 石勢參差烏鵲橋. 更肯紅顏生羽翼, 便應黃髮老漁樵.

하늘 위에 푸르게 우뚝 선 옥대관, 상제가 높은 곳에서 강절絳節[27]을 세우고 조회를 받네. 마침내 풍이馮夷[28]가 와서 북을 치니, 영녀嬴女[29]가

22 곤명지(昆明池) : 한나라 무제 때 수전(水戰)을 익히기 위해 팠던 호수이다.

23 돌고래 …… 움직인다 : 곤명지 안에는 예장대(豫章臺)와 석경(石鯨)이 있었는데 돌을 깎아 고래를 만든 것이다. 길이가 삼 장(丈)인데 우레가 치고 비가 오면 늘 소리 내어 울고 갈기와 꼬리가 모두 움직였다고 한다. 『삼보황도(三輔黃圖)』 「지소(池沼)」.

24 고미(菰米) : 포아풀과에 속하는 다년생의 수초(水草)로, 잎은 자리를 만드는 데 쓰이고 열매와 어린 싹은 식용에 쓰인다.

25 연방(蓮房) : 연꽃 중앙에 있는 연밥이 들어 있는 송이를 가리킨다.

26 「옥대관(玉臺觀)」: 두보의 작품이다. 옥대관은 낭주성(閬州城) 북쪽 칠 리에 위치해 있다.

27 강절(絳節) : 상제나 선군(仙君)이 상용한다는 의장(儀仗) 가운데 하나이다. 『노학암필기(老學庵筆記)』.

28 풍이(馮夷) : 황하의 신 하백(河伯)인데 일반적으로는 수신을 가리킨다. 『장자』 「대종사

소簫를 잘 분다는 것을 비로소 알았네. 강물에는 자라와 악어의 굴이 은은하게 보이고, 돌은 오작교인 양 들쭉날쭉하네. 다시 동안에 날개 돋길 바라랴, 머리 누렇게 센 늙은 어부나 나무꾼이 맞으리라.[中天積翠玉臺遙, 上帝高居絳節朝. 遂有馮夷來擊鼓, 始知嬴女善吹簫. 江光隱見黿鼉窟, 石勢參差烏鵲橋. 更肯紅顔生羽翼, 便應黃髮老漁樵.]

外剝밖에서 벗겨 들어감

「錦瑟」「금슬」[30]

錦瑟無端五十絃, 一絃一柱思華年. 莊生曉夢迷蝴蝶, 望帝春心托杜鵑. 滄海月明珠有淚, 藍田日暖玉生煙. 此情可待成追憶, 只是當時已惘然.

까닭 모를 금현錦瑟의 오십 현絃, 한 현 한 주柱가 젊은 시절 그리네. 장주莊周는 새벽 꿈에 나비에 헤매고, 망제望帝는 봄을 두견에 의탁했네.[31] 창해에 달 밝으면 구슬 눈물 흘리고, 남전藍田[32]에 날 따뜻하면 옥

(大宗師)」. 성현영(成玄英)의 소(疏)에 "성은 풍(馮)이고, 이름은 이(夷)이다. 홍농(弘農) 화음(華陰) 동향(潼鄉) 제수리(堤首裏) 사람인데 천제(天帝)가 풍이를 하백(河伯)으로 삼았다"라고 하였다.

29 영녀(嬴女) : 진(秦)나라 목공(穆公)의 딸 농옥(弄玉)을 가리킨다. 진나라의 성(姓)이 영(嬴)이었기 때문에 진나라 여자를 영녀(嬴女)라고 한다.

30 「금슬(錦瑟)」: 이상은의 작품이다.

31 망제(望帝)는 …… 의탁했네 : 촉나라 망제 두우(杜宇)가 위나라에게 나라를 빼앗기고 도망갈 때 두견새가 울었는데 촉나라 사람들이 이를 근거로, 두견새의 울음소리를 들을 때마다 "어째서 빨리 돌아가지 않느냐[不如歸去]"라는 소리로 들었다는 고사와 관련지은 구절이다. 『촉왕본기(蜀王本紀)』.

32 남전(藍田) : 섬서성(陝西省)의 현(縣)인데 미옥(美玉)의 생산지로 유명하며 진시황이 이곳 옥으로 옥새를 만들기도 했다.

연기 피어오르네. 이 마음 추억으로 남겨 둘 만하지만, 당시에 이미 망연惘然해버렸네.[錦瑟無端五十絃, 一絃一柱思華年. 莊生曉夢迷蝴蝶, 望帝春心托杜鵑. 滄海月明珠有淚, 藍田日暖玉生煙. 此情可待成追憶, 只是當時已惘然.]

前散앞부분의 분산

「送戴鍊師歸隱」「송대련사귀은」[33]

桃花源裏玉堂仙, 秀挹千岩萬壑煙. 有客重尋鑑湖酒, 無人爲上剡溪船. 龍行靈雨空壇淨, 鼇負神宮複道懸. 回首都門眇如許, 東風長記柳飛綿.

도화원桃花源 안 옥당玉堂의 시선이, 수많은 바위 골짜기의 안개를 움켜쥐었네. 감호鑑湖[34]의 술을 다시 찾는 객이 있으나, 섬계剡溪[35]의 배에 오르는 사람 없네. 용이 신령한 비를 내려 빈 제단 깨끗하고, 자라가 신궁神宮을 짊어지고 복도複道에 매달렸네. 도성 문 되돌아보면 아득하기만 할 터, 동풍은 오랫동안 버들개지 날리는 것을 기억하리라.[桃花源裏玉堂仙, 秀挹千岩萬壑煙. 有客重尋鑑湖酒, 無人爲上剡溪船. 龍行靈雨空壇淨, 鼇負神宮複道懸. 回首都門眇如許, 東風長記柳飛綿.]

---

33 미상.

34 감호(鑑湖) : 절강(浙江) 소흥현(紹興縣)에 있는 호수 이름으로, 경호(鏡湖)・장호(長湖)・경호(慶湖)로도 불린다. 당 현종 때 비서감(祕書監) 하지장(賀知章)이 사직하고 돌아가자, 현종이 그에게 경호 한 자락을 하사했다는 고사가 전한다.

35 섬계(剡溪) : 지명이다. 왕휘지(王徽之)가 눈 내린 밤에 좌사(左思)의 「초은(招隱)」을 읊다가 갑자기 섬계에 있는 친구 대규(戴逵)가 생각이 나, 곧장 배를 타고 찾아갔다가 흥취가 사라지자 그냥 돌아왔다는 고사가 전한다.

後散 二字貫穿뒷부분의 분산 '두 글자의 관통'도 안에 들어있음

「**感興寄友**」「감흥기우」[36]

十年京國總忘憂, 詩酒淋漓共賞遊. 漢月夜吟鳷鵲觀, 苑雲春釀鷫鷞裘. 書來慰我臨池上, 秋去思君到水頭. 爲憶故人張處士, 於今江海尙淹留.

십 년 동안 도성에서 수심 모두 잊고, 시와 술로 흥건하게 함께 놀았네. 고향[37]에서 한밤중에 지작관鳷鵲觀[38]을 읊을 터, 금원(禁苑 : 궁궐)의 구름은 봄날 숙상구鷫鷞裘[39]를 술로 빚으리라. 편지 오면 연못에 나선 나를 위로해 줄 터, 가을 가면 물가로 나가 그대를 그리워하리라. 친구 장처사張處士[40]가 가슴에 남아, 지금도 강호에 머물고 있네.[十年京國總忘憂, 詩酒淋漓共賞遊. 漢月夜吟鳷鵲觀, 苑雲春釀鷫鷞裘. 書來慰我臨池上, 秋去思君到水頭. 爲憶故人張處士, 於今江海尙淹留.]

---

36 원나라 시인 장우(張雨)의 작품이며 「기경사오양호수찬설현경법사겸회장중거우알인기(寄京師吳養浩修撰薛玄卿法師兼懷張仲擧右謁因寄)」 3수 가운데 제3수이다.

37 고향 : 본문 '漢月'은 '한나라의 달'이란 뜻인데 타향에 있는 사람이 '고향'에 대한 비유로 사용한다.

38 지작관(鳷鵲觀) : 한나라 무제의 궁전 이름으로, 이백의 「월야금릉회고(月夜金陵懷古)」·두보의 「선정전퇴조만출좌액(宣政殿退朝晩出左掖)」·전기의 「장신원(長信怨)」 등의 작품에서 거론되었다.

39 숙상구(鷫鷞裘) : 초록빛 털을 지닌 숙상이란 새의 가죽으로 만든 갖옷이다. 한나라 사마상여가 부인 탁문군과 성도(成都)로 돌아갔을 때, 돈이 떨어지자 입고 있던 숙상구를 팔아 술을 사서 탁문군과 함께 마셨다는 고사가 전한다.

40 장처사(張處士) : 원(元)나라 장우(張雨)의 『구곡외사집(句曲外史集)』에는 장중거(張仲擧)로 되어 있으나 어떤 인물인지는 알 수 없다.

五言長古篇法오언 장편고시의 작품 법칙

단락 나눔(分段)
맥의 연결(過脈)
되돌아봄(回照)
찬탄讚歎

先分爲幾段幾節, 每節句數多少, 要略均齊. 首段是序子, 序了一篇之意, 皆含在中. 結段要照起段. 選詩分段, 節數甚均, 或二句, 或三句·四句·六句·八句, 皆不參差. 杜卻不甚如此太拘, 然亦不太長不太短也. 次要過句, 過句名爲血脈, 引過次段. 過處用兩句, 一結上, 一生下, 爲最難, 非老手未易了也. 回照謂十步一回頭, 要照題目. 五步一消息, 要閒語贊歎, 方不甚迫促. 長篇怕雜亂, 一意爲一段. 以上四法, 備「北征」詩, 擧一隅之道也.

먼저 몇 개의 단락, 몇 개의 절節로 나누고 매 절마다 구句의 수를 균등하게 조절해야 한다. 첫 단락은 서序에 해당하는데, 서에는 한 편의 뜻이 모두 들어있어야 한다. 마지막 단락은 첫 단락과 조응돼야 한다. 시제를 선택해서 단락을 분류할 때 절의 수가 매우 균등하여 2구나 3구, 또는 4구, 5구, 6구, 7구, 8구 등으로 모두 들쭉날쭉해서는 안 된다. 두보의 시는 이처럼 지나치게 얽매이지는 않지만 그렇다고 지나치게 길거나 지나치게 짧지도 않다. 다음으로 과구過句인데 과구는 혈맥血脈으로, 다음 단락을 이끌어내 지나간다는 뜻이다. 과구에 해당하는 것은 두 구를 쓰는데 한 구는 윗부분을 끝맺고 한 구는 아랫부분을 생성하는 것으로, 가장 어려워서 노숙한 사람이 아니면 쉽지 않다. 회조回照는 열 걸음에 한 번 뒤돌아보고 제목을 살피는 것이며, 또 다섯 걸음에 한 번 멈춰야 하는데 한적한 표현으로 찬탄을 드러내야 비로소 아주 촉박하지 않게 된다. 장편은 혼란스러울 우려를 갖고 있으므로 하나의 내용으로 하나의 단락을 만들어야 한다. 이상의 네 가지 법은 「북정北征」(두보)에 구비돼 있으니 하나의 예를 들어 나머지를 유추하는 방법이 된다.

七言長古篇法칠언 장편고시의 작품 법칙

단락 나눔(分段)
단락 연결(過段)
돌출(突兀)
글자 연계(字貫)
찬탄讚歎
다시 시작(再起)
제목 귀납(歸題)
끝맺음(送尾)

分段如五言, 過段亦如之. 稍有異者, 突兀萬仞, 則不用過句, 陡頓便說他事. 杜如此, 岑參專尚此法, 爲一家數. 字貫前後, 重三疊四, 用兩三字貫串, 極精神好誦, 岑參所長. 贊歎, 如五言. 再起, 且如一篇三段, 說了前事, 再提起從頭說去, 謂反覆有情, 如「魏將軍歌」·「松子障歌」是也. 歸題乃篇末一二句繳上起句, 又謂之顧首, 如「蜀道難」·「古別離」·「洗兵馬行」是也. 送尾則生一段餘意結末, 或反用, 或比喻用, 如「墜馬歌」曰: "君不見嵇康養生被殺戮." 又曰: "如何不飮令人哀." 長篇有此便不迫促, 甚有從容意思.

단락 나눔은 오언과 같고 단락의 연결도 같다. 조금 다른 점은, 만 길이나 우뚝 솟은 경우에는 과구를 쓰지 않고 갑자기 다른 내용을 이야기하면 된다는 것이다. 두보가 이렇게 했고 잠삼은 이 법을 전적으로 수용해서 일가를 이루었다. 글자가 전후로 연계돼 세 겹 네 겹으로 겹치고 두세 글자가 연결되어 음송吟誦하기에 아주 좋으니 잠삼의 장점이다. 찬탄은 오언과 같다. 다시 시작함은 예를 들어 한 편을 세 단락으로 나눴을 때 앞 줄거리를 말하고 나서 다시 처음부터 다시 전개하여 반복해서 정을 담아내는 것이니 「위장군가魏將軍歌」[41]와 「송자장가松子障歌」[42]가 이에 해당된다. 제목 귀납은 마지막 한두 구가 시작 구와 연계되는 것으로, 고수顧首라고도 하니 「촉도난蜀道難」(이백), 「고별리古別離」(위장韋莊), 「세병마행洗兵馬行」(두보)이 이에 해당된다. 끝맺음은 한 단락의 의미를 사용해 결말을 짓는 것으로 반전의 뜻을 사용하기도 하고 비유를 사용하기도 하니 「추마가墜馬歌」[43]의 "그대여 보지 못했는가? 혜강이 양생론養生論을 지었으나 죽임당한 것을[君不見嵇康養生被殺戮]"[44]과 "어찌하여 술을 마시지 않아 사람을 슬프게 하는가[如何不飮令人哀]"[45]와 같은 것이다. 장편에 이런 내용이 있으면 촉박하지 않고 매우 차분한 분위기를 자아내게 된다.

五言短古篇法오언 단편고시의 작품 법칙

辭簡意味長, 言語不可明白說盡, 含糊則有餘味, 如:"步出城東門, 悵望江南路. 前日風雪中, 故人從此去." "床前明月光, 疑是地上霜. 擧頭望

41 두보의 작품이다.

42 「송자장가(松子障歌)」: 당나라 승려이자 시인인 교연(皎然)의 「관배수재송석장가(觀裴秀才松石障歌)」를 가리키는 듯하지만 확실치는 않다.

43 「추마가(墜馬歌)」: 두보의 작품이며 원제는 「취위마추제공휴주상간(醉爲馬墜諸公攜酒相看)」이다.

44 혜강이 …… 것을: 혜강은 진(晉)나라 사람인데 일찍이 양생론을 지었다. 그런데 훗날 어떤 일에 연루되어 동시(東市)에서 처형되었다. 『두시상주(杜詩詳註)』.

45 송나라 문천상(文天祥)의 「호가곡(胡笳曲)」 18박(拍) 가운데 제7박의 내용이다.

明月, 低頭思故鄉." "開簾見新月, 便卽下階拜. 細語人不聞, 北風吹裙帶."

표현은 간소하지만 의미가 유장하여 표현을 명백하게 다 드러내지 않아도 함축적으로 여운이 담겨 있으니 "성 동문을 걸어 나가며, 서글피 강남 길을 바라보네. 전날 눈보라 몰아칠 때에, 친구가 이 길로 떠났지[步出城東門, 悵望江南路. 前日風雪中, 故人從此去]",[46] "평상 앞에 부서지는 달빛, 땅 위 서리인가 했네. 머리 들어 달을 바라보고, 고개 숙여 고향을 생각하네[床前明月光, 疑是地上霜. 擧頭望明月, 低頭思故鄕]",[47] "발을 걷어 새 달을 보고, 곧장 마당으로 내려와 절을 하네. 속삭이는 말 남들은 듣지 못하고, 북풍만 치마에 불어오네[開簾見新月, 便卽下階拜. 細語人不聞, 北風吹裙帶]"[48]가 이에 해당된다.

編修楊仲弘曰 : 五言短古, 衆賢皆不知來處. 乃只是『選』詩結尾四句, 所以含蓄無限意, 自然悠長. 此論惟趙松雪翁承旨深得之, 次則豫章三日新婦曉得. 淸江知之, 卻不多用.

편수編修 양중홍(楊仲弘 : 양제楊載)이 말하기를 "오언 단편고시는 뭇 현자들이 그 유래를 알지 못했다. 다만 『문선』에 나오는 시의 마지막 네 결구가 무한한 뜻을 함축하여 자연히 유장한 맛이 있다"라고 하였다. 이 논평은 오직 승지承旨 조송설(趙松雪 : 조맹부趙孟頫)옹이 깊이 터득하였고, 다음으로 예장豫章의 삼일신부三日新婦[49]가 깨달았다. 청강淸江[50]은 알기는 했으나 많이 사용하지는 않았다.

46 원나라의 문인 게혜사(揭傒斯)의 저작이며 원제는 「효출순승문유회대허(曉出順承門有懷大虛)」이다.
47 이백의 저작이며 제목은 「정야사(靜夜思)」이다.
48 당나라 시인 이단(李端)의 저작이며 제목은 「배신월(拜新月)」이다.
49 예장(豫章)의 삼일신부(三日新婦) : 원나라 4대 시인 가운데 한 사람인 게혜사를 가리킨다.
50 청강(淸江) : 원나라 4대 시인 가운데 한 사람인 범곽(范梈)을 가리킨다.

七言短古篇法칠언 단편고시의 작품 법칙

辭明意盡, 與五言相反, 如: "休洗紅, 洗紅紅色變. 不惜故縫衣, 記得初揉茜. 人命百年能幾何? 後來新婦今爲婆." "石人前, 石橋邊, 六角黃牛二頃田, 帶經躬耕三十年."

표현이 명백하고 내용이 극진하여 오언과 상반된다. 예컨대 "붉은 옷감 씻지 말라. 붉은 옷감 씻으면 붉은 색이 변한다. 옛 옷을 아까워 말고, 처음 꼭두서니 풀 주무를 때를 기억하라. 백 년 사는 사람 몇이나 되랴, 시집왔던 신부가 지금 노파 되었다[休洗紅, 洗紅紅色變. 不惜故縫衣, 記得初揉茜. 人命百年能幾何? 後來新婦今爲婆]",[51] "석인石人 앞, 석교石橋 옆, 육각 황소와 두 이랑 밭에서, 삼십 년을 공부도 하며 농사지었다[石人前, 石橋邊, 六角黃牛二頃田, 帶經躬耕三十年]"[52]가 이에 해당된다.

樂府篇法악부의 작품 법칙

張籍爲第一, 王建近體次之, 長吉虛妄不必效, 岑參有氣, 惜語硬, 又次之. 張·王最古上格, 如「焦仲卿」·「木蘭詞」·「羽林郎」·「霍家奴」·「三婦詞」·「大垂手」·「小垂手」等篇, 皆爲絶唱. 李太白樂府, 氣語皆自此中來, 不可不知也.

장적이 제일이고, 왕건의 근체시가 다음이고, 이하는 허망하여 본받을 것이 없고, 잠삼은 기운이 있으나 표현이 경직된 아쉬움이 있으니 그다음이다. 장적과 왕건이 가장 예스러우며 최고의 격은 「초중경焦仲

51 이하의 잡언시(雜言詩) 「휴세홍(休洗紅)」 2수 중 제1수이다.

52 미상.

卿」,[53] 「목련사木蘭詞」,[54] 「우림랑羽林郎」,[55] 「곽가노霍家奴」,[56] 「삼부사三婦詞」,[57] 「대수수大垂手」,[58] 「소수수小垂手」[59] 등으로 모두 절창이다. 이백의 악부도 그 기와 표현이 모두 여기로부터 나왔으니 이 사실을 몰라서는 안 된다.

要訣在於反本題結, 如「山農詞」, 結卻用"西江賈客珠百斛, 船中養犬多食肉"是也. 又有含蓄不發結者. 又有截斷頓然結者, 如"君不見蜀葵花"是也.

요체는 본 주제로 돌아가 끝맺는 것에 있으니 「산농사山農詞」에서 그 결말을 "서강의 상인은 구슬이 백 곡斛이고, 배 위에서 기른 개도 고기를 먹는다네[西江賈客珠百斛, 船中養犬多食肉]"[60]라고 한 것이 이에 해당된다. 그 밖에 함축하여 결말을 드러내지 않은 것도 있고, 또 뚝 끊고 바로 결말을 낸 것도 있으니 "그대는 촉 땅 해바라기 꽃을 보지 못했는가[君不見蜀葵花]"[61]가 이에 해당된다.

---

53 「초중경(焦仲卿)」: 한나라 때의 악부로, 초중경과 그 아내의 이야기를 노래한 「공작동남비(孔雀東南飛)」를 가리킨다.

54 「목련사(木蘭詞)」: 옛 악부로, 목란이라는 여인이 늙은 아버지 대신 남장(男裝)을 하고 십이 년 동안 종군한 사실을 기술했다.

55 「우림랑(羽林郎)」: 신연년(辛延年)이 지은 악부로, 곽광(霍光)의 노비인 풍자도(馮子都)에 관한 내용을 담고 있다.

56 「곽가노(霍家奴)」: "昔有霍家奴, 姓馮名子都"로 시작하는, 신연년(辛延年)의 「우림랑(羽林郎)」을 가리킨 것으로 보인다.

57 「삼부사(三婦詞)」: 남북조시대 진(陳)나라 마지막 황제 숙보(叔寶)의 작품이다.

58 「대수수(大垂手)」: 악부잡곡(樂府雜曲)에 속하는 곡의 제목으로, 춤을 출 때 손을 드리우는 동작에 착안하여 붙여진 이름이다.

59 「소수수(小垂手)」: 악부잡곡에 속하는 곡의 제목으로, 춤을 출 때 손을 반쯤 드리운 동작에 착안하여 붙여진 이름이다.

60 저자는 장적이고 작품명은 「야로가(野老歌)」이다. 뒤에 바로 작품 전체가 실려 있다.

61 당나라 시인 잠삼의 저작이며 제목은 「촉규화가(蜀葵花歌)」이다.

老翁家貧在山住, 耕種山田三四畝. 苗疏稅多不得食, 輸入官倉化爲土. 歲暮鋤犁傍空室, 呼兒登山收橡實. 西江賈客珠百斛, 船中養犬多食肉.

늙은이 가난하여 산중에 살며, 밭 서너 묘畝를 경작한다네. 수확은 적고 세금이 많아 먹고 살 수 없는데, 관가 창고로 납부된 것은 흙이 되고 만다네. 세밑에 호미와 쟁기만 빈 방에 놓아두고, 아이 불러 산에 올라 상수리 열매 줍네. 서강의 장사치는 구슬이 백 곡斛이고, 배 위에 기른 개도 고기를 먹는다네.[老翁家貧在山住, 耕種山田三四畝. 苗疏稅多不得食, 輸入官倉化爲土. 歲暮鋤犁傍空室, 呼兒登山收橡實. 西江賈客珠百斛, 船中養犬多食肉.]

絶句篇法절구의 작품 법칙

首句起첫 구에서 제기

「畫松」「화송」[62]

畫松一似眞松樹, 待我尋思記得無. 曾在天台山上見, 石橋南畔第三株.

그림 속 소나무가 진짜 소나무 같아, 기억을 더듬어 찾아가 본다. 그래 천태산의, 석교石橋 남쪽 언덕 세 번째 나무였지.[畫松一似眞松樹, 待我尋思記得無. 曾在天台山上見, 石橋南畔第三株.]

62 「화송(畫松)」: 초서에 능했으며 잠삼과 동시대 사람인 경운(景雲)의 작품이다.

次句起두 번째 구에서 제기

「金陵卽事」

「금릉즉사金陵卽事」[63]가 이에 해당된다.

第三句起세 번째 구에서 제기

前二句皆閒, 至第三句方詠本題.

앞 2구는 모두 자유로운 내용이고, 제3구에서 비로소 주제를 나타냈다.

扇對선대[64]

「存歿口號」「존몰구호」[65]

席謙不見近彈棋, 畢曜仍傳舊小詩. 玉局他年無限笑, 白楊今日幾人悲?
鄭公彩繪隨長夜, 曹霸丹青已白頭. 天下何曾有山水? 人間不解重驊騮.

석겸席謙[66]은 근자에 바둑 튕기는 걸[67] 보지 못했고, 필요畢曜[68]는 여

63 「금릉즉사(金陵卽事)」: 왕안석의 작품이며 총 3수이다.
64 선대(扇對): 선대격(扇對格)을 말한다. 보통 시의 대우(對偶)를 맞출 때 1구가 상대를 이루는데 선대격은 1구와 2구가 한쪽이 되고 3구와 4구가 한쪽이 되어 1구는 3구와 상대가 되고 2구는 4구와 상대가 된다.
65 「존몰구호(存歿口號)」: 두보의 작품이다.
66 석겸(席謙): 당나라 때의 도사이며 탄기(彈棋)에 뛰어났다.
67 바둑 튕기는 걸: 탄기는 바둑판에서 바둑알을 튕기는 놀이로, 서한 말에 유행했으며 궁

전히 옛 단편시가 전하네. 옥 바둑판은 훗날 무한히 웃을 터이나, 백양白楊[69]은 오늘 몇 사람이나 슬퍼할까.[席謙不見近彈棋, 畢曜仍傳舊小詩. 玉局他年無限笑, 白楊今日幾人悲?]

정공鄭公[70]의 그림은 긴 밤을 함께하고, 조패曹霸[71]의 단청은 백발이 되었네. 천하에서 산수화를 어찌 다시 보랴, 세상에선 화류마驊騮馬 귀한 줄을 모르리라.[鄭公彩繪隨長夜, 曹霸丹青已白頭. 天下何曾有山水? 人間不解重驊騮.]

問對묻고 답함

首句閒, 次句說本題, 第三句閒, 結再說本題, 應第二句, 卽「磨笄山」詩也.

첫 구는 자유롭고, 다음 구는 주제를 말하고, 제3구는 자유롭고, 결구는 다시 주제를 말하며 제2구에 호응하니 「마계산磨笄山」[72]이 이에 해당된다.

중이나 사대부들이 주로 즐겼다.

68 필요(畢曜) : 당나라 때 사람으로 감찰어사(監察御史)를 역임했으며 두보와 가까웠다.

69 백양(白楊) : 무덤가에 많이 심는 나무로, 사자를 애도할 때 많이 거론된다. "풀은 어찌 저토록 아득한가, 백양 또 쓸쓸하네.[荒草何茫茫, 白楊亦蕭蕭.]" 도잠, 「만가(挽歌)」.

70 정공(鄭公) : 당나라 때의 문인이자 화가인 정건(鄭虔)으로 특히 산수화에 뛰어났다.

71 조패(曹霸) : 당나라 때의 문인이자 화가로, 특히 말 그림에 뛰어났다.

72 「마계산(磨笄山)」 : 당나라 시인 호증(胡曾)의 작품이며 내용은 다음과 같다. "부드러운 봄풀은 해를 안고 낮게 있거늘, 산 옆에 말을 세우고 마계산을 바라보네. 꾀꼬리도 옛일을 아는 듯, 부인이 죽은 곳을 향해 우짖는다.[春草綿綿帶日低, 山邊立馬看磨笄, 黃鶯也解追前事, 來向夫人死處啼.]"

順去순조롭게 흘러감

松下問童子, 問余何事棲碧山, 湘中老人, 行到水窮處, 首座茶.

"소나무 아래에서 동자에게 묻다[松下問童子]",[73] "내게 왜 청산에 사느냐고 물어[問余何事棲碧山]",[74] "상중湘中의 노인[湘中老人]",[75] "물이 다한 곳(시작되는 곳)까지 가다[行到水窮處]",[76] "수좌의 씀바귀[首座荼]"[77]가 이에 해당된다.

藏詠보이지 않게 묘사함

「**江南逢李龜年**」「강남봉이구년」[78]

岐王宅裏尋常見, 崔九堂前幾度聞. 正是江南好風景, 落花時節又逢君.

기왕岐王과 집에서 늘상 보았고, 최구崔九의 집에서 몇 번이나 들었던가. 마침 강남에 풍광이 좋을 때였는데, 꽃이 지는 시절에 또다시 그대를 만났구려.[岐王宅裏尋常見, 崔九堂前幾度聞. 正是江南好風景, 落花時節又逢君.]

---

73 당나라 시인 가도의 저작이며 제목은 「심은자불우(尋隱者不遇)」이다.
74 이백의 저작이며 제목은 「산중문답(山中問答)」이다.
75 당나라 시인 가지(賈至)의 저작이며 제목은 「군산(君山)」이다.
76 왕유의 저작이며 제목은 「종남별업(終南別業)」이다.
77 미상.
78 두보의 작품이다.

中斷別意중간에서 전환하여 새로운 내용을 제시함

前二句說本題, 後二句說題外意, "願領龍驤十萬兵"是也.

앞의 2구는 본 주제를 말하고 뒤 2구는 제목 밖의 내용을 말하는 것이니 "십만 용양위龍驤衛 군사를 거느리길 원하노라[願領龍驤十萬兵]"[79] 가 이에 해당된다.

四句兩聯4구의 두 연

兩個黃鸝鳴翠柳, 遲日江山麗.

"두 마리 꾀꼬리 푸른 버들에서 우네[兩個黃鸝鳴翠柳]"[80]와 "봄날에 강산이 곱구나[遲日江山麗]"[81]가 이에 해당된다.

借喩비유를 듦

借本題說他事, 如詠婦人者, 必借花爲喩, 詠花者, 必借婦人爲比.

본 주제를 빌려서 다른 이야기를 말하는 것이니 예를 들어 부인을 노래하는 자는 반드시 꽃을 빌려 비유로 삼고 꽃을 노래하는 자는 반드시 부인을 빌려 비유로 삼는 경우이다.

---

79 미상.

80 두보의 저작이며 「절구사수(絶句四首)」 중 제3수이다.

81 두보의 저작이며 「절구이수(絶句二首)」 중 제1수이다.

右十法, 絕句之篇法也. 此最爲緊, 推此以往, 思過半矣.

이상 열 가지 법은 절구의 작품 법칙이다. 이것이 가장 긴요하며 이것을 미루어 짐작하면 이미 절반은 안 것이다.

句法구의 법칙

問答묻고 답함

誰其獲者婦與姑. 何日東歸花發時.

"얻은 자 누구인가? 며느리와 시어머니.[誰其獲者婦與姑.]"[82] "언제 동쪽으로 돌아갈까? 꽃이 필 때.[何日東歸花發時.]"[83]

當對합당한 대

白狐跳梁黃狐立. 婦女行泣夫走藏.

"흰 여우는 날뛰고 누런 여우는 서 있네.[白狐跳梁黃狐立.]"[84] "부인은

82 얻은 자 …… 시어머니 : 후한 환제(桓帝) 초에 불린 동요이다. 원나라 문인 진인자(陳仁子)가 편집한 『문선보유(文選補遺)』 권35에는 「소맥요(小麥謠)」로, 송나라 문인 곽무천(郭茂倩)이 편집한 『악부시집(樂府詩集)』 권88에는 「후한환제초소맥동요(後漢桓帝初小麥童謠)」로 되어 있는 등, 시제는 상이하나 원문은 "誰當穫者婦與姑"로 동일하다.

83 미상.

84 두보의 저작이며 「건원중우거동곡현작가(乾元中寓居同谷縣作歌)」 7수 중 제5수이다.

울고 있고 지아비는 달아나 숨네.[婦女行泣夫走藏.]"[85]

上三下四위로 세 글자가 연결되고 아래로 네 글자가 연결된 것

鳳凰樂奏鈞天曲. 烏鵲橋通織女河.

"봉황악鳳凰樂은 균천곡鈞天曲을 연주하고, 오작교는 직녀하織女河로 통하네.[鳳凰樂奏鈞天曲, 烏鵲橋通織女河.]"[86]

上四下三위로 네 글자가 연결되고 아래로 세 글자가 연결된 것

金馬朝回門似水. 碧雞天遠路如年.

"아침에 금마문金馬門 돌아오니 문이 물인 것 같다. 하늘 먼 벽계산碧雞山의 길은 한 해 같다.[金馬朝回門似水, 碧雞天遠路如年.]"[87]

上應下呼위에서 응하고 아래에서 부름

素練抹林雲氣薄, 明珠穿草露華新.

85 두보의 저작이며 제목은 「대맥행(大麥行)」이다.

86 원나라의 문인 왕사원(王士元)의 저작이며 「경도차마백용상서운(京都次馬伯庸尙書韻)」 2수 중 제2수이다.

87 아침에 …… 같다 : 작가는 원나라 왕사희(王士熙)이고 작품명은 「송거덕신(送巨德新)」이다. 그런데 『원시선(元詩選)』 2집 권11과, 『원시체요(元詩體要)』 권11에는 "벽계산으로 사람 떠나니 먼 길이 하늘과 같다[碧雞人去遠路如天]"로 돼 있다.

"흰 비단 숲을 덮듯 구름이 엷고, 영롱한 구슬 풀을 뚫듯 이슬이 새롭구나.[素練抹林雲氣薄, 明珠穿草露華新.]"[88]

上呼下應위에서 부르고 아래에서 응함

林花著雨胭脂濕, 水荇牽風翠帶長.

"숲 속 꽃에 비가 내려 연지가 젖고, 물속 마름 바람에 끌려 푸른 띠가 길다.[林花著雨胭脂濕, 水荇牽風翠帶長.]"[89]

行雲流水구름처럼 물처럼

春日鶯啼修竹裏, 仙家犬吠白雲間.

"봄날 꾀꼬리는 대숲에서 지저귀고, 선가仙家의 개는 구름 속에서 짖는다.[春日鶯啼修竹裏, 仙家犬吠白雲間.]"[90]

顚倒錯亂앞뒤가 뒤바뀜

香稻啄餘鸚鵡粒, 碧梧棲老鳳凰枝.

---

88 원나라 문인 양재(楊載)의 저작이며 제목은 「동호사경위대윤본재왕후부(東湖四景爲大尹本齋王侯賦)」 4수 중 제1수이다.

89 두보의 저작이며 제목은 「곡강대우(曲江對雨)」이다.

90 두보의 저작이며 제목은 「등왕정자(滕王亭子)」이다.

"앵무새는 남은 벼이삭을 쪼고, 봉황은 늙은 벽오동에 깃드네.[香稻啄餘鸚鵡粒, 碧梧棲老鳳凰枝.]"[91]

言倒理順표현은 전도돼도 내용은 자연스러움

海岸夜深常見日, 寒巖四月始知春.

"해안에서는 밤 깊어도 언제나 해를 보지만, 한암寒巖에서는 사월에야 비로소 봄을 아네.[海岸夜深常見日, 寒巖四月始知春.]"[92]

議論語서술적 표현

송나라 시인들이 많이 사용했다. 바로 서술하는 형식이다.[宋人用之. 直書句.]

鄭縣亭子澗之濱. 一去三年竟不歸.

"정현鄭縣의 정자는 계곡 물가에 있네.[鄭縣亭子澗之濱.]"[93] "한 번 떠나서는 삼 년 내내 돌아오지 않네.[一去三年竟不歸.]"[94]

---

91 두보(杜甫)의 저작이며, 「추흥(秋興)」 8수 중 제8수의 내용이다.

92 "海岸夜深常見日"은 출처 미상이고, "寒巖四月始知春"은 당나라 시인 방간(方干)의 저작으로, 제목은 「제용천사절정(題龍泉寺絶頂)」이다. 참고로 방간의 시 전문은 다음과 같다. "未明先見海底日, 良久遠鷄方報晨. 古樹含風長帶雨, 寒巖四月始知春. 中天氣爽星河近, 下界時豐雷雨匀. 前後登臨思無盡, 年年改換去來人."

93 두보의 저작이며 제목은 「제정현정자(題鄭縣亭子)」이다.

94 미상.

兩句成一句2구가 1구를 이룸

屢將心上事, 相與夢中論.
蕭蕭千里馬, 個個五花文.

"여러 번 마음속 이야기를, 꿈속에서 서로 논했네[屢將心上事, 相與夢中論]", "히힝하는 천리마여, 오화五花의 무늬가 또렷하구나.[蕭蕭千里馬, 個個五花文.]"

字法글자의 법칙

『事文類聚』事不可用, 多宋事也, 又不可用俚語偏方之言. 摘用『史記』·『西漢書』·『東漢書』·『新·舊唐書』·『晉書』字樣, 集成聯對.

『사문류취事文類聚』의 고사는 사용해서는 안 되니 대부분 송나라 고사이기 때문이며, 또 속어나 외진 지역의 말을 사용해선 안 된다. 『사기』·『서한서西漢書』·『동한서東漢書』·『신당서新唐書』·『구당서舊唐書』·『진서晉書』의 문장 내용을 사용하여 대련을 만들어야 한다.

一副當부분적인 것

백호관白虎觀과 벽계방碧雞坊
금복고金僕姑와 옥구뢰玉具櫑
고비호인高鼻胡人과 평두노자平頭奴子
미어眉語와 목성目成

有用字琢對之法, 先須作三字對, 或四字對起, 然後裝排成全句. 不可逐句思量, 卻似對偶, 不成作手也. 或二字對起亦可. 路頭差處在此. 捕風捉影, 如何成詩? 至謹至謹.

글자를 사용하여 대구對句를 조탁하는 법은, 먼저 3자의 대구를 사용하거나 또는 4자의 대구를 사용한 다음 잘 안배해서 구 전체를 완성하는 것이다. 하지만 매 구마다 이를 생각해선 안 된다. 그렇게 되면 대우對偶와 비슷해져서 능수能手가 되지 못한다. 2자로 대구를 써서 시작해도 괜찮다. 시의 시작이 잘못되는 것이 여기에 있다. 바람을 붙들고 그림자를 잡으려 하니 어떻게 시가 되겠는가. 지극히 삼가고 삼가야 한다.

氣象기상

翰苑・輦轂・山林・出世・偈頌・神仙・儒先【石屛之類宋賢也.】江湖・閭閻・末學.【末學者, 道聽塗說, 得一二字面, 便雜據用去, 不成一家, 又在江湖閭閻之下.】已上氣象, 各隨人之資稟高下而發. 學者以變化氣質, 須仗師友所習所讀, 以開導佐助, 然後能脫去俗近, 以遊高明. 謹之愼之. 又詩之氣象, 猶字畫然, 長短肥瘦, 淸濁雅俗, 皆在人性中流出. 得八法便成妙染而洗吾舊態也. 此趙松雪翁與中峰和尙述者, 道良之語也, 漫錄於此耳.

儲詠曰 : "性情褊隘者, 其詞躁, 寬裕者, 其詞平, 端靖者, 其詞雅, 疏曠者, 其詞逸, 雄偉者, 其詞壯, 蘊藉者, 其詞婉. 涵養情性, 發於氣, 形於言, 此詩之本源也."

한원翰苑·연곡輦轂[95]·산림山林·출세出世·게송偈頌·신선神仙·유선儒先【석병石屛[96]의 부류이니 송宋나라의 현인이다】·강호江湖·여염閭閻·말학末學【말학은 도청도설의 부류로, 한두 글자만 얻으면 곧바로 이것저것 섞어서 사용하니 일가를 이루지 못할 뿐더러 강호와 여염 아래에 있다】 등의 기상은 각각 저마다의 자질에 따라 나타난다. 배우는 자는 기질을 변화시킴에 있어서 반드시 스승과 벗들이 익힌 것과 읽은 것에 의지하여 계도와 보좌를 받고 나서야 속되고 하찮은 것에서 벗어나 고명한 경지에서 노닐 수 있으니 삼가고 신중해야 한다. 또 시의 기상은 마치 글씨의 획畫에 있어 그 장단長短과 비수肥瘦, 청탁淸濁과 아속雅俗이 모두 사람의 본성에서 흘러나오는 것과 같다. 팔법八法[97]을 얻으면 곧 오묘한 선염渲染을 터득해서 자기의 구태를 씻을 수 있다. 이것은 조맹부와 중봉화상中峯和尙이 남긴 말씀으로, 훌륭한 내용이어서 여기에 적는다.

저영儲詠이 말했다. "성정性情이 편협된 자는 그 표현이 조급하고, 성정이 관대하고 여유로운 자는 그 표현이 평이하고, 성정이 단정한 자는 그 표현이 단아하고, 성정이 거침없는 자는 그 표현이 초월되고, 성정이 웅장한 자는 그 표현이 장대하고, 성정이 점잖은 자는 그 표현이

95 연곡(輦轂) : 황제의 수레라는 뜻인데 서울을 가리킨다.

96 석병(石屛) : 남송 천태(天台) 사람으로, 이름은 대복고(戴復古)이고 자(字)는 식지(式之)이며 석병은 그의 호이다. 시로 명성을 떨친 인물이다. 저서에 『석병시집(石屛詩集)』이 있다.

97 팔법(八法) : 당나라 장회관(張懷瓘)의 『서법론(書法論)』에서 나오는 영자팔법(永字八法)을 말한다. '영(永)'자에 여덟 가지 법칙이 있는데 첫 번째는 칙(側)으로 점(點), 두 번째는 늑(勒)으로 횡획(橫畫), 세 번째는 노(努)로 직획(直畫), 네 번째는 적(趯)으로 구(鉤), 다섯 번째는 책(策)으로 위로 향하는 사획(斜畫), 여섯 번째는 약(掠)으로 별(撇), 일곱 번째는 탁(啄)으로 바른편의 단별(短撇), 여덟 번째는 책(磔)으로 날(捺)이다.

완곡하다. 성정을 함양하여 기로 발현하고 표현으로 드러나니 이것이 시의 근본 흐름이다.

家數 일가를 이룬 시인

詩之造極適中, 各成一家. 詞氣稍偏, 句有精粗, 強弱不均, 況成章乎? 不可不謹.

시가 극치에 도달하고 중도에 맞게 되면 각기 일가를 이룬다. 글의 흐름이 조금 치우치면 구句에 좋은 것과 나쁜 것이 들어있어서 강약이 고르지 않게 되는데, 완벽한 형태야 말할 나위 있겠는가. 조심하지 않아서는 안 된다.

『三百篇』: 思無邪		意見
『離騷』: 激烈憤怨		哀傷
『選』詩 : 婉曲委順		柔弱
太白 : 雄豪空曠		狂誕
韓 : 杜 : 沉雄厚壯	學者不察, 失於	粗硬
陶 : 韋 : 含蓄優遊		迂闊
孟郊 : 奇險斬截		怪短
王維 : 典麗靓深		容冶
李商隱 : 微密閒豔		細碎

已上略擧八九家數, 一隅三反之道也.

『시경』: 생각에 사악함이 없다		의미가 드러나고
『이소』: 격렬히 분노하고 원망한다		너무 슬퍼하고
『문선』의 시: 완곡婉曲하고 순응한다		유약하고
이백: 호걸스럽고 광활하다		속이게 되고
한유: 두보: 심후하고 웅장하다	학자가 살피지 못하면	거칠고
도연명: 위응물: 함축적이고 영유롭다		본질과 거리가 멀고
맹교: 기구하고 험하다		기괴하고
왕유: 전아하고 화려하며 차분하고 그윽하다		아름답기만 하고
이상: 세밀하며, 閒雅하고 미려하다		자질구레한 잘못을 범하게 된다.

이상은 일가를 이룬 8, 9명의 예를 간략히 든 것이니 하나를 들어 나머지를 유추하는 방법이다.

音節 음절

馬御史云: "東夷·西戎·南蠻·北狄, 四方偏氣之語, 不相通曉, 互相憎惡. 惟中原漢音, 四方可以通行, 四方之人皆喜於習說. 蓋中原天地之中, 得氣之正, 聲音散布, 各能相入, 是以詩中宜用中原之韻, 則便官樣不凡. 押韻不可用啞韻, 如五支·二十四鹽, 啞韻也."

마어사馬御史[98]가 말했다. "동이東夷, 서융西戎, 남만南蠻, 북적北狄 등 사방의 치우친 지역의 말은 서로 소통되지 않아서 서로들 싫어한다. 오직 중원의 한어漢語 음은 사방에 통용될 수 있어서 사방 사람들이 모두 익히고 말하기를 좋아하다. 대개 중원은 천지의 중앙으로 바른 기운을

98 마어사(馬御史): 마조상(馬祖常). 원나라 옹고족(雍古族) 출신의 시인이다.

얻어서 그 성음이 널리 반포되어 서로 받아들일 수 있다. 이 때문에 시에서는 의당 중원의 운을 써야 하니 그렇게 하면 부유하고 전아하여 속되지 않다. 압운押韻에는 아운啞韻[99]을 써서는 안 되니 예를 들어 5지支[100]나 24염鹽[101]은 아운이다."

【凡例】只要明暗二例, 諸作皆然.【杜甫・鄭谷四詩可法】

【범례凡例】단지 명明과 暗 두 예만을 들지만 모든 시들이 다 그렇다【두보와 정곡의 시 네 편이 본받을 만하다】.

明보이는 것

「黑鷹」杜甫「흑응」두보

黑鷹不省人間有, 度海疑從北極來. 正翮摶風超紫塞, 玄冬幾夜宿陽臺. 虞羅自覺虛施巧, 春雁同歸必見猜. 萬里寒空只一日, 金眸玉爪不凡材.

흑응黑鷹이 설마 세상에 있을 줄이야! 아마 바다 건너 북극에서 왔으리라. 날개 활짝 펴고 바람 박차며 북방 요새 넘었을 터, 한겨울 양대陽臺에서는 몇 밤을 묵었을까. 사냥꾼 교묘하게 그물 설치해도 헛일일

99 아운(啞韻) : 성운(聲韻)이 시원스럽지 못하거나 생소한 글자가 많은 운부를 말한다.

100 5지(支) : 오효(五爻)의 오자가 아닌가 싶다. 송나라 문인 누기(婁機)가 『한예자원(漢隸字源)』 권3에서 오효의 예로 "爻, 肴, 殽, 崤, 交, 蛟, 郊, 膠, 墝, 虓, 哮, 包, 苞, 胞, 茅, 巢"를 들었다.

101 24염(鹽) : 송나라 문인 누기가 『한예자원』 권3에서 이십사염의 예로 "鹽, 閻, 厭, 暹, 僉, 殲, 漸, 潛, 瞻, 占, 霑, 廉, 磏, 炎, 淹, 鈐"을 들었다.

터, 봄날 기러기와 함께 돌아가면 분명 시기 당하리라. 겨울 창공 만 리 길을 하루 만에 날아가니, 황금 눈동자 옥 발톱이 예사롭지 않도다![黑鷹不省人間有, 度海疑從北極來. 正翮摶風超紫塞, 玄冬幾夜宿陽臺. 虞羅自覺虛施巧, 春雁同歸必見猜. 萬里寒空只一日, 金眸玉爪不凡材.]

「雙鷺」 鄭谷【『三體』作雍陶】

「쌍로」 정곡【『삼체당시』에는 옹도의 작품으로 기록되어 있다】

雙鷺應憐水滿池, 風飄不動頂絲垂. 立當靑草人先見, 行傍白蓮魚未知. 一足獨拳寒雨裏, 數聲相叫早秋時. 林塘得爾須增價, 況與詩家物色宜.

한 쌍의 백로는 물 가득한 연못을 사랑하여, 바람이 몰아쳐도 움직이지 않고 머리 드리웠다. 푸른 풀에 서 있으면 사람이 먼저 보고, 흰 연꽃 옆에 있으면 물고기가 알아보지 못한다. 차가운 빗속에 한 발로 서서, 이른 가을 소리 내어 서로 부른다. 숲 속 연못이 너를 만나면 값이 뛰어오르는데, 더군다나 시인들의 소재에도 알맞음에랴.[雙鷺應憐水滿池, 風飄不動頂絲垂. 立當靑草人先見, 行傍白蓮魚未知. 一足獨拳寒雨裏, 數聲相叫早秋時. 林塘得爾須增價, 況與詩家物色宜.]

暗보이지 않는 것

「白鷹」 杜甫「백응」 두보

雲飛玉立盡淸秋, 不惜奇毛恣遠遊. 在野只敎心力破, 干人何事網羅求. 一生自獵知無敵, 百中爭能恥下鞲. 鵬礙九天須卻避, 兔經三窟莫深憂.

온 가을 구름처럼 날고 옥처럼 서서, 기이한 깃털 아끼지 않으며 마음껏 난다. 들판에 있을 땐 심신만 지치게 하는데, 사냥꾼은 어찌 그물쳐 잡으려 하는가. 일생의 사냥에서 적수가 없거니와, 백발백중 능력으로 가죽 팔찌 앉는 걸 수치로 아네. 온 하늘 가로막는 붕새도 피할 터이나, 세 굴 가진 토끼는 너무 걱정 말거라.[雲飛玉立盡淸秋, 不惜奇毛恣遠遊. 在野只教心力破, 干人何事網羅求. 一生自獵知無敵, 百中爭能恥下韝. 鵬礙九天須卻避, 兎經三窟莫深憂.]

「鷓鴣」 鄭谷「자고」 정곡

暖戲煙蕪錦翼齊, 品流應得近山雞. 雨昏靑草湖邊過, 花落黃陵廟裏啼. 遊子乍聞征袖濕, 佳人才唱翠眉低. 相呼相喚湘江曲, 苦竹叢深春日西.

안개 낀 따스한 풀밭에서 비단 날개 펼치니, 종류로는 산계山鷄[102]에 가까우리라. 비 내려 어두울 때 청초호靑草湖를 지나고, 꽃이 질 무렵에는 황릉묘黃陵廟에서 우짖는다. 나그네 소리 들으면 옷소매가 젖고, 교방 여인 노래 부를 땐 푸른 눈썹 내려간다. 상강湘江 굽이에서 서로가 부르나니, 고죽(苦竹 : 왕대) 깊은 숲에 봄날이 진다.[暖戲煙蕪錦翼齊, 品流應得近山雞. 雨昏靑草湖邊過, 花落黃陵廟裏啼. 遊子乍聞征袖濕, 佳人才唱翠眉低. 相呼相喚湘江曲, 苦竹叢深春日西.]

102 산계(山鷄) : 꿩과에 속한 새. 닭과 비슷하며 몸에 알록달록한 점이 많다. 『금경(禽經)』의 산계(山鷄) 조에 "머리에 채색(彩色) 털이 있는 것을 산계라고 한다"라고 했다.

起句첫 구

實敍・狀景・問答・反題故事・順題故事・弔古・傷今・頌美・時序・客愁・感歎.

사실묘사・광경・문답・주제에 반하는 고사・주제에 순응하는 고사・옛것을 애도함・지금 일을 슬퍼함・칭송과 찬미・계절・객수客愁・감탄

結句끝맺는 구

祝頌・勸戒・自感・自愛・問信・寄憶・寄書・寄詩・相思・兵戈・我亦・懷古・故事・欣歡・景燕・激烈・何年遊・何由往・那可再・何日歸.

송축・권유와 경계・홀로 감상함・스스로 사랑함・안부를 물음・기억나는 이에게 보냄・편지를 보냄・시를 보냄・그리워 함・전쟁・나도 마찬가지임・옛일을 회상함・고사故事・기쁨・큰 연회・격렬・언제 노닐까・어떻게 갈까・어찌 두 번 올 수 있을까・언제 돌아갈까.

已上凡例, 明・暗並起句・結句四法, 律詩・絶句・長短篇通用, 無出此者. 惟童謠一家不在此例, 不可不知也. 作者深造博學, 始能著心. 謹之愼之, 不可妄授.

이상의 범례로서 명明과 암暗, 기구起句와 결구結句 네 법칙은 율시와 절구와 장·단편에서 모두 통용되며 이 범위를 벗어나는 것은 없다. 오직 동요 일가만 이 범례에 들지 않으니 이를 몰라서는 안 된다. 시를 짓는 자는 깊이 들어가고 넓게 배워야 비로소 착수할 수 있다. 삼가고 또 삼가서 함부로 가르쳐줘서는 안 된다.

『시학금련詩學禁臠』

원元 범덕기範德機

시학금련詩學禁臠

원元 범덕기范德機

頌中有諷格칭송 안에 풍자가 들어가 있는 격

「中秋禁直」「중추금직」[1]

星斗疏明禁漏殘, 紫泥封後獨憑闌. 露和玉屑金盤冷, 月射珠光貝闕寒. 天襯樓臺歸苑外, 風吹歌管下雲端. 長卿只解「長門賦」, 未識君臣濟會難.

북두성 선명하고 금루(禁漏 : 물시계) 기우는데, 붉은 진흙 봉한 뒤[2]에

1 당나라 시인 한악(韓偓)의 작품이다.

2 붉은 진흙 …… 뒤 : 한나라 때 황제의 옥새가 여섯 개였는데 모두 무도(武都)에서 나는 붉은 진흙을 사용하여 봉하였다. 여기에는 두 가지 설이 있다. 임금이 조서를 내릴 때에 붉은 진흙으로 봉하고 그 위에 옥새를 찍었다는 것이 『후한서』에 주석을 낸 이현(李賢)의 주장이고, 옥새를 보관하는 장소를 붉은 진흙으로 만들었다는 것이 『서경잡기』의 주

홀로 난간에 기대었네. 이슬에 옥설玉屑 섞은[3] 금반金盤이 차갑고, 달이 진주 빛 발하는[4] 패궐貝闕[5]이 춥구나. 하늘이 누대와 가까울 때 궁원宮苑 밖으로 돌아가고, 바람이 연주 소리 보낼 즈음 구름 끝을 내려가네. 장경長卿은 「장문부長門賦」만 지을 줄 알 뿐,[6] 군신이 제대로 만나기가 어려움은 잘 모르네.[星斗疏明禁漏殘, 紫泥封後獨憑闌. 露和玉屑金盤冷, 月射珠光貝闕寒. 天襯樓臺歸苑外, 風吹歌管下雲端. 長卿只解「長門賦」, 未識君臣濟會難.]

第一聯上句言宮中之景, 下句自敍玉堂夜直作詔, 此時方畢. 第二聯言宮中之景, 以應第二句. 第三聯序己之榮遇密邇, 以應第二句. 第四聯言陳後廢處長門宮, 聞相如善賦, 以千金與相如爲賦, 以諷天子, 武帝悟, 後得還位. 起聯歸宿在此, 以見今日之榮遇. 長卿知其一而未知其二也, 兼有諷意.

제1연의 상구는 궁중의 정경을 말하고 하구는 옥당(玉堂 : 한림원)에서 숙직하며 조서를 작성한 일이 이때 비로소 끝났음을 서술하였다. 제2

장이다. 여기에서는 조서를 작성하여 봉하고 옥새를 찍은 일을 가리킨다.

3 이슬에 …… 섞은 : 한나라 무제가 장안에 건장궁(建章宮)을 세우고 이슬을 받는 승로반(承露盤)을 설치하였는데 높이가 삼십 장(丈)이고 둘레가 칠 아름이었다. 그 위에 선인장을 설치하여 이슬을 받아서 옥가루를 타서 마셨다 한다. 『어선당시(御選唐詩)』.

4 달이 …… 발하는 : 『신이경(神異經)』에 "서북쪽 황복(荒服) 안에 두 개의 금궐(金闕)이 있는데 그 위에 직경 삼 촌(寸) 되는 명월주(明月珠)가 있어서 천 리를 비춘다"라고 한 말을 인용한 것으로, 밝은 달빛을 묘사한 것이다.

5 패궐(貝闕) : 자색(紫色)의 조개껍질로 꾸며진, 하백이 살고 있는 용궁을 가리키는바, 화려한 궁궐을 비유하기도 한다.

6 장경(長卿)은 …… 알 뿐 : 장경(長卿)은 한나라 사마상여의 자(字)이다. 한나라 효무황제(孝武皇帝)의 비(妃)인 진황후(陳皇後)가 장문궁(長門宮)에서 별거하고 있었는데 사마상여가 시를 잘 짓는다는 소문을 듣고 황금 백 근을 주면서 글을 지어 달라고 하였다. 이에 사마상여가 「장문부(長門賦)」를 지어 효무황제를 일깨우니 진황후가 다시 황제의 총애를 받았다고 한다.

연은 궁중의 정경을 말하여 제1연의 두 구에 호응하였다. 제3연은 자신이 임금의 신임을 받아 임금과 매우 가까운 사이임을 서술하여 제1연의 두 구에 호응하였다. 제4연은 한나라 진황후陳皇後가 장문궁長門宮에 유폐돼 있을 때 사마상여가 부賦를 잘 짓는다는 소문을 듣고 그에게 천 금을 주며 천자를 풍자, 간언하게 했는데, 한 효무제孝武帝가 이를 통해 그 본질을 깨달아 진황후를 황후의 지위로 돌아오게 하였음을 말한다. 기련(起聯 : 첫 연)은 이 시의 귀결처로, 지금 영광스런 대우를 받고 있는 모습을 묘사한 것이다. 사마상여가 하나는 알고 둘은 모른다고 한 말에는 풍자의 뜻이 내포돼 있다.

美中有刺格찬미 안에 풍자가 들어가 있는 격

「**上裴晉公**」「상배진공」[7]

四朝憂國鬢如絲, 龍馬精神海鶴姿.【上句賦, 下句比】天上玉書傳詔夜, 陣前金甲受降時. 曾經庾亮三秋月, 下盡羊曇兩路棋. 惆悵舊堂扃綠野, 夕陽無限飛鳥遲.

네 분 황제 모시며 나라 근심하느라 귀밑머리 하얗게 세었고, 용마龍馬같은 정신에 해학海鶴 같은 자태셨네【위 구는 부賦이고, 아래 구는 비比이다】. 조정에서 옥 같은 글씨로 조서詔書를 전하던 밤, 군진 앞에서 황금 갑옷 입고 항복 받던 때. 유량庾亮의 삼추三秋의 달을 일찍이 경험했고,[8] 양담羊曇의 두 판 바둑도 다 내보였네.[9] 녹야綠野의 옛집에서 서

7 당나라 이영(李郢)의 작품이다.

8 유량(庾亮) …… 경험했고 : 유량은 동진의 정치가로서 특히 사부(辭賦)에 능하였다. 그가 무창(武昌)을 다스리던 시절, 달 밝은 밤에 부하 관원들이 남루(南樓)에서 베푼 주연에 함께 참석하여 격의 없이 유쾌하게 노닐었던 고사가 전한다. 『세설신어』「용지(容止)」.

글피 빗장 닫고 있으니, 석양에 무수한 새들만 더디더디 날아가네.[四朝憂國鬢如絲, 龍馬精神海鶴姿.【上句賦, 下句比】 天上玉書傳詔夜, 陣前金甲受降時. 曾經庾亮三秋月, 下盡羊曇兩路棋. 惆悵舊堂扃綠野, 夕陽無限飛鳥遲.]

第二聯上句敍尊任之隆, 下句敍元勳之建, 皆應第一聯二句. 第三聯上句亦是應第一句. 第四聯是刺朝廷不用老臣, 下句見唐衰氣象.

제2연의 상구는 높은 지위에 임용해준 성은을 서술하고, 하구는 큰 공을 세운 것을 서술하여 제1연의 두 구에 호응하였다. 제3연의 상구 또한 제1연의 첫 구에 호응하였다. 제4연은 조정이 노신老臣을 임용하지 않는 것을 풍자하였고 하구는 당나라의 쇠퇴한 기상을 드러냈다.

9 양담(羊曇) …… 내보였네 : 양담은 진(晉)나라 사안의 생질이다. 전진(前秦)의 부견(苻堅)이 회하(淮河) 비수(淝水)에서 백만 대군을 이끌고 나타나자, 조정에서 사안을 대도독으로 임명해 맞서게 했다. 사안의 조카 사현이 찾아와 계책을 묻자, 사현은 전혀 두려워하는 기색 없이 별도의 대책을 마련했다고만 했다. 사안이 교외 별서(別墅)로 나가 친구들이 모인 자리에서 별서를 걸고 사현과 바둑을 두었는데, 평소 사안의 실력이 사현보다 낮았으나 이날만큼은 사현이 전쟁에 대한 두려움 때문에 사안에게 지고 말았다. 사안이 조카 양담을 돌아보며 "이 별장을 네게 주마"라고 한 뒤 밖을 나섰다가 밤 무렵에 돌아와 장수 등의 주요 임무를 선정, 임명했다. 사현 등이 부견을 격파했다는 보고서가 왔을 때 객과 바둑을 두고 있던 사안은 그 내용을 읽은 뒤 책상 위에 던져두고 아무 기쁨도 드러내지 않은 채 변함없이 바둑에 열중했다. 객이 무슨 내용이냐고 묻자, "얘들이 결국 적을 무찔렀다는군요"라고만 했다 한다. 『진서(晉書)』 「사안전」.

先問後答格앞에서 묻고 뒤에서 답하는 격

「三月三日泛舟」「삼월삼일범주」[10]

江南煙景復如何? 聞道新亭更可過. 處處執蘭春浦綠, 萋萋芳草遠山多. 壺觴須就陶彭澤, 風俗猶傳晉永和. 更使輕橈徐轉去, 微風落日水增波.

강남의 풍경이 어떠할까, 신정新亭이 다시 찾아갈 만하다고 하네. 곳곳마다 난초들로 봄 포구 푸르고, 무성한 방초芳草들이 먼 산에 많네. 술은 도팽택(陶彭澤 : 도연명)을 찾아가야 하고, 풍속은 진晉나라 영화永和[11] 때가 전할 만하네. 다시 작은 배 타고 서서히 돌아가니, 석양의 미풍에 물결이 일렁이네.[江南煙景復如何? 聞道新亭更可過. 處處執蘭春浦綠, 萋萋芳草遠山多. 壺觴須就陶彭澤, 風俗猶傳晉永和. 更使輕橈徐轉去, 微風落日水增波.]

初聯上句言江南之煙景, 是一篇之主意. "復何如"問之之詞, "聞道"乃答之之詞. 次聯應第一句煙景之態, 三聯應第二句. 末聯結上. 歡樂無窮, 煙景已晚, 有俯仰興懷之寓.

첫 연의 상구는 강남의 풍경을 묘사한 것으로 한 편의 주지主旨이다. '부여하復何如'는 묻는 말이고 '문도聞道'는 곧 답하는 말이다. 다음 연은

10 당나라 시인 황보염(皇甫冉)의 작품이며 원제는 「삼월삼일의흥이명부후정범주(三月三日義興李明府後亭泛舟)」이다. 유장경의 작품이라는 설도 있다.

11 진(晉)나라 영화(永和) : 영화는 진 목제(穆帝)의 연호이다. 여기에서는 특히 영화 9년(353)에 왕희지가 당대의 명사들과 회계군 산음현의 난정에 모여 성대한 모임을 가졌던 내용을 가리킨다.

제1구 풍경에 호응하고, 3연은 제2구에 호응하였다. 마지막 연은 위 내용을 마무리 지은 것이다. 기쁨은 끝이 없는데 하루가 저물어가는 것에 삶의 감회를 담아낸 것이다.

感今懷古格 현재에 감흥을 일으키며 옛일을 회상하는 격

「憶遊天臺寄道流」「억유천태기도류」[12]

憶昨天台到赤城, 幾朝仙籟耳邊生. 雲龍出水風聲急, 海鶴鳴皐日色清. 石筍半山移步險, 桂花當澗拂衣輕. 今來盡是人間夢, 劉·阮茫茫何處行?

지난날 천태산天台山 적성赤城에 도착할 때, 몇 날 아침 신선의 음악이 귓가에 들렸던가. 구름 용이 물에서 나올 때 바람 소리 세차고, 바다 학이 물가에서 울 때 햇살이 맑았네. 석순石筍이 온 산에 깔려 걸음 옮기기 힘들고, 계수나무 꽃 시냇가에 피어 가볍게 옷을 스치네. 지금 모든 것이 꿈같은 세상이니, 유신劉晨과 완조阮肇[13]는 저 멀리 어디로 갔는가.[憶昨天台到赤城, 幾朝仙籟耳邊生. 雲龍出水風聲急, 海鶴鳴皐日色清. 石筍半山移步險, 桂花當澗拂衣輕. 今來盡是人間夢, 劉·阮茫茫何處行?]

初聯上句是起下五句之意. 下句及次聯·三聯形容天台之景. 結尾上

---

12 당나라 시인 장좌(張佐)의 작품이다.

13 유신(劉晨)과 완조(阮肇) : 두 사람 모두 동한 사람이다. 전설에 의하면 영평(永平) 연간에 두 사람이 천태산에 약을 캐러 갔다가 길을 잃었는데 두 선녀를 만나 반년 만에 집으로 돌아왔다고 한다. 돌아와 보니 시대는 이미 진(晉)나라 때에 들어와 있고 자손은 이미 7대를 지나 있었다. 뒤에 다시 천태산에 들어가 찾았으나 옛 종적이 아득하여 찾을 수 없었다 한다. 유의경(劉義慶), 『유명록(幽明錄)』.

句是憶之意, 下句指道流而言.

첫 연의 상구는 아래 다섯 구의 내용을 선도한 것이고 하구 및 2연과 3연은 천태산의 정경을 묘사한 것이다. 마지막 연의 상구는 추억하는 것이고 하구는 도가류를 지칭한 것이다.

一句造意格한 구로 내용을 만드는 격

「子初郊墅」「자초교서」[14]

看山酌酒君思我, 聽鼓離城我訪君. 臘雪已添橋下水, 齋鍾不散檻前雲. 陰移松柏濃還淡, 歌雜漁樵斷更聞. 亦擬城南買煙舍, 子孫相約事耕耘.

산을 보고 술을 대하면 그대는 나를 생각하고, 북소리 듣고 성을 떠날 때 나는 그대를 찾네. 섣달 눈은 이미 다리 아래 물에 더해졌고, 재실 종소리는 난간 앞 구름을 흩트리지 않네. 그늘은 송백松柏을 옮기며 짙었다 옅어지고, 노래는 어부와 나무꾼이 뒤섞여 끊어졌다 이어지네. 성 남쪽에 집을 한 채 사서, 자식들과 상의해 농사지으며 살고 싶네.[看山酌酒君思我, 聽鼓離城我訪君. 臘雪已添橋下水, 齋鍾不散檻前雲. 陰移松柏濃還淡, 歌雜漁樵斷更聞. 亦擬城南買煙舍, 子孫相約事耕耘.]

初聯上句以興下句, 而下句乃第一句之主意. 第二聯・三聯, 皆言郊墅之景. 末聯結句羡郊墅之美, 亦欲蔔鄰於其間, 有悠然源泉之意. 此

14 당나라 시인 이상은의 작품이다.

乃詩家最妙之機也.

첫 연의 상구는 하구를 선도하는바, 하구가 제1구의 주지이다. 제2연과 제3연은 모두 교외 별장의 풍경을 묘사하였다. 마지막 연의 결구結句는 교외 별장의 아름다움을 부러워함과 동시 그곳에 머물고 싶어하는 것을 나타냈는데 자연에 대한 동경이 담겨 있다. 이것은 시인의 가장 절묘한 요체이다.

兩句立意格두 구로 내용을 만드는 격

「寫意」「사의」[15]

燕雁迢迢隔上林, 高秋望斷正長吟. 人間路止潼關險, 天上山惟玉壘深. 日向花間留遠照, 雲從城上結層陰. 三年已制相思淚, 更入新愁却不禁.

제비와 기러기는 상림上林[16] 너머 아득하고, 맑은 하늘 아스라해 시읊기가 좋네. 인간 세상 길로는 동관潼關이 험난하고, 천상의 산으로는 옥루산玉壘山이 깊네. 해는 꽃을 향해 요원한 빛을 남기고, 구름은 성곽 위로 층층의 그늘을 드리웠네. 삼 년의 그리움에 사무친 눈물을 다 닦아내고도, 다시 이는 시름을 금할 수가 없네.[燕雁迢迢隔上林, 高秋望斷正

15 이상은의 작품이다.

16 상림(上林) : 한 무제 때의 궁원인 상림원(上林苑)을 가리킨다. 궁중의 정원을 뜻하는 말로도 쓰인다. 한 무제 때 소무가 흉노에 사신으로 갔다가 억류되자 한나라에서 소무를 돌려보내 줄 것을 요청하였는데, 흉노 쪽에서 소무가 이미 죽었다고 속였다. 이에 한나라 사신이 "황제가 상림원에서 활을 쏘아 기러기를 잡았는데, 기러기 발목에 '소무 등이 모처에 있다'는 내용의 편지가 매달려 있었다"고 하니 흉노가 깜짝 놀라서 소무를 돌려보냈다는 고사도 전한다. 『한서』「소건전(蘇建傳)」「소무(蘇武)」.

長吟. 人間路止潼關險, 天上山惟玉壘深. 日向花間留遠照, 雲從城上結層陰. 三年已制相思淚, 更入新愁却不禁.」

初聯上句起第二句, 第二句起頸聯. 蓋頷聯是應第一句, 頸聯是應第二句, 結尾是總結上六句. 思之切, 慮之深, 得乎性情之正也.

첫 연의 상구는 제2구를 선도하고 제2구는 2연을 선도했다. 2연은 제1구에 호응하고, 3연은 제2구에 호응하고, 마지막 연은 위 6구를 마무리했다. 그리움이 간절하고 걱정이 깊지만 성정性情의 바른 태도를 유지했다.

物外寄意格표현의 이면에 내용을 기탁하는 격

「感事」「감사」[17]

長年方憶少年非, 人道新詩勝舊詩. 十畝野塘留客釣, 一軒風雨共僧棋. 花間醉任黃鸝語, 池上吟從白鷺窺. 大造不將爐冶去, 有心重立太平基.

장년이 되어서야 소년시절의 잘못을 깨닫거늘, 사람들은 새 시가 옛 시보다 낫다고 하네. 십 묘의 연못에서 객과 낚시를 하고, 비바람 치는 집에서 승려와 바둑을 두네. 꽃 속에서 취해 꾀꼬리 우는 대로 두고, 연못가에서 읊조리며 백로가 엿보도록 두네. 조화옹(造化翁 : 자연의 주재자)이 노야爐冶[18]를 가져가지 않자, 태평의 기틀을 다시 세우려는 마음이

17 당나라 시인 위장의 작품이다.

18 노야(爐冶) : 풀무. 여기서는 세상을 조직하고 구성하는 것에 대한 비유어로 쓰였다.

생기네.[長年方憶少年非, 人道新詩勝舊詩. 十畝野塘留客釣, 一軒風雨共僧棋. 花間醉任黃鸝語, 池上吟從白鷺窺. 大造不將罏冶去, 有心重立太平基.]

初聯首言是非之悟, 以詩爲言, 則他事可知, 此唐人一種玄解. 次聯言氣象鬧雜, 行樂無人相似, 不與上聯相接, 似若散緩, 然詩之進退正在裏許. 頸聯言鬧中自得, 與物忘機, 宰相之量也. 結尾言進退在君, 自任者不可不重. 八句之意, 皆出言外.

첫 연에서 먼저 옳고 그름을 깨달은 것에 대해 말하면서 그 대상으로 시를 거론했다면 다른 것도 미루어 알 수 있으니 이것은 당나라 시인들이 가졌던 일종의 심오한 이해이다. 다음 연은 이미지가 뒤섞여 행락을 하는 사람이 없는 듯하고 위의 구와 연결되지 않아 느슨하고 분산된 것처럼 보이지만 시의 중요 요소가 바로 이 속에 들어 있다. 3연은 소요 속에 자득하여 사물과 하나 된 모습을 거론한 것이니 바로 재상의 도량이다. 마지막 연에서는 진퇴는 임금에게 달려 있으니 직무를 맡고 있는 자는 신중하지 않으면 안 된다는 것을 거론했다. 여덟 구의 내용이 모두 표현의 이면에 들어있다.

雅意詠物格 전아한 내용으로 사물을 노래하는 격

「答羣公屬和」「답군공속화」[19]

草『玄』門戶少塵埃, 丞相並州寄馬來. 初自塞垣銜苜蓿, 忽行幽徑破

19　유우석의 작품이며 원제는 「배상공대학사견시답장비서사마시병군공속화인명추작(裴相公大學士見示答張秘書謝馬詩幷羣公屬和因命追作)」이다.

莓苔. 尋花緩轡威遲去, 帶酒垂鞭蹀躞回. 不與王侯與詞客, 知輕富貴重清才.

『태현경太玄經』을 지은 집[20]에는 속세의 먼지 적거늘, 승상이 병주幷州에서 말을 보내왔네. 애초에는 변방에서 목숙苜蓿을 먹다가, 갑자기 산길로 와서 이끼를 밟는구나. 꽃을 찾아갈 때는 고삐 느슨히 해 흔들거리며 가고, 술을 싣고 올 때는 채찍 드리운 채 잰걸음으로 돌아오네. 왕후王侯에게 주지 않고 사객詞客에게 주었으니, 부귀를 가벼이 하고 청렴한 자를 중히 여김을 알겠네.[草『玄』門戶少塵埃, 丞相并州寄馬來. 初自塞垣銜苜蓿, 忽行幽徑破莓苔. 尋花緩轡威遲去, 帶酒垂鞭蹀躞回. 不與王侯與詞客, 知輕富貴重清才.]

初聯上句是自敍, 下句入題. 次聯二句皆承第二句. 頸聯形容馬之馴服. 末聯上句應草『玄』, 下句半應丞相, 半應草『玄』. 起結二句, 皆美丞相好士也.

첫 연의 상구는 자술이고 하구에서 주제가 시작됐다. 다음 연의 두 구는 모두 제2구를 계승했다. 3연은 말의 순응하는 모습을 묘사했다. 마지막 연의 상구는 제1구 초현草玄에 호응한 것이고 하구의 절반은 승상에, 나머지 절반은 초현에 호응한 것이다.

---

20 『태현경(太玄經)』을 지은 집 : 후한의 학자 양웅이 『태현경』을 저술한 것을 거론한 것으로, 조용히 저서에 몰두하며 은자의 삶을 사는 것을 비유한다. 『한서』 「양웅전(揚雄傳)」.

一字貫篇格한 글자가 전체를 관통하고 있는 격

「思夫」「사부」[21]

自從車馬出門朝, 便入空房守寂寥. 玉枕夜寒魚信杳, 金鈿秋盡雁書遙. 臉邊楚雨臨風落, 頭上秦雲向日消. 芳草又衰還不至, 碧天霜冷轉無聊.

수레가 대문을 나간 날로부터, 빈 방에 들어가 적막을 지켰네. 한밤 옥침玉枕은 차가운데 어신魚信[22]은 아득하고, 금비녀에 가을이 다 가도 안서雁書[23]는 오지 않네. 빰 위의 초나라 비(눈물)는 바람에 떨어지고, 머리 위 진나라 구름(머리채)은 태양 아래 스러지네. 풀이 또다시 시드는데도 오시지 않으니, 푸른 하늘 찬 서리가 더욱 무료하구나.[自從車馬出門朝, 便入空房守寂寥. 玉枕夜寒魚信杳, 金鈿秋盡雁書遙. 臉邊楚雨臨風落, 頭上秦雲向日消. 芳草又衰還不至, 碧天霜冷轉無聊.]

初聯'守'字貫篇. 次聯・頸聯思夫之切, 守寂寥之氣象, 淚之落, 髮之消, 守之切而情之至. 落聯撫時已邁, 望車音之不至, 與君臣會合之難, 而臣之望其君之恩光, 爲何如也.

---

21 당나라 시인 위곡(韋縠)의 작품이며 원제는 「거요요(車遙遙)」이다.

22 어신(魚信) : '물고기 편지'라는 뜻으로, 후한(後漢) 채옹(蔡邕)의 「음마장성굴행(飮馬長城窟行)」 "먼 곳에서 찾아온 나그네, 나에게 쌍잉어를 넘겨주었네. 아이 불러 잉어를 삶으랬더니, 배 속에 편지 한 장이 들어 있었네[客從遠方來, 遺我雙鯉魚. 呼童烹鯉魚, 中有尺素書]"에서 유래했다.

23 안서(雁書) : '기러기 편지'라는 뜻으로, 『한서(漢書)』 「소무전(蘇武傳)」에서 유래한 말이다. 한 무제가 상림원(上林苑)에서 활을 쏘다가 기러기를 잡았는데, 그 발에 비단에 쓴 편지가 달려 있었다. 펴서 보니 '소무(蘇武)가 어느 호숫가에 있다'는 내용이었다. 한 무제가 이를 통해 흉노에게 잡혀간 소무가 살아있다는 사실을 알게 되었다.

첫 연의 '수守' 자가 전편을 관통하고 있다. 다음 연과 3연은 남편을 그리는 간절한 마음과 적막 속에 사는 모습을 묘사했는데 눈물이 떨어지고 머리카락이 스러지는 것은 홀로 사는 삶이 애절하고 그 정이 극진한 것이다. 마지막 연은 시간이 이미 많이 흘러서 수레 오는 소리가 들리지 않는 것을 묘사하며 임금과 신하가 만나기 어렵다는 것을 드러낸 것인바, 신하가 임금의 은혜를 바라는 것이 어떠하겠느냐는 의미를 나타내고 있다.

起聯應照格첫 연과 조응하는 격

「**洛水**」「낙수」[24]

一道潺湲濺短蓑, 年年惆悵是春過. 莫言行路聽如此, 流入深宮恨更多. 橋畔月來清見底, 柳邊風去綠生波. 從愁滿眼添歸思, 未把漁竿奈爾何.

한 줄기 흐르는 물 짧은 도롱이만큼 얕거늘, 해마다 서글프게 이 봄이 지나가네. 길 가는 사람이 이렇게 듣는다고 말하지 말라, 깊은 궁궐 들어가면 한이 더욱 많아지리니. 다리 위에 달이 뜨면 맑아서 밑이 보이고, 버들에 바람이 스치면 푸른 물결이 이네. 시름만 눈에 가득해 고향 돌아가고픈 생각 더해지나, 낚싯대 잡지 못하는 너를 어찌하랴.[一道潺湲濺短蓑, 年年惆悵是春過. 莫言行路聽如此, 流入深宮恨更多. 橋畔月來清見底, 柳邊風去綠生波. 從愁滿眼添歸思, 未把漁竿奈爾何.]

24 당나라 시인 나업(羅鄴)의 작품이다.

初聯目洛水之濺短蓑, 遂起惆悵之情. 次聯承惆悵, 頸聯承初句. 落聯目洛水起休官之興. 因濺短蓑起把漁竿之懷, 此可見起聯應照之妙也.

첫 연은 낙수가 도롱이만큼 얕은 것을 거론하여 서글픔의 감정을 일으켰다. 다음 연은 서글픔을 계승하고 3연은 첫 구의 내용을 이어받았다. 마지막 연은 낙수를 거론, 관직을 그만두려는 흥취를 일으켰다. 도롱이보다 얕은 물을 빌려 어부가 되려는 마음을 일으켰으니 여기에서 첫 연과 조응하는 절묘함을 엿볼 수 있다.

一意格한 가지 내용으로 이루어진 격

「江陵道中」「강릉도중」[25]

三千三百西江水, 自古如今要路津. 月夜歌謠有漁父, 風天氣色屬商人. 沙村好處多逢寺, 山葉紅時絶勝春. 行到南朝征戰地, 古來名將必爲神.

삼천삼백 줄기 서강의 물은, 예로부터 지금까지 중요한 나루였네. 달밤의 노래는 어부가 부르고, 비바람의 기상은 상인에 속하네. 강 마을 좋은 곳은 절을 많이 만나고, 산에 잎이 붉을 때면 봄보다 좋다네. 남조南朝의 전장 터에 발길이 닿으니, 지난날의 명장들은 모두 받드는 신이 되었네.[三千三百西江水, 自古如今要路津. 月夜歌謠有漁父, 風天氣色屬商人. 沙村好處多逢寺, 山葉紅時絶勝春. 行到南朝征戰地, 古來名將必爲神.]

---

25 유우석의 작품으로, 원제는 「자강릉연류도중(自江陵沿流道中)」이다.

起聯以古今言之, 有感慨奮厲之意. 次聯以景物而言. 頸聯見勝槪之無窮. 落聯言神廟見古之名臣, 隨世立功而廟食, 歎今人何如哉! 一句生一句, 而全篇旨趣, 如行雲流水, 篇終激厲.

첫 연은 고금을 거론하여 감개와 분발과 격려의 내용을 담았다. 다음 연은 풍경을 묘사하고 3연은 좋은 광경이 끝없이 펼쳐지는 것을 드러냈다. 마지막 연은 신의 사당을 거론하여 옛날 명신들이 시대에 따라 공을 세워 사당에 모셔져 있는 것을 나타내며 지금 사람들은 어떠한가 탄식했다. 한 구에서 다른 한 구를 만들어내는 형태를 보이는 이 작품은 전편의 주제가 떠가는 구름이나 흐르는 물과 같으며 마지막에서 격렬한 결말을 보이고 있다.

雄偉不常格 웅장하고 훤칠하여 평범하지 않은 격

「送源中丞赴新羅國」「송원중승부신라국」[26]

赤墀賜對使殊方, 恩重烏臺紫綬光. 玉節在船清海怪, 金函開詔拜夷王. 雲晴漸覺山川異, 風便寧知道路長. 誰得似君將雨露, 海東萬里灑扶桑.

황제께서 황궁에 불러 이국에 사신 가라 하시니, 은혜 중한 어사대御史臺에 자색紫色 인끈 빛나네. 옥 부절 배에 실을 때 바다는 기괴하고, 황금 함 조서를 열어 동이東夷의 왕에게 절을 하네. 구름 걷히며 산천이 다름을 점차 느끼나, 바람결에서 어찌 여정이 길다는 걸 알 수 있으랴.

26 당나라 시인 요합(姚合)의 작품이며, 원제는 「송원중승부신라(送源中丞赴新羅)」이다.

누가 그대처럼 우로雨露를 가지고 가서, 만 리 밖 해동의 부상扶桑[27]에 뿌릴 수 있으라.[赤墀賜對使殊方, 恩重烏臺紫綬光. 玉節在船淸海怪, 金函開詔拜夷王. 雲晴漸覺山川異, 風便寧知道路長. 誰得似君將雨露, 海東萬里灑扶桑.]

初句以殊方指新羅也, 只起句說盡題目. 第二句明其以中丞奉使, 無復遺缺, 此是妙手. 頷聯應第一句. 頸聯言殊方之景. 落聯"雨露"者天子之澤也, "灑"之一字, 又見恩澤之被於殊方也. 氣象宏麗, 節奏高古, 實雄偉不常也.

첫 구의 수방殊方은 신라新羅를 가리키는데, 첫 구에서 주제를 모두 드러냈다. 제2구에서는 중승中丞으로서 사신의 일을 봉행하는 것을 밝히며 더 이상 빠뜨린 것이 없으니 이것이 절묘한 솜씨이다. 2연은 제1구에 호응하고 3연은 이국의 풍경을 묘사했다. 마지막 연의 '우로雨露'는 천자의 은택을 말한 것인데 '쇄灑'는 그 은택이 이국에까지 미친 것을 보여준다. 기상이 웅장하고 미려하며 리듬이 고상하고 고풍스러우니 실로 웅장하고 범상치 않다.

想像高唐格고당을 상상하는 격

「楚宮」「초궁」[28]

月姊曾逢下彩蟾, 傾城消息隔重簾. 已聞佩響知腰細, 更辨絃聲覺指纖. 暮雨自歸山悄悄, 秋河不動夜厭厭. 王昌且在牆東住, 未必金堂得免嫌.

---

27 부상(扶桑) : 동해 속의 신목(神木)으로, 해가 뜰 때 이 나뭇가지를 떨치고서 솟구쳐 올라온다고 한다.

28 이상은의 작품이며 「초궁(楚宮)」 2수 중 제2수이다.

달 누이를 일찍이 지상에 내려온 두꺼비에서 만났으나, 성 밖 소식이 겹겹이 드리워진 주렴에 막혔네. 패옥 소리 듣고 허리 가는 줄 알거니와, 현 소리 판별하며 손가락 가는 줄 아네. 저물녘 비 그치며 산은 적막하고, 가을 강물 잠잠하며 밤은 고요하네. 왕창王昌[29]이 담장 동쪽에 사니, 굳이 화려한 집의 혐의를 벗어나려 할 필요가 없네.[月姊曾逢下彩蟾, 傾城消息隔重簾. 已聞佩響知腰細, 更辨絃聲覺指纖. 暮雨自歸山悄悄, 秋河不動夜厭厭. 王昌且在牆東住, 未必金堂得免嫌.]

初聯言曾逢, 又言重簾, 蓋彷佛音塵之意也. 二聯・三聯是才情. 落聯述王昌故事, 其意深矣.

첫 연에서 일찍이 만났다고 하고 또 겹겹이 드리워진 주렴을 거론했는데 소식이라는 의미를 어렴풋이 담고 있는 것이다. 제2연과 제3연은 재능과 정경에 대한 것이고 마지막 연에서 왕창王昌[30]의 고사를 서술했는데 그 의미가 깊다.

撫景寓歎格정경을 감상하며 감탄을 담아내는 격

「惜春」「석춘」[31]

惜春連日醉昏昏, 醒後衣裳見酒痕. 細水浮花歸別浦, 斷雲含雨入孤村.

29 왕창(王昌) : 정확히 누구를 지칭하는지 알 수 없으며 악부나 기타 시에서 풍류를 대표하는 미소년으로서 여인들이 선망하는 대상으로 곧잘 묘사되었다.

30 왕창(王昌) : 자는 공백(伯)이고, 동평상(東平相) 산기상시(散騎常侍)를 지냈는데 일찍 죽었다. 부인은 임성왕(任城王) 자문(子文)의 딸이다. 『이의산문집전주(李義山文集箋註)』 권5.

31 당나라 시인 한악의 작품이다.

人間易得芳時恨, 地迴難招自古魂. 慚愧流鶯相厚意, 淸晨猶爲到西園.

봄이 아쉬워 날마다 술에 취해, 술에서 깨면 옷에 술 자국이 흥건하네. 작은 물줄기 꽃을 띄워 별도의 포구로 돌아가고, 조각구름 비를 머금고 외진 마을로 들어가네. 세상에선 젊은 시절 한탄하는 걸 쉽게 볼 수 있고, 저승은 멀어 옛사람의 넋을 부르기 어렵네. 후한 마음 가진 꾀꼬리가, 맑은 새벽 서쪽 동산 찾아오는 것에 부끄러움만 느끼네.[惜春連日醉昏昏, 醒後衣裳見酒痕. 細水浮花歸別浦, 斷雲含雨入孤村. 人間易得芳時恨, 地迴難招自古魂. 慚愧流鶯相厚意, 淸晨猶爲到西園.]

初聯痛惜韶華, 以酒自遣. 頷聯有"歸"・"入"二字響, 乃句中之眼, 詳味有無窮之意. 頸聯上句言芳時往矣, 不可再得, 下句言古人一去, 不可再見. 作詩必如此, 方爲警策, 方爲妙手. 末聯上句托物起興, 以鳥之如此, 猶且有厚意而復至, 何人情炎涼, 勢去則散, 翟公書門之意也. 承上句古人不見, 乃感古懷今之意.

첫 연은 봄이 못내 아쉬워 술로 달래는 내용이다. 2연에는 '귀歸'와 '입入' 두 글자의 울림이 들어있으니 곧 한 구句의 눈으로, 자세히 음미하면 무궁한 뜻이 담겨있다. 3연의 상구는 젊은 시절이 가버리면 다시 되돌릴 수 없음을 거론하고, 하구는 옛사람이 떠난 뒤 다시 만날 수 없음을 거론했다. 시는 반드시 이렇게 지어야만 비로소 깜짝 놀랄 묘책이 되고 비로소 오묘한 솜씨가 된다. 마지막 연의 상구는 사물에 의탁해 감흥을 일으켰으니 한낱 새도 후한 마음을 가져 다시 찾아오는데 어떻게 염량炎涼의 인정은 권력이 사라지면 흩어지느냐는 것으로, 적공翟公이 대문에 써 붙인[32] 의미와 같다. 위의 고인을 다시 보지 못한다

32 적공(翟公)이 …… 써 붙인 : 적공은 한 문제 때의 관리이다. 적공이 정위(廷尉)가 되자 사

는 내용과 연계시킨 것으로, 옛일을 회상하며 오늘을 되돌아보는 내용이다.

專敍己情格 오로지 자신의 감정만 서술하는 격

「仲春寫懷」「중춘사회」[33]

省從騎竹學謳吟, 便滯光陰役此心. 寓目不能閒一日, 閉門長勝得千金. 窗懸夜雨殘燈在, 庭掩春風落絮深. 惟有故人同此興, 近來何事懶相尋.

죽마竹馬를 탈 때부터 시를 배워, 오랜 세월 이것에 열중했네. 보이는 것마다 읊느라 하루도 한가하지 못하고, 문을 닫고 지내는 것이 천 금을 얻는 것보다 나았네. 창에 밤비 들이칠 때 등불 가물거리고, 마당에 봄바람 밀려와 버들개지 날려버렸네. 오직 친구만이 이 감흥 함께 가졌거늘, 요즈음 어찌하여 오랫동안 찾아오지 않는 건가.[省從騎竹學謳吟, 便滯光陰役此心. 寓目不能閒一日, 閉門長勝得千金. 窗懸夜雨殘燈在, 庭掩春風落絮深. 惟有故人同此興, 近來何事懶相尋.]

初聯上句言好詩之早, 下句言好詩之苦. 頷聯上句承上句, 下句又言嗜吟之苦. 頸聯形容苦吟之景, 以己苦吟比沈彬之苦吟亦如此.

람들이 모여들어 비위를 맞췄지만 막상 그가 벼슬을 그만두자 찾아오는 사람이 없어 문밖에 새그물을 칠 정도였다. 그러다가 다시 복직돼 사람들이 찾아오려 하니 적공이 대문에 써 붙이기를 "죽고 삶에서 교제의 정을 알고, 가난하고 부유함에서 교제의 태도를 알고, 귀하고 천함에서 교제의 정이 드러난다"라고 했다. 『사기』 「급정열전(汲鄭列傳)」.

33 당나라 시인 이건훈(李建勳)의 작품이며 원제는 「중춘사회심빈원외[仲春寫懷寄沈彬員外]」이다.

첫 연의 상구는 일찍부터 시를 좋아했음을 거론하고 하구는 시를 좋아하는 것의 괴로움을 거론했다. 2연의 상구는 첫 연의 상구와 연계되고 하구는 다시 시 짓기를 좋아하는 것의 괴로움을 거론했다. 3연은 고심하며 시를 짓는 정경을 묘사하면서 자신의 고심하며 시를 짓는 모습과 역시 고심하며 시를 짓고 있는 심빈沈彬[34]을 견줘 거론했다.

34 심빈(沈彬) : 구체적인 생몰연대는 미상이며 당 말에서 오대 시기의 관료이자 시인이다.

『담예록談藝錄』

명明 서정경徐禎卿

서정경徐禎卿, 『담예록談藝錄』 해제

서정경(1479~1511)은 자가 창곡昌谷, 창국昌國이며 본래 금천琴川 사람이었다가 나중에 오현吳縣으로 옮겨갔다. 홍치弘治 18년(1505) 진사가 되었고 대리좌사부大理左寺副에 임명되었으나 죄수를 놓쳐 국자박사國子博士로 좌천되었다. 어려서부터 총명해서 집에 책 한 권이 없어도 모르는 것이 없을 정도였다. 하지만 삼십삼 세의 이른 나이에 요절했다. 서정경은 명나라 중엽의 저명한 시인으로서 젊은 시절 당인唐寅, 축윤명 祝允明, 문정명文征明 등과 이름을 나란히 하여 '오중사재자吳中四才子'라 불렸다. 처음 시를 지을 때는 백거이, 유우석을 본받았고 급제 후에는 이몽양李夢陽, 하경명何景明과 교류하며 그들의 문학적 주장을 받아들임으로써 한, 위의 고시와 성당 근체시를 모방하는 쪽으로 전환했다. 그러나 본래의 습관은 여전히 남아 있었다. 서정경은 전칠자前七子 중 한 사람으로 꼽히기는 하지만 이몽양, 하경명 등이 오직 웅혼雄渾한 격조를 추구했던 것과는 달리 비교적 밝고 수려하며 멋스러운 시풍을 구사했다. 시론 역시 독특한 점이 있어서 왕사진王士禛은 "굴레를 벗고 허공을 가로지르는 천마일지니, 문예를 논한 이는 나의 스승이어라[天馬行空脫羈靮, 更憐談藝是吾師]"라고 찬탄했다. 신운설과도 끊을 수 없는 관계가 있는 것이다. 저서로 『적공집迪功集』 6권, 『담예록』 한 권이 있다.

『담예록』은 한 권 24칙이며 편폭은 길지 않지만 한, 위의 고시를 전문적으로 논하고 잡다한 일화나 고증은 담지 않아 비교적 높은 이론적 가치를 가졌다. 전칠자 시화의 대표작이기도 하다.

서정경은 시를 논하면서 두 가지 기본 관점을 제시한다. 첫 번째는 감정의 중시다. 그는 말하길, "정情은 마음의 정수이다. 정은 일정한 자리가 없다가 저촉하면서 일어나며 속에서 움직이면 반드시 소리로 나타난다. 그래서 기쁘면 웃음소리가 되고, 걱정하면 탄식하는 소리가 되고, 노하면 질타하는 소리가 된다. 그러나 이끌어내어 소리를 만들 때 실제 기氣가 보좌를 하고, 소리를 이끌어내 글을 만들 때는 실제 문장이 그 일에 참여한다. 정을 통해 기가 발산되고, 기를 통해 소리가 만들어지고, 소리를 통해 가사가 꾸며지고, 가사를 통해 운韻이 확정되니 이것은 시의 근원이다. 하지만 정은 사실 아득하므로 반드시 생각을 통해 그 심오한 것을 찾아야 하고, 기는 조악하고 미약하므로 반드시 힘을 통해 편벽된 것을 벗어나야 하고, 가사는 적합하기 어려우므로 반드시 재능을 통해 그 궁극으로 나아가야 하고, 재능은 허황되게 휘날리기 쉬우므로 반드시 질박함을 통해 그 화려함을 제어해야 하니 이것은 시의 흐름이다[情者, 心之精也. 情無定位, 觸感而興, 旣動於中, 必形於聲. 故喜則爲笑啞, 憂則爲吁戲, 怒則爲叱咤. 然引而成音, 氣實爲佐, 引音成詞, 文實與功. 蓋因情以發氣, 因氣以成聲, 因聲而繪詞, 因詞而定韻, 此詩之源也. 然情實眑眇, 必因思以窮其奧, 氣有粗弱, 必因力以奪其偏, 詞難妥帖, 必因才以致其極, 才易飄揚, 必因質以禦其侈. 此詩之流也]"라고 했다. 시 창작에서의 감정의 주도적인 작용을 강조하면서도 소리, 운, 가사의 중요성도 소홀히 하지 않는다. 이것은 창작에 관한 발언이다. 그는 또 말하기를, "정은 사물을 움직이므로 시가 사람을 감동시킬 수 있다. 형가荊軻의 변치變徵에 장사가 눈을 부라리고 이연년李延年의 고운 노래를 한 무제가 흠모했다. 무릇 생명을 함유하고 있는 것은 그 정이 본디 같다. 따라서 걱정을 나누며 서로 힘들어하고 기쁨을 함께 하며 서로 경도되는 것이다. …… 한숨만 쉰 채 눈물이 없으면 길 가는 사람이 필경 슬픔을 일으키지 못하고 어려움을 호소할 때 피부에 와 닿지 않으면 듣는 자가 필경 반응하지 않는다[夫情能動物, 故詩足以感人. 荊軻變徵, 壯士瞋目, 延年婉歌, 漢武慕歎. 凡厥含生, 情本一貫, 所以同憂相瘁, 同樂相傾者也. …… 若乃歔欷無涕, 行路必不爲之興哀, 愬難不膚, 聞者必不爲之變色]"라고 했다. 작가는 독자와 감정이 통하게 마련이므로 진실한 감정을 갖춘 작품만이 독자를 감동시킬 수 있다는 말이다. 이것은 작품의 사회적 효과에 관한 발언이다. 서정경은 또 "정은 일정한 자리가 없다가 저촉하면서 일어난다[情無定位, 觸感而興]"는 관점에서 출발해 "정을 통해 격을 확립한다[因情立格]"는 주장으로까지 나아간다. 그래서 "무릇 정이 그 형태를 달리 한다면 표현은 마땅히 그 형세에 따라야 한다. 비유하자면, 사물을 묘사하고 색채를 그릴 때 천倩과 반盼이 각기 그 형상에 따르고 규規와 구矩에 따라 원과 각이 교묘하게 그 규칙을 획득하는 것과 같다. 이것이 바로 정을 통해 격을 확립하고 전체의 둘레를 확고히 지키는 대략이다[夫情旣異其形, 故辭當因其勢. 譬如寫物繪色, 倩盼各以其狀, 隨規逐矩, 圓方巧獲其則. 此乃因情立格, 持守圜環之大略也]"라고 하였다. 시가 감정을 서술하는 것이라면 시의 표현 수법도 상응해 변화해야 적절히 감정을 전달할 수 있다. 이처럼 정이 근본이 되고 격이 보조가 되어 시의 형식과 풍격이 다양한 감정에 맞춰져야 한다. 어떤 고정불변의 형식과 풍격에 풍부한 감정이 속박되어서는 안 되는 것이다.

두 번째는 '내용을 통해 형식을 여는 것(由質開文)'이다. 그는 "내용을 통해 형식을 여는 것이 고시古詩가 그 기교를 자랑하는 점이고 형식을 통해 내용을 드러내려 한 것이 진나라가 그 격이 쇠약한 이유이다. 형식과 내용이 함께 홍기하고 근본과 말단이 함께 활용되는 점은 위나라가 가진 약점이다[由質開文, 古詩所以擅巧. 由文求質, 晉格所以爲衰. 若乃文質雜興, 本末並用, 此魏之失也]"라고 했다. 서정경은 내용(質)을 형식(文)보다 우선시했다. 이것은 그가 감정을 중시한 것과 상통하며 이를 기초로 하여 그는 또 '내용을 통해 형식을 여는 것'과 '형식을 통해 내용을 드러내는 것(由文求質)'과 '형식과 내용이 함께 흥기하는 것(文質雜興)', 이 세 유형을 나누었다. 그리고 진晉의 시는 형식을 통해 내용을 드러냄으로써 본말이 전도되어 그 격이 쇠하였고 위魏의 시는 내용과 형식을 다 중시하긴 했지만 주된 것과 부차적인 것을 나누지 못해 취할 바가 못 된다고 하였다. 오직 선진과 양한의 고시만이 내용을 통해 형식을 열고 주된 것과 부차적인 것이 분명하여 격이 높다고 평가했다.

결국 칠자의 시론은 모두 복고의 경향이 있었으며 서정경의 '감정 중시'와 '내용을 통해 형식을 여는 것'에 관한 시론은 당시 '대각체臺閣體'의 형식주의 시풍에 대한 비판적 기능을 담당하면서 나름의 완전한 체계와 깊은 함의를 갖췄다. 그리고 훗날 호응린胡應麟의 『시수詩藪』과 육시옹陸時雍의 『시경총론詩鏡總論』에 큰 영향을 주었다.

『담예록』은 『고씨명조사십가소설顧氏明朝四十家小說』, 『경인원명선본총서십종景印元明善本叢書十種』, 『격치총서』, 『학해유편』, 『역대시화』 등의 총서에 수록되었다.

담예록談藝錄

명明 **서정경**徐禎卿

詩理宏淵, 談何容易. 究其妙用, 可略而言. 「卿雲」'江水', 開『雅』·『頌』之源, 「烝民」·「麥秀」, 建『國風』之始. 覽其事迹, 興廢如存, 占彼民情, 困舒在目. 則知詩者, 所以宣元鬱之思, 光神妙之化者也. 先王協之於宮徵, 被之於簧絃, 奏之於郊社, 頌之於宗廟, 歌之於燕會, 諷之於房中. 蓋以之可以格天地, 感鬼神, 暢風教, 通世情. 此古詩之大約也. 漢祚鴻朗, 文章作新, 「安世」楚聲, 溫純厚雅, 孝武樂府, 壯麗宏奇. 縉紳先生, 咸從附作. 雖規迹古風, 各懷剞劂. 美哉歌詠, 漢德雍揚, 可爲『雅』·『頌』之嗣也. 及夫興懷觸感, 民各有情. 賢人逸士, 呻吟於下里, 棄妻思婦, 歌詠於中閨. 鼓吹奏乎軍曲, 童謠發於閭巷, 亦十五『國風』之次也. 東京繼軌, 大演五言, 而歌詩之聲微矣. 至於含氣布詞, 質而不采, 七情雜遣, 並自悠圓. 或間有微疵, 終難掩玉. 兩京詩法, 譬之伯仲塤篪, 所以相成其音調也. 魏氏文學, 獨專其盛. 然國運風移, 古朴易解. 曹·王數子, 才氣慷慨, 不詭風人. 而特立之功, 卒亦未至. 故時與之闇化矣. 嗚呼! 世代推移, 理有必爾. 風斯偃矣, 何足論才? 故特標極界, 以俟君子取焉.

시의 이치는 넓고 깊은데 어찌 쉽게 논할 수 있으랴만 그 오묘함을 파헤치면 요약해서 말할 수 있을 것이다. 「경운卿雲」[1]과 '강수江水'[2]는 『아雅』와 『송頌』을 여는 근원이고 「증민烝民」과 「맥수麥秀」는 『국풍國風』을 세우는 시작이다. 그 줄거리를 들여다보면 흥성과 패망이 들어 있는 듯하고, 백성들의 실정을 살펴보면 곤궁과 평안이 눈앞에 있는 듯하다. 따라서 시는 답답한 생각을 펼치고 신묘한 조화를 빛나게 하는 것임을 알 수 있다. 선왕이 이를 궁음宮音과 치음徵音에 맞추고 관악기와 현악기에 담아서 교郊제사와 사社제사에서 연주하고 종묘宗廟에서 송축하며 또 연회에서 노래하고 방 안에서 풍자했다. 이를 통해 천지에 다가가고 귀신과 감응하며 교육을 널리 펼치고 세상과 소통할 수 있었다. 이것이 고시古詩의 대략이다. 한나라의 운이 크게 빛나 문장이 새롭게 진작됐는데 초나라의 노래 「안세방중가安世房中歌」는 온화하고 순수하며 후하고 고아했다. 그리고 효무제의 악부는 장엄하고 곱고 규모 있고 기묘해서 지성을 갖춘 식자들이 모두 뒤따랐다. 비록 옛 시풍(古風)에서 자취를 찾았지만 저마다 개성을 갖췄다. 훌륭한 노래들로 한나라의 덕망이 널리 선양됐으니 『아』와 『송』의 계승이 될 만하다. 맞닥뜨린 일에 따라 감회가 이는 것에는 저마다의 감정이 있다. 현인과 일사逸士들은 시골에서 읊조리고, 버려진 아내와 그리움 사무친 아낙은 규방에서 노래하고, 북과 피리는 군사의 악곡으로 연주되고, 아이

---

1 「경운(卿雲)」: 순임금이 우임금에게 선위(禪位)하기 전에 팔백(八伯)과 화답하며 부른 노래이다. 모두 3장으로 되어 있는데, 1장은 순임금이 부르고 2장은 팔백이 화답하고 3장은 다시 순임금이 불렀다. 가사에서 우임금에게 선위할 뜻을 밝혔다. 『문체명변(文體明辨)』「고가요사(古歌謠辭)」.

2 강수(江水): 『시경』「소아」「사월(四月)」편을 가리키며 하나라 걸왕(桀王) 때 군신들이 부른 노래이다.

들의 노래는 여항에서 불렸으니 이는 또한 열다섯 『국풍』의 버금이 된다. 동한이 그 뒤를 이으며 오언五言을 크게 펼쳤지만 시의 명성은 미약했다. 하지만 기氣를 함유한 채 문장을 구사하고 질박한 채 수식을 추구하지 않았으며 칠정七情이 어울려 나오면서 모두 여유롭고 원만했다. 이따금 작은 흠이 보였지만 결국 진수를 가리긴 어려웠다. 서한과 동한의 시는 서로 친근한 관계여서[3] 그 리듬을 서로 보완, 완성했다 할 것이다. 위씨(魏氏 : 위나라)의 문학은 홀로 그 전성을 구가했다. 하지만 국가가 바뀌고 풍속이 변해서 고졸하고 질박한 기상이 쉽게 사라져버렸다. 조식과 왕찬 등이 재능과 기개가 강개慷慨하여 옛 시인의 본질을 속이지는 않았지만 결국 특별한 공로까지는 세우지 못했으므로 시대와 함께 보이지 않게 변하였다. 아! 시대가 변하는 것은 필연적인 이치이다. 풍습이 무너졌는데 무슨 재능을 논할 것이 있겠는가. 그래서 특별히 최고의 경지를 제시하여 군자들이 취택하기를 기다린다.

夫任用無方, 故情文異尚 : 譬如錢體爲圓, 鉤形爲曲, 箸則尚直, 屛則成方. 大匠之家, 器飾雜出. 要其格度, 不過總心機之妙應, 假刀鋸以成功耳. 至於衆工小技, 擅巧分門, 亦自力限有涯, 不可彊也. 姑陳其目, 第而爲言. 郊廟之詞莊以嚴, 戎兵之詞壯以肅, 朝會之詞大以雝, 公讌之詞樂而則. 夫其大義固如斯已. 深瑕重纍, 可得而言. 崇功盛德, 易夸而乏雅, 華疏彩繪,① 易淫而去質, 干戈車革, 易勇而亡警, 靈節韶光, 易采而成靡. 蓋觀於大者, 神越而心游, 中無植幹, 鮮不眩移, 此宏詞之極軌也. 若夫款款贈言, 盡平生之篤好, 執手送遠, 慰此戀戀之情. 勗勵規箴, 婉而不直, 臨喪挽死, 痛旨深長. 雜懷因感以詠言, 覽古隨方而結論. 行

3 서로 …… 관계여서 : 백중훈지(伯仲塤篪). 『시경』 「소아(小雅)」 「하인사(何人斯)」의 "백씨는 훈을 불고, 중씨는 지를 분다[伯氏吹壎, 仲氏吹篪]"에서 인용된 것으로, 형제간의 화목과 조화를 비유한다.

旅迢遙, 苦辛各異, 遨遊晤賞, 哀樂難常, 孤孽怨思, 達人齊物, 忠臣幽憤, 貧士鬱伊. 此詩家之錯變, 而規格之縱橫也. 然思或朽腐而未精, 情或零落而未備, 詞或罅缺而未博, 氣或柔獷而未調, 格或莠亂而未叶, 咸爲病焉. 故知驅踪靡常, 城門一軌, 揮斤汚鼻, 能者得之. 若乃訪之於遠, 不下帶袵, 索之以近, 則在千里. 此詩之所以未易言也.

① '疏', 『談藝珠叢』本作'藻.'

활용해 쓰는 데는 일정한 것이 없으므로 내용과 형식이 다른 법이니, 마치 돈의 몸체가 둥글고, 갈고리는 굽었고, 수저는 반듯한 걸 중시하고, 병풍은 모난 것과 같다. 위대한 장인에게서는 기구와 장식물들이 많이 만들어진다. 하지만 그 요체는 내면의 오묘한 대응을 총괄하여 칼과 톱을 빌려 완성시키는 데 지나지 않는다. 뭇 기능과 기교의 세세한 분야에 대해서는 힘의 한계로 인해 억지로 다 언급할 수가 없다. 따라서 우선 그 항목을 나누어 차례대로 말하려 한다. 교묘郊廟의 가사는 씩씩하면서 엄정하고, 군사의 가사는 씩씩하면서 엄숙하고, 조회朝會의 가사는 웅장하면서 조화를 이루고, 공연(公讌 : 공적 연회)의 가사는 즐거우면서 규칙이 있다. 그 대의가 본디 이러하다. 큰 하자와 중요한 흠을 이야기하자면 이렇다. 공덕을 높이 찬양해야 하는 것은 과장하기 쉽고 전아함이 부족하며, 화려하게 꾸미고 가꿔야 하는 것은 질탕하기 쉽고 질박함을 버리게 되며, 전쟁에 관한 것은 용맹스럽기 쉽고 일깨움이 없게 되며, 사자의 미덕을 찬양할 때는 수식하기 쉽고 화사하게 된다. 무릇 큰 것을 본 사람은 정신이 초월적이고 마음이 여유로우며 내면에 곧은 심지가 없으면 현혹되지 않기가 힘드니, 이는 위대한 글의 절대 법칙이다. 간절한 정을 담아 전하는 글은 평생의 돈독한 우의를 다 드러내고 손을 붙들며 떠나는 사람을 전송할 때는 그리운 마음을 달래주어야 한다. 권면하고 경계를 담은 글은 완곡하면서 직설적이지 않아야 하고 상을 당해 애도할 때는 애통한 마음이 깊이 담겨있어야 한다. 이러저러한 감회는 느낀 바에 따라 읊고 옛것을 관람할 때는 상황에 따라 논의를 마무리 지어야 한다. 나그네로 떠돌 때는 저마다의 고뇌가 다르고 유람하며 감상할 때는 슬픔과 기쁨이 뒤섞인다. 고자孤子와 서자는 원망을 품고, 통달한 사람은 사물을 동등하게 여기고, 충신은 울분에 차 있고, 가난한 선비는 마음이 답답하다. 이것은 시인의 엇갈린 변화이고 규격의 다름이다. 하지만 생각이 낡아서 정밀하지 못하고, 성정이 뒤떨어져서 완비되지 못하고, 표현이 일그러져서 원만하지 못하고, 기운이 유약해서 고르지 못하고, 격이 혼란하여 조화롭지 못한 것은 모두 병폐이다. 따라서 행한 자취가 일정하지 않아도 성문城門에서는 동일한 궤적을 갖고 있고 콧등의 흙을 도끼로 휘둘러 없애는 것은[4] 능한 자만 가능하다. 하지만 먼 곳으로 찾아 나섰으나 허리춤을 벗어나지 않고 가까운 곳에서 더듬었지만 천 리 밖에 있는 듯한 것은 시에서 쉽게 논할 수 없는 부분이다.

① '疏'는 『담예주총』본에 '藻'로 되어있다.

情者, 心之精也. 情無定位, 觸感而興, 旣動於中, 必形於聲. 故喜則爲笑啞, 憂則爲吁戲, 怒則爲叱咤. 然引而成音, 氣實爲佐, 引音成詞, 文實與功. 蓋因情以發氣, 因氣以成聲, 因聲而繪詞, 因詞而定韻, 此詩之源也. 然情實眑眇, 必因思以窮其奥, 氣有粗弱, 必因力以奪其偏, 詞難妥帖, 必因才以致其極, 才易飄揚, 必因質以禦其侈. 此詩之流也. 由是而觀, 則知詩者乃精神之浮英, 造化之秘思也. 若夫妙騁心機, 隨方合節, 或約旨以植義, 或宏文以敍心, 或緩發如朱絃, 或急張如躍栝, 或始

4 콧등의 …… 것은 : 초나라의 도읍인 영(郢)에 흙을 바르는 장인(匠人)이 있었는데, 자기 코끝에 백토(白土)를 얇게 바르고 장석(匠石)에게 이것을 깎아내게 하였다. 장석이 도끼를 휘두르자 백토가 모두 깎였지만 장인의 코는 조금도 다치지 않았다고 한다. 『장자(莊子)』「서무귀(徐無鬼)」.

迅以中留, 或旣優而後促, 或慷慨以任壯, 或悲悽以引泣, 或因拙以得工, 或發奇而似易. 此輪匠之超悟, 不可得而詳也. 『易』曰: "書不盡言, 言不盡意." 若乃因言求意, 其亦庶乎有得歟!

정情은 마음의 정수이다. 정은 일정한 자리가 없다가 저촉하면서 일어나며 속에서 움직이면 반드시 소리로 나타난다. 그래서 기쁘면 웃음소리가 되고, 걱정하면 탄식하는 소리가 되고, 노하면 질타하는 소리가 된다. 그러나 이끌어내어 소리를 만들 때 실제 기氣가 보좌를 하고, 소리를 이끌어내 글을 만들 때는 실제 문장이 그 일에 참여한다. 정을 통해 기가 발산되고, 기를 통해 소리가 만들어지고, 소리를 통해 가사가 꾸며지고, 가사를 통해 운韻이 확정되니 이것은 시의 근원이다. 하지만 정은 사실 아득하므로 반드시 생각을 통해 그 심오한 것을 찾아야 하고, 기는 조악하고 미약하므로 반드시 힘을 통해 편벽된 것을 벗어나야 하고, 가사는 적합하기 어려우므로 반드시 재능을 통해 그 궁극으로 나아가야 하고, 재능은 허황되게 휘날리기 쉬우므로 반드시 질박함을 통해 그 화려함을 제어해야 하니 이것은 시의 흐름이다. 이를 통해 보면 시라는 것은 정신의 드러난 영화이고 조화세계의 감춰진 생각임을 알 수 있다. 마음의 기밀을 오묘하게 펼쳐서 상황에 따라 그 리듬에 맞춤에 있어서 때로는 취지를 요약하여 의미를 담고, 때로는 문장을 크게 구성하여 마음을 서술하고, 때로는 주현朱絃[5]처럼 느슨하게 드러내고, 때로는 빠르게 날아가는 화살을 세차게 당기는 듯하고, 때로는 처음엔 빠르다가 중간에 멈추고, 때로는 넉넉해지고 나서 재촉하고, 때로는 강개함으로 장엄이 드러나고, 때로는 슬픔과 처연함으로 울음을 자아내고, 때로는 졸렬함을 통해 기교를 얻고, 때로는 기묘함을 발하여 평이한 듯해야 한다. 이것은 수레를 만드는 장인의 초월의

5 주현(朱絃): 종묘의 제향에 쓰이는 금슬(琴瑟) 등의 악기를 일컫는 말이다. 경우에 따라서는 왕업을 도울 기량이 있는 훌륭한 신하를 뜻하기도 한다.

깨달음이어서 더 이상 상세하게 이야기할 수 없다. 『역易』에 이르기를 "글은 말을 다 담지 못하고, 말은 생각을 다 드러내지 못한다[書不盡言, 言不盡意]"[6]라고 했으니 말을 통해 의미를 구한다면 거의 터득할 수 있을 것이다.

魏詩, 門戶也, 漢詩, 堂奧也. 入戶升堂, 固其機也. 而晉氏之風, 本之魏焉. 然而判迹於魏者, 何也? 故知門戶非定程也. 陸生之論文曰: "非知之難, 行之難也." 夫旣知行之難, 又安得云知之非難哉? 又曰: "詩緣情而綺靡." 則陸生之所知, 固魏詩之渣穢耳. 嗟夫! 文勝質衰, 本同末異, 此聖哲所以感歎, 翟・朱所以興哀者也. 夫欲拯質, 必務削文, 欲反本, 必資去末. 是固曰然. 然非通論也. 玉韞於石, 豈曰無文, 淵珠露采, 亦匪無質. 由質開文, 古詩所以擅巧. 由文求質, 晉格所以爲衰. 若乃文質雜興, 本末並用, 此魏之失也. 故繩漢之武, 其流也猶至於魏, 宗晉之體, 其敝也不可以悉矣.

위나라의 시는 문이고 한나라의 시는 방 안(堂奧)이다. 문을 통해 방에 오르는 것이 본디 요점이다. 그런데 진晉나라의 기풍은 위나라에 근본을 두었으면서도 결국 위나라와 전혀 다르니 그것은 왜일까? 들어가는 문이 바르게 설정되지 않았음을 알 수 있다. 육기陸機가 문장에 대해 논하며 "아는 것이 어려운 것이 아니라 행하는 것이 어렵다"(「문부文賦」)고 했는데 행하는 것이 어렵다는 것을 알았다 해서 어떻게 아는 것이 어렵지 않다고 말할 수 있겠는가. 또 "시는 정을 통해 화사해진다"(「문부」)라고 했으니 육기가 알고 있는 것은 본디 위나라 시의 찌꺼기일 뿐이다. 아! 형식은 훌륭하지만 내용이 빈약하고 근본은 같지만 말단

6　『주역』「계사 상전(繫辭上傳)」.

이 다른 것은 성인이 탄식을 자아내고 묵적墨翟과 양주楊朱가 슬픔을 자아낸[7] 이유이다. 무릇 내용을 확보하려면 반드시 형식의 삭제에 힘써야 하고 근본으로 돌아가려면 반드시 말단의 제거에 힘입어야 한다. 이것이 본디 맞는 말이지만, 절대적인 논단은 아니다. 옥이 돌 속에 감싸여 있다 해서 어찌 문채가 없다고 할 수 있겠는가. 연못 속의 구슬이 그 문채를 드러낸다면 또한 내용이 없는 것이 아니다. 내용을 통해 형식을 여는 것이 고시古詩가 그 기교를 자랑하는 점이고 형식을 통해 내용을 드러내려 한 것이 진나라가 그 격이 쇠약한 이유이다. 형식과 내용이 함께 흥기하고 근본과 말단이 함께 활용되는 점은 위나라가 가진 약점이다. 그래서 한나라의 뒤를 계승하면 그 결과가 위나라에라도 이르지만 진나라의 체재를 종지로 삼는다면 그 폐해가 이루 다 말할 수 없을 것이다.

夫情能動物, 故詩足以感人. 荊軻變徵, 壯士瞋目, 延年婉歌, 漢武慕歎. 凡厥含生, 情本一貫, 所以同憂相瘁, 同樂相傾者也. 故詩者風也, 風之所至, 草必偃焉. 聖人定經, 列國爲風, 固有以也. 若乃歔欷無涕, 行路必不爲之興哀, 愬難不膚, 聞者必不爲之變色. 故夫直戇之詞, 譬之無音之絃耳, 何所取聞於人哉? 至於陳采以眩目, 裁虛以蕩心, 抑又末矣.

정은 사물을 움직이므로 시가 사람을 감동시킬 수 있다. 형가荊軻의 변치變徵[8]에 장사가 눈을 부라리고 이연년李延年의 고운 노래를 한 무제

7 묵적(墨翟)과 …… 자아낸 : 묵적이 흰 실을 물들이면 색깔이 변하듯이 사람도 환경에 따라 선인이 될 수도, 악인이 될 수도 있다며 울었다는 고사와, 양주가 여러 갈래로 난 길을 보고 남쪽으로 갈 수도, 북쪽으로 갈 수도 없다며 울었다는 고사를 가리킨다. 『회남자(淮南子)』「설림(說林)」.

8 형가(荊軻)의 변치(變徵) : 변치는 칠음(七音)의 하나로, 치(徵)의 변조(變調)이며 비장(悲壯)의 내용을 담고 있다. "고점리가 축(筑)을 연주하고 형가가 이에 화답해 변치의 음

가 흠모했다. 무릇 생명을 함유하고 있는 것은 그 정이 본디 같다. 따라서 걱정을 나누며 서로 힘들어하고 기쁨을 함께 하며 서로 경도되는 것이다. 그러므로 시는 바람이니 바람이 닿는 곳에서는 풀이 반드시 넘어진다. 성인(공자)이 경(經: 『시경』)을 산정刪定하면서 나라별로 노래를 나열한 것은 본디 이유가 있다. 한숨만 쉰 채 눈물이 없으면 행인이 틀림없이 애도를 표하지 않을 것이며, 어려움을 호소할 때 피부에 와 닿지 않으면 듣는 자가 필경 반응하지 않는다. 따라서 경직되고 딱딱한 가사는 음이 없는 현絃과 같은데 어떻게 사람들에게 들리겠는가. 채색을 나열해서 눈을 현혹시키고 허구를 만들어서 마음을 소란스럽게 하는 것은 말단일 뿐이다.

詩家名號, 區別種種. 原其大義, 固自同歸. 歌聲雜而無方, 行體疏而不滯. 吟以呻其鬱, 曲以導其微, 引以抽其臆, 詩以言其情, 故名因象昭. 合是而觀, 則情之體備矣. 夫情旣異其形, 故辭當因其勢. 譬如寫物繪色, 倩盼各以其狀, 隨規逐矩, 圓方巧獲其則. 此乃因情立格, 持守圜環之大略也. 若夫神工哲匠, 顚倒經樞, 思若連絲, 應之杼軸, 文如鑄冶, 逐手而遷, 從衡參互, 恒度自若. 此心之伏機, 不可强能也.

시인의 이름은 여러 가지로 구별되지만 그 대의를 따지면 본디 하나로 귀결된다. 가歌는 소리가 뒤섞여서 일정함이 없고, 행行은 체體가 트여서 막힘이 없고, 음吟은 그 답답함을 드러내고, 곡曲은 그 미묘함을 이끌어내고, 인引은 그 가슴속을 추출하고, 시詩는 그 정을 이야기한다. 그래서 이름은 형상을 통해 나타난다. 이를 합쳐보면 정의 본체가 구비된다. 무릇 정이 그 형태를 달리 한다면 표현은 마땅히 그 형세에 따

조로 화답의 노래를 부르자 군사들이 모두 눈물을 흘렸다.[高漸離擊筑, 荊軻和而歌, 爲變徵之聲, 士皆垂淚涕泣.]" 『사기』 「자객열전(刺客列傳)」.

라야 한다. 비유하자면, 사물을 묘사하고 색채를 그릴 때 천倩과 반盼이 각기 그 형상에 따르고[9] 규(規: 원척)와 구(矩: 각척)에 따라 원과 각이 교묘하게 그 규칙을 획득하는 것과 같다. 이것이 바로 정을 통해 격을 확립하고 전체의 둘레를 확고히 지키는 대략이다. 신묘한 기술을 지닌 공인과 출중한 장인은 그 요추를 마음대로 부려서 생각은 마치 실이 바디집에서 계속 나오는 것과 같고, 문장은 쇠붙이를 부려 손에 따라 형태가 만들어지는 것과 같고, 가로와 세로가 서로 참조하며 일정한 법도가 자연스레 유지된다. 이것은 마음속에 숨어 있는 요체여서 억지로 할 수가 없다.

朦朧萌坼, 情之來也, 汪洋漫衍, 情之沛也, 連翩絡屬, 情之一也, 馳軼步驟, 氣之達也, 簡練揣摩, 思之約也, 頡頏累貫, 韻之齊也, 混沌貞粹, 質之檢也, 明雋清圓, 詞之藻也. 高才閒擬, 濡筆求工, 發旨立意, 雖旁出多門, 未有不由斯戶者也. 至於「垓下」之歌, 出自流離, 「煮豆」之詩, 成於草率. 命詞慷慨, 並自奇工. 此則深情素氣, 激而成言, 詩之權例也. 傳曰: "疾行無善迹." 乃藝家之恒論也. 昔桓譚學賦於揚雄. 雄令讀千首賦. 蓋所以廣其資, 亦得以參其變也. 詩賦粗精, 譬之絺綌, 而不深探研之力, 宏識誦之功, 何能益也? 故古詩三百, 可以博其源, 遺篇十九, 可以約其趣, 樂府雄高, 可以厲其氣, 『離騷』深永可以裨其思. 然後法經而植旨, 繩古以崇辭, 雖或未盡臻其奧, 我亦罕見其失也. 嗚呼! 雕繢滿目, 並已稱工, 芙蓉始發, 尤能擅麗. 後世之惑, 宜益滋焉. 夫未覩鈞天之美, 則「北里」爲工, 不詠「關雎」之亂, 則「桑中」爲雋. 故匪師曠, 難爲語也.

9 천(倩)과 …… 따르고: 용모가 아름답고 기색과 자태가 수려한 것을 형용한다. 『시경』「위풍(衛風)」「석인(碩人)」의 "아름다운 웃음에 예쁜 뺨이여, 아름다운 눈매에 예쁜 눈동자여[巧笑倩兮, 美目盼兮]"라는 구절에서 유래된 말이다.

몽롱하게 싹이 트는 것은 정이 막 생성되는 것이고, 넘실넘실 출렁이는 것은 정이 쏟아지는 것이고, 끊임없이 이어지는 것은 정의 한결같음이고, 세차게 달리는 것은 기가 활짝 핀 것이고, 간소하게 다듬고 헤아리는 것은 생각의 요약이고, 들쭉날쭉한 것이 겹겹이 꿰어있는 것은 운韻의 가지런함이고, 정숙과 순수가 뭉쳐 있는 것은 내용이 잘 짜여 있는 것이고, 밝고 훤칠하고 청아하고 원만한 것은 가사의 아름다움이다. 고상한 재능을 가진 자가 한적하게 구상하며 붓을 적셔 기교를 구하고 취지를 발하며 생각을 확립할 때, 비록 많은 문이 있지만 이 문을 경유하지 않는 자가 없다. 「해하가垓下歌」[10]는 유리流離에서 나온 것이고 「자두시煮豆詩」[11]는 짧은 순간에 완성된 것이다. 구사한 가사가 강개하며 모두 기묘하고 훌륭하다. 이것은 깊은 정과 원래의 기가 격동해서 글로 만들어진 것으로, 시의 변형된 예(權例)이다. 전하는 글의 "빠른 발길에 좋은 자취가 없다[疾行無善迹]"[12]는 문예가들이 곧잘 거론하는 말이다. 옛날 환담桓譚이 양웅에게서 부賦를 배웠는데 양웅이 그에게 천 수의 부를 읽게 한 것은 자료를 광범위하게 확보하고 변화를 참구할 수 있기 때문이었다. 시와 부의 성김과 정밀함은 가는 갈포와 굵은 갈포에 견줄 수 있는데, 탐구와 연구의 힘을 깊이하고 해독하고 암송하는 공부를 널리 하지 않으면 어떻게 이익이 있을 수 있겠는가. 따라서 고시삼백편(古詩三百篇 : 『시경』)은 그 근원을 넓게 할 수 있고, 고

10 「해하가(垓下歌)」: 항우가 해하(垓下)에서 한군(漢軍)에게 포위된 뒤, 장막 안에서 우미인(虞美人)을 마주하며 부른 노래이다. "힘은 산을 뽑고 기개는 세상을 뒤덮었거늘, 시대가 이롭지 못해 오추마가 나서지 않는구나. 오추마가 나서지 않으니 어찌해야겠느냐, 우여 우여 어찌해야겠느냐.[力拔山兮氣蓋世, 時不利兮騅不逝. 騅不逝兮可奈何, 虞兮虞兮奈若何.]" 『사기』 「항우본기(項羽本紀)」.

11 「자두시(煮豆詩)」: 「칠보시(七步詩)」. 형인 위 문제로부터 일곱 걸음 안에 시를 지으라는 압박을 받은 조식이 즉석에서 바로 지은 시이다. "콩대로 불을 지펴 콩을 볶으니, 콩이 솥 안에서 슬피 우누나. 본래 한 뿌리에서 생겨났거늘, 어찌 그토록 다그치며 볶아대는가.[煮豆燃豆萁, 豆在釜中泣. 本是同根生, 相煎何大急.]"

12 『설부(說郛)』 「매고장경(枚皐長卿)」.

시십구수古詩十九首는 그 의미를 요약할 수 있고, 웅장하고 고상한 악부는 그 기를 엄하게 다듬을 수 있고, 깊고 유장한『이소』는 그 생각을 도울 수 있다. 그런 다음에 경經을 법으로 삼아 주관을 확보하고 옛것을 계승하여 표현을 숭고하게 한다면 비록 그 깊이에 다 이르지는 못하더라도 나는 또한 잘못된 것을 거의 보지 못했다. 아, 수식과 치장이 눈앞에 가득한 것을 모두 훌륭하다고 칭해오고 부용芙蓉이 막 피어나듯 더욱더 미려함을 뽐내고 있으니 후세의 현혹이 더욱더 심한 것이 마땅하다. 무릇 균천鈞天의 아름다운 음악[13]을 듣지 못하면「북리北里」[14]만 훌륭하다고 여기고「관저關雎」[15]의 노래를 읊어보지 않으면「상중桑中」[16]이 대단하다고 여긴다. 따라서 사광師曠[17]이 아니면 말하기 어려운 것이다.

夫詞士輕偸, 詩人忠厚. 上訪漢・魏, 古意猶存. 故蘇子之戒愛景光, 少卿之厲崇明德, 規善之辭也. 魏武之悲東山, 王粲之感鳴鶴, 子恤之辭也. 甄后致頌於延年, 劉妻取譬於唾井, 繾綣之辭也. 子建言恩, 何必衾枕, 文君怨嫁, 願得白頭, 勸諷之辭也. 究其微旨, 何殊經術? 作者蹈古轍之嘉粹, 刊佻靡之非輕, 豈直精詩, 亦可以養德也.「鹿鳴」・「頍弁」之宴好,「黍離」・「有蓷」之哀傷,「氓」蚩・「晨風」之悔歎,「蟋蟀」・「山樞」之感慨,「柏舟」・「終風」之憤懣,「杕杜」・「葛藟」之憫恤,「葛屨」・「祈父」之譏訕,「黃鳥」・「二子」之痛悼,「小弁」・「何人斯」之怨誹,「小宛」・「雞鳴」之戒惕,「大東」・「何草不黃」之困疵,「巷伯」

13 균천(鈞天)의 …… 음악 : 균천은 천상의 음악 균천광악(鈞天廣樂)의 약칭인데 진 목공이 꿈에 천상으로 가서 옥황상제의 균천광악 연주를 들었다 한다.『우희지림(虞喜志林)』.

14 「북리(北里)」: 은나라 주왕이 만들었다고 전하는 음란한 무악(舞樂)의 이름이다.

15 「관저(關雎)」:『시경』「주남(周南)」의 첫 편으로, 문왕과 후비의 덕을 노래했다.

16 「상중(桑中)」:『시경』「용풍(鄘風)」의 편명으로, 남녀의 밀회를 읊었다.

17 사광(師曠) : 춘추시대 진 평공(晉平公)의 악사로, 절대 음감을 가졌다고 한다.

·「鶉奔」之惡惡, 「綢繆」·「車舝」之歡慶, 「木瓜」·「采葛」之情念, 「雄雉」·「伯兮」之思懷, 「北山」·「陟岵」之行役, 「伐檀」·「七月」之勤敏, 「棠棣」·「蓼莪」之大義, 皆曲盡情思, 婉孌氣辭. 哲匠縱橫, 畢由斯閾也.

무릇 사장詞章를 다루는 선비는 경박하고 시인은 충직하다. 위로 한·위를 찾아가보면 옛 시의 이미지가 남아있다. 그래서 소무蘇武가 세월을 아끼라고 경계하고[18] 소경(少卿 : 이릉)이 선한 심성을 기르라고 권유한 것[19]은 선을 권장하는 작품이고, 위 무제(조조)가 「동산東山」을 슬퍼하고(「고한행苦寒行」) 왕찬王粲이 우는 학에 감응하는 것은 불쌍히 여기며 감싸 안아주는 작품이고, 견후甄后가 이연년李延年을 송축하고(「당상행塘上行」) 유훈劉勳의 아내가 샘에 침 뱉는 것에 비유한 것[20]은 애절함이 담긴 작품이고, 자건(子建 : 조식)이 아내와의 사랑을 이야기할 때 굳이 금침衾枕을 이야기 한 것[21]과 탁문군卓文君이 결혼을 원망하며 백발이 될 때까지 함께 할 것을 소원한 것[22]은 권장과 풍자의 작품이다. 그

18 소무(蘇武)가 …… 경계하고 : 소무가 친구 이릉을 두고 떠나며 지은 「소무시(蘇武詩)」 4수 가운데 제4수를 가리킨다. "좋은 만남 두 번 다시 오기 어려운 터, 기쁨이 아직 다 끝나지 않았네. 부디 고운 심성 가꾸며, 언제나 시간을 아끼구려.[嘉會難兩遇, 歡樂殊未央. 願君崇令德, 隨時愛景光.]"

19 소경 …… 것 : 이릉이 소무를 떠나보내며 지은 「여소무(與蘇武)」 3수를 가리킨다. 제3수 마지막 구절에서 "부디 고운 심성 길러, 먼 훗날을 기약하게나.[努力崇明德, 皓首以爲期.]"

20 유훈(劉勳)의 …… 것 : 조식의 「대류훈처왕씨잡시(代劉勳妻王氏雜詩)」의 "누가 떠난 부인이 가볍다고 말하는가, 떠난 부인의 마음을 더욱 무겁네. 천 년을 우물에 침 뱉지 않았나니, 하물며 지난날 봉양했던 이에게랴[誰言去婦薄, 去婦情更重. 千年不唾井, 況乃昔所奉]"를 가리킨다.

21 자건(子建)이 …… 것 : 조식의 「종갈편(種葛篇)」의 "남산 아래 칡을 심었더니, 칡이 덩굴져 그늘을 이루었네. 그대와 혼인 맺을 때, 결발(結髮)의 은혜와 의리가 깊었네. 베갯머리에 기쁨과 사랑이 들어있나니, 지난날부터 이부자리를 함께 했었네[種葛南山下, 葛虆自成陰. 與君初婚時, 結髮恩義深. 歡愛在枕席, 宿昔同衣衾]"를 가리킨다.

22 탁문군(卓文君)이 …… 것 : 탁문군이 남편 사마상여가 다른 여자를 만나 떠나려 하자 변함없는 사람을 만나 백발이 되도록 함께 살았으면 한다는 「백두음(白頭吟)」을 지어보

미묘한 뜻을 파헤치면 경전(『시경』)과 어찌 다르겠는가. 작가가 옛 자취의 아름답고 훌륭한 것을 되밟고 경박하고 호사스러운 것의 그릇되고 경솔함을 추려낸다면 어찌 시만 정밀하겠는가. 또한 덕성을 함양할 수 있다. 「녹명鹿鳴」과 「규변頍弁」의 즐거운 연회와, 「서리黍離」와 「유퇴有蓷」의 슬픔과, 「맹氓」과 「신풍晨風」의 회한과, 「솔실蟀蟋」과 「산추山樞」의 감개와, 「백주柏舟」와 「종풍終風」의 분노와, 「체두杕杜」와 「갈류葛藟」의 민휼憫恤과, 「갈구葛屨」와 「기부祈父」의 비난과, 「황조黃鳥」와 「이자二子」의 애통과, 「소변小弁」과 「하인사何人斯」의 원망과, 「소완小宛」과 「계명雞鳴」의 경계와, 「대동大東」과 「하초불황何草不黃」의 곤혹과, 「항백巷伯」과 「순분鶉奔」의 악에 대한 증오와, 「주무綢繆」와 「거할車舝」의 환희와, 「목과木瓜」와 「채갈采葛」의 정념과, 「웅치雄雉」와 「백혜伯兮」의 그리움과, 「북산北山」과 「척호陟岵」의 행역行役과, 「벌단伐檀」과 「칠월七月」의 근면과, 「당체棠棣」와 「육아蓼莪」의 대의大義 등은 모두 감정과 생각을 극진히 발휘하고 기와 표현이 부드럽고 곱다. 훌륭한 장인의 종횡무진함은 모두 이 문을 통해 이루어진다.

詩之詞氣, 雖由政教, 然支分條布, 略有徑庭. 良由人士品殊, 藝隨遷易. 故宗工鉅匠, 詞淳氣平, 豪賢碩俠, 辭雄氣武, 遷臣孽子, 辭厲氣促, 逸民遺老, 辭玄氣沈, 賢良文學, 辭雅氣俊, 輔臣弼士, 辭尊氣嚴, 閹童壼女, 辭弱氣柔, 媚夫倖士, 辭靡氣蕩, 荒才嬌麗, 辭淫氣傷.

시의 표현에 담긴 기는 당시의 정치와 교육으로 말미암은 것이지만, 갈래의 구분에 있어선 약간의 차이가 있다. 인물의 품격이 다름에 따라 문예 또한 바뀌기 때문이다. 그래서 종장(宗匠)인 인물은 표현이 순

이니 사마상여가 태도를 바꿨다 한다. 『사기』 「사마상여전」.

박하고 기운이 평온하며, 호걸과 의협은 표현이 웅장하고 기운이 힘차며, 좌천된 신하와 서얼은 표현이 드세고 기운이 촉박하며, 일민逸民과 유로遺老는 표현이 현묘하고 기운이 잦아들며, 현자와 문학을 일삼는 사람은 표현이 고아하고 기운이 무게가 있으며, 보좌하는 신하와 보필하는 인사는 표현이 존귀하고 기운이 엄숙하며, 엄동閹童[23]과 곤녀(壼女 : 궁녀)는 표현이 나약하고 기운이 부드러우며, 아첨과 아양을 일삼는 사람은 표현이 호사스럽고 기운이 방탕하며, 황망하고 교태를 부리는 사람은 표현이 음탕하고 기운이 손상되어 있다.

七言始起①, 咸曰『柏梁』. 然甯戚扣牛, 已肇「南山」之篇矣. 其爲則也, 聲長字縱, 易以成文. 故蘊氣琱詞, 與五言略異. 要而論之 : 「滄浪」擅其奇, 「柏梁」宏其質, 「四愁」墜其儁, 「燕歌」開其靡. 他或雜見於樂篇, 或援格於賦系, 姸醜之間, 可以類推矣.

① '始'原作'治', 據『談藝珠叢』本改.

칠언시는 모두들 『백량柏梁』[24]에서 시작되었다고 한다. 하지만 영척甯戚이 소고삐를 두드리고 노래 부르며[25] 이미 「남산南山」[26]을 시작했다. 그 규칙은 소리가 유장하고 글이 자유로우며 평이하게 내용을 구성한다. 그래서 기운이 응축되고 표현이 수식적인 오언시와 약간 차이

---

23 엄동(閹童) : 거세한 아이로, 환관을 가리킨다.

24 『백량(柏梁)』 : 백량체(柏梁體)를 말하는데 한 무제가 장안에 백량대(柏梁臺)를 세우고 그 위에서 신하들과 연회를 베풀며 구(句)마다 압운(押韻)하는 칠언시를 지었다. 『삼보황도(三輔黃圖)』 「대사(臺榭)」.

25 영척(甯戚)이 …… 부르며 : 「우각지가(牛角之歌)」로, 춘추시대 제나라 영척寧戚이 제환공(齊桓公)의 관심을 끌기 위해 쇠뿔을 두드리며 불렀다는 노래이다. 『여씨춘추(呂氏春秋)』 「거난(擧難)」.

26 「남산(南山)」 : 「우각지가(牛角之歌)」의 이칭이다. 이 노래의 첫 부분 "남산이 밝고, 백석이 찬란하네[南山矸, 白石爛]에서 인용된 것이다.

가 있다. 요약해서 논한다면, 「창랑가滄浪歌」[27]는 기묘함에서 앞서고, 「백량柏梁」은 질박함이 두드러지고, 「사수四愁」(장형)는 영특함을 드러내고, 「연가행燕歌行」(조비)은 화사함을 개시했다. 그 밖의 내용이 악부에서 이것저것 보이며 부賦 등에서 격을 끌어오기도 하니, 아름답고 추한 것에 대해서는 유형별로 미루어 볼 수 있을 것이다.

① '始'는 본래 '治'로 돼 있었는데, 『담예주총』본에 의거하여 고쳤다.

詩貴先合度, 而後工拙. 縱橫・格軌, 各具風雅, 繁欽「定情」, 本之鄭・衛. "生年不滿百", 出自『唐風』, 王粲「從軍」, 得之二『雅』, 張衡「同聲」, 亦合「關雎」. 諸詩固自有工醜, 然而並驅者, 託之軌度也.

시는 먼저 법도에 부합돼야 하고 그다음에 기교를 논해야 한다. 자유자재한 것과 법도가 각기 풍아風雅를 갖추고 있어야 하는데 번흠繁欽의 「정정定情」은 「정풍鄭風」과 「위풍衛風」에 뿌리를 두고 있고, "백 년도 못 살면서[生年不滿百]"[28]는 『당풍唐風』(『시경』)에서 시작됐으며, 왕찬의 「종군從軍」은 두 『아雅』(대아와 소아)에서 터득한 것이고, 장형의 「동성가同聲歌」는 「관저關雎」에 부합된다. 이들 시는 본디 저마다 문제점을 안고 있지만 공통적으로 법도에 의탁하고 있다.

夫哲匠鴻才, 固由內穎, 中人承學, 必自迹求. 大抵詩之妙軌 : 情若重淵, 奧不可測, 詞如繁露, 貫而不雜, 氣如良駟, 馳而不軼. 由是而求, 可

27 「창랑가(滄浪歌)」 : 고대의 노래로, 굴원의 『초사』 「어부사(漁父辭)」 등에 수록돼 있다. "창랑의 물이 맑으면, 내 갓끈을 씻고, 창랑의 물이 흐리면, 내 발을 씻는다.[滄浪之水淸兮, 可以濯吾纓, 滄浪之水濁兮, 可以濯吾足.]"

28 "백 년도 못살면서[生年不滿百]" : 「고시십구수」 가운데 하나이다.

以冥會矣.

무릇 훌륭한 인재와 뛰어난 인물은 본디 내공이 뛰어난 것에서 연유하거니와 중인中人이 배움에 임할 때는 반드시 드러난 자취에서 찾아야 한다. 무릇 시의 오묘한 법도를 보면 정情은 깊은 연못처럼 깊이를 헤아릴 수 없어야 하고, 표현은 번로繁露[29]처럼 꿰어져 뒤섞이지 않아야 하고, 기氣는 잘 길들여진 사마駟馬가 달릴 때 궤도를 벗어나지 않는 듯해야 한다. 이러한 길을 통해 접근한다면 자연스레 부합할 수 있을 것이다.

樂府往往敍事, 故與詩殊. 蓋敍事辭緩, 則冗不精. "翩翩堂前燕", 疊字極促乃佳. 阮瑀「駕出北郭門」, 視「孤兒行」太緩弱, 不逮矣.

악부는 종종 사실을 서술(서사)하므로 시와 다르다. 사실을 서술할 때 표현이 느슨하면 흐리멍덩하고 정밀하지 못하다. "날아가는 집 앞 제비[翩翩堂前燕]"(고악부, 「염가행豔歌行」)는 첩자疊字가 매우 촉박하게 이루어져서 아주 좋다. 완우阮瑀의 「가출북곽문행駕出北郭門行」은 「고아행孤兒行」에 비해 너무 느슨하고 나약해서 미치지 못한다.

詩不能受瑕. 工拙之間, 相去無幾, 頓自絶殊. 如「塘上行」云: "莫以豪賢故, 棄捐素所愛. 莫以魚肉賤, 棄捐葱與薤. 莫以麻枲賤, 棄捐菅與蒯." 「浮萍篇」則曰: "茱萸自有芳, 不若桂與蘭. 新人雖可愛, 無若故所歡." 本自倫語, 然佳不如「塘上行」.

---

29 번로(繁露): '번로(繁路)'라고도 하며 고대 제왕이나 귀족이 면류관 위에 매달던 옥 장식물이다.

시에 흠이 들어있어서는 안 된다. 하지만 뛰어난 것과 그렇지 못한 것의 거리가 크지 않으면 매우 특출한 작품이 된다. 예컨대 「당상행塘上行」(견복甄宓)에서 "훌륭해졌다고 하여, 본디 사랑했던 이를 버리지 말라. 물고기와 고기가 넘쳐난다고 해서, 파와 염교를 버리지 말라. 삼과 모시가 넘쳐난다 해서, 골풀과 기름사초를 버리지 말라[莫以豪賢故, 棄捐素所愛. 莫以魚肉賤, 棄捐葱與薤. 莫以麻枲賤, 棄捐菅與蒯]"라고 했다. 「부평편浮萍篇」(조식)에서 "산수유가 아름답지만, 계화와 난초만 못하네. 새로 온 사람이 사랑스럽지만, 지난날 기쁨 나눴던 사람만 못하네[茱萸自有芳, 不若桂與蘭. 新人雖可愛, 無若故所歡]"라고 했는데 본디 비유적 표현을 사용한 것이지만 작품성에 있어선 「당상행」만 못하다.

古詩句格自質, 然大入工. 『唐風』「山有樞」云: "何不日鼓瑟", 鐃歌詞曰: "臨高臺以軒", 可以當之. 又"江有香草目以蘭, 黃鵠高飛離哉翻." 絶工美, 可爲七言宗也.

고시의 구句와 격格은 스스로 질박하지만 대단한 기교가 들어있다. 『당풍唐風』「산유추山有樞」의 "어찌 날마다 슬을 연주하지 않는가[何不日鼓瑟]"와, 한요가곡사漢鐃歌曲辭의 "높은 누대를 훤칠하게 굽어보네[臨高臺以軒]"(고악부 「임고대臨高台」)가 이에 해당할 만하다. 그리고 "강에 향초가 있어 난초라 부르고, 황곡이 높이 날 때 나래 치며 떠나네[江有香草目以蘭, 黃鵠高飛離哉翻]"(고악부 「고취요가鼓吹鐃歌」)는 기교가 매우 뛰어난 것으로, 칠언시의 최고가 될 만하다.

氣本尙壯, 亦忌銳逸. 魏祖云: "老驥伏櫪, 志在千里. 烈士暮年, 壯心不已." 猶曖曖也. 思王「野田黃雀行」, 譬如錐出囊中, 大索露矣.

기는 본래 장엄함을 중시하지만 또한 예리하고 너무 드러나는 것을 피한다. 위조(魏祖 : 조조)의 "늙은 천리마 마구간에 있어도, 꿈은 천 리 밖에 있고. 열사가 나이 들어도, 기개는 변함없다[老驥伏櫪, 志在千里. 烈士暮年, 壯心不已]"(「보출동문행步出夏門行」)는 여전히 함축적이다. 진사왕(陳思王 : 조식)의 「야전황작행野田黃雀行」은 주머니에서 튀어나온 송곳 같아서 너무 확연히 드러난다.

樂府中有"妃呼豨"·"伊阿那"諸語, 本自亡義, 但補樂中之音. 亦有疊本語, 如曰"賤妾與君共餔糜. 共餔糜"之類也.

악부 안에 "비호희妃呼豨", "이아나伊阿那" 등의 표현이 있는데 본래 가지고 있던 뜻은 사라지고 단지 가락을 보충하는 소리만 남은 것이다. 그 밖에 본어本語가 중첩된 것도 있으니 "천첩이 그대와 함께 죽을 먹고, 함께 죽을 먹고[賤妾與君共餔糜. 共餔糜]"(「동문행東門行」) 따위이다.

"生年不滿百"四語, 「西門行」亦掇之, 古人不諱重襲, 若相援爾. 覽「西門」終篇, 固咸自鑠古詩, 然首尾語精, 可二也.

"백 년을 못살아도"(「고시십구수古詩十九首」)의 네 구절을 「서문행西門行」에서도 구사했으니 옛사람들이 중복, 인습을 피하지 않고 서로 인용했음을 엿볼 수 있다. 「서문행」의 끝부분을 보면 모두 옛 시를 재구성했지만 처음과 끝이 정밀하게 연결되어 있어 전혀 다른 작품이라고 할 수 있다.

溫裕純雅, 古詩得之. 遒深勁絶, 不若漢鐃歌樂府詞.

온화하고 여유롭고 순수하고 고아함은 고시가 갖고 있다. 하지만 굳건하고 깊고 힘차고 빼어남은 한나라의 악부인 요가鐃歌만 못하다.

樂府「烏生八九子」·「東門行」等篇, 如淮南小山之賦, 氣韻絶峻, 止可與孟德道之, 王·劉文學, 皆當袖手爾.

고악부의 「오생팔구자烏生八九子」와 「동문행東門行」 등은 회남소산淮南小山[30]의 부賦처럼 기와 운이 드높아서 맹덕(孟德 : 조조)과 더불어 이야기할 수 있으며, 왕찬과 유정은 모두 옆에서 지켜만 보고 있어야 할 것이다.

韋·仲·班·傅輩四言詩, 儜縛不蕩. 曹公「短歌行」, 子建"來日大難", 工堪爲則矣. 白狼·槃木詩三章, 亦佳, 緣不受『雅』·『頌』困耳.

위맹韋孟·위현성韋玄成·반표班彪·부의傅毅 등의 사언시는 궁색하여 트이지 않았다. 조공(曹公 : 조조)의 「단가행短歌行」과 자건(子建 : 조식)의 "다가올 날이 크게 어려우리라(來日大難)"(「선재행善哉行」)는 그 기교가 모범이 되기에 충분하다. 백낭白狼과 반목槃木[31]의 3장은 아름답긴 하지만 『아』와 『송』의 영향을 받지 않은 탓에 궁색하다.

---

30 회남소산(淮南小山) : 전한(前漢) 회남왕(淮南王) 유안(劉安)의 일부 문객에 대한 호칭이다. 그들의 작품으로 「초은사(招隱士)」 1편이 현존한다.

31 백낭(白狼)과 반목(槃木) : 한나라 때 서남부의 이민족이다. 이들이 한나라에 「원이락덕가(遠夷樂德歌)」·「원이모덕가(遠夷慕德歌)」·「무이회덕가(無夷懷德歌)」 3편을 헌상했다 한다.

漢·魏之交, 文人特茂, 然衰世叔運, 終鮮粹才. 孔融懿名, 高列諸子, 視「臨終詩」, 大類銘箴語耳. 應瑒巧思逶迤, 失之靡靡, 休璉「百一」, 微能自振, 然傷媚焉. 仲宣流客, 慷慨有懷, 西京之餘, 鮮可誦者. 陳琳意氣鏗鏗, 非風人度也. 阮生優緩有餘, 劉楨錐角重阶, 割曳綴懸, 並可稱也. 曹丕資近美媛, 遠不逮植, 然植之才, 不堪整栗, 亦有憾焉. 若夫重熙鴻化, 蒸育叢材, 金玉其相, 綽哉有斐, 求之斯病, 殆寡已夫.

한나라와 위나라가 교차할 즈음에 문인이 특별히 많이 배출되었지만 쇠퇴한 세상의 말단인 운명이었던 탓에 결국 훌륭한 인재는 드물었다. 공융의 훌륭한 명성은 제자諸子에 높이 배열되었지만 「임종臨終」을 보면 명銘·잠箴류의 어투와 대단히 유사하다. 응창應瑒은 기교가 넘쳐서 호사스러움에서 잘못을 범하고 있고, 응거應璩의 「백일百一」은 스스로 진작해내지 못하면서도 아첨하는 태도에 문제가 있으며, 왕찬은 유랑객으로서 강개를 품고 있었지만 동한이 끝날 무렵에 그의 시를 외우는 사람은 드물었다. 진림陳琳은 내용과 기가 잘 어울렸지만 옛 시인의 모습이 아니었다. 완우阮瑀는 넉넉하게 여유가 있고 유정劉楨은 뾰족하게 각을 드러내어, 문장을 자르고 끌고 잇고 매다는 모든 기술은 칭찬받을 만하다. 조비는 자질이 아리따운 여인에 가까워 조식에 전혀 미치지 못하며 조식의 재능은 엄정하다 하기에는 부족하니 또한 아쉬움이 있다. 중희重熙[32]의 큰 교화로 뭇 인재들을 기르고 금옥 같은 재상이 빛나게 활약해서 이 병을 구제한다면 거의 병이 적어질 것이다.

古詩降魏, 辭人所遺. 雖蕭統簡輯, 過冗而不精. 劉勰「緒論」, 亦略而未備. 況夫人懷敝帚, 自過千金, 『法言』懿則, 遂見委廢. 至於篇句, 零

32 중희(重熙) : 광명을 거듭한다는 말로, 임금이 대대로 현명하여 태평성대가 계속됨을 이른다.

落雖深, 猶幸有存者, 可足徵也. 故著此篇, 以標準的, 粗方大義, 誠不越玆, 後之君子, 庶可以考已.

고시가 위魏나라에 오면서 문인들은 이를 버렸다. 소통이 간략하게 모았지만 지나치게 엉성하여 정밀하지 못했고 유협劉勰의 「서론緖論」(「서지序志」) 역시 간략하여 완비되지 못했다. 더구나 사람들이 해진 빗자루를 가지고 천 금보다 귀하다 자랑하고 『법언法言』의 좋은 법칙이 결국 폐지를 당했음에야 말할 나위가 있겠는가. 작품에 있어서 비록 많은 영락이 있었지만 다행히 남은 것이 있어 충분히 증명할 만하다. 그래서 이 책을 지어 그 기준을 표시하려 하며 대체적인 내용은 정말 이를 벗어나지 못할 것이니 후대의 학자들이 거의 이를 참고할 만할 것이다.

客論曰 : 傳云"王者之迹熄而詩亡", 蓋傷之也. 降自桓·靈廢而禮樂崩, 晉·宋王而新聲作, 古風沈滯, 蓋已甚焉. 述者上緣聖則, 下擿儒玄, 廣敎化之源, 崇文雅之致, 削浮華之風, 敦古朴之習, 誠可尙已. 恐學士狎耳目之玩, 譏瑣尾之文, 故序而系之, 俾知所究.

객론客論[33]에서 전해오는 말에 "왕도를 구현할 통치자의 자취가 끊어지면서 시가 망했다[王者之迹熄而詩亡]"라고 했는데 안타까움에서 나온 말이다. 한나라 환제桓帝와 영제靈帝가 폐위되고 나서 예악이 무너졌고 동진東晉과 송宋이 서고 새로운 작품이 지어지면서 옛 시풍(古風)의 침체가 이미 심해진 것이다. 계승하는 자가 위로는 성인의 법칙에 따르고 아래로는 유자의 깊은 뜻을 적절히 취하여 교화의 근원을 넓히고

33 객론(客論) : 작자가 책 말미에 자신의 견해를 서술하기 위해 설정한 표현으로 보인다.

문아文雅의 성취를 높이면서 부화浮華의 기풍을 삭제하고 고박古朴의 풍습을 돈독히 한다면 참으로 숭상할 만할 것이다. 하지만 학인들이 이목의 즐거움에만 탐닉한 나머지 자질구레한 문장을 힐난할까 두려워 이런 내용들을 체계적으로 서술함으로써 내가 궁구한 바를 깨닫게 하고자 한다.

『예포힐여藝圃擷餘』

명明 왕세무王世懋

왕세무王世懋, 『예포힐여秇圃擷餘』 해제

왕세무(1536~1588)는 자가 경미敬美, 호는 인주麟洲이며 태창太倉 사람이다. 왕세정王世貞의 동생으로서 이반룡李攀龍은 그를 소미少美라고 불렀다. 가정嘉靖 38년(1599) 진사가 되어 관직이 태상소경太常少卿에 이르렀다. 왕세무는 말오자末五子 중 한 명이며 시문이 형인 왕세정과 유사했지만 자질과 학식이 형에게 미치지 못했다. 진문촉陳文燭은 『왕봉상서王奉常序』에서 그의 시에 대해 고체시는 건안의 풍골이 있고 근체시는 정교하고 격률이 세밀하다고 평하면서 "왕유와 맹호연을 닮은 것은 십분의 오이고 전기와 유우석을 닮은 것은 십분의 이이다. 내용은 변화의 극치를 보이고 시어는 부화뇌동이 적어 사람을 대단히 놀라게 한다[似王孟者十之五, 似錢劉者十之二. 意極變化, 語鮮雷同, 大自驚人]"라고 하였다. 그의 시론은 칠자의 '격조설'에 근본을 두고 다소 변경하였으며 논리가 비교적 엄밀하다. 저서로 『왕봉상집王奉常集』 69권이 있다. 『예포힐여』는 『왕봉상집』 중 제 53권에 해당하며 모두 34칙이고 내용은 대부분 평론이다.

왕세무는 시를 논하며 격조설을 주장했지만 나름대로 발전을 이뤘다. 무엇보다도 그는 "당나라의 시는 초당에서 성당으로, 성당에서 중당으로, 중당에서 만당으로 흐르며 시대마다 그 리듬이 반드시 같을 수가 없었다. 하지만 또한 초당에서 성당으로 점차 변하고 성당에서 중당으로 점차 변하고 중당에서 만당으로 점차 변하기도 했으니 이는 왜였겠는가? 두逗란 점진적인 변화이니 두가 아니면 변할 수가 없다. …… 학자는 본디 격조에 엄격해야 하지만 성당 시인 가운데 한 마디도 중당에 떨어지는 일이 없다거나 중당 시인 가운데 한 마디도 성당에 들어가는 일이 없다고 말한다면 시에 대한 논평이 고집스러운 것이다[唐律由初而盛, 由盛而中, 由中而晩, 時代聲調, 故自必不可同. 然亦有初而逗盛, 盛而逗中, 中而逗晩者. 何則? 逗者, 變之漸也, 非逗, 故無由變. …… 學者固當嚴于格調, 然必謂盛唐人無一語落中, 中唐人無一語入盛, 則亦固哉其言詩矣]"라고 생각하였다. 원래 칠자의 금과옥조이자 격조설의 기초는 "시는 반드시 성당의 것이어야 한다[詩必盛唐]"는 것이었다. 그런데 여기서 왕세무는 여전히 격조설의 입장을 견지하면서도 한편으로 시대에 따른 격조의 점진적 변화를 긍정하고 '두逗'와 '변變'의 개념을 제기하여 초, 성, 중, 만당이 절대적으로 구분될 수 없음을 지적함으로써 격조설의 절대화 경향을 보완하고 보다 융통성을 갖추게 하였다.

왕세무는 또 "고시를 지을 때는 반드시 먼저 시체詩體를 알아야 한다. 물론 양한兩漢은 도달하기 어려워서 고심하여 모방한다 해도 작은 격차가 존재한다. 건안建安을 본받음에 있어선 육조六朝의 나락에 한마디도 떨어져서는 안 된다. 사안, 사령운, 사조를 따라할 때는 비록 미려한 것을 극도로 배치한다 해도 당나라의 풍격이 섞여 들어가선 안 된다. 단편은 왕유와 위응물을 따르려 하고 장편은 두보를 따르려 해야만 그 시체를 온전하게 활용할 수 있다. 양의 바탕에 호랑이 가죽을 가하거나, 호랑이 머리에 뱀의 꼬리가 되어서는 안 된다. 사곡가詞曲家가

문학의 본색이 아님에도 미려한 표현만 넓게 배우는 것은 쓸모가 없는데 하물며 시의 경우이랴[作古詩先須辨體, 無論兩漢難至, 苦心模倣, 時隔一塵. 卽爲建安, 不可墮落六朝一語. 爲三謝, 縱極排麗, 不可雜入唐音. 小詩欲作王·韋, 長篇欲作老杜, 便應全用其體. 第不可羊質虎皮, 虎頭蛇尾. 詞曲家非當家本色, 雖麗語博學無用, 況此道乎?]"라고 하였다. 역시 격조설에 입각한 견해이긴 하지만 의고擬古의 방법에서 글자와 구절을 그대로 따라하는 것을 권하지 않는다. "먼저 시체를 알고" "문학의 본색"에 다다라야 한다고 주장한다. 또 "양의 바탕에 호랑이 가죽을 가하거나, 호랑이 머리에 뱀의 꼬리가 되는 것"에 반대하는 것은, 시체가 뒤섞이면 일관된 의고의 작품이 될 수 없음을 경계하고 있는 것이다.

그는 한 걸음 더 나아가 "시는 반드시 스스로 자유롭게 운용하고 나서 시체를 구분할 수 있으며, 반드시 일가를 이루고 나서 격조를 이야기할 수 있는 것이다. …… 그래서 나는 오늘날의 작가가 반드시 진정한 재능으로 실제의 학문을 하고 본성에 근본을 두고 실정을 추구해야지, 함부로 격조를 논하면 안 된다고 생각한다[詩必自運, 而後可以辨體, 詩必成家, 而後可以言格. …… 故予謂今之作者, 但須眞才實學, 本性求情, 且莫理論格調]"라고 했고 또 "시는 그 시체뿐만 아니라 성정性情에서 어떻게 취해오느냐가 중요하다[詩不惟體, 顧取諸情性何如耳]"라고 하였다. 여기에서 왕세무는 '격조', '변체辯體' 같은 틀에 박힌 말을 하면서도 '재학才學', '성정' 등의 내용을 삽입해 성령설性靈說과의 연계성을 확보해놓았다. 새로운 사상과 내용으로 이미 케케묵은 이론이 돼버린 격조설을 보완하려 한 것이다. 그래서 곽소우도 『중국문학비평사』에서 그가 격조설의 개혁자임을 인정하고 그 예로 "절구의 근원은 악부에서 시작되며 고풍古風의 운치를 중시한다. 그 음은 노래할 수 있어야 하고 그 내용은 의미가 있는 듯 없는 듯한 곳에 놓여 사람들로 하여금 붙들 수 없도록 해야 한다[絶句之源, 出于樂府, 貴有風人之致. 其聲可歌, 其趣在有意無意之間, 使人莫可捉着]" 같은 구절을 들었다. 이 구절은 사뭇 신운설의 색채까지 갖고 있다.

『사고전서총목제요』에서는 이 책에 대해 “대체적인 주제는 형인 왕세정의 주장을 따르지만 왕세정의 『예원치언藝苑卮言』 이후에 만들어져 이미 옛날 작품을 베끼는 것의 폐단을 인식했다[大旨宗其兄世貞之說, 而成書在『藝苑卮言』之後, 已稍覺摹古之流弊]”라고 평했고 또 “시의 논평은 왕세정보다 근엄하다. 후에 『예원치언』이 세상에 널리 알려졌고, 『예포힐여』도 논자들이 이의를 달지 않았으니 두 사람을 고명高明과 침잠沈潛으로 구분할 수 있다[詩論較世貞爲謹嚴, 厥後『藝苑卮言』爲世口實, 而『藝圃擷餘』, 論者乃無異議, 高明沈潛之別也]”라고 하였다. 매우 적절한 평가라고 할 수 있다. 高明者近唐,沈潛者近宋

『예포힐여』는 『사고전서총목』에서 집부 시문평류로 분류되었고 『보안당비집寶顔堂秘集』(만력본萬歷本), 『설부』, 『역대시화』, 『학해유편』 등 총서 안에 있다.

예포힐여藝圃擷餘

명明 왕세무王世懋

『詩』四始之體, 惟『頌』專爲郊廟頌述功德而作. 其它率因觸物比類, 宣其性情, 恍惚游衍, 往往無定, 以故說詩者, 人自爲說. 若孟軻・荀卿之徒, 及漢韓嬰・劉向等, 或因事傅會, 或旁解曲引, 而春秋時王公大夫賦詩, 以昭儉汰, 亦各以其意爲之, 蓋『詩』之來固如此. 後世惟『十九首』猶存此意, 使人擊節詠歎, 而未能盡究指歸. 次則阮公「詠懷」, 亦自深于寄託. 潘・陸而後, 雖爲四言詩, 聯比牽合, 蕩然無情. 蓋至于今, 餞送投贈之作, 七言四韻, 援引故事, 麗以姓名, 象以品地, 而拘攣極矣. 豈所謂詩之極變乎? 故余謂『十九首』, 五言之『詩經』也. 潘・陸而後, 四言之排律也, 當以質之識者.

『시경』의 사시四始[1]에서 『송頌』은 오직 교묘郊廟에서 공덕을 송축하

1 사시(四始) : 일반적으로 『시경』의 대분류인 「풍(風)」・「소아(小雅)」・「대아(大雅)」・「송(頌)」을 지칭하지만 「풍」의 첫 편 「관저(關雎)」, 「소아」의 첫 편 「녹명(鹿鳴)」, 「대아」의 첫

기 위해 지어진 것이다. 그 밖의 것은 대부분 사물에 감촉하여 비유를 들면서 성정을 나타내고 어렴풋이 연역하며 이따금 정해진 것이 없다. 이 때문에 시를 설명하는 이들이 각각의 주장을 했다. 맹가孟軻와 순경荀卿, 한나라의 한영韓嬰·유향劉向 등이 사건을 통해 의미를 결부하기도 했고 주변의 것을 애써 인용, 해석하기도 했다. 그리고 춘추시대에 왕공王公과 대부大夫가 시를 지어 검소와 사치를 밝힐 때도 또한 제각기 자신의 생각으로 이를 활용했으니 『시경』에 대한 이해의 유래가 본디 이러하다. 후세에 와서는 오직 『고시십구수』만 이런 내용을 보존하고 있어서 사람들로 하여금 장단을 맞추고 감탄을 자아내게 했지만 『시경』본래의 뜻에 모두 다가가지는 못했다. 그다음으로 완적의 「영회詠懷」가 사물의 기탁에 조예가 깊었다. 반악·육기 이후에 사언시들이 지어지긴 했지만 비유가 억지로 이루어져 허허롭고 실감이 없다. 오늘에 이르러서 전송과 증언의 작품이 칠언사운(七言四韻: 칠언율시)을 기조로 하여 고사를 인용하고 성명姓名을 걸치고 품격을 형상화하면서 그 구속이 극에 이르렀으니 이른바 시의 극변極變인 것인가? 그래서 나는 『고시십구수』야말로 오언의 『시경』이라 생각한다. 반악과 육기 이후의 사언 배율에 대해서는 마땅히 식견을 가진 자에게 질문해야 할 것이다.

今人作詩, 必入故事. 有持清虛之說者, 謂盛唐詩卽景造意, 何嘗有此? 是則然矣. 然以一家言, 未盡古今之變也古詩, 兩漢以來, 曹子建出而始爲宏肆, 多生情態, 此一變也. 自此作者多入史語, 然不能入經語. 謝靈運出而『易』辭·『莊』語, 無所不爲用矣. 剪裁之妙, 千古爲宗, 又一變也. 中間何·庾加工, 沈·宋增麗, 而變態未極. 七言猶以閒雅爲

편 「문왕(文王)」, 「송」의 첫 편 「청묘(淸廟)」를 지칭하기도 한다.

致, 杜子美出而百家稗官, 都作雅音, 馬涬牛溲, 咸成鬱致, 于是詩之變極矣. 子美之後, 而欲令人毀靚粧, 張空拳, 以當市肆萬人之觀, 必不能也. 其援引不得不日加而繁. 然病不在故事, 顧所以用之何如耳. 善使故事者, 勿爲故事所使. 如禪家云 : "轉『法華』, 勿爲『法華』轉." 使事之妙, 在有而若無, 實而若虛, 可意悟不可言傳, 可力學得不可倉卒得也. 宋人使事最多, 而最不善使, 故詩道衰. 我朝越宋繼唐, 正以有豪傑數輩, 得使事三昧耳. 第恐數十年後, 必有厭而掃除者, 則其濫觴末弩爲之也.

지금 사람들은 시를 지을 때 반드시 고사를 삽입한다. 청허淸虛의 설을 가진 자가 "성당의 시는 광경을 마주하여 내용을 만들어낸다고 했는바, 어찌 이런 것이 있겠는가"라고 하였으니 그 말이 맞다. 하지만 한 시인만 가지고 이야기한다면 고금의 변화를 다 가늠하지는 못한다. 고시는 양한兩漢 이후로 조식이 나오면서 비로소 크게 떨치고 많은 내용의 형태를 만들어냈으니 이것이 첫 번째 변화이다. 이로부터 작가들이 역사 기록의 표현을 많이 넣었지만 경전의 표현은 넣지 못했다. 그리고 사령운이 나오면서 『역易』의 표현과 『장자』의 말을 사용하지 않은 것이 없었다. 전재剪裁의 오묘함이 천고의 으뜸이었으니 또다시 한 번 변한 것이다. 중간에 하손何遜과 유신庾信이 가공하고 심전기沈佺期와 송지문宋之問이 채색을 가했지만 변화의 형태가 극에 이르지는 못했다. 칠언시는 한적하고 고아함을 극치로 삼는데 두보가 나오고 나서 백가百家와 패관稗官들이 모두 고아한 시를 짓고 마발馬涬과 우수牛溲[2]도 모두 근사한 내용을 만들었으니 여기에서 시의 변화가 극에 이른 것이다. 두보 이후 사람들로 하여금 치장을 헐고 빈 주먹을 펴서 저잣거리에서 수많은 사람들이 자신을 주목하도록 하는 것은 절대로 불가능했다. 따라서 그 인용이 나날이 증가하고 변화하지 않을 수 없었다. 하지

2 마발(馬涬)과 우수(牛溲) : 마발(馬涬 : 馬勃)은 마비균(馬屁菌 : 말불버섯), 우수는 차전초(車前草 : 질경이)로 모두 쓸모없는 것에 대한 비유로 쓰인다.

만 병폐는 고사에 있지 않았고 고사를 어떻게 사용하느냐에 달려 있었다. 고사를 잘 사용하는 사람은 고사에 부림을 당하지 않으니 마치 선가禪家에서 말하는 "『법화경法華經』을 굴려야지 『법화경』에 굴림 당하지 말아야 한다"와 같은 것이다. 고사의 사용의 묘는 있으면서 없는 듯하고 차 있으면서 빈 듯해야 하고, 내용으로 깨쳐야지 표현으로 전달할 수 없고, 힘써 배움을 통해 터득해야지 갑작스럽게 터득할 수 없다. 송나라 시인들이 고사를 가장 많이 사용했지만 그 사용을 잘하지 못했으므로 시가 쇠퇴한 것이다. 우리 조정은 송나라를 넘어 당나라를 계승해서 몇 분 호걸들이 고사 사용의 삼매三昧를 터득했다. 다만 수십 년 뒤에 반드시 이를 싫증내고 깨끗이 씻으려는 자가 생길 때 남상濫觴[3]과 말노末弩[4]가 되지 않을까 걱정이다.

作古詩先須辨體, 無論兩漢難至, 苦心模倣, 時隔一塵. 卽爲建安, 不可墮落六朝一語. 爲三謝, 縱極排麗, 不可雜入唐音. 小詩欲作王・韋, 長篇欲作老杜, 便應全用其體. 第不可羊質虎皮, 虎頭蛇尾. 詞曲家非當家本色, 雖麗語博學無用, 況此道乎?

고시를 지을 때는 반드시 먼저 시체詩體를 알아야 한다. 물론 양한兩漢은 도달하기 어려워서 고심하여 모방한다 해도 작은 격차가 존재한다. 건안建安을 본받음에 있어선 육조六朝의 나락에 한마디도 떨어져서는 안 된다. 삼사(三謝 : 사안謝安・사령운・사조)를 따라할 때는 비록 미려한 것을 극도로 배치한다 해도 당나라의 풍격이 섞여 들어가선 안 된

3 남상(濫觴) : 술잔에 넘칠 정도의 적은 물, 또는 술잔을 띄울 정도의 적은 물이라는 뜻으로 시작을 비유한다. 공자가 화려한 복장을 하고 오만한 낯빛을 보이는 제자 자로를 꾸짖으며 양자강도 그 시원은 남상에 불과하다고 했다는 고사가 전한다. 『순자』 「자도(子道)」.

4 말노(末弩) : '강노말세(强弩末勢)'의 준말로, 시위를 떠난 화살이 힘껏 날아가다가 마지막에 힘이 사라질 즈음을 가리킨다. 시작의 상대적 의미로 쓰인다.

다. 단편은 왕유와 위응물을 따르려 하고 장편은 두보를 따르려 해야만 그 시체를 온전하게 활용할 수 있다. 양의 바탕에 호랑이 가죽을 가하거나, 호랑이 머리에 뱀의 꼬리가 되어서는 안 된다. 사곡가詞曲家가 문학의 본색이 아님에도 미려한 표현만 넓게 배우는 것은 쓸모가 없는데 하물며 이 시의 경우이랴.

詩有古人所不忌, 而今人以爲病者. 摘瑕者因而酷病之, 將倂古人無所容, 非也. 然今古寬嚴不同, 作詩者旣知是瑕, 不妨弁去. 如太史公蔓詞累句常多, 班孟堅洗削殆盡, 非謂班勝于司馬, 顧在班分量宜爾. 今以古人詩病, 後人宜避者, 略具數條, 以見其餘. 如有重韻者, 若任彦昇「哭范僕射」一詩, 三壓"情"字, 老杜排律, 亦時有誤重韻・有重字者, 若沈雲卿"天長地闊"之三"何", 至王摩詰尤多, 若"暮雲空磧"・"玉靶角弓", 二"馬"俱壓在下 "一從歸白社, 不復到青門" "青菰臨水映, 白鳥向山翻" "青"・"白"重出, 此皆是失檢點處, 必不可借以自文也. 又如風雲雷雨, 有二聯中接用者, 一二三四, 有八句中六見者, 今可以爲法邪! 此等病, 盛唐常有之, 獨老杜最少, 蓋其詩卽景後必下意也. 又其最隱者, 如雲卿「嵩山石淙」, 前聯云"行漏"・"香爐", 次聯云"神鼎"・"帝壺", 俱壓末字, 岑嘉州"雲隨馬"・"雨洗兵" "花迎蓋"・"柳拂旌", 四言一法, 摩詰"獨坐悲雙鬢" "白髮終難變", 語異意重, 「九成宮避暑」, 三四"衣上"・"鏡中", 五六"林下"・"岩前", 在彼正自不覺, 今用之能無受人揶揄. 至於失嚴之句, 摩詰・嘉州特多, 殊不妨其美. 然就至美中亦覺有微缺陷, 如我人不能運, 便自誦不流暢, 不爲可也. 至於首句出韻, 晚唐作俑, 宋人濫觴, 尤不可學.

시에는 옛사람이 금기시하지 않았는데 지금 사람들이 흠으로 여기는 것이 있다. 흠을 잡은 자가 이를 혹독하게 문제 삼으며 옛사람까지 용납하지 않는 것은 잘못이다. 하지만 오늘과 옛날의 관대함과 엄숙함의 기준이 각기 다르므로 작가가 이미 흠인 것으로 판단했다면 모두 버려도 무방하다. 예컨대 사마천이 느슨한 표현과 누가 되는 구절이 늘 많아서 반고가 거의 다 삭제했지만, 반고가 사마천보다 앞선다고 말해지지는 않으며 다만 반고가 가진 능력에 적당할 뿐이다. 이제 옛 사람의 시의 병폐 가운데 후인들이 의당 피해야 할 몇 가지 조항을 간략히 들고 이를 통해 그 나머지를 유추하려 한다. 예컨대 운이 중복된 경우가 있으니 임언승任彦昇이 「곡범복야哭范僕射」에서 '정情'을 세 번 압운한 경우이고, 두보의 배율에서도 이따금 운을 중복으로 쓰거나 글자를 중첩해 쓰는 경우가 있으며 심전기는 "하늘은 멀고 땅은 넓다[天長地闊]"[5]에서 "하何"를 세 번 사용했다. 왕유는 더 많아서, 예컨대 "저녁 구름 텅 빈 물가[暮雲空磧]"[6]와 "옥 고삐 뿔 활[玉靶角弓]"[7]에서는 두 개의 '마馬'가 모두 아래 글자로 압운되어 있고 "백사白社로 돌아가고 나서, 다시는 청문에 오지 않았다[一從歸白社, 不復到青門]"[8]와 "푸른 줄은 물 위에 비추고, 흰 새는 산을 향해 날아간다[青菰臨水映, 白鳥向山翻]"[9]에서는 '청青'과 '백白'이 중복해서 나왔다. 이러한 것은 모두 검토와 교정을 제대로 하지 못한 것이므로 절대로 자기 글에 빌려와서는 안 된다. 또 풍운뇌우風雲雷雨를 두 연에서 이어 쓴 경우도 있고, 일이삼사一二三四가 여덟 구절 안에서 여섯 번 나온 경우도 있으니 지금 이것을 모범으로 삼을 수 있겠는가. 이러한 병폐는 성당 시절에도 늘 보이며 두보가 가장 적은데 이는 시를 짓고 나서 반드시 다시 한 번 살폈기 때문이다. 그 가운데 가장 은밀하여 나타나지 않는 것은 심전기의 「숭산석종시연응제嵩山石淙侍宴應製」이다. 앞 연의 '행루行漏'·'향로香爐'와 두 번째 연의

5 「요동두원외심언과[嶺遙同杜員外審言過嶺]」.

6 「출새작(出塞作)」.

7 「출새작(出塞作)」.

8 「망천한거(輞川閒居)」.

9 「망천한거(輞川閒居)」.

'신정神鼎'·'제호帝壺'를 모두 마지막 글자에 압운했다. 잠삼의 "구름이 말을 따르고[雲隨馬]"·"빗물이 무기를 씻고[雨洗兵]"·"꽃이 덮개를 맞이하고[花迎蓋]"·"버들에 깃발이 펄럭이다[柳拂旌]"[10]는 네 구가 하나의 규칙으로 지어진 것이고, 왕유의 "홀로 앉아 양 구레나룻에 슬퍼한다[獨坐悲雙鬢]"·"백발은 끝내 변하기 어렵다[白髮終難變]"[11]는 표현만 다를 뿐 의미가 중복되며, 「칙차기왕구성궁피서응교敕借岐王九成宮避暑應教」(왕유)는 3, 4구의 "의상衣上"·"경중鏡中"과 5, 6구의 "임하林下"·"암전岩前"이 본인은 자각하지 못했겠지만 지금 사용하면 사람들로부터 야유가 없을 수 있겠는가. 엄정함을 잃어버린 구절이 왕유와 잠삼에게 특히 많지만 그렇다고 그 아름다움까지 해치지는 않는다. 하지만 지극히 아름다운 것 안에 작은 흠결이 있음을 느끼게 되니, 만일 우리가 운용할 수 없고 스스로 음미할 때 유창하지 못하면 하지 않는 것이 옳다. 첫 구절에 운을 내는 것에 있어서는 만당晩唐이 그 규칙을 만들고 송나라 시인이 시작을 알렸으니 이는 더더욱 배워서는 안 된다.

六臣注『文選』極鄙繆, 無足道, 乃至王導謝玄同時而拒苻堅, 諸如此類不少. 惟李善注旁引諸家, 句字必有援據, 大資博雅. 然亦有牽合古書, 而不究章旨. 如曹顏遠「思友人」詩"清陽未可俟", 善引『詩』以爲"清揚婉兮", 人之眉目間也", 然於章法句法, 通未體貼. 其詩本言'霖潦'·'玄陰', 與歐陽子別旬朔而思之甚, 故曰'褰裳', 以應'潦'也 "清陽未可俟", 猶曰河清難俟耳. 蓋以'清揚'反'霖潦'·'玄陰'也. 其意自指'日出', 或卽'青陽'而誤加三點, 如上'褰裳'誤作'寒裳'字耳, 何必泥『毛詩』'清揚', 令句不可解耶? 又如'晨風'之訓爲'鳳', 而李陵'晨風', 自從風解. 翠微者, 山半也, 古詩亦有別用者, 豈可盡泥?

10 「봉화두상공발익주(奉和杜相公發益州)」.

11 「추야독좌(秋夜獨坐)」.

육신六臣의 『문선文選』 주석은 매우 형편없어서 거론할 것이 못되는 바, 왕도王導와 사현謝玄이 동시에 부견苻堅을 거절했다는 주장을 하는 등 이런 비슷한 예가 적지 않다. 그런데 이선李善의 주석은 제가諸家의 설을 두루 인용하고 자구마다 반드시 근거를 인용해서 박학에 큰 도움을 준다. 하지만 옛 문헌을 억지로 끌어 쓰면서 문장의 본지를 파헤치지 못한 경우도 있다. 조안원(曹顔遠 : 조터曹攄)의 「사우인思友人」을 예로 들어보자. "날씨가 맑을 때까지 기다릴 수 없네[淸陽未可俟]"에 대해 이선은 『모시毛詩』의 "맑은 눈 넓은 이마 아름다워라[淸揚婉兮]"[12]를 인용하며 "사람의 눈과 눈썹 사이다"라고 했지만 장법章法과 구법句法을 모두 잘 이해하지 못하고 있다. 그 시에서 '임요'(霖潦 : 장마)와 '현음玄陰'에 대해서 이야기한 것은 구양자歐陽子와 한 달여 동안 헤어져서 그리움이 컸기 때문에 '건상褰裳'이라고 하여 '장마'와 대응시킨 것이며, "날씨가 맑을 때까지 기다릴 수 없다[淸陽未可俟]"는 황하가 맑아질 때까지 기다리기 어렵다는 말과 같은 것이다. 즉 '청양淸揚'을 '임요'·'현음'과 대조시킨 것이다. 그 뜻은 '해가 뜨는 것'을 가리키는데 혹시 위 구의 '건상'을 '한상寒裳'으로 잘못 쓴 것처럼 원래 '청양靑陽'인데 점 세 개를 잘못 가해 청淸으로 쓴 것일 수도 있는바, 어찌 굳이 『모시』의 '청양'에 구애되어 구절을 이해할 수 없게 만든단 말인가. 그 밖에 '신풍晨風'에서 '풍風'의 훈은 봉황(鳳)인데 이릉李陵의 '신풍晨風'을 '바람(風)'으로 해석하는 경우도 마찬가지다. 취미翠微는 산허리(山半)로서 고시에서도 사용한 예가 있으니 어찌 다 얽매일 필요가 있겠는가.

唐律由初而盛, 由盛而中, 由中而晩, 時代聲調, 故自必不可同. 然亦有初而逗盛, 盛而逗中, 中而逗晩者. 何則? 逗者, 變之漸也, 非逗, 故無

12 『시경』「정풍(鄭風)」「야유만초(野有蔓草)」.

由變. 如『詩』之有變風變雅,① 便是『離騷』遠祖, 子美七言律之有拗體, 其猶變風變雅乎? 唐律之由盛而中, 極是盛衰之介. 然王維・錢起, 實相倡酬, 子美全集, 半是大曆以後, 其間逗漏, 實有可言, 聊指一二. 如右丞"明到衡山"篇, 嘉州"函谷"・"磻谿"句, 隱隱錢・劉・盧・李間矣. 至於大曆十才子, 其間豈無盛唐之句? 蓋聲氣猶未相隔也. 學者固當嚴于格調, 然必謂盛唐人無一語落中, 中唐人無一語入盛, 則亦固哉其言詩矣.

① 原'詩'上有'四'字, 據『談藝珠叢』本刪去.

당나라의 시는 초당에서 성당으로, 성당에서 중당으로, 중당에서 만당으로 흐르며 시대마다 그 리듬이 반드시 같을 수가 없었다. 하지만 또한 초당에서 성당으로 점차 변하고 성당에서 중당으로 점차 변하고 중당에서 만당으로 점차 변하기도 했으니 이는 왜였겠는가? 두逗란 점진적인 변화이니 두가 아니면 변할 수가 없다. 『시경』에 변풍變風과 변아變雅가 있는데 『이소』의 먼 원조이고 두보의 칠언율시에 있는 요체拗體[13]는 변풍・변아와 같은 것이라 할 것이다. 당나라의 시가 성당에서 중당으로 옮겨가는 시점은 성쇠盛衰의 경계점이다. 하지만 왕유와 전기錢起가 서로 수창했고 두보의 전체 시 가운데 절반은 대력大曆 이후의 것이다. 이 즈음의 도드라진 것 가운데 애오라지 한두 가지를 지적해 거론해보겠다. 왕유의 '명도형산明到衡山'[14]과 잠삼의 '함곡函谷・반계磻谿'[15]는 전기・유장경・노동・이하 사이를 보이지 않게 드나들고 있다. 대력십재자大曆十才子[16]에 있어서도 어찌 성당의 시구가 없겠는가.

13 요체(拗體) : 생경한 문자를 많이 구사하면서 평측(平仄)의 법도를 따르지 않는 변격(變格)의 시체를 가리킨다. 근체시에서 보이며, 두보의 시에 많이 나온다.

14 「송양소부폄빈주(送楊少府貶郴州)」.

15 「모춘괵주동정송이사마귀부풍별려(暮春虢州東亭送李司馬歸扶風別廬)」.

16 대력십재자(大曆十才子) : 중당 초기의 노륜(盧綸)・길중부(吉中孚)・한굉(韓翃)・전기(錢起)・사공서(司空曙)・묘발(苗發)・최동(崔峒)・경위(耿湋)・하후심(夏侯審)・

그 영향이 아직 단절되지 않은 것이다. 학자는 본디 격조에 엄격해야 하지만 성당 시인 가운데 한 마디도 중당에 떨어지는 일이 없다거나 중당 시인 가운데 한 마디도 성당에 들어가는 일이 없다고 말한다면 시에 대한 논평이 고집스러운 것이다.

① 원래 '詩' 위에 '四'가 있었는데 『담예주총』본에 의거해 삭제했다.

少陵故多變態, 其詩有深句, 有雄句, 有老句, 有秀句, 有麗句, 有險句, 有拙句, 有累句. 後世別爲大家, 特高于盛唐者, 以其有深句・雄句・老句也, 而終不失爲盛唐者, 以其有秀句・麗句也. 輕淺子弟, 往往有薄之者, 則以其有險句・拙句・累句也. 不知其愈險愈老, 正是此老獨得處, 固不足難之. 獨拙・累之句, 我不能爲掩瑕. 雖然, 更千百世無能勝之者何? 要曰無露句耳. 其意何嘗不自高自任? 然其詩曰:"文章千古事, 得失寸心知." 曰:"新詩句句好, 應任老夫傳." 温然其辭, 而隱然言外, 何嘗有所謂吾道主盟代興哉? 自少陵逗漏此趣, 而大智大力者, 發揮畢盡, 至使吠聲之徒, 羣肆撏剝, 遐哉唐音, 永不可復. 噫嘻愼之!

두보는 본래 변화된 형태가 많으니 그의 시에는 심오한 구(深句), 웅장한 구(雄句), 노련한 구(老句), 수월한 구(秀句), 미려한 구(麗句), 험난한 구(險句), 옹졸한 구(拙句), 누가 되는 구(累句)가 있다. 후세에 특별한 대가가 되어 성당보다도 높은 명성을 유지한 것은 심오한 구・웅장한 구・노련한 구가 있기 때문이고 끝내 성당임을 잃지 않은 것은 수월한 구・미려한 구가 있기 때문이다. 경박하고 일천한 후배들이 이따금 박하게 평가하는 것은 험난한 구・옹졸한 구・누가 되는 구가 있기 때문인데, 험난할수록 노숙한 것이 바로 이분이 홀로 터득한 것임을 모르는 것이

이단(李端) 등을 말하는데 혹은 낭사원(郎士元)・이익(李益)・이가우(李嘉祐)・황보증(皇甫曾)・냉조양(冷朝陽) 등을 포함하기도 한다.

기에 논할 것이 못된다. 오직 옹졸한 구와 누가 되는 구만큼은 나도 흠을 덮을 수가 없다. 하지만 천백 년이 지나도 두보를 이길 자가 없는 것은 왜일까? 요컨대 드러나는 구(露句)가 없기 때문이다. 그의 생각에 어찌 일찍이 스스로 고상해하고 스스로 책무를 맡고 싶지 않았겠는가. 하지만 그의 시에서의 "문장은 천고의 일이고, 득실은 한 치 마음만 안다[文章千古事, 得失寸心知]"[17]라고 하고 "새로 지은 시가 구절구절 좋지만, 응당 노부에게 전해지도록 해야 한다[新詩句句好, 應任老夫傳]"[18]는 표현이 온화하면서도 내용이 말 밖에 은연중에 드러나니, 이른바 "우리 도道의 맹주가 대신 일어난다"는 과시가 어디 들어 있는가. 두보가 이런 생각을 드러내면서부터 큰 지혜와 큰 힘을 가진 자가 온힘을 다해 발휘하고 개소리를 짓는 무리들마저 함부로 낚아채고 부려서 결국 저 당나라의 시가 영원히 회복될 수 없게 만들었으니 아, 신중해야 한다.

律詩句有必不可入古者, 古詩字有必不可爲律者. 然不多熟古詩, 未有能以律詩高天下者也. 初學輩不知苦辣, 往往謂五言古詩易就, 率爾成篇. 因自詫好古, 薄後世律不爲. 不知律尙不工, 豈能工古? 徒爲兩失而已. 詞人拈筆成律, 如左右逢源, 一遇古體, 竟日吟哦, 常恐失却本相. 樂府兩字, 到老搖手不敢輕道. 李西涯·楊鐵崖都曾做過, 何嘗是來?

율시는 구절에 고시古詩가 절대로 들어가선 안 되는 것이 있고 고시는 글자에 반드시 율시로 만들 수 없는 것이 있다. 하지만 고시를 많이 익히지 않으면 율시로 천하에 명성을 드높일 자가 없다. 초학자들이 고생과 신랄함을 모른 채 이따금 오언고시를 쉽게 지을 수 있다 하여 경솔하게 작품을 짓곤 한다. 그러면서 스스로 옛것을 좋아한다고 자랑

17 「우제(偶題)」.

18 「봉증엄팔각로(奉贈嚴八閣老)」.

하며 후세의 율시를 하찮게 여기고 손대지 않는다. 율시도 아직 잘 짓지 못하면서 어떻게 고시를 잘 지을 수 있단 말인가. 둘 다 잃을 뿐이다. 시인이 붓을 들어 율시를 지을 때는 좌우에서 원천을 만나는 듯하다가, 고체시를 지어야 할 때는 하루 종일 낑낑대면서 본 모습을 잃을까봐 걱정한다. 악부, 이 두 글자는 노년이 되어서도 손사래를 치며 감히 쉽게 말하지 못한다. 이서애(李西涯 : 이동양李東陽)와 양철애(楊鐵崖 : 양유정楊維禎)가 모두 이를 지었으나 일찍이 제대로 완성했던가.

唐人無五言古, 就中有酷似樂府語而不傷氣骨者, 得杜工部四語, 曰 : "兎絲附蓬麻, 引蔓故不長. 嫁女與征夫, 不如棄路傍." 不必其調云何, 而直是見道者, 得王右丞四語, 曰 : "曾是巢・許淺, 始知堯・舜深. 蒼生詎有物, 黃屋如喬林."

당나라 시인에게는 오언고시가 없지만 그중에 악부와 매우 흡사하면서 기골을 손상하지 않은 것으로 두보의 4구가 있으니 "새 삼이 쑥대와 삼에 붙어, 넝쿨을 당겨도 자라지 못하네. 출정 군인에게 딸을 시집보냈으나, 길가에 버리는 이만 못하네[兎絲附蓬麻, 引蔓故不長. 嫁女與征夫, 不如棄路傍]"[19]가 그것이다. 그 음조가 어떻다고는 말하지 못해도 곧장 말한 것으로는 왕유의 4구가 있으니 "일찍이 소부와 허유가 하찮음에서, 비로소 요와 순이 깊다는 것을 안다. 창생에게 무슨 사물이 있으랴만, 황옥이 큰 숲과 같다[曾是巢・許淺, 始知堯・舜深. 蒼生詎有物, 黃屋如喬林]"[20]가 그것이다.

19 「신혼별(新婚別)」.

20 『어정전당시(御定全唐詩)』 권125, 왕유(王維), 「송위대부동경유수(送韋大夫東京留守)」.

太白「遠別離」篇，意最參錯難解，小時誦之，都不能尋意緖．范德機·高廷禮勉作解事語，了與詩意無關．細繹之，始得作者意．其太白晩年之作邪？先是肅宗卽位靈武，玄宗不得已稱上皇，迎歸大內，又爲李輔國劫而幽之．太白憂憤而作此詩．因今度古，將謂堯·舜事亦有可疑，曰：“堯舜禪禹”，罪肅宗也．曰：“龍魚”·“鼠虎”，誅輔國也．故隱其詞，託興英皇，而以「遠別離」名篇．風人之體善刺，欲言之無罪耳．然幽囚野死，則已露本相矣．古來原有此種傳奇議論．曹丕下壇曰：“舜·禹之事，吾知之矣”，太白故非創語．試以此意尋次讀之，自當手舞足蹈．

이백의 「원별리遠別離」[21]는 내용이 가장 얽히고 섞여 이해하기 어려우니 어렸을 때 암송했지만 도무지 내용의 실마리를 찾지 못했다. 범덕기(范德機 : 범팽范梈)와 고정례高廷禮가 애써 이를 해석해보았지만 시의 본의와는 전혀 무관하다. 내가 세심히 짚어보고 나서야 비로소 작가의 본의를 터득했다. 이백의 만년의 작품이라 할 수 있다. 이에 앞서 숙종肅宗이 영무靈武에서 즉위했는데 현종이 어쩔 수 없이 상황上皇이라 칭

21 『이태백문집(李太白文集)』 권2 「악부일(樂府一)」 「원별리(遠別離)」 : “먼 이별이여, 옛날 아황과 여영 요임금의 두 딸들이, 동정호의 남쪽, 소상강 물가에 있었네. 바닷물 만 리 깊은 곳으로 바로 떨어지나니, 누가 이 이별의 고통을 말하지 않는가. 날은 쓸쓸하고 구름은 어둑어둑한데, 원숭이는 안갯속에서 울고 귀신은 빗속에서 울부짖는다. 내가 말한들 무슨 도움이 되랴만, 하늘이 나의 충정을 밝혀주지 못할까 두렵거니와, 으르렁대는 우레는 사자처럼 포효하려 한다. 요임금 순임금도 우임금에게 선위하였다, 임금이 신하 잃어 용이 물고기 되고, 권력이 신하에게 돌아가 쥐가 호랑이로 변했다. 누군가는 요임금도 옥에 갇히고, 순임금도 들판에서 죽었다 한다. 구의봉은 이어져서 모두 비슷하나니, 순임금도 고독한 무덤 되고 말았으니 결국 무엇이란 말인가. 푸른 구름 사이에서 아황과 여영이 눈물 흘리며, 물결 따라 떠난 뒤 다시 오지 않는다. 통곡하며 저 멀리, 창오산 깊은 곳을 바라보노라. 창오산 무너지고 상수도 마르고 나서야, 댓잎 위 눈물도 사라지리라.[遠別離，古有皇英之二女，乃在洞庭之南，瀟湘之浦．海水直下萬里深，誰人不言此離苦？日慘慘兮雲冥冥，猩猩啼煙兮鬼嘯雨．我縱言之將何補？皇穹竊恐不照余之忠誠，雷憑憑兮欲吼怒．堯舜當之亦禪禹．君失臣兮龍爲魚，權歸臣兮鼠變虎．或云堯幽囚，舜野死．九疑聯綿皆相似，重瞳孤墳竟何是？帝子泣兮綠雲間，隨風波兮去無還．慟哭兮遠望，見蒼梧之深山．蒼梧山崩湘水絶，竹上之淚乃可滅．]”

하고 대내大內로 맞이했지만 다시 이보국李輔國의 위협을 받아 드러나지 못하게 되었다. 이백이 이에 분노하여 이 시를 지은 것이다. 현재를 통해 옛것을 헤아려 요순의 일도 의심스럽다 하니 "요와 임금과 순이 우에게 선위했다[堯舜禪禹]"는 숙종을 벌한 것이고 "용이니 물고기니[龍魚]"니 "쥐니 호랑이니[鼠虎]"는 이보국을 벌한 것이다. 그래서 은유적 표현을 사용해 아황娥皇, 여영女英[22]과 연계시켜 「원별리」라고 명명하였다. 고풍古風의 시체詩體는 풍자를 잘하므로 이를 빌려 그 무죄를 말하고 싶었던 것이다. 그러나 '깊숙이 갇힌 죄수'와 '들판에서 죽은 것'에서 이미 본래의 모습이 다 드러나 버렸다. 예로부터 본래 이러한 전기傳奇적인 이야기가 있었다. 조비가 단壇을 내려오며 "순임금과 우임금의 이야기를 내가 알고 있다"라고 했는바, 이백이 본디 창조해낸 말은 아니다. 이러한 의미로 하나하나 짚어가며 읽는다면 저절로 어깨가 들썩이고 발이 움직일 것이다.

李于鱗七言律, 俊潔響亮, 余兄極推轂之. 海內爲詩者, 爭事剽竊, 紛紛刻鶩, 至使人厭. 予謂學于鱗不如學老杜, 學老杜尚不如學盛唐. 何者? 老杜結構自爲一家言, 盛唐散漫無宗, 人各自以意象聲響得之. 正如韓・柳之文, 何有不從『左』・史來者. 彼學而成, 爲韓爲柳. 我却又從韓・柳學, 便落一塵矣. 輕薄子遽笑韓・柳非古, 與夫一字一語必步趨二家者, 皆非也.

이우린(李于鱗 : 이반룡李攀龍)의 칠언율시는 준수하고 정결하고 해맑아서 나의 형(왕세정王世貞)이 매우 높이 평가했다. 세상의 시인들이 앞다

22 아황(娥皇) 여영(女英) : 요의 두 딸로, 모두 순의 비(妃)가 되었는데, 뒤에 순이 남쪽으로 순수(巡狩)를 떠나 창오(蒼梧)의 들판에서 붕어하자, 두 비가 소상강에 투신자살하였다는 고사가 전한다.

껴 표절하고 정신없이 모방해서 싫증이 나기까지 했다. 나는 이반룡을 배우는 것은 두보를 배우는 것만 못하고, 두보를 배우는 것은 성당을 배우는 것만 못하다고 생각한다. 왜냐면 두보는 그 구성이 한 사람의 정해진 내용으로 되어 있지만 성당은 특정돼 있지 않아 저마다 이미지와 형상과 리듬으로 취택할 수 있기 때문이다. 예컨대 한유와 유종원의 문장이 『좌전』과 『사기』로부터 오지 않은 것이 어디 있으랴만 『좌전』과 『사기』를 통해 완성한 것은 한유이고 유종원이다. 그런데 내가 직접 한유와 유종원을 기준 삼아 배운다면 곧 나락으로 떨어질 것이다. 경박한 무리들이 한유와 유종원이 옛것이 아니라고 비웃거나 한 글자 한 마디도 반드시 두 작가를 따라야 한다고 하는 것은 모두 잘못이다.

今人作詩, 多從中對聯起, 往往得聯多而韻不協, 勢旣不能易韻以就, 我又不忍以長物棄之, 因就一題, 衍爲衆律. 然聯雖旁出, 意盡聯中, 而起結之意, 每苦無餘. 于是別生支節而傅會, 或卽一意以支吾, 掣衿露肘. 浩博之士, 猶然架屋疊牀, 貧儉之才彌窘, 所以「秋興」八首, 寥寥難繼, 不其然乎? 每每思之, 未得其解. 忽悟少陵諸作, 多有漫興, 時于篇中取題, 意興不局, 豈非柏梁之餘材, 創爲別館, 武昌之剩竹, 貯作船釘. 英雄欺人, 頗窺伎倆, 有識之士, 能無取裁?

지금 사람들은 시를 지을 때 대부분 중간에서부터 대련對聯을 시작해서, 이따금 연聯은 많은데 협운協韻이 마땅치 않아 운을 바꿔서 진행할 수 없고 그렇다고 좋은 작품을 차마 버리지도 못해 하나의 제목으로 여러 편을 늘려 만들곤 한다. 하지만 연이 많이 만들어진다 해도 내용이 연 안에 다 들어 있어 기구起句와 결구結句의 내용으로 별로 남는 게 없는 것이 늘 문제다. 그래서 별도로 갈래를 만들어내서 의미를 덧

붙이거나 하나의 의미만 줄곧 유지하지만 옷깃을 여미다 팔뚝을 드러내는[23] 우를 범하고 만다. 풍부한 지식을 갖춘 사람들은 그래도 시렁을 올리거나 상牀을 겹겹이 쌓지만 빈곤한 사람은 더욱더 궁색하니, 두보의 「추흥秋興」 8수가 아득하여 접근하기 어려운 것이 사실이 아니겠는가. 매번 이것을 생각할 때마다 그 해결점을 찾지 못했다. 그런데 갑자기 두보의 작품들은 대부분 자유로운 흥취에서 이루어지고 편 안에서 제목을 취해와도 의미와 감흥이 국한되지 않음을 감지했으니, 어찌 백량柏梁의 남은 재목으로 별관別館을 만들고 무창武昌의 남은 대나무로 배의 못을 만들어 저장한 것이 아니겠는가.[24] 영웅은 사람을 속여도 그 기량을 엿볼 수 있으니 식견을 가진 사람이라면 이를 취하여 마름질하지 않아서야 되겠는가.

談藝者有謂七言律一句不可兩入故事, 一篇中不可重犯故事. 此病犯者故少, 能拈出亦見精嚴. 然我以爲皆非妙悟也. 作詩到神情傳處, 隨分自佳, 下得不覺痕迹, 縱使一句兩入, 兩句重犯, 亦自無傷. 如太白「峨眉山月歌」, 四句入地名者五, 然古今目爲絶唱, 殊不厭重. 蜂腰·鶴膝·雙聲·疊韻, 休文三尺法也, 古今犯者不少, 寧盡被汰邪?

문예를 이야기하는 사람 가운데 칠언율시는 한 구에서 고사가 두 번 들어가서는 안 되고, 한 편에서 고사가 중복해 들어가서는 안 된다고

---

23 옷깃을 …… 드러내는: 착금로주(捉衿露肘)와 같은 말로, 옷깃을 정리하려다가 팔뚝을 드러내는 것을 가리킨다. 이것을 살피다 저것을 놓쳐 곤란한 상황에 처하는 것을 비유한다.

24 백량(柏梁)의 …… 아니겠는가: 한 무제가 장안에 백량대(柏梁臺)를 세우고 그곳에서 신하들과 연회를 베풀며 구마다 압운하는 칠언시를 읊었다는 고사와, 진(晉)나라 재상 유량(庾亮)이 정서장군(征西將軍)이 되어 무창(武昌)에 있을 때 장강(長江)에 남루(南樓)를 세우고 그의 좌리(佐吏)인 은호(殷浩)·왕호지(王胡之) 등과 함께 시를 읊조리며 풍류를 만끽했다는 고사를 접목하여 한 말이다.

말하는 경우가 있다. 이 원칙을 범하는 자가 본디 적으므로 이를 찾아서 잡아낼 때 그 사람의 엄숙하고 정밀함을 엿보게 된다. 하지만 나는 이것이 오묘한 깨침은 아니라고 생각한다. 시를 지을 때 정신과 감정이 전달되는 곳은 그 상황에 따라 절로 아름다운바, 시를 구성할 당시에는 전혀 다른 흔적을 느끼지 못하지만 비록 한 구에서 고사가 두 번 들어가고 두 구에서 고사가 중복해 들어가더라도 문제가 없는 것이다. 예컨대 이백의 「아미산월가峨眉山月歌」는 4구에 지명이 다섯 번이나 들어가지만 고금의 절창으로 지목되어 그 중복을 특별히 문제 삼지 않는다. 봉요蜂腰 · 학슬鶴膝 · 쌍성雙聲 · 첩운疊韻[25]은 심약의 삼척법三尺法[26]으로, 고금에 이 규칙을 범하는 자가 적지 않은데 어떻게 모두 도태시킬 수 있겠는가.

于鱗選唐七言絶句, 取王龍標"秦時明月漢時關"爲第一, 以語人, 多不服. 于鱗意止擊節"秦時明月"四字耳. 必欲壓卷, 還當于王翰"葡萄美酒" · 王之渙"黃河遠上"二詩求之.

이반룡이 당시 칠언절구를 선정하면서[27] 왕창령의 "진나라 때의 밝은 달 한나라 때의 관문[秦時明月漢時關]"을 최고라며 사람들에게 이야

25 봉요(蜂腰) …… 첩운(疊韻) : 양나라 심약이 제창했다고 전해지는 한시의 팔병(八病) 중 네 가지이다. 한 연구(聯句)에서 제3자와 제5자가 같으면 봉요(蜂腰)라 하고, 두 연구에서 제5자와 제15자가 같으면 학슬(鶴膝)이라 하며, 두 글자로 된 숙어(熟語)에서 위아래 글자의 첫 자음이 같으면 쌍성(雙聲)이라 하고, 두 글자로 된 숙어에서 두 글자가 모두 같은 운(韻)이면 첩운(疊韻)이라 한다.

26 삼척법(三尺法) : 삼척의 대쪽에 법률을 썼던 데서 유래했다. 지켜야할 법을 가리킨다.

27 이반룡이 …… 선정하면서 : 이반룡이 고대에서 명나라까지의 시를 선정하여 『고금시산(古今詩刪)』을 엮고, 또 당나라의 시인 백이십칠 명 사백육십오 수의 시를 따로 선별해 『당시선(唐詩選)』을 엮은 것을 두고 말한 것으로 보인다. 하지만 현재 『당시선』의 작자가 이반룡이 아니라는 설이 분분하기에 둘 중 어떤 책을 가리키는지는 명확하지 않다.

기했으나 대부분 수긍하지 않았다. 이반룡은 단지 '진시명월秦時明月' 네 글자에 탄복한 것이다. 모든 것을 압도하려면 마땅히 왕한王翰의 '포도미주葡萄美酒'[28]와 왕지환王之渙의 '화하원상黃河遠上'[29] 두 작품에서 찾아야 할 것이다.

晩唐詩, 萎薾無足言. 獨七言絶句, 膾炙人口, 其妙至欲勝盛唐. 愚謂絶句覺妙, 正是晩唐未妙處. 其勝盛唐, 乃其所以不及盛唐也. 絶句之源, 出于樂府, 貴有風人之致. 其聲可歌, 其趣在有意無意之間, 使人莫可捉着. 盛唐惟靑蓮龍標二家詣極, 李更自然, 故居王上. 晩唐快心露骨, 便非本色. 議論高處, 逗宋詩之徑, 聲調卑處, 開大石之門.

만당의 시는 시들어서 거론할 것이 없다. 다만 칠언절구는 인구에 회자되어 그 오묘함이 성당을 능가하려고까지 한다. 나는 그 절구의 오묘함이 바로 만당의 오묘하지 못한 부분이며 성당을 능가하려 하는 것이 바로 성당에 미치지 못한 점이라 생각한다. 절구의 근원은 악부에서 시작되며 고풍古風의 운치를 중시한다. 그 음은 노래할 수 있어야 하고 그 내용은 의미가 있는 듯 없는 듯한 곳에 놓여 사람들로 하여금 붙들 수 없도록 해야 한다. 성당에서 청련(靑蓮 : 이백)과 용표(龍標 : 왕창령) 두 시인만이 이 경지에 이르렀지만 이백은 보다 자연스러웠으므로 왕창령보다 위에 선 것이다. 만당은 시원하게 내면을 드러내서 그 본질을 벗어났다. 논의가 고상한 부분은 송시의 길을 열었고 음악성이 낮은 부분은 대석大石의 문을 열었다.[30]

28 「양주사(涼州詞)」.

29 「양주사이수(涼州詞二首)」 제1수.

30 대석(大石)의 문을 열었다 : 대석은 서요(西遼)의 건국주인 야율대석(耶律大石)을 가리킨다. 곧 만당의 낮은 음악성의 시풍이 요나라 시풍에 영향을 미쳤음을 말한 것이다.

今世五尺之童, 纔拈聲律, 便能薄棄晩唐, 自傅初盛, 有稱大曆以下, 色便赧然. 然使誦其詩, 果爲初邪·盛邪·中邪·晩邪? 大都取法固當上宗, 論詩亦莫輕道. 詩必自運, 而後可以辨體, 詩必成家, 而後可以言格. 晩唐詩人, 如溫庭筠之才, 許渾之致, 見豈五尺之童下, 直風會使然耳. 覽者悲其衰運可也. 故予謂今之作者, 但須眞才實學, 本性求情, 且莫理論格調.

지금 세상에서는 오척 동자도 성률(聲律 : 시)에 대해 조금만 깨치면 만당을 무시하며 팽개치고 스스로 초당과 성당에 결부시켜서 대력大曆 이하를 거론하면 곧 얼굴이 붉어진다. 하지만 지은 시를 읊어보게 하면 도대체 초당인지, 성당인지, 중당인지, 만당인지 알 수 없다. 무릇 본보기를 취할 때는 본디 최고의 것에 기준을 두어야 하지만 시를 논할 때는 가볍게 이야기하지 말아야 한다. 시는 반드시 스스로 자유롭게 운용하고 나서 시체를 구분할 수 있으며, 반드시 일가를 이루고 나서 격조를 이야기할 수 있는 것이다. 만당의 시인 가운데, 예컨대 온정균溫庭筠 같은 재능과 허혼許渾 같은 성취가 어찌 오척 동자만 하겠는가. 다만 시대의 기풍이 그렇게 만든 것일 뿐이다. 따라서 이 시대를 보는 자들은 그 쇠퇴한 운명을 슬퍼하는 정도에서 그쳐야 한다. 그래서 나는 오늘날의 작가가 반드시 진정한 재능으로 실제의 학문을 하고 본성에 근본을 두고 실정을 추구해야지, 함부로 격조를 논하면 안 된다고 생각한다.

李頎七言律, 最響亮整肅. 忽于"遠公遯迹"詩第二句下一拗體, 餘七句皆平正, 一不合也, "開山"二字最不古, 二不合也, "開山幽居", 文理不接, 三不合也, 重上一"山"字, 四不合也. 余謂必有誤. 苦思得之, 曰必"開士"也. 易一字而對仗流轉, 盡祛四失矣. 余兄大喜, 遂以書『藝苑巵言』. 余後觀郎士元詩云: "高僧本姓竺, 開士舊名林." 乃元襲用頎詩, 益以自信.

이기李頎의 칠언율시는 가장 해맑고 정제되고 엄숙하다. 그런데 갑자기 '원공돈적遠公遯迹'[31]의 제2구 아랫부분에서 요체拗體가 하나 보이다가 나머지 7구는 모두 규정에 맞으니 첫 번째 부조화이고, '개산開山' 두 글자는 가장 예스럽지 못하니 두 번째 부조화이고, '개산유거開山幽居'는 문리로 내용이 이어지지 않으니 세 번째 부조화이고, '산山'이 거듭 나오니 네 번째 부조화이다. 그래서 나는 반드시 오류가 있다고 생각했다. 그래서 고심 끝에 해답이 떠올랐는데 '개산開山'을 반드시 '개사開士'로 바꾸어야 한다는 것이었다. 한 글자를 바꿈으로써 대장對仗[32]이 자유롭고 네 개의 오류를 모두 제거했다. 이 말을 들은 내 형(왕세정)이 크게 기뻐하여 결국 이 내용을 『예원치언藝苑巵言』에 기록했다. 뒤에 낭사원郎士元의 "고승의 본디 성은 축竺으로, 유명한 옛 산림에 개사開士[33]였네[高僧本姓竺, 開士舊名林]"[34]를 보았는데 낭사원이 이기의 위 시를

31 「제선공산지(題璿公山池)」. 원문은 다음과 같다. "원공(遠公 : 고승)이 여산(廬山) 기슭에 자취 숨기고, 개사(開士)의 그윽한 집은 숲 속이다. 솟은 바위에 한 자락 구름은 겉모습을 엿보고, 맑은 연못 밝은 달은 선의 마음을 비추네. 자유롭게 요체를 설명해 천화(天花 : 상서로운 꽃)가 떨어지고, 머무는 한적한 방에 봄풀이 깊다. 이 밖에 세속의 먼지는 전혀 닿지 않고, 오직 현도(玄度 : 허순(許詢). 동진의 은자)만이 찾아오네.[遠公遁跡廬山岑, 開士幽居祇樹林. 片石孤運窺色相, 淸池皓月照禪心. 指揮如意天花落, 坐臥閑房春草深. 此外俗塵都不染, 惟餘玄度得相尋.]"

32 대장(對仗) : 글자 음의 평측과 글자 뜻의 허실을 안배하여 대우(對偶)가 되는 어구를 말한다.

33 개사(開士) : 보살(菩薩)의 다른 이름이다. 정도(正道)를 열어서 중생을 개도하는 선비라는 뜻으로 고승을 대칭하기도 한다.

34 편명은 「부무석기별령일정허이상인운문소거(赴無錫寄別靈一淨虛二上人雲門所居)」이고 본문은 "高僧本姓竺, 開士舊名林. 一入春山裏, 千峰不可尋. 新年芳草遍, 終日白雲深. 欲徇微官去, 懸知訝此心"이다. 그런데 이 작품은 작가가 각기 달라서 『전당시』 권249-8에는 유장경의 작품으로, 『전당시』 권249-7에는 황보염의 작품으로, 『전당시』 권248-46에는 낭사원의 작품으로 되어있다.

인용한 것이어서 더욱더 자신했다.

詩稱發端之妙者, 謝宣城而後, 王右丞一人而已. 郎士元詩起句云"暮蟬不可聽, 落葉豈堪聞", 合掌可笑. 高仲武乃云: "昔人謂謝脁工於發端, 比之于今, 有慙沮矣." 若謂出于譏戲, 何得入選? 果謂發端工乎? 謝宣城地下當爲拊掌大笑.

시에서 발단이 뛰어난 것을 일컬을 때 사조謝脁 이후로 왕유를 꼽는다. 낭사원의 시 기구起句의 "저녁 매미 소리도 들을 수 없는데, 잎 떨어지는 소리가 어찌 들을 만하겠는가[暮蟬不可聽, 落葉豈堪聞]"[35]는 조심히 합장을 하며 웃을 만하다. 고중무高仲武가 "옛사람이, 사조가 시작 부분에 뛰어나다고 했는데 오늘날의 기준에서 보면 손색이 있다"라고 했다. 만일 단순히 풍자에서 나온 것이라면 어떻게 (뛰어난 것에) 선정될 수 있으며 어떻게 시작이 뛰어나다 할 수 있겠는가. 사조가 지하에서 손뼉을 치며 한바탕 웃을 것이다.

崔郎中作「黃鶴樓」詩, 靑蓮短氣. 後題「鳳凰臺」, 古今目爲勍敵, 識者謂前六句不能當, 結語深悲慷慨, 差足勝耳. 然余意更有不然, 無論中二聯不能及, 卽結語亦大有辨. 言詩須道興比賦, 如"日暮鄕關", 興而賦也 "浮雲" • "蔽日", 比而賦也, 以此思之 "使人愁"三字雖同, 孰爲當乎? "日暮鄕關" "烟波江上", 本無指著, 登臨者自生愁耳. 故曰: "使人愁", 烟波使之愁也. "浮雲" • "蔽日" "長安不見", 逐客自應愁, 寧須使之? 靑蓮才情, 標映萬載, 寧以予言重輕? 尺有所短, 寸有所長, 竊以爲此詩不

35 「주질현정의댁송전대(盩厔縣鄭礒宅送錢大)」.

逮, 非一端也. 如有罪我者, 則不敢辭.

최호崔顥가 「황학루黃鶴樓」를 지었는데 이백이 기를 못 폈다. 이백이 뒤에 「봉황대鳳凰臺」를 지었는데 모두들 「황학루」의 맞수가 될 만하다고 했지만 식자들이 앞 6구는 당해내지 못하고 결구는 비장미와 함께 강개가 깃들어 약간 앞설 만하다고 했다. 하지만 나는 그렇지 않다고 생각한다. 가운데 두 연聯만 미치지 못할 뿐 아니라 결구 역시 큰 차이가 난다. 시를 이야기할 때 반드시 흥興·비比·부賦[36]를 거론하는데 「황학루」의 '일모향관日暮鄕關'은 흥이부興而賦[37]이고 「등금릉봉황대登金陵鳳凰臺」의 '부운浮雲'·'폐일蔽日'은 비이부比而賦[38]이니 이것을 근거로 논한다면 '사인수使人愁' 세 글자는 두 작품 모두 같지만 어떤 것이 더 합당하겠는가? 「황학루」의 '일모향관'과 '연파강상烟波江上'은 본디 특별히 지적한 것이 없이 황학루에 오르는 자가 이를 보고 절로 시름이 생긴 것이다. 따라서 '사인수'는 안개 낀 물결이 사람을 시름겹게 한 것이 된다. 「등금릉봉황대」의 '부운'·'폐일'과 '장안불견長安不見'은 쫓기는 객이 스스로 시름겨워한 것이지 누가 시름을 일게 했는가. 이백의 재능과 감성은 만세에 으뜸인데 어떻게 내가 그 경중을 논할 수 있겠는가. 하지만 척尺에도 부족한 게 있고 촌寸에도 남는 게 있는 것[39]처럼 저마다 장단점이 있는바, 조심스럽지만 이백의 이 작품은 최호의 작품에 미치지 못하는 것이 한둘이 아니라고 생각한다. 이를 두고 나에게 벌을 준다고 해도 감히 사양하지 않겠다.

---

36 흥(興)·비(比)·부(賦) : 시의 체재와 서술방식에 따라 구분하는 방법으로, 흥은 다른 사물을 빌려 노래하면서 연상을 통해 자신의 생각을 드러내는 것이고, 비는 유사한 사물을 들어 그것에 비유해 서술하는 것이고, 부는 본 주제를 직접 서술하는 것이다.

37 흥이부(興而賦) : 흥과 부의 형식이 순차적으로 이루어지는 것이다.

38 비이부(比而賦) : 비와 부의 형식이 순차적으로 이루어지는 것이다.

39 척(尺)에도 …… 것 : 사람마다 각기 장점도 있고 단점도 있어서 피차 취할 부분이 있다는 것으로, 우수한 점만 있는 사람도 없고 결점만 있는 사람도 없는 것을 비유한다. 굴원, 「복거(卜居)」.

常徵君「贈王龍標」詩, 有"松際露微月, 清光猶爲君"之句, 膾炙人口. 然王子安「詠風」詩云: "日落山水靜, 爲君起松聲." 則已先標此義矣. 二詩句雅堪作配, 未易優劣也.

상징군常徵君의 「증왕용표贈王龍標」의 "소나무 끝에 막 걸친 달의, 맑은 광채는 그대를 위함이다[松際露微月, 清光猶爲君]"라는 시구가 인구에 회자된다. 하지만 왕발王勃이 「영풍詠風」에서 "해가 지자 산수가 고요하더니, 그대를 위해 솔바람이 인다[日落山水靜, 爲君起松聲]"라고 했으니 이미 앞서서 이미지를 만들어낸 것이다. 두 작품은 서로 짝이 될 만해 쉽게 우열을 논할 수 없다.

錢員外詩: "長信" · "宜春"句, 于晴雪妙極形容, 膾炙人口, 其源得之初唐. 然從初竟落中唐了, 不與盛唐相關. 何者? 愈巧則愈遠.

전원외(錢員外: 전기)의 '장신長信'[40]과 '의춘宜春'[41]은 새하얀 눈(晴雪)에 대한 묘사가 극진하여 인구에 회자되고 있는데 그 근원은 초당에서 얻어진 것이다. 하지만 초당에서 결국 중당으로 떨어져서 성당과는 관계가 없다. 왜냐하면 기교가 뛰어날수록 본질과 더욱 멀어지기 때문이다.

杜必簡性好矜誕, 至欲衙官屈 · 宋. 然詩自佳, 華於子昂, 質于沈 · 宋, 一代作家也. 流芳未泯, 乃有杜陵嗣其家風, 盛哉! 然布衣老大, 許身稷 · 契, 屈 · 宋又不足言矣.

40 「화왕원외설청조조(和王員外雪晴早朝)」의 "長信月留寧避曉"란 구절을 가리킨다.

41 「화왕원외설청조조」의 "宜春花滿不飛香"이란 구절을 가리킨다.

두필간(杜必簡 : 두심언杜審言)은 자긍심에 호기 부리기를 좋아하여 굴원과 송옥宋玉을 부하로 삼으려고까지 했다. 하지만 시는 아름다워서 진자앙陳子昂보다 화려하고 심전기・송지문보다 질박하여 한 시대를 대표하는 작가이다. 그 영향이 지워지지 않아 두보에 와서 성대한 가풍家風을 드날렸으니 대단하다 하겠다! 하지만 포의(布衣 : 평민)로 생을 마치면서도 직稷과 설契[42]에 견주었으니 굴원과 송옥은 말할 것도 없었다.

一日偶誦賈島「桑乾」絶句, 見謝枋得注云 : "旅寓十年, 交游歡愛, 與故鄕無異. 一旦別去, 豈能無情? 渡桑乾而望幷州, 反以爲故鄕也." 不覺大笑. 拈以問玉山程生曰 : "詩如此解否." 程生曰 : "向如此解." 余謂此島自思鄕作, 何曾與幷州有情? 其意恨久客幷州, 遠隔故鄕, 今非惟不能歸, 反北渡桑乾, 還望幷州, 又是故鄕矣. 幷州且不得住, 何況得歸咸陽, 此島意也. 謝註有分毫相似否? 程始歎賞, 以爲聞所未聞, 不知向自聽夢中語耳.

어느 날 우연히 가도의 절구 「도상건渡桑乾」을 읽다가 사방득謝枋得의 "십 년을 나그네로 지내며 벗들과 아주 가까운 관계가 형성돼 고향과 다름이 없었다. 하루아침에 헤어지게 되니 어찌 감정이 일지 않을 수 있겠는가. 상건수桑乾水를 건너며 병주幷州를 바라보니 그곳이 도리어 고향인 것처럼 여겨진다"라는 주석을 보고 나도 모르게 한바탕 웃음이 터졌다. 내가 이것을 가지고 옥산玉山의 정생程生에게 묻기를 "시를 이처럼 해석해도 되겠느냐?"라고 하자, 정생은 "그동안 이렇게 해석해 왔소"라고 했다. 내가 "이 작품은 가도가 스스로 고향을 그리며 지은 것이지 병주에 무슨 정이 들어 있었겠는가. 오랫동안 병주에서 객으로

42 직(稷)과 설(契) : 순임금 때 농업을 담당한 후직(后稷)과, 사도(司徒)의 직책을 관장한 설(契)을 가리키는데 명신(名臣)의 비유로 곧잘 쓰인다.

지내며 고향과 멀리 떨어져 있었는데 이제 고향으로도 돌아가지 못할 뿐만 아니라, 오히려 북쪽 상건수를 건너며 다시 바라보이는 병주가 고향이 된 사실을 한스러워한 것이다. 병주에도 머물지 못하는데 하물며 고향 함양咸陽으로 돌아갈 수 있겠느냐는 것이 가도의 생각이다. 사방득의 주석이 나의 해석과 조금이나마 유사한 점이 있는가?"라고 하자, 정생이 비로소 감탄하며 듣지 못한 이야기를 들었고 이전의 해석은 꿈속의 이야기였을 뿐이라고 했다.

古人云 : "秀色若可餐." 余謂此言惟毛嬙·西施·昭君·太眞·曹植·謝朓·李白·王維可以當之. 而司馬長卿夫婦各擅, 尤以爲難. 至于平原·淸河, 急難並秀, 飛燕·合德, 孿生雙絶, 亦各際其盛矣. 近世無絶代佳人, 詩人乃似不乏.

옛사람이 "빼어난 얼굴 찬餐으로 삼을 만하다[秀色若可餐]"[43]라고 했는데 나는 이 표현은 모장毛嬙·서시西施·왕소군王昭君·양태진楊太眞·조식·사조·이백·왕유만 감당할 수 있다고 생각한다. 그리고 사마상여 부부[44]는 제각기 뛰어나서 더욱더 다가가기 어렵다. 평원(平原 : 육기陸機)과 청하(淸河 : 육운陸雲)[45]는 어려움 속에서 모두 뛰어났고 비연飛燕과 합덕合德[46]은 쌍둥이로 쌍벽을 이루어 역시 각각 훌륭한 모습을 보였다. 근

43 육기(陸機), 「일출동남우행(日出東南隅行)」.

44 사마상여 부부 : 중국 전한시대의 유명한 부(賦) 작가인 사마상여와, 그의 아내인 탁문군을 가리킨다. 탁문군은 한나라 임공(臨邛)의 부호인 탁왕손(卓王孫)의 딸로 미인이며 재주가 많았는데 과부가 되어 집에 있을 때 사마상여의 거문고 소리에 반하여 밤중에 몰래 빠져 나와 그의 아내가 되었다.

45 평원(平原)과 청하(淸河) : 진(晉)나라의 저명한 문학가인 육기와 육운 형제를 말한다. 그들이 함께 낙양에 들어가서 사공(司空)의 직책에 있던 장화(張華)를 찾아갔을 때, 장화는 이들을 명사(名士)로 여겨 제공(諸公)에게 천거했다는 고사가 전한다.

46 비연(飛燕)과 합덕(合德) : 한 성제 때의 황후인 조비연과 그녀의 자매인 조합덕을 말한

세에는 절대의 가인佳人은 없지만 시인은 부족하지 않은 듯하다.

詩有必不能廢者, 雖衆體未備, 而獨擅一家之長. 如孟浩然洮洮易盡, 止以五言雋永, 千載並稱王・孟. 我明其徐昌穀・高子業乎? 二君詩大不同, 而皆巧于用短. 徐能以高韻勝, 有蟬蛻軒擧之風, 高能以深情勝, 有秋閨愁婦之態. 更千百年, 李・何尚有廢興, 二君必無絶響. 所謂成一家言, 斷在君采・稚欽之上, 庭實而下, 益無論矣.

시에는 반드시 버려서는 안 되는 것이 있으니, 여러 체를 구비하지 못했더라도 홀로 일가의 장점을 갖췄기 때문이다. 예컨대 맹호연은 더없이 고결하지만 오언만이 빼어나서 왕(王 : 왕유)・맹孟이라는 평가를 받는다. 우리 명나라에 있어선 서창곡(徐昌穀 : 서정경徐禎卿)과 고자업(高子業 : 고숙사高叔嗣)을 들 수 있다. 두 사람의 시는 풍격이 아주 다르지만 모두 단편에 뛰어나다. 서정경은 고상한 운이 뛰어나서 매미가 허물을 벗고 훨훨 나는 기풍이 있고, 고숙사는 내용을 담는 것이 뛰어나서 가을 규방에서 시름하는 아낙의 모습이 들어있다. 천백 년 뒤에 이몽양李夢陽과 하경명何景明이 다시 부침한다면 두 사람은 필경 빼어난 작품을 남길 수 없을 것이다. 이른바 (서정경과 고숙사가) 일가를 이뤘다는 것은 군채(君采 : 설혜薛蕙)・치흠(稚欽 : 왕전진王廷陳)의 위와 정실(庭實 : 변공邊貢)의 아래에 있다는 것임은 더 이상 논할 것이 없다.

高季迪才情有餘, 使生弘・正李・何之間, 絶塵破的, 未知鹿死誰手. 楊・張・徐故是草昧之雄, 勝國餘業, 不中與高作僕.

다. 비연이 성제에게 합덕을 들이자 성제가 대단히 총애했다고 한다.

고계적(高季迪 : 고계高啓)은 재능과 감성이 넘쳐서 홍치(弘治 : 1488~1505) · 정덕(正德 : 1506~1521) 연간의 이몽양 · 하경명의 시대에 태어났다면 속세의 때를 끊고 정곡을 찔러서 사슴이 누구 손에 죽었을지 모른다.[47] 양기楊基 · 서귀徐賁 · 장우張羽는 본디 혼돈한 시절의 영웅들로, 승국(勝國 : 원나라)의 후예로서 고계의 시종이 되지는 않을 것이다.

子美而後, 能爲其言而眞足追配者, 獻吉 · 于鱗兩家耳. 以五言言之, 獻吉以氣合, 于鱗以趣合. 夫人語趣似高于氣, 然須學者自詠自求, 誰當更合. 七言律, 獻吉求似于句, 而求專于骨, 于鱗求似于情, 而求勝于句. 然則無差乎? 曰 : 噫, 于鱗秀.

두보 이후로 능히 자신의 시를 지어서 진정 뒤좇아 짝할 만한 사람은 이몽양과 이반룡, 이 두 사람뿐이다. 오언을 기준으로 말하면 이몽양은 기氣가 부합됐고 이반룡은 내용이 부합됐다. 사람들은 내용이 기보다 고상한 것처럼 말하지만 학자들은 스스로 읊어보고 스스로 탐색하여 무엇이 보다 합당한지 찾아야 한다. 칠언율시의 경우 이몽양은 구句에서 그럴싸한 것을 찾고 나서 골骨에서 오롯한 것을 찾았으나, 이반룡은 정情에서 그럴싸한 것을 찾고 나서 구에서 우세한 것을 찾았다. 그렇다면 차이가 없는 것인가? 아, 이반룡이 우수하다.

余嘗服明卿五七言律, 謂他人詩多于高處失穩, 明卿詩多于穩處藏

47 사슴이 …… 모른다 : 주도권이 누구 손에 주어질지 모른다는 비유이다. "짐이 한 고조를 만났다면 북쪽을 향해 섬기며 한신 · 팽월 등과 앞을 다툴 것이나, 만일 한 무제를 만났다면 중원을 함께 달리며 사슴이 누구 손에 죽을지 모른다.[朕若逢高皇, 當北面而事之, 與韓 · 彭鞭而爭先耳, 脫遇光武, 當並驅於中原, 未知鹿死誰手.]" 『진서(晉書)』 「석륵재기 하(石勒載記下)」.

高, 與于鱗作身後戰場, 未知鹿死誰手.

내가 일찍이 명경(明卿 : 오국륜吳國倫)의 오언과 칠언율시에 탄복하였다. 다른 사람들의 시는 대부분 고상한 부분에서 온당함을 잃는데 오국륜의 시는 대부분 온당한 부분에 고상함이 담겨 있어서 이반룡과의 신후전장身後戰場[48]에서 사슴이 누구 손에 죽을지 모른다(우열을 가리기 힘듦)고 했다.

家兄讞獄三輔時, 五言詩刻意老杜, 深情老句, 便自旗鼓中原, 所未滿者, 意多于景耳. 青州而後, 情景雜出, 似不必盡宗矣.

가형(왕세정)이 삼보三輔에서 소송을 담당하고 있을 때 오언시에 있어 특별히 두보에 집중하여 내용이 깊고 시구가 노련하여 중원에 기치를 내세웠다. 하지만 만족스럽지 못한 부분은 내용이 외경보다 앞선다는 점이었다. 청주병비부사青州兵備副使시절 이후로는 내용과 외경이 뒤섞여 나와서 반드시 모두 높이 사지는 못할 듯하다.

每一題到, 茫然思不相屬, 幾謂無措. 沈思久之, 如瓴水去窒, 亂絲抽緒, 種種縱横坌集, 却于此時要下剪裁手段, 寧割愛勿貪多. 又如數萬健兒, 人各自爲一營, 非得大將軍方略, 不能整頓攝服, 使一軍無譁, 若爾朱榮處貼葛榮百萬衆. 求之詩家, 誰當爲比?

시 한 편을 지을 때마다 막연해서 생각이 이어지지 않으니 거의 손

48 신후전장(身後戰場) : 죽은 뒤의 승부이다. 신후(身後)는 죽음을 의미한다.

을 쓸 수 없다 할 만하다. 그러다가 한참을 생각에 잠기면 마치 물병에서 마개가 터지고 흐트러진 실에서 실마리를 찾듯 갖가지 내용들이 마구 모여드는데, 이때는 가위를 들고 잘라내야 하며 많은 것을 탐닉해서는 안 된다. 또 수만 명의 건아가 저마다 하나의 군영을 구축하고 있을 때, 대장군의 지략에 의지하지 않으면 마치 이주영爾朱榮이 갈영葛榮의 백만 군사를 장악[49]하는 것처럼 각자 복장을 정돈하며 전군이 소란스럽지 못하게 하지는 못할 것이다. 시인에게서 이를 찾는다면 누가 해당될 수 있을까?

生平閉目搖手, 不道『長慶集』. 如吾吳唐伯虎, 則尤『長慶』之下乘也. 閻秀卿刻其「悵悵」·「擁鼻」二詩, 余每見之輒恨恨悲歌不已. 詞人云: "何物是情濃." 少年輩酷愛情詩, 如此情少年那得解? 友人張伯起詩云: "而今秋老春情薄, 漠漠寒江水自流." 袁魯望亟爲余稱之. 伯起于是時年僅强立, 其于情故早達, 此道中項橐·甘羅也. 今伯起風流如故, 而魯望已數載異物, 悲夫!

일생 동안 눈을 감고 손을 저으며 백거이의 『장경집長慶集』을 거론하지 않았다. 우리 오吳 지역의 당백호(唐伯虎: 당인唐寅)의 경우는 특히나 『장경집』의 아류이다. 염수경(閻秀卿: 염기산閻起山)이 그의 '창창悵悵'[50]·'옹비擁鼻'[51] 두 작품을 판각했는데 내가 볼 때마다 안타깝고 슬프기 그지없었다. 사인詞人이 이르기를 "어떤 것이 감정이 농후한가[何物是情濃]"라고 했는데 소년들이 정이 담긴 시를 지나치게 좋아하긴 하지만

49 이주영(爾朱榮)이 …… 장악: 북위의 맹장 이주영이 팔천의 병사로 당시 하북(河北)의 농민 의병 대장 갈영의 백만 대군을 격파한 뒤, 항복해 온 수많은 적군들을 심리적으로 안정시켜 아무 무리 없이 처리한 사건을 가리킨다.

50 「창창사(悵悵詞)」.

51 「만흥(慢興)」 10수 중 제8수.

이러한 정을 소년들이 어떻게 이해할 수 있겠는가. 친구 장백기(張伯起 : 장봉익張鳳翼)의 시, "지금 가을이 저물며 봄의 정이 희미해지나니, 아득한 찬 강물에 물만 흐른다[而今秋老春情薄, 漠漠寒江水自流]"를 원노망(袁魯望 : 원존니袁尊尼)이 내게 거론하며 대단히 호평했다. 장봉익은 당시 막 짚고 일어설 수 있는 나이였으나 그 정감이 일찍이 발달했으니 이 분야의 항탁項橐과 감라甘羅[52]였던 것이다. 지금 장봉익은 여전히 풍류를 발휘하는데 원존니는 이미 수년 전에 딴 세상 사람이 되었으니 슬픈 일이다!

世人厭常喜新之罪, 夷于貴耳賤目. 自李·何之後, 繼以于鱗, 海內爲其家言者多, 遂蒙刻鶩之厭. 驟而一士能爲樂府新聲, 倔强無識者, 便謂不經人道語, 目曰上乘, 足使耆宿盡廢. 不知詩不惟體, 顧取諸情性何如耳? 不惟情性之求, 而但以新聲取異, 安知今日不經人道語, 不爲異日陳陳之粟乎? 嗚呼! 才難. 豈惟才難, 識亦不易. 作詩道一淺字不得, 改道一深字又不得, 其妙政在不深不淺, 有意無意之間.

세상 사람들이 일상적인 것을 싫어하고 새로운 것을 좋아하는 죄를 범하는 것은 귀를 중시하고 눈을 천시한 데[53]에 따른 것이다. 이몽양·하경명 이후를 이반룡이 계승했는데 세상에서 그를 모방하는 자가 많아 결국 각목刻鶩[54]의 싫증을 낳기에 이르렀다. 어쩌다 한 사람이 악부의 새 시를 지어내면 무지하고 억지 부리는 자가 사람들이 하지 못한

52 항탁(項橐)과 감라(甘羅) : 둘 다 신동이다. 항탁은 춘추시대 노나라의 신동으로 칠 세 때 공자의 스승이었다고 하고, 감라는 전국시대 진나라 여불위의 객경(客卿)으로 있으면서 십이 세 때 조나라에 사신으로 가 조나라로부터 다섯 개의 성을 되돌려 받았다 한다.

53 귀를 …… 천시한 데 : 전해지는 말만 믿고 직접 목도한 현실(사실)은 중시하지 않는 태도를 비유하는 말이다.

54 각목(刻鶩) : '각곡류목(刻鵠類鶩)'의 준말로, 고니를 새기려다 오리를 닮고 말았다는 뜻이다. 곧 진상과 어긋난 것을 모방하여 정반대의 결과를 얻는 것을 비유한다.

말이라면서 최고라고 추켜세우며 이전의 것을 모두 없앨 만하다고 한다. 시는 그 시체뿐만 아니라 성정性情에서 어떻게 취해오느냐가 중요하다는 걸 모르는 것이다. 성정에서 구하지 않고 단지 새롭다는 것에서 남다른 것을 취한다면 오늘 사람들이 하지 못한 말이 훗날 묵은 쌀알이 되지 않으리라고 누가 장담하겠는가. 아! 인재를 만나기란 어려운 것이다. 어찌 인재를 만나기만 어렵겠는가. 식견을 갖추는 것 또한 쉽지 않다. 시를 지을 때는 얕은 것을 이야기해도 안 되고 깊은 것을 이야기해도 안 되니, 관건은 깊지도 얕지도 않고 내용이 있기도 하고 없기도 하는 그 사이에 들어있다.

嘗謂作詩者, 初命一題, 神情不屬, 便有一種供給應付之語, 畏難怯思, 卽以充役, 故每不得佳. 余戲謂河下輿隷須驅遣, 另換正身. 能破此一關, 沈思忽至, 種種眞相見矣.

내 일찍이 다음과 같이 말했다. 시를 짓는 자가 처음 제목 하나가 나올 때는 정신과 감정이 닿지 않다가 이내 그것에 알맞은 시어가 나오는데, 두려워하고 어려워하고 겁을 먹은 채 바로 충당해버리므로 언제나 좋은 작품이 나오지 않는다. 그래서 나는 장난삼아, 강가의 여예輿隷[55]들을 모두 내쫓고 반듯한 사람으로 바꿔야 한다고 했다. 이 관문만 돌파하면 침중한 생각이 갑자기 다가와서 갖가지 진면목을 보게 될 것이다.

閩人家能佔畢, 而不甚工詩. 國初林鴻・高廷禮・唐泰輩, 皆稱能詩,

55 여예(輿隷) : 노예나 하인 따위를 가리킨다.

號閩南十才子. 然出楊・徐下遠甚, 無論季迪. 其後氣骨崚崚, 差堪旗鼓中原者, 僅一鄭善夫耳. 其詩雖多摹杜, 猶是邊・徐・薛・王之亞. 林尚書・貞恒修『福志』, 志善夫云: "時非天寶, 地靡拾遺, 殆無病而呻吟"云. 至以林釴・傅汝舟相伯仲. 又云"釴與善夫頗爲鄕論所訾", 過矣. 閩人三百年來, 僅得一善夫, 詩卽瑕, 當爲掩. 善夫雖無奇節, 不至作文人無行, 殆非實錄也. 友人陳玉叔謂數語却中善夫之病. 余謂以入詩品, 則爲雅談, 入傳記, 則傷厚道. 玉叔大以爲然. 林公, 余早年知己, 獨此一段不敢傅會, 此非特爲善夫, 亦爲七閩文人吐氣也.

민閩 지역 사람들은 시를 잘 읽지만 그다지 시에 뛰어나지 못하다. 건국 초의 임홍林鴻・고정례高廷禮・당태唐泰 등이 모두 시에 능하다고 일컬어져 민남십재자閩南十才子라 불렸다. 하지만 양기楊基・서귀徐賁보다 워낙 뒤처지며 고계는 논할 것도 없다. 그 뒤 늠름한 기골로 중원에 깃발을 휘날리고 북을 울릴 만한 사람은 정선부鄭善夫 한 사람뿐이었다. 그의 시는 대부분 두보를 모방했지만 그래도 변공・서정경・설혜薛蕙・왕정상王廷相과 버금간다. 상서尙書 임정항林貞恒修이 『복지福志』를 찬수했는데 정선부에 대한 글에서 "때는 천보天寶가 아니고, 처지는 습유(拾遺: 두보)가 아니었으나 거의 병 없이 신음한 것이다"라고 하고 임익林釴・부여주傅汝舟와 어깨를 나란히 할 만하다고 했다. 그리고 또 "임익과 정선부는 지방의 여론으로부터 비난을 받았다"라고 한 것은 지나치다. 삼백 년간의 민 땅의 시인 가운데 오직 정선부 한 사람을 얻었으니 시에 흠이 있긴 하지만 마땅히 가려져야 한다. 그리고 정선부는 특별한 절의는 없지만 문인으로서 벗어난 행동을 하는 데에 이르지 않았다고 하는 것은 그다지 실제 사실이 아니다. 친구 진옥숙(陳玉叔: 진문촉陳文燭)이 말한 몇 마디는 장선부의 문제를 정확히 짚었다. 내가 "시의 품격으로 논한다면 고아한 담론이 되지만 전기傳記에 기록한다면 도덕성에 문제가 있다고 생각한다"라고 하자, 진문촉은 "맞다"라고 했다.

임공(林公 : 임홍)은 나의 어릴 적 친구인데 오직 이 문제에 있어서는 감히 견강부회하지 않으니 이는 정선부를 위하는 것일 뿐만 아니라 또한 일곱 민 땅의 문인을 위한 토로인 것이다.

『존여당시화存餘堂詩話』

명明 주승작朱承爵

주승작朱承爵, 『존여당시화存餘堂詩話』 해제

주승작은 자가 자담子儋, 호는 순성만사舜城漫士, 좌암左庵이며 강음江陰 사람이다. 생졸년은 미상이다. 그림에 뛰어났고 장서가였으며 시문은 고아하면서도 의미와 정취가 있었다. 저서로 『작신극담灼薪劇談』 2권과 『존여당시화』 한 권이 있다.

『존여당시화』는 『사고전서총목』에서 집부 시문평류로 분류되어 26칙으로 소개되었지만 『역대시화』 수록본은 29칙이다. 내용은 평론 위주이다.

주승작은 시를 논하면서 의경意境을 중시했다. 그는 "시작의 묘는 완전히 내용과 외경外境의 융합에 있다. 소리 밖에 벗어나 있어야만 진미眞味를 얻을 수 있다. 예를 들어 '손강孫康은 차가운 창 아래서 눈에 비추고, 차윤車胤은 해진 책 옆에 반딧불을 모으네[孫康映雪寒窗下, 車胤收螢敗帙邊]'라고 했는데 고사가 정확하지 않은 것이 아니고 대구가 정교하지 않은 것도 아니지만 아, 도대체 무슨 말이란 말인가![作詩之妙, 全在意境融

徹. 出音聲之外, 乃得眞味. 如曰: "孫康映雪寒窗下, 車胤收螢敗帙邊." 事非不覈, 對非不工, 惡, 是何言哉?]" 내용과 외경의 융합, 즉 '의경'을 비롯해 '진미'를 중시하는 것은 시의 심미적 정취를 강조하는 것으로서 이런 주장은 공안파公安派의 '성령설性靈說'과 비슷하다.

그가 직접 시를 평하는 부분에서도 주목할 만한 점이 있다. 그는 "내가 일찍이 돌에 새겨진 시 한 수를 보았는데 '초조한 나그네 마음 넉넉하기 어려운데, 늘그막에 서울살이 기쁜 일 더욱 적네. 먼 꿈에서 돌아올 때 새벽 아직 오지 않고, 차가운 오경에 살구꽃 바람이 불어오네[客懷耿耿自難寬, 老傍京塵更鮮歡. 遠夢已回窗不曉, 杏花風度五更寒]'라고 했다. 짧은 시이지만 막힘없고 훤칠하여 사랑할 만하다[余嘗見石刻一詩云: "客懷耿耿自難寬, 老傍京塵更鮮歡. 遠夢已回窗不曉, 杏花風度五更寒." 雖小詩亦自飄逸可愛]"라고 했다. 이 시는 특별히 뛰어난 점은 없지만 서정이 진실하고 흉내 낸 흔적이 없다. 그래서 '사랑할 만하다(可愛)'고 한 것이다. 이 부분은 위에서 말한, 그의 시론의 핵심을 구체적으로 보여준다.

한편 『사고전서총목제요』에서는 주승작의 성과를 인정하면서 "『천주금련天廚禁臠』의 가차격假借格의 오류를 논하고 『어은총화漁隱叢話』에서 금琴, 완阮, 비파에 관한 시를 논한 것의 잘못을 밝힌 것은 모두 정확하다[如論『天廚禁臠』假借格之謬, 辨『漁隱叢話』論琴, 阮, 琵琶詩之非, 其說皆確]"라고 했다. 우선 『천주금련』의 가차격에 관한 논의에서 주승작은, 옛 시들의 대구에 관해 『천주금련』이 본래 있지도 않은 조탁법을 끄집어낸다고 보고 "나는 옛사람들의 시구 조탁이 이 정도에까지 이르진 않았으리라 보는데 시를 논평하는 이들이 너무 천착한 것은 아닐까?[余謂古人琢句, 亦或未用意至此, 論詩者不幾於鑿乎?]"라고 지적하였다. 또한 『어은총화』에서 옛사람들이 금, 완, 비파, 쟁箏 등을 듣고 지은 시들이 대체로 일률적이고 애초에 특정한 시구가 없어 서로 호환될 수 있다고 한 것에 대해서는 반론의 예가 될 수 있는 시들을 일일이 거론하며 각 악기 연주마다 뒤따르는 시들이 서로 뚜렷하게 개성이 있음을 증명하였다.

이처럼 주승작은 고증과 분석에서도 뛰어난 식견을 발휘했다.

『존여당시화』는 양이 적기는 하지만 시론에 자기 견해가 뚜렷했다. 그래서 복고주의 경향이 심했던 명대 시화에서 나름대로 한 자리를 차지하였다. 『존여당시화』는 『역대시화』 외에 『고씨명조사십가소설顧氏明朝四十家小說』, 『강음총서江陰叢書』, 『속향실총서粟香室叢書』, 『학해유편』 등의 총서에 수록되어 있다.

존여당시화存餘堂詩話

명明 주승작朱承爵

古樂府命題, 俱有主意, 後之作者, 直當因其事用其題始得. 往往借名, 不求其原, 則失之矣. 如劉猛李餘輩, 賦「出門行」不言離別, 「將進酒」乃敍烈女事, 至於太白名家, 亦不能免此病. 鄭樵作「樂畧」敍云 : "然使得其聲, 則義之同異又不足道." 樵謬矣. 彼知鐃歌二十二曲中有「朱鷺曲」, 由漢有朱鷺之祥, 因而爲詩, 作者必因紀祥瑞, 始可用朱鷺之曲. 『相和歌』三十曲內有「東門行」, 乃士有貧行, 不安其居, 拔劍將去, 妻子牽衣留之, 願同餔糜, 不求富貴. 作者必因士負節氣未伸者, 始可代婦人語, 作「東門行」沮之. 餘不盡述, 各以類推之可也. 『樂府解題』一書, 著之甚詳.

고악부에서 제목을 지은 것은 모두 주된 뜻이 있으므로, 뒤에 시를 짓는 자들은 응당 그 일에 따라 그 제목을 써야 비로소 합당하다. 그런데 이름만 빌리고 그 근원을 따지지 않는다면 잘못된 것이다. 예를 들어 유맹劉猛과 이여李餘 같은 이들은 「출문행出門行」을 짓고도 이별을 말하지 않고 「장진주將進酒」에서는 열녀의 내용을 서술하였으며 이백처럼 유명한 사람도 이 병폐를 벗어나지 못했다. 정초鄭樵가 그의 「악략樂略」에서 "그러나 그 소리만 합당하게 맞는다면 의미의 차이는 말할 필요가 없다"라고 했는데 이는 정초가 틀린 것이다. 정초의 저술을 통해 요가鐃歌[1] 22곡 중의 「주로곡朱鷺曲」이 한대에 붉은 해오라기의 상서로움이 있어서 시로 지은 것임을 알 수 있으니 작가는 반드시 상서로움을 기념할 때만 비로소 「주로곡」을 쓸 수 있는 것이다. 『상화가相和歌』 32곡 중의 「동문행東門行」은 가난하게 사는 선비가 집안에 안주하지 못하고 칼을 뽑아들고 떠나려 하자, 아내가 옷깃을 붙들고 만류하며 함께 죽만 먹으면 되지 부귀를 원하지 않는다고 하는 내용이다. 작가는 반드시 절의와 포부를 아직 펼치지 못한 선비가 있을 때 비로소 부인의 목소리로 「동문행」을 지어 그를 저지해야 하는 것이다. 나머지는 다 설명하지 않아도 부류에 따라 추측하면 될 것이다. 『악부해제樂府解題』라는 책에 매우 상세히 기술돼 있다.

謝朓詩, 如「暫使下都」云 : "大江流日夜, 客心悲未央." "金波麗鳷鵲, 玉繩低建章." 如「登三山」云 : "白日麗飛甍, 參差皆可見. 餘霞散成綺, 澄江靜如練." 皆呑吐日月, 摘攝星辰之句. 故李白登華山落雁峯有云 : "恨不携謝眺驚人詩來搔首問靑天耳."

사조謝朓의 시 중에 예를 들어 「잠사하도暫使下都」의 "큰 강은 밤낮으로 흐르고, 나그네의 마음은 슬픔이 그지없네[大江流日夜, 客心悲未央]", "금파金波[2]는 지작대鳷鵲臺에 곱고, 옥승玉繩[3]은 건장대建章臺에 내렸네[金

1 요가(鐃歌) : 전설 속의 황제(黃帝)와 기백(岐伯)이 지었다고 전해지는 군중(軍中) 음악으로 한대 악부 중 고취곡(鼓吹曲)에 속한다.

波麗鳷鵲, 王繩低建章]"[4]와, 「등삼산登三山」의 "태양이 나는 용마루에 걸려, 참치參差[5]를 모두 볼 수 있네. 남은 노을 흩어져 비단을 이루고, 맑은 강물은 하얀 명주처럼 고요하네[白日麗飛甍, 參差皆可見. 餘霞散成綺, 澄江靜如練]"는 모두 해와 휘어잡고, 별들을 움켜쥐는 시구들이다. 그래서 이백이 화산華山 낙안봉落雁峯에 올라, "사조의 사람을 놀라게 하는 시어를 갖고 와 머리 긁적이며 하늘에 묻지 못한 것이 한스럽다"[6]라고 했다.

詩非苦吟不工, 信乎? 古人如孟浩然眉毛盡落, 裴祐袖手衣袖至穿, 王維走入醋瓮, 皆苦吟之驗也.

시는 고심하여 읊지 않으면 정교하지 않는데, 사실일까? 옛사람 중 맹호연孟浩然 같은 이는 눈썹이 모두 떨어졌고, 배호裴祐는 소매에 손을 넣다가 옷소매에 구멍이 났고, 왕유王維는 식초 독에 걸어 들어갈 정도였으니 모두 고심하며 읊은 증표들이다.

王建「宮詞」一百首, 蜀本所刻者得九十有二, 遺其八. 近世所傳百首皆備, 蓋好事者妄以他人詩補之, 殊爲亂眞. 中有: "新鷹初放兎初肥, 白日君王在內稀. 薄暮千門臨欲鎖, 紅粧飛騎向前歸." "黃金桿撥紫檀槽, 弦索初張調更高. 理盡昨來新上曲, 內官簾外送櫻桃." 此張籍「宮

2 금파(金波): 달빛에 대한 수식어이다.

3 옥승(玉繩): 별이름이기도 하고 많은 별들을 지칭하기도 한다.

4 '금빛 물결[金波]'은 달빛을, '백옥 같은 줄[玉繩]'은 하얀 은하수를 말한다. 하얗게 이어진 은하수가 누대보다 낮게 드리워진 모습을 묘사하고 있다.

5 참치(參差): 별 이름이다.

6 『이태백집주』 권36 「외기(外記)」.

詞」二首也.

"淚盡羅巾夢不成, 夜深前殿按歌聲. 紅顔未老恩先斷, 斜倚薰籠坐到明." 此白樂天「後宮詞」也. "閒吹玉殿昭華管, 醉折梨園縹蔕花. 十年一夢歸人世, 絳縷猶封繫臂紗." 此杜牧之「出宮詞」也. "銀燭秋光冷畵屛, 輕羅小扇撲流螢. 天街夜色涼如水, 坐看牽牛織女星." 此牧之「七夕」詩也. "奉帚平明金殿開, 且將團扇共徘徊. 玉顔不及寒鴉色, 猶帶昭陽日影來." 此王昌齡「長信秋詞」也. "日晩長秋簾外報, 望陵鼓舞在明朝. 添爐欲爇薰衣麝, 憶得分時不忍燒." "日映西陵松柏枝, 下臺相顧一相悲. 朝來樂府歌新曲, 唱著君王自作詞." 此劉夢得「魏宮詞」也.

近讀趙與時『賓退錄』, 其所述建遺詩七首, 則是 : "忽地金輿向日陂, 內人接著便相隨. 却回龍武軍前過, 當殿發開鵝鴨池." "畵作天河刻作牛, 玉梭金鑷采橋頭. 每年宮女穿針夜, 勅賜新恩乞巧樓." "春來晩困不梳頭, 懶逐君王苑北遊. 暫向玉階花下坐, 簇錢贏得兩三籌." "彈棋玉指兩參差, 背局臨虛鬥著危. 先打角頭紅子落, 上三金字半邊垂." "宛轉黃金白柄長, 青荷葉子畵鴛鴦. 把來不是呈新樣, 欲進微風到御牀." "供御香方加減頻, 水沉山麝每回新. 內中不許相傳出, 已被醫家寫與人." "藥童食後進雲漿, 高殿無風扇小涼. 每到日中重掠鬢, 衩衣騎馬繞宮廊." 又云 : "得之於洪文敏所錄唐人絶句中." 文敏所得又不知其何所自也. 觀其詞氣要與九十二首爲類. 前所贋足者, 每每見於諸人集中. 惜今尙缺其一.

왕건의 「궁사宮詞」 100수 중 촉본蜀本에 들어있는 것은 92수이고 8수는 유실되었다. 근래에 전하는 것에는 100수가 모두 구비되어 있지만 호사가들이 다른 사람의 시를 함부로 채워 넣어 진실을 어지럽혀 놓았다. 그중에 "새로 길들인 매 풀고 토끼는 살이 올라, 낮 동안 군왕이 궁 안에 있는 일이 드물다. 저물녘 수많은 문이 다 잠기려 할 때, 붉은 치장 날쌘 말이 앞을 향해 돌아온다新鷹初放兎初肥, 白日君王在內稀. 薄暮千

門臨欲鎖, 紅粧飛騎向前歸]”, “황금 술대에 자주색 비파, 현을 막 당기자 곡조가 높구나. 어제 새로 올라온 곡을 연주하고 나자, 내관이 주렴 밖에서 앵두를 보내온다[黃金桿撥紫檀槽, 弦索初張調更高. 理盡昨來新上曲, 內官簾外送櫻桃]”는 장적의 「궁사」 2수이다. “비단 수건 눈물 다 젖도록 잠 이루지 못하고, 깊은 밤 앞 궁전에서 노랫소리 살피네. 발그레한 얼굴 늙기도 전에 은혜 먼저 끊겨, 향로에 기대 동틀 때까지 앉아있네[淚盡羅巾夢不成, 夜深前殿按歌聲. 紅顏未老恩先斷, 斜倚薰籠坐到明]”는 백거이의 「후궁사後宮詞」이다. “옥전玉殿에서 한가로이 소화관昭華管[7]을 불고, 취한 채 이원梨園의 표체화縹蔕花[8]를 꺾네. 십 년 만에 인간 세상 돌아온 꿈꾸었거늘, 아직도 붉은 실이 팔뚝에 묶여있네[閒吹玉殿昭華管, 醉折梨園縹蔕花. 十年一夢歸人世, 絳縷猶封繫臂紗]”[9]는 두목의 「출궁사出宮詞」이다. “은촛대 가을 어려 그림 병풍 차가운데, 얇은 비단 작은 부채로 반딧불을 친다. 황궁의 밤풍경은 물처럼 차가운데, 앉아서 견우와 직녀성을 바라본다[銀燭秋光冷畵屛, 輕羅小扇撲流螢. 天街夜色涼如水, 坐看牽牛織女星]”는 두목의 「칠석七夕」이다. “새벽녘 빗자루 들며 궁전이 열리고, 둥근 부채 들고서 함께 배회한다. 옥처럼 고운 얼굴이 겨울 까마귀만 못하나니, (겨울 까마귀는) 그래도 소양궁昭陽宮 해 그림자라도 띠고 있다오[奉帚[10]平明金殿開, 且將團扇共徘徊. 玉顏不及寒鴉色, 猶帶昭陽[11]日影來]”는 왕창령의

---

7 소화관(昭華管) : 옥으로 만든 피리이다. 한 고조가 처음 함양궁(咸陽宮)에 들어가 이 피리를 발견하고 입으로 불자, 산속에서 수레와 말들이 줄지어 나타났고 불기를 멈추자, 모두 사라졌다 한다. 『서경잡기』.

8 표체화(縹蔕花) : 배꽃을 말한다. 표체(縹蔕)는 배나무의 이칭이다.

9 붉은 …… 묶여있네 : 계비사(繫臂紗)는 팔찌류의 장식물이다. 『진서(晉書)』 「후비전상(後妃傳上)」 「호귀빈(胡貴嬪)」에 “태시(泰始) 9년(273)에 황제가 양가의 딸들을 간택해 궁녀로 삼으면서 그 가운데 미모가 뛰어난 여인들은 붉은 실로 팔을 묶었다”라고 했다. 훗날 미인을 간택해 내전(內典)에 들게 하는 것을 ‘계비(繫臂)’ 또는 ‘계비사(繫臂紗)’라 했다.

10 봉추(奉帚) : ‘봉추(奉箒)’로도 쓴다. 원래는 비를 들고 청소를 한다는 의미이며 총애를 잃은 비빈의 쓸쓸한 모습을 묘사할 때 흔히 쓰인다.

11 소양(昭陽) : 원래는 한나라 때의 ‘소양궁’을 가리키지만 나중에는 후비가 거처하는 궁전

「장신추사長信秋詞」이다. "해질녘 장추궁長秋宮 주렴 밖에 알리길, '내일 망릉대望陵臺에서 춤을 추게 되리라.' 화롯불에 사향 태워 옷에 적시려다, 은혜를 받겠나 싶어 차마 태우지 못하네[日晩長秋簾外報, 望陵鼓舞在明朝. 添爐欲爇薰衣麝, 憶得分時不忍燒]", "해가 서릉西陵 송백 가지에 비출 때, 무대에서 내려와 서로 쳐다보며 슬퍼하네. 내일 아침 악부의 새 노래를 부를 때, 군왕이 직접 가사를 불러야 하네[日映西陵松柏枝, 下臺相顧一相悲. 朝來樂府歌新曲, 唱著君王自作詞]"는 유우석의 「위궁사魏宮詞」이다. 근래에 조여시趙與時의 『빈퇴록賓退錄』을 읽었는데 그가 말한 왕건의 유작시 7수는 다음과 같다. "갑자기 황금수레가 궁전 쪽을 향하며, 내전內典 사람들이 줄을 이어 뒤따르네. 다시 뒤돌아 용무군龍武軍 앞을 지나, 전殿 앞에서 아압지鵝鴨池로 향하네[忽地金輿向日陂, 內人接著便相隨. 却回龍武軍[12]前過, 當殿發開鵝鴨池]", "은하수를 그리고 견우를 새겨, 옥 북과 황금 족집게를 다리 위에 꾸미네. 해마다 궁녀들이 바늘 꿰는 밤, 새로운 은혜를 걸교루乞巧樓[13]에 하사하네[畵作天河刻作牛, 玉梭金鑷采橋頭. 每年宮女穿針夜, 勅賜新恩乞巧樓]", "봄날 고단해 늦도록 머리 빗지 않다가, 원苑 북쪽을 노니는 군왕을 애써 따라가네. 잠시 옥계단 꽃 아래 앉아서, 동전던지기하며[14] 두세 번 승부를 겨루네[春來晩困不梳頭, 懶逐君王苑北遊. 暫向玉階花下坐, 簸錢贏得兩三籌]", "바둑돌 튕기는 옥손가락 두 개가 들쭉날쭉, 국局을 등지고 빈곳을 임하여 위험하게 다투네. 먼저 모서리의 붉은 바둑알 쳐서 떨어트리니, 판 위에 세 금자金字가 절반 면에 드리웠네

을 가리키는 말로 널리 쓰였다.

12 용무군(龍武軍) : 당대 금군(禁軍)의 이름이다.

13 해마다 …… 하사하네 : 걸교루(乞巧樓)는 달에게 지혜를 비는 채루(彩樓)인데 『개원천보유사(開元天寶遺事)』 권하에 다음과 같이 기록돼 있다. "궁중에서 비단으로 백 척 높이의 누전(樓殿)을 만드는데 위에는 수십 명이 올라갈 수 있다. 술과 과일 등을 차리고 좌석 등을 설치한 뒤 견우성과 직녀성에 제사를 지낸다. 이때 비빈(嬪妃)들이 저마다 아홉 개의 바늘과 오색실로 달을 꿰는데 이를 본 사람들이 걸교루를 얻는 때라고 했다"

14 동전던지기하며 : 원문은 '파전(簸錢)'으로, 동전던지기 놀이를 말한다. 동전을 손으로 흔든 뒤 바닥에 던져 정면과 반대면의 많고 적음으로 승부를 겨루는 놀이이다.

[彈棋玉指兩參差, 背局臨虛鬥著危. 先打角頭紅子落, 上三金字半邊垂]", "둥그런 황금에 흰 자루가 길고, 푸른 연잎에 원앙을 그렸네. 새로운 모양 뽐내려 갖고 온 것 아니라, 바람을 부쳐드리려 어상御牀에 온 것이네[宛轉黃金白柄長, 靑荷葉子畵鴛鴦. 把來不是呈新樣, 欲進微風到御牀]", "임금께서 쓰실 향은 자주 보완돼, 침향과 사향이 매번 새롭네. 궁내의 것이 밖으로 나가는 것을 허락지 않지만 이미 의원에 의해 넘겨주었네[供御香方加減頻, 水沉山麝每回新. 內中不許相傳出, 已被醫家寫與人]", "약동藥童[15]이 식후에 운장雲漿[16]을 바치고, 바람 없는 전각은 부채질로 조금 시원하네. 매번 정오 되면 귀밑머리 다시 빗고, 잠방이에 말을 타고 궁궐 회랑을 도네[藥童食後進雲漿, 高殿無風扇小涼. 每到日中重掠鬢, 衩衣騎馬繞宮廊]" 그러면서 "홍문민(洪文敏: 홍매洪邁)이 쓴 『당인절구唐人絶句』에서 얻었다"라고 하였는데 홍매가 어디서 얻은 것인지는 알 수 없다. 그 표현이나 분위기로 보면 92수와 같은 것으로 봐야 하겠다. 앞의 위작들은 여러 문집에서 자주 보인다. 지금 아직도 한 편이 빈 것이 아쉽다.

近世士大夫家, 往往崇構室宇, 巧結臺榭, 以爲他日遊息宴閒之所. 然而宦況悠悠, 終不獲享其樂, 是誠可悲也. 因記白樂天詩云: "試問池臺主, 多爲將相官. 終身不曾到, 惟展畵圖看." 乃知樂天之詩, 眞達者之詞與.

요즘 사대부 집안이 이따금 큰 집을 짓고 누대와 정자를 예쁘게 구축해서 훗날 잔치도 열며 여유롭게 지낼 장소로 활용하려 한다. 하지만 관직의 길이 막연하여 끝내 즐거움을 누리지 못하니 참으로 슬픈 일이다. 그래서 백거이의 시가 떠오른다. "연못 누대의 주인을 물어보면, 대부분 장수나 정승이라 한다. 일생에 한 번도 들르지 않고, 그림들

15 약동(藥童): 약을 제조하는 사람에 대한 애칭이다.
16 운장(雲漿): 신선이 마신다는 선계의 술이다.

만 펼쳐져 있다.[試問池臺主, 多爲將相官. 終身不曾到, 惟展畵圖看.]"[17] 백거이의 시는 진정 달관자의 글임을 알겠다.

『天廚禁臠』說琢句法, 有假借格. 如"根非生下土, 葉不墜秋風", "五風寒不下, 萬木幾經秋", 皆以'秋'對'下.' "因尋樵子徑, 偶到葛洪家", "殘春紅藥在, 終日子規啼", 皆以'紅'對'子.' "閒聽一夜雨, 更對柏巖僧", 以'一'對'柏.' "住山今十載, 明日又遷居", 以'十'對'遷.' 余謂古人琢句, 亦或未用意至此, 論詩者不幾於鑿乎?

『천주금련天廚禁臠』에서 탁구법琢句法에 대해 논했는데 그중에 가차격假借格이 있다. 예컨대 "뿌리는 땅에서 자란 것이 아니고, 잎은 가을 바람에 떨어지지 않는다[根非生下土, 葉不墜秋風]", "오방의 바람과 추위에도 꺾이지 않으니, 수많은 나무들은 몇 번의 가을을 겪었나[五風寒不下, 萬木幾經秋]"에서 모두 '秋'를 '下'의 대구로 삼았으며 "나무꾼의 길을 찾다가, 우연히 갈홍의 집에 이르렀네[因尋樵子徑, 偶到葛洪家]", "봄이 끝날 무렵 작약이 있고, 종일 자규가 울어대네[殘春紅藥在, 終日子規啼]"에서는 모두 '紅'을 '子'의 대구로 삼았으며 "빗소리를 밤새 듣고 나서, 다시 백암柏巖의 승려를 마주한다[閒聽一夜雨, 更對柏巖僧]"는 '一'을 '柏'의 대구로 삼았으며 "산에 산 지 십 년, 내일 또다시 옮겨 간다[住山今十載, 明日又遷居]"에서 '十'을 '遷'의 대구로 삼았다는 따위이다. 나는 옛사람들의 시구 조탁이 이 정도에까지 이르진 않았으리라 보는데 시를 논평하는 이들이 너무 천착한 것은 아닐까?

---

17 「제낙중제택(題洛中第宅)」.

張靈字夢晉, 吳中名士也. 早歲功名未偶, 落魄不羈, 寄情詩酒間. 臨終之前三日作詩云 : "一枚蟬蛻榻當中, 命也難辭付太空. 垂死尚思玄墓麓, 滿山寒雪一林松." 後一日又作詩云 : "彷彿飛魂亂哭聲, 多情於此轉多情. 欲將衆淚澆心火, 何日張家再託生." 二詩可想其風致, 亦足悲夫!

장령張靈은 자가 몽진夢晉이며 오吳 지역의 명사이다. 일찍이 공명을 이루지 못해 낙담을 하고 얽매이지 않은 채 시와 술에 마음을 맡겼다. 임종 사흘 전에 시를 짓기를 "걸상 위에 매미 허물 하나, 운명을 사양하기 어려워 하늘에 맡기네. 죽음 앞두고도 현묘玄墓[18]의 산기슭이 생각나나니, 산 가득 한설에 소나무 숲[一枚蟬蛻榻當中, 命也難辭付太空. 垂死尚思玄墓麓, 滿山寒雪一林松]"이라고 하였다. 하루 뒤 또다시 시를 짓기를 "어렴풋 넋이 날고 곡소리가 난무하나니, 다정한 이곳이 더욱더 다정하다. 사람들의 눈물로 마음의 불을 끄고자 하나니, 언제 장씨로 다시 태어날 수 있을까.[彷彿飛魂亂哭聲, 多情於此轉多情. 欲將衆淚澆心火, 何日張家再託生.]" 두 시에서 그 풍치를 엿볼 수 있으니 참 슬픈 일이다.

王水部伯安, 正德間, 言事謫閩中. 過溪覆舟幾厄, 時有漁人泛溪中, 拯之山上. 方徘徊間, 邊遇一道者, 自稱舊識, 邀至中和堂主人處, 盤桓數日, 主人乃仙翁也. 臨行作詩送之云 : "十五年前始識荊, 此來消息最先聞. 君將性命輕毫髮, 誰把綱常重一分. 寰海已知誇令德, 皇天終不喪斯文. 武夷山下經行處, 好對淸樽醉夕曛."

수부水部 왕백안(王伯安 : 왕수인王守仁)이 정덕(正德 : 1506~1521) 연간에 간언을 하다가 민閩으로 좌천됐다. 강물을 건너다 배가 뒤집혀 거의 죽을

18 현묘(玄墓) : 소주 오현(吳縣)에 있는 산 이름이다. 매화 등이 아름답기로 유명하며 장령의 무덤도 이곳에 있다.

뻔했는데 배를 띄우고 있던 어부가 그를 건져 산 위로 올려주었다. 경황이 없어 서성이던 중에 길에서 도인을 만났는데 구면이라 하며 중화당中和堂이라는 주인이 있는 곳까지 데리고 와 며칠을 묵었다. 주인은 바로 신선이었다. 떠날 때 송별의 시를 지어 주었다. "십오 년 전에 처음 그대를 알았고, 이번 소식도 가장 먼저 들었네. 그대는 목숨을 털끝보다 가벼이 여기나니, 누가 강상(綱常 : 의리)을 중히 여길 줄 알랴. 세상은 이미 미덕을 잘 알고 있나니, 하늘은 끝내 이 도덕을 잃지 않으리라. 무이산武夷山 아래를 지날 때, 맑은 술잔 앞에 두고 석양에 취하리라.[十五年前始識荊, 此來消息最先聞. 君將性命輕毫髮, 誰把綱常重一分. 寰海已知誇令德, 皇天終不喪斯文. 武夷山下經行處, 好對淸樽醉夕曛.]"

張師錫「老兒」詩五十韻, 摹寫極工. 中有"看嫌經字小", 不免是老僧. "脚軟怕秋千"不免是老婦.

장사석張師錫의 「노아老兒」 50운韻은 묘사가 지극히 뛰어나다. 그 가운데 "경經의 작은 글자는 보기가 싫고[看嫌經字小]"는 노승의 꼴을 면하지 못하고, "다리가 연약해 그네타기 두렵네[脚軟怕秋千]"는 할멈의 꼴을 면하지 못한다.

題目詩最難工妙. 如東坡「爲兪康直郎中作所居四詠」, 中有「退圃」詩一首云 : "百丈休牽上瀨船, 一鉤歸釣縮頭鯿. 園中草木知無數, 獨有黃楊厄閏年." 其於'退'字略不發明, 而"休牽上瀨", "歸釣縮頭", "黃楊厄閏", 則已曲盡'退'字之妙. 此詠題三昧也.

제목이 있는 시를 짓기가 가장 힘들다. 소식의 「위유강직랑중작소

거사영爲兪康直郎中作所居四詠」에 있는 「퇴포退圃」 1수를 예로 들어보자. "여울물 오르는 백 길 배를 끌지 말라, 갈고리 하나로 돌아와 축두편縮頭編[19]을 낚나니. 동산에 초목이 무수히 많은데, 황양나무만 윤년에 액을 당했네.[百丈休牽上瀨船, 一鉤歸釣縮頭編. 園中草木知無數, 獨有黃楊厄閏[20]年.]" 여기서 '退'는 전혀 드러나지 않지만 "여울물 오르는 배 끌지 말라[休牽上瀨]", "돌아가 축두편을 낚는다[歸釣縮頭]", "황양나무만 윤년에 액을 당하다[黃楊厄閏]"에서 이미 '退'의 오묘함이 곡진하게 드러나고 있다. 이것이 제목 있는 시를 짓는 삼매三昧의 경지이다.

苕溪漁隱評昔賢聽琴・阮・琵琶・箏諸詩, 大率一律, 初無的句, 互可移用. 余謂不然. 「聽琴」如昌黎云:"喧啾百鳥群, 忽見孤鳳凰. 躋攀分寸不可上, 失勢一落千丈强."歐陽文忠公云:"渢渢驟風雨, 隆隆隱雷霆. 無射變凜冽, 黃鐘催發生. 詠歌文王雅, 怨刺離騷經. 二典意淡薄, 三盤語丁寧." 東坡云:"大絃春溫和且平, 小絃廉折亮以清. 門前剝啄誰叩門, 山僧未聞君勿嗔." 山谷云:"孝子流離在中野, 羈臣歸來哭亡社. 空牀思婦感蟰蛸, 暮年遺老依桑柘." 自是聽琴詩, 如曰聽琵琶, 吾未之信也. 聽琵琶, 如白樂天云:"大絃嘈嘈如急雨, 小絃切切如私語. 嘈嘈切切錯雜彈, 大珠小珠落玉盤. 間關鶯語花底滑, 幽咽流泉冰下灘." 元微之云:"月寒一聲深殿磬, 驟彈曲破音繁併." 歐陽公云:"春風和暖百鳥語, 花間葉底時丁丁." 王仁裕云:"寒敲白玉聲何緩, 暖逼黃鶯語自嬌." 自是聽琵琶詩, 如曰聽琴, 吾不信也. 山谷聽摘阮云:"寒蟲促織月籠秋, 獨雁叫群天拍水. 楚國羈臣放十年, 漢宮佳人嫁千里." 以爲聽琴, 似傷於怨, 以爲聽琵琶, 則絶無艷氣, 自是聽摘阮也. 歐陽公聽箏云:

19 축두편(縮頭編) : 물고기 이름이다. 살지고 맛있기로 유명하다.

20 황양액윤(黃楊厄閏) : 황양은 회양목을 가리킨다. 이 회양목은 원래 잘 자라지 않는 데다 윤년이면 오히려 길이가 줄어든다고 한다.

"綿蠻巧囀花間舌, 嗚咽交流冰下泉." 綿蠻之語, 可移以詠琴乎? 東坡聽箏云: "喚取吾家三鳳槽,① 移作三峽孤猿號." 孤猿號之語,② 可移以詠琵琶乎? 自是聽箏詩也.

① '三', 『百家注分類東坡詩集』作'雙.'

② 此五字據『類編』本補.

소계어은(苕溪漁隱: 호자胡仔)이, 옛 현자들이 금琴 · 완阮[21] · 비파琵琶 · 쟁箏 등을 듣고 지은 시들을 평하며 대체로 일률적이고 애초에 특정한 시구가 없어 서로 호환할 수 있다고 했다. 하지만 나는 그렇게 생각하지 않는다. 「청금聽琴」을 예로 들면 한유는 "시끄럽게 떠드는 온갖 새들 사이에서, 갑자기 봉황 한 마리가 눈에 띄네. 붙잡고 내디딜 때 한 치도 오를 수 없나니, 기우뚱 실족하면 천 길 낭떠러지다[喧啾百鳥群, 忽見孤鳳凰. 躋攀分寸不可上, 失勢一落千丈强]"[22]라고, 구양수는 "솨솨 세차게 부는 비바람, 쿵쿵 천둥과 번개. 무역無射[23]은 매서운 음으로 변하고, 황종黃鐘은 생동을 재촉하네. 문왕의 「아雅」를 노래하고, 「이소離騷」의 경으로 풍자하네. 이전二典[24]은 내용이 담박하고, 삼반三盤[25]은 가사가 간곡하네[颯颯驟風雨, 隆隆隱雷霆. 無射變凜冽, 黃鐘催發生. 詠歌文王雅, 怨刺離騷經. 二典意淡薄, 三盤語丁寧]"[26]라고, 소식은 "큰 현은 봄날처럼 온화하며 평온하고, 작은 현은 명쾌하여 밝고 맑구나. 문 앞에서 누가 똑똑 문을 두드리나, 산승이 듣지 못해서니 그대여 화내지 말라[大絃春溫和且平, 小

21 완(阮): 월금(月琴)과 비슷한 모양의 고대 현악기이다. 중국 진대(晉代)의 완함(阮咸)이 이 악기를 잘 다루어 붙여진 이름이라고 한다.

22 「청영사탄금(聽穎師彈琴)」.

23 무역(無射): 십이 율(律) 가운데 하나로, 음력 9월에 해당하여 가을의 싸늘한 리듬을 갖고 있다. 음기(陰氣)가 왕성하여 양기(陽氣)가 거의 남아 있지 않기 때문에 만물이 모두 소멸하는 것을 상징하기도 한다. 『사기』 「율서(律書)」.

24 이전(二典): 『상서』 중 「요전(堯典)」과 「순전(舜典)」을 함께 부르는 말이다.

25 삼반(三盤): 『상서』 「반경(盤庚)」 3편을 가리킨다.

26 「강상탄금(江上彈琴)」.

絃廉折亮以淸. 門前剝啄誰叩門, 山僧未聞君勿嗔]"[27]라고, 황정견은 "효자는 들판에서 떠돌고, 정처 없는 신하는 돌아와 망국의 사단에서 곡하네. 빈 침상 님 그리는 아낙은 갈거미에 감응하고, 만년의 풍상 겪은 노인은 뽕나무[28]에 의지하네[孝子流離在中野, 羈臣歸來哭亡社. 空牀思婦感蠨蛸, 暮年遺老依桑柘]"[29]라고 했다. 이들 작품은 금을 듣고 지은 것이며, 비파를 듣고 지은 것이라 한다면 나는 인정할 수 없다. 비파를 듣고 지은 시를 예로 들어보자. 백거이는 "큰 현은 소낙비 내리듯 요란하고, 작은 현은 속삭이듯 절절하네. 요란함과 절절함이 뒤섞이며, 큰 구슬과 작은 구슬 옥쟁반에 떨어지네. 꾀꼬리는 꽃 아래서 즐겁게 지저귀고, 얼음 아래 여울은 졸졸졸 흐르네[大絃嘈嘈如急雨, 小絃切切如私語. 嘈嘈切切錯雜彈, 大珠小珠落玉盤. 間關鶯語花底滑, 幽咽流泉冰下灘]"[30]라고, 원진은 "차가운 달빛 아래 깊은 전각 경쇠 소리, 갑자기 타는 곡에 음들이 마구 들리네[月寒一聲深殿磬, 驟彈曲破音繁併]"[31]라고, 구양수는 "따스한 봄바람에 온갖 새들 지저귀고, 꽃과 잎들도 숨 쉬듯 움직이네[春風和暖百鳥語, 花間葉底時丁丁]"[32]라고, 왕인유王仁裕는 "차갑게 치는 백옥 소리 어찌 그리 부드러운가, 넌지시 꾀꼬리 건드려 고운 노래 부르게 한다[寒敲白玉聲何緩, 暖逼黃鶯語自嬌]"[33]라고 했다. 이들 작품은 비파를 듣고 쓴 것이며 금을 듣고 지은 것이라 한다면 나는 인정할 수 없다. 황정견이 완阮을 뜯는 소리를 듣고 "귀뚜라미 베 짜기 재촉하는 가을 달밤, 외기러기 무리를 부르며 하늘에서 물을 치네. 초나라 떠도는 신하 십 년을 쫓겨나고, 한나라 궁 여인은 천 리 밖에 시집가네[寒蟲促織月籠秋, 獨雁叫群

---

27 「청현사금(聽賢師琴)」.

28 뽕나무 : 상자(桑柘)는 집 담 밑에 심은 나무로, 흔히 향리의 집 또는 고향을 이른다.

29 「서선청대도사탄금(西禪聽戴道士彈琴)」.

30 「비파행(琵琶行)」.

31 「비파가(琵琶歌)」.

32 「어류공조가견양직강녀노탄비파희작정성유(於劉功曹家見楊直講女奴彈琵琶戱作呈聖兪)」.

33 「형남석상영호금기이수(荊南席上咏胡琴妓二首)」 제1수.

天拍水. 楚國羈臣放十年, 漢宮佳人嫁千里]"[34]라고 했는데 금 연주를 듣는 것으로 보면 원망이 과한 듯하고, 비파를 듣는 것으로 보면 전혀 요염한 기색이 없으니 완을 뜯는 소리가 분명한 것이다. 구양수가 쟁 소리를 듣고 "지지배배 짖어대는 꽃 속의 혀, 조용히 울며 흐르는 얼음 아래 샘물[綿蠻巧囀花間舌, 嗚咽交流冰下泉]"[35]이라고 했으니 지지배배 소리를 금 연주 묘사로 쓸 수 있겠는가. 소식이 쟁을 듣고 "우리 집 세 봉황 새긴 비파를 가져오게 해, 삼협의 원숭이 소리를 만드네[喚取吾家三鳳槽, 移作三峽孤猿號]"[36]라고 했는데 원숭이 소리를 비파 연주 묘사로 쓸 수 있겠는가. 쟁을 듣고 지은 것이 분명한 것이다.

① '三'이 『백가주분류동파시집百家注分類東坡詩集』에는 '雙'으로 되어 있다.

② 이 다섯 글자는 『유편類編』에 근거하여 채워 넣었다.

吳文定公原博, 詩格尙渾厚, 琢句沈著, 用事果切, 無漫然嘲風弄月之語. 其「雪後入朝」詩云 : "天門晴雪映朝冠, 步澀頻扶白玉欄. 爲語後人須把滑, 正憂高處不勝寒. 飢烏隔竹飡應盡, 馴象當庭蹋又殘. 莫向都人誇瑞兆, 近郊或恐有袁安." 其愛君憂國感時念物之情, 藹然可掬. 至如古人隨車縞帶, 灞橋驢背, 自是閒話頭.

문정공文定公 오원박(吳原博 : 오관吳寬)은 시격이 순박, 후중하고 조탁이 침착하며 용사用事가 적절하고 분명해서 하릴없는 음풍농월의 표현이 없다. 「설후입조雪後入朝」에서 "궁궐 문 개인 눈이 조관(朝冠 : 조정에서 쓰는 관)을 비추고, 걸음은 조심조심 백옥 난간을 붙드네. 미끄러지지 말라고 뒷사람에게 말하고, 높은 곳에서 추위 이기지 못할까 걱정하

34 「청적완(聽摘阮)」.

35 「이류후가문쟁좌상작(李留后家聞箏坐上作)」.

36 「감로사탄쟁(甘露寺彈箏)」.

네. 굶주린 까마귀는 대밭에서 먹이가 다했을 테고, 길들인 코끼리는 마당에서 발 차느라 힘드리라. 도성 사람에게 상서로운 조짐이라 자랑하지 말라, 근교에 원안袁安[37]이 있을지 모르나니[天門晴雪映朝冠, 步澀頻扶白玉欄. 爲語後人須把滑, 正憂高處不勝寒. 飢烏隔竹飡應盡, 馴象當庭蹋又殘. 莫向都人誇瑞兆, 近郊或恐有袁安]"라고 했는데 임금을 사랑하고, 나라를 걱정하고, 시대에 가슴 아파하고, 사물을 생각하는 마음이 무럭무럭 샘솟고 있다. 수레를 따르는 하얀 띠,[38] 파교灞橋의 나귀[39] 같은 옛 시인들의 글은 한가한 표현일 뿐이다.

詩家評盧仝詩, 造語險怪百出, 幾不可解. 余嘗讀其「示男抱孫」詩, 中有常語, 如: "任汝惱弟妹, 任汝惱姨舅. 姨舅非吾親, 弟妹多老醜." 殊類古樂府語. 至如「直鈎吟」云: "文王已沒不復生, 直鈎之道何時行?" 亦自平直, 殊不爲怪. 如「喜逢鄭三」云: "他日期君何處好, 寒流石上一株松." 亦自恬澹, 殊不爲險.

시인들이 노동의 시를 평하여 조어造語가 매우 기괴해서 거의 이해할 수 없다고 했다. 내가 일찍이 그의 「시남포손示男抱孫」을 읽었는데, 그 안에는 일상적인 표현이 들어있다. 예컨대 "네가 남동생 여동생 싫

37 원안(袁安): 청빈한 생활로 유명했던 동한의 대신이다. 낙양령(洛陽令)이 대설이 내린 후 원안의 거처로 찾아갔다가 추위에 벌벌 떨고 있는 그를 보고 주위에 도움을 청하기를 권했다. 그러나 원안은 큰 눈으로 모두가 굶고 있어 사람들을 힘들게 할 수 없다고 답했다. 『한서』「원안전」.

38 수레를 …… 띠: '호대(縞帶)'는 띠처럼 이어지는 하얀 눈을 가리킨다. 한유의 시 「詠雪贈張籍」에 "수레 따라 하얀 띠 날리고, 말을 뒤쫓으며 은잔을 뿌린다[隨車翻縞帶, 逐馬散銀盃]"라는 구절이 보인다.

39 파교(灞橋)의 나귀: 파교는 장안(長安)의 파수(灞水) 위에 설치된 다리인데 일반적으로 시상이 잘 떠오르는 곳을 의미한다. 소식의 「증사진하수재(贈寫眞何秀才)」에 "또 보지 못했는가, 눈 속에 나귀를 탄 맹호연이 눈썹을 찌푸리고 시를 읊느라 쭝긋한 어깨가 산처럼 높은 것을[又不見雪中騎驢孟浩然皺眉吟詩肩聳山]"이라는 구절이 있다.

어하는 걸 그대로 두고, 네가 이모와 외삼촌 싫어하는 걸 그대로 둔다. 이모와 외삼촌은 내 친한 이가 아니고, 남동생과 여동생은 못난 면이 많다[任汝惱弟妹, 任汝惱姨舅. 姨舅非吾親, 弟妹多老醜]"는 고악부와 매우 유사하다. 「직구음直鉤吟」의 "문왕이 이미 떠나 다시 태어나지 않을 터, 곧게 뻗은 낚시의 도[40]가 언제 행해질까[文王已沒不復生, 直鉤之道何時行]"도 평범하고 직설적이어서 전혀 기괴하지 않다. 「희봉정삼喜逢鄭三」의 "훗날 그대 만날 때 어느 곳이 좋을까, 차가운 물 흐르는 바위 위 소나무 서 있는 곳[他日期君何處好, 寒流石上一株松]"도 편안하고 담박하여 전혀 난해하지 않다.

吳人黃省曾氏刻劉叉詩, 其跋語云 : "假太原少傅祕閣本校正一十二字, 始得就梓." 其用心亦勤矣. 余家舊藏本古律類分三卷, 有「自問」一首云 : "自問彭城子, 何人接汝顚. 酒腸寬似海, 詩膽大於天. 斷劍徒勞匣, 枯琴無復絃. 相逢多不合, 賴是向林泉." 今黃本所遺.

오吳 지역 출신 황성증黃省曾이 유차劉叉의 시를 출간하며 쓴 발문에서 "태원소부비각본太原少傅祕閣本을 빌려 열두 자를 교정한 후 비로소 출판을 할 수 있었다"라고 했으니 그 관심이 남다른 것이다. 우리집에 고율古律을 종류별로 분류해서 3권으로 엮은 책이 있는데 그 가운데 「자문自問」에서 "팽성자(彭城子 : 류차劉叉)에게 자문하노니, 누가 너의 분방함을 받아들일까? 술 배는 바다처럼 넓고, 시 쓸개는 하늘보다 크다. 끊어진 칼은 칼집만 수고롭게 하고, 말라버린 금琴은 더 이상 현이 없다. 사람들 만나도 대부분 맞지 않아, 자연의 삶에 귀의하는 것이다[自問彭城子, 何人接汝顚. 酒腸寬似海, 詩膽大於天. 斷劍徒勞匣, 枯琴無復絃. 相逢

40 곧게 …… 도 : 직구(直鉤)는 강태공이 썼다는 곧은 낚싯바늘이다. 그는 구부러지지 않고 똑바른 낚싯바늘에 미끼도 끼우지 않고 낚시를 했다고 한다.

多不合, 賴是向林泉]”라고 했는데 지금 황씨본黃氏本에는 빠져 있다.

昔陸放翁『老學菴筆記』嘗載宋太素「中酒」詩云 : “中酒事俱妨, 偸眠就黑房. 靜嫌鸚鵡鬧, 渴憶荔枝香. 病與慵相續, 心和夢尙狂. 由今改題品, 不號醉爲鄕.” 放翁以爲非眞中酒者不能知此味. 近浙擧子張傑子興亦有「中酒」詩云 : “一枕春寒擁翠裘, 試呼侍女爲扶頭. 身如司馬原非病, 情比江淹不是愁. 舊隷步兵今作敵, 故交從事却成讎. 淹淹細憶宵來事, 記得歸時月滿樓.” 余謂比太素更詳而有味.

육방옹(陸放翁 : 육유)의 『노학암필기老學菴筆記』에 송태소(宋太素 : 송백宋白)의 「중주中酒」가 실려 있는데 “술에 취하니 일이 모두 싫어져, 몰래 자다가 어두운 방으로 가네. 조용한데 앵무 떠드는 소리 싫고, 목말라 여지荔枝 향이 그립구나. 병과 게으름이 서로 이어지고, 마음과 꿈은 아직 크네. 지금부터 제목을 바꿔, 취한 것이 제 고향이라 하지 않겠네[中酒事俱妨, 偸眠就黑房. 靜嫌鸚鵡鬧, 渴憶荔枝香. 病與慵相續, 心和夢尙狂. 由今改題品, 不號醉爲鄕]”라고 했다. 육유가, 정말 술에 취한 사람이 아니라면 이 맛을 알 수 없다고 했다. 근래 양절兩浙의 거자擧子[41] 장걸張傑 자흥子興 또한 「중주」가 있어 “이부자리 봄추위에 비춰 갖옷을 끌어안고, 시녀를 불러 머리를 받치도록 하네. 몸이 사마상여와 같아도 병은 아니고,[42] 정이 강엄江淹에 견줘져도 수심은 아니라네.[43] 오래전 부리던 병

41 거자(擧子) : ‘거인(擧人)’이라고도 한다. 원래는 과거 시험에서 향시에 급제하고 중앙 정부의 시험인 회시(會試)에 응시할 수 있는 자격이 주어진 자를 말하지만 흔히 과거 시험을 준비하는 생도의 뜻으로 넓게 쓰이곤 한다.

42 몸이 …… 아니고 : 한 무제 때의 문인인 사마상여는 평소 소갈병을 앓고 있었다.

43 정이 …… 아니라네 : 강엄은 남조 양나라의 문인인데 일찍이 남다른 문재를 떨쳤으나 만년에 꿈속에서 곽박(郭璞)을 만나 오색필(五色筆)을 돌려준 뒤로 갑자기 문재가 감퇴되었다는 고사가 전한다. 『남사』 「강엄열전(江淹列傳)」.

사는 지금은 적이 되었고, 예전에 사귀던 종사從事는 도리어 원수가 되었네. 가물가물 작은 기억들 밤 되어 찾아오나니, 기억해보면 돌아갈 때는 달이 누각에 가득했지[一枕春寒擁翠裘, 試呼侍女爲扶頭. 身如司馬原非病, 情比江淹不是愁. 舊隷步兵今作敵, 故交從事却成讎. 淹淹細憶宵來事, 記得歸時月滿樓]"라고 하였다. 이동양李東陽보다 더 자세하고 맛이 담겼다고 생각한다.

中吳文徵仲「寄義興杭道卿」詩云:"坐消歲月渾無迹, 老惜交遊苦不齊." 唐子畏解元「詠帽」云:"堪笑滿中皆白髮, 不欺在上有青天." 人多傳誦. 李太師『懷麓堂稿』「上元客罷」云:"春回花柳元無迹, 老向交游却有情."「謝人惠東坡巾」云:"分明木假山前地, 不愧烏紗頂上天." 其氣味每相似.

중오中吳 사람 문징중(文徵仲 : 문징명文徵明)의 「기의흥항도경시寄義興杭道卿」에서 "앉아서 세월 보내 흔적 하나 없고, 늘그막에 친구 아쉬움은 여느 때와 다르네[坐消歲月渾無迹, 老惜交遊苦不齊]"라고 한 것과, 당자외(唐子畏 : 당인唐寅) 해원解元[44]이 「영모詠帽」에서 "마음속도 모두 백발인 것 우습거니와, 저 위에 푸른 하늘이 있다는 걸 속일 수 없다[堪笑滿中皆白髮, 不欺在上有青天]"라고 한 내용은 많은 사람들이 전하며 읊었다. 이태사(李太師 : 이동양)가 『회록당고懷麓堂稿』 「상원객파上元客罷」에서 "봄은 꽃과 버들에 돌아올 때 원래 흔적이 없고, 늘그막에 친구는 문득 정이 감도네[春回花柳元無迹, 老向交游却有情]"라고 하고, 「사인혜동파건謝人惠東坡巾」에서는 "목가산木假山[45] 앞 땅이 분명하나니, 오사모烏紗帽 위 하늘에

---

44 해원(解元) : 향시에서 장원으로 급제한 사람을 가리킨다. '해수(解首)'라고도 한다.

45 목가산(木假山) : 산과 비슷하게 생긴 나무이다. 송나라 소순이 강가 모래밭에서 산처럼 생긴 고목 뿌리를 주워 관상용으로 삼으면서 「목가산기(木假山記)」를 지었는데 모든 것

부끄럽지 않네[分明木假山前地, 不愧烏紗頂上天]"라고 했는데 그 분위기가 언제나 서로 비슷하다.

作詩凡一篇之中, 亦忌用自相矛盾語. 東坡有"日日出東門, 尋步東城遊. 城門抱關卒, 怪我此何求. 我亦無所求, 駕言寫我憂." 章子厚評之云:"前步而後駕, 何其上下紛紛也?" 東坡聞之曰:"吾以尻輪, 以神爲馬, 何曾上下乎?" 參寥子謂其文過似孫子荊曰:"所以枕流, 欲洗其耳." 然終是詩病.

시를 지을 때는 한 편 안에서 모순되는 말을 쓰는 것을 금기시한다. 소식의 시에 "매일 동문을 나와, 동쪽 성을 거닌다. 성문 지키는 포졸이, 여기 와서 뭘 하지 한다. 나 또한 아무 일 없이, 수레 타고 나와 시름을 털 뿐이다[日日出東門, 尋步東城遊. 城門抱關卒, 怪我此何求. 我亦無所求, 駕言寫我憂]"[46]라는 내용이 있는데, 장자후(章子厚: 장돈章惇)가 논평하기를 "앞에서는 걷는다 하고 뒤에서는 수레에 올라탄다 하니, 어찌 이토록 들쭉날쭉한가"라고 했다. 소식이 그 말을 듣고, "나는 꽁무니를 바퀴로 삼고, 정신을 말로 삼는데, 언제 들쭉날쭉했단 말인가"라고 했다. 참료자參寥子[47]가 그 문장이 손자형(孫子荊: 손초孫楚)과 지나치게 유사하다며 "흐르는 물을 베개로 삼는 것은 그 귀를 씻으려 함이다[所以枕流, 欲洗其耳]"[48]와 같은 격이라고 했다. 하지만 결국 시의 병폐이다.

이 운명이라는 내용을 담고 있다.

46 「일일출동문(日日出東門)」.

47 참료자(參寥子): 당나라의 은사이며 성명은 미상이다.

48 흐르는 …… 함이다: 이와 관련하여 다음의 고사가 전한다. 진(晉)나라 손초(孫楚)가 산림에 은거하려 하면서 친구 왕제(王濟)에게 자기는 앞으로 "돌을 베개 삼고 흐르는 물에 양치질 할 것[枕石漱流]"이라고 말하려다, 그만 실수로 '돌로 양치질하고 흐르는 물을 베개 삼을 것[漱石枕流]"이라고 해버렸다. 이 말을 들은 왕제가 "흐르는 물을 베개로 삼을 수는 있어도 돌로 양치질 할 수 있겠는가"라고 하자, 실수를 감지한 손초가 순간 기지를

李太白「鳳凰臺」詩, 昔賢評爲古今絶唱. 余偶讀「郭功父」詩, 得其和韻一首云 : "高臺不見鳳凰遊, 浩浩長江入海流. 舞罷青蛾同去國, 戰殘白骨尙盈邱. 風搖落日催行棹, 潮擁新沙換故洲. 結綺臨春無處覓, 年年芳草向人愁." 眞得太白逸氣. 其母夢太白而生, 是豈其後身邪?

이백의 「봉황대鳳凰臺」를 옛 현자들이 고금의 절창이라 평했다. 내가 우연히 곽공부(郭功父 : 곽상정郭祥正)의 시를 읽다가 위 시에 화답한 시를 읽었는데 "높은 누대에 봉황의 노는 모습 보이지 않고, 드넓은 장강만 바다로 흘러간다. 춤 마친 아리따운 여인은 함께 나라를 떠나고, 전쟁에 부서진 백골은 아직 언덕에 가득하다. 바람이 지는 해를 흔들어 노젓기를 재촉하고, 조수는 새 모래를 감싸 안아 옛 모래톱을 바꾼다. 결기結綺와 임춘臨春[49]을 찾을 곳이 없어, 해마다 방초는 사람을 시름겹게 한다[高臺不見鳳凰遊, 浩浩長江入海流. 舞罷青蛾同去國, 戰殘白骨尙盈邱. 風搖落日催行棹, 潮擁新沙換故洲. 結綺臨春無處覓, 年年芳草向人愁]"[50]라고 했으니 참으로 이백의 빼어난 기운을 얻었다. 그 어머니가 이백의 꿈을 꾸고 낳았다던데 혹시 이백의 후신인가?

李文正公『懷麓堂稿』「五月七日泰陵忌辰」詩云 : "秘殿深嚴聖語溫, 十年前是一乾坤. 孤臣林壑餘生在, 帝里金湯舊業存. 舜殿南風難解慍, 漢陵西望欲消魂. 年年此日無窮恨, 風雨瀟瀟獨閉門." 讀之不能不使人掩卷流涕.

발휘하며 자연스레 해석하기를 "내가 흐르는 물을 베개 삼으려는 것은 귀를 씻으려 함이고 돌로 양치질하려 함은 치아를 갈려 함이네"라고 했다. 『진서』「손초전」.

49 결기(結綺)와 임춘(臨春) : 진 후주(陳後主)가 장귀비(張貴妃)에게 머물게 했던 화려한 누각이다. 『남사(南史)』「장귀비전(張貴妃傳)」.

50 「봉황대차이태백운(鳳凰臺次李太白韻)」.

이문정공(李文正公 : 이동양)의 『회록당고懷麓堂稿』 「오월칠일태릉기신시五月七日泰陵忌辰」에서 "깊고 엄한 구중궁궐에 성상의 말씀 따스했으니, 십 년 전 하나의 세상이었네. 홀로 남은 신하 산골짜기에서 여생을 보내거늘, 도성에는 금성탕지金城湯池[51] 옛터가 남아있네. 순임금 궁전의 남풍도 노여움 풀기 어려운 터,[52] 서쪽 한릉漢陵 바라보면 넋이 사라지려 하네. 해마다 이날 무궁한 한에 휩싸여, 쓸쓸한 비바람에 홀로 문을 닫네[秘殿深嚴聖語溫, 十年前是一乾坤. 孤臣林壑餘生在, 帝里金湯舊業存. 舜殿南風難解慍, 漢陵西望欲消魂. 年年此日無窮恨, 風雨瀟瀟獨閉門]"라고 하였다. 이를 읽으니 책을 덮고 눈물을 흘릴 수밖에 없었다.

唐人「送宮人入道」詩, 『文苑英華』共載五首. 中有張蕭遠一首云 : "捨寵求仙畏色衰, 辭天素面立堦墀. 金丹擬駐千年貌, 玉指休勻八字眉. 師主與收珠翠後, 君王看戴角巾時. 從來宮女皆相妬, 聞向瑤臺淚盡垂." 尤覺婉切可誦.

당나라 시인의 「송궁인입도送宮人入道」가 『문원영화』에 총 다섯 수 실려 있다. 그중 장소원張蕭遠에 대한 시는 이렇다. "총애 버리고 신선 구하면서 얼굴 쇠할까 두려워, 황궁 떠나며 흰 얼굴로 계단 위에 섰네. 금단金丹은 천 년에 변치 않는 모습을 만들어줄 터, 옥 손가락으로 팔자 눈썹 만들려하지 말라. 방장이 구슬 비취를 거두고 나면, 군왕께서는 각건角巾[53] 쓴 모습을 보시리라. 예부터 궁녀들은 서로 질투 일삼아도,

---

51 금성탕지(金城湯池) : 쇠로 만든 성과 뜨거운 물이 흐르는 해자라는 의미로, 대단히 견고한 성을 뜻한다.

52 순임금 …… 터 : 순임금이 오현금(五絃琴)을 타면서 지은 「남풍가(南風歌)」를 가리킨다. 그 가사에 "남풍이 훈훈함이여, 우리 백성의 노여움을 풀겠구나. 남풍이 때맞춰 불어옴이여, 우리 백성의 재물을 부유케 하리로다[南風之薰兮, 可以解吾民之慍兮. 南風之時兮, 可以阜吾民之財兮]"라고 하였다. 『공자가어(孔子家語)』 「변악해(辯樂解)」.

소식 듣고 요대瑤臺[54] 향해 눈물 가득 흘리누나.[捨寵求仙畏色衰, 辭天素面立堦墀. 金丹擬駐千年貌, 玉指休匀八字眉. 師主與收珠翠後, 君王看戴角巾時. 從來宮女皆相妬, 聞向瑤臺涙盡垂.]"[55] 완곡하면서도 절절한 묘사가 읊을 만하다.

作詩之妙, 全在意境融徹. 出音聲之外, 乃得眞味. 如曰:"孫康映雪寒窗下, 車胤收螢敗帙邊." 事非不覈, 對非不工, 惡, 是何言哉?

시작의 묘는 완전히 내용과 외경外境의 융합에 있다. 소리 밖에 벗어나 있어야만 진미를 얻을 수 있다. 예를 들어 "손강孫康[56]은 차가운 창 아래서 눈에 비추고, 차윤車胤[57]은 해진 책 옆에 반딧불을 모으네[孫康映雪寒窗下, 車胤收螢敗帙邊]"라고 했는데 고사가 정확하지 않은 것이 아니고 대구가 정교하지 않은 것도 아니지만 아, 도대체 무슨 말이란 말인가!

張繼「楓橋夜泊」詩, 世多傳誦. 近讀孫仲益「過楓橋寺」詩云:"白首重來一夢中, 青山不改舊時容. 烏啼月落橋邊寺, 欹枕猶聞半夜鐘." 亦可謂鼓動前人之意矣.

장계張繼의 「풍교야박楓橋夜泊」 시는 세상 사람들이 많이 외우고 있

53 각건(角巾) : 모서리가 튀어나온 두건으로, 고대 은사들의 머리장식에 쓰였다.
54 요대(瑤臺) : 고운 옥으로 쌓은 누대라는 의미로, 보통은 아름답고 화려하게 장식된 누대를 가리킨다.
55 「송궁인입도(送宮人入道)」.
56 손강(孫康) : '형설지공(螢雪之功)' 성어에 등장하는 인물이다. 진(晉)나라 사람으로 집안이 가난하여 창가의 하얀 눈빛에 의지하여 밤에도 학업을 이어간 것으로 유명하다.
57 차윤(車胤) : 동진(東晉) 사람으로 역시 '형설지공(螢雪之功)' 성어의 주인공이다. 집안이 가난하여 밤에는 반딧불이를 잡아 주머니에 넣고 그 불빛으로 공부를 했다.

다. 근래에 손중익(孫仲益 : 손적孫覿)의 「과풍교사過楓橋寺」를 읽었는데 "꿈속의 한 곳을 백발에 찾으니, 청산은 변함없이 옛날 모습 그대로네. 까마귀 울고 달이 지는 다리 옆 절에서, 한밤 종소리를 베개에 기대어 듣네[白首重來一夢中, 青山不改舊時容. 烏啼月落橋邊寺, 欹枕猶聞半夜鐘]"라고 했으니 전대 시인의 내용을 새롭게 각색했다 할 만하다.

東坡少年有詩云 : "淸吟雜夢寐, 得句旋已忘." 固已奇矣. 晩謫惠州復有一聯云 : "春江有佳句, 我醉墮渺莽." 則又加少作一等. 評書家謂筆隨年老, 豈詩亦然邪?

소식이 소년시절에 지은 시에서 "잡다한 꿈속에서 시를 읊조리다, 얻은 시구를 이내 잊어버렸네[淸吟雜夢寐, 得句旋已忘]"[58]라고 했는데 벌써 기특했다. 만년에 혜주로 좌천될 때 다시 1연을 짓기를 "봄날 강물에 아름다운 시구가 있어, 내 취하여 아득함 속에 떨어지네[春江有佳句, 我醉墮渺莽]"[59]라고 했으니 소년시절보다 한 등급 높은 것이다. 글씨 평론가들이 글씨가 나이를 따라 늙는다고 했는데 어찌 시도 그렇다 하겠는가.

溫庭筠「商山早行」詩, 有"雞聲茅店月, 人迹板橋霜." 歐陽公甚嘉其語, 故自作"鳥聲茅店雨, 野色板橋春"以擬之, 終覺其在範圍之內.

온정균의 「상산조행商山早行」에서 "초가 점포 달 아래 닭이 울고, 판자 다리 서리에 사람 발자국 찍혔다[雞聲茅店月, 人迹板橋霜]"라고 했는데 구양수가 그 시어를 무척 가상하게 여겼다. 그래서 직접 "초가 점포

58 「호상야귀(湖上夜歸)」.

59 「화도전원잡흥(和陶田園雜興)」.

비에 새가 지저귀고, 판자 다리 봄에 들판이 펼쳐졌다[鳥聲茅店雨, 野色板橋春]"라고 하여 위 작품을 모방했으니 결국 앞 작품의 범위 안에 들어있다고 느껴진다.

"天子旌旗分一半, 八方風雨會中州." 此劉禹錫「賀晉公留守東都」詩也. 其遠大之志, 自覺軒豁可仰.

"천자의 깃발을 반으로 나누니, 팔방의 비바람이 중원으로 모이네." 이것은 유우석의 「하진공유수동도賀晉公留守東都」의 내용이다. 그 원대한 포부에 절로 고개가 숙여진다.

余嘗見石刻一詩云: "客懷耿耿自難寬, 老傍京塵更鮮歡. 遠夢已回窗不曉, 杏花風度五更寒."① 雖小詩亦自飄逸可愛. 後題盧蹈衷父, 字畫出入蘇米, 久未知其履歷, 近讀『渭南集』, 乃知其爲夾江人, 佳士也.

① '風'原作'回.' 據『類編』本改.

내가 일찍이 돌에 새겨진 시 한 수를 보았는데 "초조한 나그네 마음 넉넉하기 어려운데, 늘그막에 서울살이 기쁜 일 더욱 적네. 먼 꿈에서 돌아올 때 새벽 아직 오지 않고, 차가운 오경에 살구꽃 바람이 불어오네[客懷耿耿自難寬, 老傍京塵更鮮歡. 遠夢已回窗不曉, 杏花風度五更寒]"라고 했다. 짧은 시이지만 막힘없고 훤칠하여 음미할 만하다. 뒤에 "노도盧蹈 충부衷父가 쓰다"라고 되어 있는데, 필치가 소식과 미불을 드나들었다. 그 뒤 오랫동안 그의 내력을 몰랐는데 근래에 『위남집渭南集』을 읽고 그가 협강夾江 사람이며 훌륭한 인물이라는 사실을 알았다.

① '風'은 원래 '回'로 되어 있었는데 『유편』에 근거하여 고쳤다.

近見寒山子一詩云："有人兮山陘, 雲卷兮霞纓. 秉芳兮欲寄, 路漫兮難征. 心惆愴兮狐疑, 蹇獨立兮忠貞." 昔人以爲無異『離騷』. 寒山子, 唐人. 豈亦楚狂沮溺之流與?

근래에 한산자(寒山子 : 한산寒山)의 시 한 편을 보았는데 "산비탈에 사람이 있고, 노을 갓끈에 구름 말아 올라가네. 향초 붙잡으러 기탁하고 싶지만 길이 멀어 가기 힘드네. 의심의 눈초리에 마음은 서글프고, 충직함으로 절뚝이며 홀로 서있네[有人兮山陘, 雲卷兮霞纓. 秉芳兮欲寄, 路漫兮難征. 心惆愴兮狐疑, 蹇獨立兮忠貞]"라고 하였다. 옛사람들이 『이소』와 다를 바 없다고 했다. 한산자는 당나라 사람인데 혹시 초나라의 광인 장저長沮, 걸닉桀溺[60]의 부류인가?

余家舊藏顧仲瑛詩帙一紙, 乃「次韻劉孝章治中邀夏仲信郎中遊永安湖」二首, 字畫絶工. 楊鐵崖先生嘗和之. 中有一聯云："啄花鶯坐水楊柳, 雪藕人歌山鷓鴣." 極爲鐵崖所稱許.① 仲瑛家饒於財, 而豪俠不羈, 詩筆乃其餘事. 中吳楊禮曹支硎先生跋其後云："吾家鐵先生, 平日豪氣塞雲漢, 未嘗輕易假人以稱可語. 今爲仲瑛拈出一聯, 低頭遜避, 乃知先生是中自有人也. 然仲瑛之作如此二篇者, 誠亦甚少, 宜先生之駭歎也. 仲瑛在當時能以俠勝, 詩筆特其餘耳②. 今求斯人, 又何可得? 家有數百頃田, 被新衣, 駕大舫, 赫赫買冠帶, 欺鄉里愚民, 彼視文字爲何物? 然則雖有吾家先生, 當何所諂哉! 讀支硎之跋, 益增景行之思云.

① '崖'原作'史', 據『類編』本改.

② '餘'原作'飾', 據『類編』本改.

---

60 장저(長沮), 걸닉(桀溺) : 춘추시대 때 은사이다. 『논어』「미자(微子)」에 "장저와 걸닉이 짝을 지어 밭을 가는데 공자가 그곳을 지나다가 자로로 하여금 나루터를 묻도록 했다[長沮桀溺耦而耕, 孔子過之, 使子路問津焉]"는 내용이 전한다.

우리 집에 오래전부터 고중영(顧仲瑛 : 고아영顧阿瑛)이 자작시를 직접 쓴 작품을 소장해오고 있는데, 내용은 「차운류효장치중요하중신낭중유영안호次韻劉孝章治中邀夏仲信郎中遊永安湖」 2수로 필치가 매우 정교하다. 양철애(楊鐵崖 : 양유정楊維楨) 선생이 일찍이 그에 화답한 시를 지었다. 그 가운데 1연인 "꽃을 쪼는 앵무새는 물가 버드나무에 앉고, 설우雪藕[61] 캐는 사람은 산메추라기 노래를 부르네[啄花鶯坐水楊柳, 雪藕人歌山鷓鴣]"는 양유정 선생에게 호평을 받았다. 고중영은 집에 재산이 넘치고 호방하며 거리낌이 없어 시 짓는 건 여가의 일이었다. 중오中吳 사람 예조禮曹 양지형(楊支硎 : 양순길楊循吉) 선생이 작품 뒤에 발문을 썼다. "우리 집안 양유정 선생은 평소 호방한 기운이 은하수에 가득 찰 정도여서 일찍이 남들을 쉽게 인정하지 않았다. 그런데 지금 고중영의 시 1연을 꺼내 머리를 숙이고 못내 조심해하시니 선생의 마음속에 알맞은 사람이 들어있는 것이다. 하지만 고중영의 작품 가운데 이 두 편과 같은 경우는 정말 매우 적으니 선생께서 감탄하는 것이 당연하다. 고중영은 당시에 의협으로 뛰어났고 시는 여기일 뿐이었다. 지금 이런 사람을 어디서 다시 찾을 수 있겠는가. 집안에 수백 이랑의 밭을 소유한 채 새 옷을 입고, 큰 배를 몰고, 관대冠帶를 거창하게 구입하고, 향리의 우민들에게 거드름피웠을 터인 그가 문장이란 걸 뭘로 보았겠는가. 그렇다면 비록 우리 집안 선생의 견해가 있다 해도 무슨 조예가 있다 하겠는가." 양순길 선생의 발문을 읽으면 경행景行[62]에 대한 생각이 더욱 깊어진다.

① '崖'는 원래 '史'로 되어 있었으며 『유편』본에 근거하여 고쳤다.

② '餘'는 원래 '餙'으로 되어 있었으며 『유편』본에 근거하여 고쳤다.

---

61 설우(雪藕) : 연의 일종으로 눈처럼 하얗게 생겼다고 해서 붙여진 이름이다.

62 경행(景行) : 고산경행(高山景行)의 준말로, 고상한 인품과 덕행을 비유한다. "높은 산을 우러러보고, 큰 길을 따라가노라.[高山仰止, 景行行止.]" 『시경』 「거할(車舝)」.

詩詞雖同一機杼, 而詞家意象亦或與詩略有不同. 句欲敏, 字欲捷, 長篇須曲折三致意, 而氣自流貫乃得. 近讀宋人「詠茶」一詞云: "鳳舞團團餅, 恨爾破, 教孤另. 愛渠體淨, 隻輪慢碾, 玉塵光瑩. 湯響松風, 早減二分酒病. 味濃香永, 醉鄉路, 成佳境. 恰如燈下故人, 萬里歸來對影. 口不能言, 心下快活自省." 其亦可謂妙於聲韻, 得詠物之三昧也.①

① '得詠物之三昧'六字, 據『類編』本補.

시詩와 사詞는 같은 틀 안에 있지만 사인詞人의 의상意象은 때론 시와 약간 차이가 있다. 구句는 예민해야 하고 자字는 빨라야 하며 장편은 반드시 곡절하게 세 번 내용을 전해서 기운이 저절로 관통하고 흘러 넘쳐야 비로소 경지에 도달한다. 근래에 송나라 사람의 「영차詠茶」라는 사[63]를 읽었는데 "봉황이 춤추는 둥근 병차餠茶, 네가 깨져, 홀로 외떨어진 것이 아쉽구나. 사랑스런 너의 깨끗한 몸, 바퀴 하나에 천천히 갈리며, 옥빛 부스러기가 밝게 빛나누나. 솔바람 소리 끓는 물에, 일찍이 두 푼의 술병을 덜어준다. 맛이 진하고 향이 오래가, 취향醉鄕의 길에서, 아름다운 광경이 만들어진다. 흡사 등불 아래 친구가, 만 리 길 돌아와 그림자 마주하듯 하누나. 입으로 말할 수 없어, 마음속으로 기쁘게 자신을 되돌아본다[鳳舞團團餠, 恨爾破, 教孤另. 愛渠體淨, 隻輪慢碾, 玉塵光瑩. 湯響松風, 早減二分酒病. 味濃香永, 醉鄕路, 成佳境. 恰如燈下故人, 萬里歸來對影. 口不能言, 心下快活自省]"라고 했으니 운율에 절묘하여 영물詠物의 삼매를 얻었다고 말할 수 있다.

① '得詠物之三昧' 여섯 글자는 『유편』본에 근거하여 채워 넣었다.

63 「영차(詠茶)」라는 사 : 황정견의 사이다.

『이백재시화夷白齋詩話』

명明 고원경顧元慶

고원경顧元慶, 『이백재시화夷白齋詩話』 해제

고원경은 자가 대유大有이며 장주長洲 사람이다. 집이 양산陽山의 큰 바위 아래에 있어 호를 대석산인大石山人이라 하였다. 생졸년은 미상이다. 본래 도목의 제자였고 형제들이 모두 부유했지만 오직 그만 책에서 즐거움을 찾았다. 왕치등王稚登이 방문했을 때 그는 이미 칠십오 세였는데도 싫증 내지 않고 시를 주고받았다고 한다. 저서로 『이백재시화』 한 권, 『좌학명고瘞鶴銘考』, 그리고 예찬倪瓚의 사적을 기록한 『운림유사雲林遺事』 한 권이 있다.

『이백재시화』는 작자 고원경의 집 이름을 따서 책의 이름으로 삼았다. 한 권 40칙이며 내용은 평론 위주이다. 고원경의 시론의 종지는 스승인 도목都穆의 것과 비슷하다. 스스로 '깨닫고(悟)' 스스로 '수양할 것(養)'을 주장하여 조탁에 치중하지 않고 당시와 송시의 우열을 가르지도 않았다. 그런데 고원경이 논한 것은 대체로 역대의 2, 3류 작가들이어서 시야가 다소 좁은 감이 없지 않다. 또 서화를 매우 좋아했던 고원경은 심석전沈石田, 당백호唐伯虎, 문정명文征明 등 명대 화단의 거장들을 일일이 언급하는데 그들의 시는 잘 알려져 있지 않았기 때문에 이 시화만의 특색이 되었다.

본래 중국의 시와 그림은 역대로 서로 통했다. 고원경은 다른 사람의 말을 빌려 말하길, "두동원(杜東原 : 두경杜瓊) 선생이 일찍이 이렇게 말했다. '그림을 그리는 일은 가슴속의 조화가 붓 끝에 나타나서 헤아릴 수 없는 순간의 변화로 사물의 본질을 형상화하여 사람의 고상한 뜻을 열어주고 사람의 큰 기운을 발휘해주어야 한다. 진晉과 당나라 사람들은 그림을 완상물이나 취미 정도로만 여겨 특별한 관계가 없다고 보았다. 하지만 황제를 보좌하며 정치의 도구로 활용되기도 하고 역사를 그림으로 그려 미래의 본보기로 삼기도 하니 어찌 아무 관계가 없겠는가.' 진사도의 시에서 '만년에야 시와 그림에 중요한 것이 들어있음을 알아서, 남은 세월이 많지 않은 것에 후회한다[晩知詩畫眞有得, 悔却歲月來無多]'라고 한 것 역시 같은 의미이다[杜東原先生嘗云 : "繪畫之事, 胸中造化, 吐露於筆端, 恍惚變幻, 象其物宜, 足以啓人之高志, 發人之浩氣. 晉唐之人, 以爲玩物適情, 無所關系. 若曰黼黻皇猷, 彌綸治具, 至於圖史, 以存鑑戒, 豈無所關系哉?" 陳後山詩云 : "晩知詩畫眞有得, 悔却歲月來無多." 亦此意也]"라고 하였다. 이 부분은 사람들 사이에서 그림이 차지하는 위치와 그 의미를 높이는 데에 주안점이 있다. 사실 시와 그림의 예술적 경계의 관련성은 연구할 만한 가치가 있으며 그 대표적인 연구 소재는 역대의 제화시題畫詩다. 일찍이 소식은 시와 그림이 본래 같은 규칙, 즉 청신함과 정교함을 따른다고 말한 바 있다. 시와 그림 사이에는 공통의 심미적 특징이 있다는 것이다. 고원경은 이 점에 주목했지만 이 분야에서의 『이백재시화』의 공헌은 제한적이다.

『이백재시화』는 『사고전서총목』에서 집부 시문평류 서목에 있으며 『고씨명조사십가소설』, 『설부』, 『역대시화』, 『학해유편』 등 여러 총서에 수록되어 있다.

이백재시화夷白齋詩話

명明 **고원경**顧元慶

『古詩』有"客從遠方來, 遺我雙鯉魚. 呼童烹鯉魚, 中有尺素書." 魚腹中安得有書? 古人以喻隱密也, 魚, 沉潛之物,① 故云.

① 此五字據『學海類編』本補.

『고시古詩』 중에 "손님이 먼 곳에서 찾아와, 나에게 잉어 두 마리를 주었네. 아이 불러 잉어를 삶으라 했더니, 그 속에 편지가 들어있었네[客從遠方來, 遺我雙鯉魚. 呼童烹鯉魚, 中有尺素書]"[1]라는 시가 있다. 물고기 배 속에 어찌 편지가 있을 수 있겠는가. 옛사람이 은밀한 것에 대한 비유로 쓴 것이니, 물고기가 물에 잠겨있는 동물이라서 그렇게 말한 것이다.

① 이 다섯 글자(魚沉潛之物)는 『학해유편學海類編』본에 근거하여 채워 넣었다.

1 한나라 악부 「음마장성굴행(飮馬長城窟行)」의 앞부분.

古樂府云："金銅作蓮花, 蓮子何其貴. 攤門不安鎖, 無復相關意. 石闕生口中,① 含悲不得語." '石闕', 古漢時碑名, 故云.

① '闕'原作'闊', 據『類編』本改, 下同.

고악부에서 "금동金銅으로 연꽃을 만들었으니, 연밥이 얼마나 진귀한가. 문을 열어 두고 잠그지 않아, 다시는 닫을 뜻이 없네.[2] 석궐石闕이 입에서 나와, 슬픔 머금은 채 말할 수가 없네[金銅作蓮花, 蓮子何其貴. 攤門不安鎖, 無復相關意. 石闕生口中, 含悲不得語]"[3]라고 했는데 '석궐石闕'이 옛 한나라 때의 비 이름이어서 이렇게 말한 것이다.

① '闕'은 원래 '闊'로 돼있었는데 『학해유편』본에 근거하여 고쳤다. 아래도 마찬가지다.

元釋溥光字元暉, 俗姓李氏, 特封昭文館大學士①・榮祿大夫, 賜號立悟大師. 有二絶句云②："蟭螟殺敵蚊眉上, 蠻觸交爭蝸角中. 何異諸天觀下界, 一微塵裏鬪英雄." "荳苗鹿嚼解烏毒, 艾葉雀銜奪燕巢. 烏獸不曾看『本草』, 諳知藥性是誰敎?" 詩亦奇拔, 恨不多見.

① '館'字據『類編』本補.

② '二'字據『類編』本補.

원나라 승려 부광溥光은 자가 원휘元暉, 속세의 성은 이李씨로, 소문관대학사昭文館大學士와 영록대부榮祿大夫에 특별히 봉해지고 입오대사立悟大師라는 호를 하사받았다. 그가 지은 두 편의 절구絶句는 이렇다. "초명

2 이상 두 구는 악부 「자야가(子夜歌)」에 나오는 구절들이다. 『악부시집』 권44에 전하는 「자야가」에는 '蓮花'가 '芙蓉'으로, '何其'가 '何能'으로, '鎖'가 '橫'으로 되어 있다. 『당서』 「악지(樂志)」에서 "「자야가」는 진(晉)나라의 곡이다. 진나라의 '자야'라는 여자가 이 곡을 지었는데 그 소리가 지나치게 애달프다"라고 했다.

3 악부 「독곡가(讀曲歌)」의 한 구절이다. 『악부시집』 권46에 전하는 「독곡가」에는 '含悲'가 '銜碑'로 되어 있다.

蟭螟[4]이 모기 눈썹 위에서 적을 죽이고, 만蠻과 촉觸이 달팽이 뿔에서 서로 다툰다.[5] 제천諸天[6]이 인간세상을 내려다볼 때, 한 톨 작은 먼지 속에서 영웅을 다툼과 무엇이 다른가[蟭螟殺敵蚊眉上, 蠻觸交爭蝸角中. 何異諸天觀下界, 一微塵裏鬬英雄]", "콩싹을 사슴이 씹어 오독烏毒[7]을 해독하고, 쑥잎을 참새가 머금어 제비 둥지를 빼앗네. 새와 짐승은 『본초本草』를 본 적이 없거늘, 누가 가르쳐서 약효를 아는 것인가.[荳苗鹿嚼解烏毒, 艾葉雀銜奪燕巢. 鳥獸不曾看『本草』, 諳知藥性是誰教.]" 시가 기발한데 많이 보이지 않는 것이 안타깝다.

① '館'은 『학해유편』본에 근거하여 채워 넣었다.

② '二'는 『학해유편』본에 근거하여 채워 넣었다.

"怒氣號聲迸海門, 州人傳是子胥魂. 天排雲陣千家吼,① 地擁銀山萬馬奔. 勢與月輪齊朔望, 信如壺漏報晨昏. 吳亡越霸成何事?一唱漁歌過遠村." 米元章「詠潮」詩也. 書旣遒勁, 詩亦雄壯邁往, 淩雲之氣, 蓋可見矣.

① '家'字原缺, 據『類編』本補.

"성난 기운 부르짖는 소리가 바다위로 솟구치나니, 고을 사람들이 오자서伍子胥의 넋이라 전하고 있네. 하늘이 배열한 구름 진에 천가千家가 울부짖고, 땅이 감싼 은빛 산에 만마萬馬가 달리네. 기세는 달과 삭

---

4 초명(蟭螟) : 크기가 대단히 작은 전설상의 벌레이다.

5 만(蠻)과 …… 다툰다 : '만(蠻)'은 달팽이 오른쪽 뿔, '촉(觸)'은 달팽이 왼쪽 뿔에 있는 나라로 서로의 땅을 차지하기 위해 전쟁을 벌이는 사이다. 『장자』「칙양(則陽)」편에 관련 고사가 보인다.

6 제천(諸天) : 여러 신, 천계(天界), 하늘 등을 가리킨다.

7 오독(烏毒) : 보통은 화살촉의 독을 가리킨다. '오두(烏頭)'라는 식물의 독을 이용하기 때문에 '오독'이라 부른다.

망이 가지런하고, 신뢰는 호루壺漏[8]와 같이 아침저녁을 알리네. 오나라 망하고 월나라 패자인 것이 무엇이랴, 어부의 노래 부르며 먼 마을을 지나네." 이는 미불의 「영조詠潮」이다. 글씨가 힘차고 굳셀 뿐 아니라 시 또한 웅장하고 씩씩하니 구름을 박차고 나갈 기세를 엿볼 수 있다.

① '家'자가 본래는 빠져 있어 『학해유편學海類編』본에 근거하여 채워 넣었다.

張旭「春草帖」云 : "春草青青萬里餘, 邊城落日動寒墟. 情知海上三年別, 不寄雲中一雁書." 集所不載.

장욱張旭의 「춘초첩春草帖」에서 "봄풀은 만 리에 푸르거늘, 변성에 지는 해가 차가운 땅을 흔드네. 바닷가 삼 년의 이별을 잘 알고 있어도, 구름 속 편지 한 통 부치지 않네[春草青青萬里餘, 邊城落日動寒墟. 情知海上三年別, 不寄雲中一雁書]"라고 했는데 문집에는 실리지 않았다.

李賀詩 : "買絲繡作平原君, 有酒誰澆趙州土." 得非黃金鑄范蠡之意邪?

이하의 시, "실을 사다가 평원군을 수놓으려니와, 누가 조주趙州의 땅에 술을 부을까[買絲繡作平原君, 有酒誰澆趙州土]"[9]는 황금으로 범려范蠡를 주조하는 의미[10]가 아니겠는가.

---

8 호루(壺漏) : 고대 시계의 일종이다.

9 실을 …… 부을까 : 평원군은 전국시대 조나라 때 인재를 잘 키우기로 유명했던 조승(趙勝)을 가리킨다. '조주'는 조나라를 말한다. 위 구절은 이하의 「호가(浩歌)」에 나온다.

10 황금으로 …… 의미 : 범려가 공을 이루고 나서 월나라를 떠나자, 월왕 구천이 황금으로 그의 형상을 만들어 그리게 했다는 고사가 전한다. 『국어(國語)』 「월어하(越語下)」 「범려승경주이부어오호(范蠡乘輕舟以浮於五湖)」.

江西宸濠謀逆, 武宗親征, 旣得凱旋, 駐蹕金陵, 復渡江幸致仕楊一淸第, 賜絶句二十首. 公又有「應制律詩」四首, 「應制賀聖武詩」絶句十二首, 編爲二卷, 名『車駕幸第錄』. 公自敍謂虞廷賡歌之後, 古帝王有以詩章寵臣下者, 不過一篇數言而止, 未有聯章累牘, 若是其盛者. 至於屈萬乘之尊, 在位者或有之, 然亦鮮矣. 若罷政歸休者爲尤鮮. 或有之, 豈有至再至三如今日者乎? 守溪王公鏊有四絶句云: "相國移家江水湄, 金山望幸已多時. 太平金鏡無由進, 願得迴鑾一顧之." "趙普元爲社稷臣, 君臣魚水更何人? 難虛雪夜相過意, 海錯尤堪佐酒巡." "北固山前駐翠華, 慇懃來訪相臣家. 太湖怪石慚多幸, 也得相隨載後車." "賡歌千載盛明良, 宸翰如金更煒煌. 漫衍魚龍看未盡, 梨園新部出『西廂』."

강서江西의 신호宸濠가 역모를 꾀하자, 무종武宗은 친히 정벌에 나서 승리를 거둔 후 금릉에 잠시 머물렀다가 다시 강을 건너 당시 관직에서 물러나 있던 양일청楊一淸의 집으로 행차하여 절구 20수를 하사했다. 공 또한 「응제율시應制律詩」 4수와 「응제하성무應制賀聖武」 절구 12수를 짓고 두 권으로 엮어 『거가행제록車駕幸第錄』이라 제목을 붙였다. 공은 자서自敍에서 이렇게 말했다. "우(虞 : 순)의 조정에서 군신이 화답하며 노래를 부른 후,[11] 옛 제왕들이 시편으로 신하를 총애한 것은 기껏 한 편, 몇 마디에 지나지 않으며 이처럼 성대하게 여러 편으로 많은 문자가 오간 경우는 없다. 만승의 천자가 재위 중에 그런 경우가 있긴 했으나 이 역시 드물다. 특히 정치를 그만두고 돌아가 쉬는 자에게는 더욱 드물다. 혹여 있다 하더라도 어찌 지금처럼 몇 번을 반복한 경우가 있겠는가." 수계守溪 왕오王鏊공이 4수의 절구에서 이렇게 읊었다. "상국相國이 강수江水 가로 이사를 와, 금산金山에서 황제의 행차 바랜 지 오래였네. 태평시대 황금거울[12]을 바칠 길 없지만 천자의 수레 되돌려 찾

11 우(虞) …… 후: 『상서』 「우서(虞書)」에 '갱재가(賡載歌)'라는 말이 나오는데 임금과 신하가 서로 화답하며 노래를 부른다는 뜻이다. '갱재가'를 줄여 '갱가(賡歌)'라고도 한다.

아주시길 원하였네[相國移家江水湄, 金山望幸已多時. 太平金鏡無由進, 願得迴鑾一顧之]", "조보趙普는 본디 사직과 함께한 신하였으니, 물고기와 물 같은 군신君臣의 관계가 몇이었던가. 눈 오는 밤 찾아주신 뜻을 헛되이 할 수 없어, 바다의 진미들이 술자리를 더욱 도울 만했네[趙普元爲社稷臣, 君臣魚水更何人? 難虛雪夜相過意, 海錯尤堪佐酒巡]", "북고산北固山 앞에 황제의 수레 멈추고, 재상의 집을 은근히 찾으셨네. 태호太湖의 괴석은 황제의 많은 행차에 부끄럽거늘, 부거副車에 실려 뒤따르기까지 했네[北固山前駐翠華, 慇懃來訪相臣家. 太湖怪石慚多幸, 也得相隨載後車]", "임금과 신하 주고받은 노래가 천 년을 빛나거늘, 황금 같은 천자의 글씨는 더욱 빛나네. 넘쳐나는 어룡魚龍[13]을 다 볼 수가 없거니와, 이원梨園에서 새 작품으로 『서상西廂』을 내놓았네.[賡歌千載盛明良, 宸翰如金更煒煌. 漫衍魚龍看未盡, 梨園新部出『西廂』.]"

西涯先生在內閣時詩云:"六年書詔掌泥封, 紫閣春深近九重. 階日暖思吟芍藥, 水風涼憶種芙蓉. 登臺未買黃金駿, 補袞難成五色龍. 多病益愁愁轉病, 老來歸興十分濃." 音節渾厚雄壯, 不待雕琢, 隱然有臺閣氣象, 此其所以難及也. 至於樂府尤妙, 其題與句篇自有新意, 古人所未道者.

서애 선생(西涯先生 : 이동양)이 내각에 있을 때 지은 시에서 "육 년 동안 조서의 봉인을 맡으며, 봄 깊은 붉은 누각은 구중九重에 가깝네. 계단에 햇볕 따스할 때 작약 읊은 일 떠오르고, 강바람 서늘할 때 부용 심은 일

12 황금거울 : 임금의 생일 때 경계의 의미로 바치는 거울이다. 당 현종의 생일에 하지장(賀知章)이 「천추금경록(千秋金鏡錄)」이란 글을 바쳤는데 국가의 흥망과 함께 거울이 될 만한 내용을 적은 것이었다.

13 어룡(魚龍) : 여기서 '어룡'은 각양각색의 백희(百戲)와 잡기 공연을 가리킨다.

떠오르네. 대각臺閣에 올랐으나 황금 준마(인재)를 사지 못하고, 황제를 보필했으나 오색의 용(훌륭한 임금)을 만들기 어렵네. 병 많은 몸 시름이 늘어 시름이 다시 병이 되니, 노년에 돌아가고픈 생각이 더욱 깊네[六年書詔掌泥封, 紫閣春深近九重. 階日暖思吟芍藥, 水風涼憶種芙蓉. 登臺未買黃金駿, 補袞難成五色龍. 多病益愁愁轉病, 老來歸興十分濃]"[14]라고 했는데 음절이 혼후渾厚하고 웅장하며 조탁이 쓰이지 않은 가운데 대각의 기상이 은연중에 들어있으니 이것이 따라잡기 어려운 점이다. 악부에 이르면 더욱 절묘해서 그 제목과 내용에 옛사람들이 말하지 않은 새로운 의미가 들어있다.

皮日休有『文藪』, 載詩數首. 陸龜蒙有『笠澤叢書』, 詩亦不多, 其詩俱在『松陵唱和集』內. 三集共覽, 方爲二公全書. 今刻『甫里集』併之, 豈前書之本旨乎?

피일휴의 『문수文藪』에는 몇 수의 시가 실려 있고 육구몽의 『입택총서笠澤叢書』에도 시가 많지 않은데, 그들의 시는 모두 『송릉창화집松陵唱和集』[15]에 실려 있다. 세 문집을 모두 보면 두 분의 전서全書가 된다. 지금 이것을 모두 합친 『보리집甫里集』[16]을 간행했는데 어찌 이것이 앞 책들의 본뜻이겠는가.

"一池荷葉衣無盡, 數畝松花食有餘. 剛被世人知住處, 又移茅屋入深

---

14 「춘흥(春興)」.

15 『송릉창화집(松陵唱和集)』: 만당 시인 피일휴와 육구몽이 주고받은 창화(唱和) 시집이다.

16 『보리집(甫里集)』: 남송 보우(寶祐) 연간에 섭인(葉茵)이 『입택총서』와 『송릉창화집』에 실려 있던 작품과 그 밖의 시문을 수집하여 새롭게 편찬한 육구몽의 문집이다.

居." 此唐人詩也. 余見王叔明畫此詩意幷篆此詩.① 畫上隱者廉潔之風, 宛然可掬, 恨不再見臨之耳.

① '意幷篆此詩'五字, 據『類編』本補.

"연못의 연잎은 옷으로 한이 없고, 몇 이랑의 소나무꽃은 먹고도 남는다. 세상 사람에게 머무는 곳 알려지면, 다시 초가를 깊은 곳으로 옮기리라.[一池荷葉衣無盡, 數畝松花食有餘. 剛被世人知住處, 又移茅屋入深居.]" 이는 당나라 시인의 작품이다. 나는 왕숙명(王叔明 : 왕몽王蒙)이 이 시의 내용을 그림으로 그리고 전서篆書로 이 시를 쓴 것을 보았다. 그림 속에서 은자의 고결한 기풍을 움켜쥘 것 같았는데 다시 볼 수 없는 것이 안타깝다.

① '意幷篆此詩' 다섯 글자는 『학해유편學海類編』본에 근거하여 채워 넣었다.

王文恪公鏊, 自內閣歸, 石田先生病亟, 遣人問之. 答詩云:"勇退歸來說宰公, 此機超出萬人中. 門前車馬多如許, 那有心情問病翁." 字墨慘淡難識, 遂爲絶筆. 後二日而卒, 今集中不載.

문각공文恪公 왕오王鏊가 내각에서 돌아온 뒤, 석전(石田 : 심주沈周) 선생의 병세가 위중하다는 말을 듣고 사람을 보내 안부를 묻자, 보내온 답시에서 "용퇴하고 돌아와 재상에게 말하길, 이 사람은 만인 중에서 빼어나다고 했네. 문 앞 거마가 그토록 많지만 병든 늙은이 문안할 사람이 어디 있겠는가[勇退歸來說宰公, 此機超出萬人中. 門前車馬多如許, 那有心情問病翁]"라고 하였다. 글씨가 희미하고 어두워 알아보기 힘들었는데 결국 그것이 절필絶筆이 되고 말았다. 이틀 후에 세상을 떠나셨고 지금의 문집에는 이 시가 실려 있지 않다.

大司徒邵二泉寶, 乞歸終養, 上疏不允. 其詩云: "乞歸未許奈親何, 帝里風光夢里過. 三月春寒青草短, 五湖天遠白雲多. 客囊衣在縫猶密, 驛路書來字欲磨. 聖主恩深臣分淺, 百年心事兩蹉跎." 讀之令人感動激發, 最爲海內傳誦.

대사도大司徒 이천二泉 소보邵寶가 고향으로 돌아가 부모님의 봉양을 마치고 싶다는 상소를 올렸으나 허락을 받지 못했다. 그가 지은 시에서 "돌아갈 윤허를 받지 못해 부모님 어찌하나, 도성의 풍광이 꿈속에서 지나가네. 3월의 봄은 차가워 푸른 풀은 키가 작고, 오호五湖의 먼 하늘에 흰 구름 많구나. 나그네의 봇짐자루는 기운 자국 촘촘하고, 역참에서 온 편지는 글자가 닳으려 하네. 성상의 은혜는 깊고 신하의 본분은 얕으니, 일생에 마음과 일이 서로 어긋나누나[乞歸未許奈親何, 帝里風光夢里過. 三月春寒青草短, 五湖天遠白雲多. 客囊衣在縫猶密, 驛路書來字欲磨. 聖主恩深臣分淺, 百年心事兩蹉跎]"라고 했는데 읽노라면 감격이 일어 세상에 가장 많이 전해졌다.

祭酒莊渠魏公校, 樗仙謝時臣將畫「莊渠圖」奉公. 公曰: "此小景不足煩大筆. 天下有四大景, 不識肯留意否乎? 願先生包羅於胸中, 而後運於筆端. 人仰而望太陽, 豈能睹其眞體? 惟泰山之上有日觀峰者, 夜半可以眺而見浴日, 彌望如鋪金者海也. 綠色微茫中有若掣電者, 海島溪山相間也. 金色漸淡, 日輪浮水中, 如大玉盤. 適海濱望而見日是已. 登天台之巔曰華頂者, 乃知此特小海耳. 諸山環列外, 乃有大海. 文公嘗同南軒登衡山絕頂. 晨起遙見霧氣在下, 若大瀛海, 遠山高者僅露其頂, 飛動之勢, 自謂天下奇觀. 吾嘗以問顏石屋. 答曰: '我以爲混沌也.' 泰山有日觀者, 觀日於未出也, 有月觀者, 觀月於已沒也. 長安觀者, 西望秦間諸山也. 越觀也者, 南望會稽諸山也. 衡山有七十二峰, 亦有日觀·月觀, 不及泰山者. 當卯位也. 長江萬里, 人言出於岷山, 而不知元從雪山萬壑中來. 山亘三千餘里, 特起三峰. 其上高寒多積雪, 朝日曜之, 遠望日光若銀海. 杜子美草堂正當其勝處. 其詩曰:'窗含西嶺千秋雪'是也." 余謂公稟天地之正氣, 融而爲江河, 結而爲山嶽, 言而爲有聲之絶景矣. 丹靑之士, 安能措筆哉?

저선樗仙 사시신謝時臣이 장차 「장거도莊渠圖」를 그려 제주祭酒 장거莊渠 위교魏校 공에게 바치려 하자 공이 이렇게 말했다. "이런 작은 풍경으로 큰 붓을 번거롭게 할 수는 없소. 천하에 네 가지 큰 풍경이 있는데 여기에 마음을 두실 수 있을지 모르겠소. 선생께서 부디 이를 가슴속에 가득 담고 나서 붓끝으로 운용하시기 바라오. 사람이 우러러 태양을 바라볼 때 어찌 그 진면목을 들여다볼 수 있겠소. 태산泰山 위에 일관봉日觀峰이 있는데 한밤에 물속에서 목욕하는 태양을 볼 수 있고 황금을 깔아놓은 듯한 바다가 눈앞에 펼쳐지오. 녹색의 어둡고 아득함 속에 번개 같은 것이 번쩍거리고 바다의 섬과 계곡의 산이 서로 어울려 있소. 금색이 점점 엷어지며 태양이 물속에서 떠오르면 마치 큰 옥쟁반 같지요. 바닷가로 가서 멀리 바라보는 해가 바로 이것이오. 화정華頂이라 일컫는 천태산天台山 꼭대기에 오르면 이것은 아주 작은 바다에 불과함을 알게 된다오. 많은 산들이 둘러져있는 너머에 큰 바다가 있소. 문공(文公 : 주희)이 일찍이 남헌(南軒 : 장식張栻)과 함께 형산衡山의 맨 꼭대기에 오른 바가 있소. 새벽에 일어나 멀리 바라보니, 안개가 아래에 깔린 모습이 거대한 영해瀛海 같고 먼 곳의 높은 산은 정상만 모습을 드러낸 채 날아 움직이는 기세를 갖추어 천하의 기이한 경관이라 스스로 일컬었다오. 내가 일찍이 안석옥顔石屋에게 이에 대해 물은 적이 있소. 그가 답하기를 '나는 이것이 혼돈混沌이라 생각하오'라고 했소. 태산泰山에는 일관日觀이라는 곳이 있는데 아직 밖으로 나오지 않은 해를 보고, 월관月觀이라는 곳에서는 이미 사라진 달을 본다오. 장안관長安觀

은 서쪽으로 진秦 땅의 여러 산들을 보고, 월관越觀은 남쪽으로 회계會稽의 여러 산들을 보는 것이라오. 형산衡山의 칠십이 봉에도 일관과 월관이 있으나 태산에는 못 미치는 것은 방위가 묘위卯位에 있기 때문이오. 사람들은 장강長江 만 리가 민산岷山에서 시작했다고 하지만 원래 설산雪山의 수많은 골짜기에서 나온 것임을 모르고 하는 말이오. 이 산은 길이가 삼천 리가 넘고 세 개의 봉우리가 우뚝 솟아 있소. 그 위는 높고 추워 눈이 많이 쌓여 있고, 아침 해가 비치면 그 빛이 마치 은빛 바다와도 같다오. 두보의 초당이 바로 그 빼어난 경치를 마주보고 있으니 '창문은 서쪽 산봉우리 천년설을 머금고 있다[窗含西嶺千秋雪]'가 그것이라오"라고 했다. 위교공은 천지의 정기正氣를 받아 융화하여 강하江河를 만들고, 응고하여 산악山嶽을 만들며, 말로 풀어 소리가 있는 절경을 만들어낸다. 그런데 그림 그리는 인사가 어떻게 붓으로 나타낼 수 있겠는가.

衡山文先生徵明有「病起遣懷」二律, 蓋不就寧藩之徵而作也. 詞婉而峻, 足以拒之於千里之外. 詩云:"潦倒儒宮二十年, 業緣仍在利名間. 敢言冀北無良馬, 深愧淮南賦小山. 病起秋風吹白髮, 雨中黃葉暗松關. 不嫌窮巷頻回轍, 消受鑪香一味閒." "經時臥病斷經過, 自撥閒愁對酒歌. 意外紛紜知命在, 古來賢達患名多. 千金逸驥空求骨, 萬里冥鴻肯受羅. 心事悠悠那復識, 白頭辛苦服儒科." 後寧藩敗, 凡應辟者崎嶇萬狀, 公獨晏然. 始知公不可及也.

형산衡山 문징명文徵明 선생의 「병기견회病起遣懷」 율시 2수는 영번寧藩[17]의 부름에 응하지 않으며 지은 것이다. 시어가 완곡하면서도 준엄

17 영번(寧藩) : 영왕번(寧王藩). 여기서는 영헌왕(寧獻王) 주권(朱權)의 4대 계승자인 주신호(朱宸濠)를 가리킨다. 주신호는 정덕 14년(1519) 6월에 황권을 탈취하기 위해 모반을

하여 천 리 밖에서도 거절할 만하다. "유궁儒宮[18]에서 이십 년을 헤맸지만 업의 인연은 여전히 이익과 명예에 있네. 기북冀北에 좋은 말이 없다[19]고 감히 말하랴, 회남淮南의 소산小山이 지은 부賦에 부끄럽노라.[20] 병에서 일어나니 가을바람이 백발을 날리고, 빗속 누런 잎에 소나무 사립이 어둡네. 궁벽한 곳에 수레 자주 되돌려, 향로 향기 맡으며 한가로움을 만끽함이 싫지 않네[潦倒儒宮二十年, 業緣仍在利名間. 敢言冀北無良馬, 深愧淮南賦小山. 病起秋風吹白髮, 雨中黃葉暗松關. 不嫌窮巷頻回轍, 消受鑪香一味閒]", "한동안 몸져누운 병이 번뜩 지나가, 괜한 근심 없애려 술을 마주하고 노래하네. 뜻밖에도 분분함 속에서 운명의 존재를 감지했나니, 예로부터 현자들이 명예를 걱정한 일이 많았네. 천 금의 준마는 하릴없이 뼈만 구하고, 먼 하늘 기러기가 그물에 들려 하랴. 유유자적한 마음을 누가 다시 알리오, 백발에 힘들어도 유학자의 삶 살리라[經時臥病斷經過, 自撥閒愁對酒歌. 意外紛紜知命在, 古來賢達患名多. 千金逸驥空求骨, 萬里冥鴻肯受羅. 心事悠悠那復識, 白頭辛苦服儒科.]" 훗날 영번이 패하면서 부름에 응했던 자들은 모두 갖가지 기구한 운명을 맞았으나 공만은 홀로 무사했으니 공에게는 미칠 수 없는 점이 있음을 알게 되었다.

李南所先生嵩, 隱居陽山, 以詩酒自娛. 性狷介, 不妄交遊. 日惟獨憑

일으켰으나 왕수인(王守仁)에 의해 제압당한 뒤 처형되었다.

18 유궁(儒宮): 유가의 학자들이 공부하던 서원(書院)을 가리킨다.

19 기북(冀北)에 …… 없다: 기주(冀州)의 북쪽은 말의 산지로서 명마가 많이 생산되는 곳인데, 말 관상을 잘 보는 백락(伯樂)이 기북을 지나가고 나면 그곳 명마가 다 팔려서 더 이상 명마가 보이지 않았다는 고사가 전한다. 그리고 이 고사에서의 준마는 훌륭한 인재를 비유하기도 한다. 한유의 「송온조처사서(送溫造處士序)」.

20 회남(淮南)의 …… 부끄럽노라: 한나라 때 회남왕(淮南王) 유안(劉安)이 문사들을 모아 사부(辭賦)를 짓게 하고는 이들을 대산(大山)과 소산(小山)으로 분류하였다. 이 중 소산에 속하는 문사가 「초은사(招隱士)」를 지었는데 조정에서 은자를 부른다는 내용을 담고 있다.

一几, 焚香玩『易』而已. 所居之室, 扁曰'學『易』處」.' 其於死生禍福之說, 尤爲洞達. 嘗有詩云: "一室焚香几獨憑, 蕭然興味似山僧. 不緣懶出忘巾櫛, 免得時人有愛憎." 年七十二, 病亟, 家人迎醫, 閉目搖手曰: "數盡矣! 留連何益?" 竟坐逝. 嘉靖壬辰六月十七日也.

남소南所 이숭李嵩 선생은 양산陽山에 은거하며 시와 술로 삶의 즐거움을 삼았다. 고집이 세고 굽히지 않는 성격에 아무나 사귀지 않았다. 날마다 의자에 기댄 채 향을 사르고 『역易』을 완미할 뿐이었다. 머무는 방에는 '학역처學易處'라는 편액을 달았다. 그는 생사화복의 설에 특히 통달했다. 일찍이 지은 시에서 "방에서 향을 사르고 홀로 의자에 기대니, 정적의 정취가 산승과 같다. 게을러도 의관 차림 잊지 않아, 사람들의 애증은 피하고 산다[一室焚香几獨憑, 蕭然興味似山僧. 不緣懶出忘巾櫛, 免得時人有愛憎]"라고 했다. 칠십이 세에 병이 위중해져 집안사람들이 의원을 모시고 왔지만 눈을 감고 손을 저으며 "천명이 다했다! 더 살아 무엇 하겠느냐"라고 한 뒤 마침내 앉은 채로 세상을 떠났다. 가정嘉靖 임진년(1532) 6월 17일이었다.

唐人詩有"只恐爲僧心不了, 爲僧心了總輸僧." 有人易數字云: "莫怪爲僧心不了, 爲僧心了也輸僧." 出家舍去愛緣, 縱未能超悟上乘, 視塵中造業者, 已霄壤矣.

당나라 시인의 시에 "중이 되어도 마음 정돈되지 못할까 걱정이고, 중이 되어 마음 정돈되어도 중에게 지고 말리라[只恐爲僧心不了, 爲僧心了總輸僧]"[21]가 있는데 어떤 사람이 몇 글자를 바꾸어 "중 되어 마음 정

21 두순학, 「증승(贈僧)」.

돈하지 못함에 부담 두지 말라, 중이 되어 마음 정돈되어도 중에게 지게 되나니[莫怪爲僧心不了, 爲僧心了也輸僧]"라고 했다. 출가해서 애연愛緣[22]을 버려도 결국은 상승上乘[23]을 깨치지는 못하겠지만 속세에서 업을 짓는 자들보다는 벌써 하늘과 땅만큼의 차이가 난다.

唐人秦韜玉有詩云 : "地衣鎭角香獅子, 簾額侵鉤繡辟邪." 後山有"壞牆得雨蝸成字, 古屋無人燕作家." 韜玉可謂狀富貴之象於目前, 後山可謂含寂寞之景於言外也.

당나라 시인 진도옥秦韜玉이 지은 시에서 "지의地衣의 진각鎭角에는 향사자 새기고,[24] 주렴 상단 걸어 올린 갈고리에는 벽사辟邪 무늬 수놓았네[地衣鎭角香獅子, 簾額侵鉤繡辟邪]"[25]라고 하고, 후산(後山 : 진사도)이 "무너진 담장은 비를 맞아 달팽이가 글자를 만들고, 옛집은 사람이 없어 제비가 집을 지었네[壞牆得雨蝸成字, 古屋無人燕作家]"[26]라고 했는데 진도옥은 부귀의 형상을 눈앞에 나타냈다고 말할 수 있고 진사도는 적막의 정경을 시어 밖에 함유했다고 말할 수 있다.

閩陳侍御琳典南畿學政, 甚得士子心. 正德間, 以諫去國. 諸生中獨朱良育送詩, 最爲傳誦. 其詩云 : "春風露冕出郊原, 落日停驂望國門. 抗疏要談天下事, 謫官應過海南村. 湯湯江漢羈臣淚, 納納乾坤聖主恩.

22 애연(愛緣) : 불교 용어로, 은애(恩愛)로 맺은 인연을 말한다.
23 상승(上乘) : 일체의 번뇌를 버리고 깨달음을 이룩하게 하는 가장 뛰어난 교법(敎法)이다.
24 지의(地衣)의 …… 새기고 : 지의(地衣)는 바닥에 까는 융단을 일컫고, 진각(鎭角)은 융단의 사각 모서리를 누르는 도구인데 사자의 형상을 하고 있다.
25 「호가(豪家)」.
26 「춘회시린리(春懷示鄰里)」.

歷試古來名節士, 爲言身屈道彌尊." 識者以爲不下李師中送唐御史也.

민閩의 시어侍御 진림陳琳이 남기학정南畿學政을 맡으며 제생들의 마음을 깊이 얻었다. 정덕 연간에 간언 때문에 나라를 떠났는데 제생들 가운데 주량육朱良育이 지은 송별시가 가장 많이 알려졌다. "봄바람에 면류관 드러내고[27] 교외로 나가, 석양에 수레 세워두고 성문을 바라보네. 항의의 소疏로 천하의 일을 말하려다, 좌천되어 해남海南의 마을을 지나게 되었네. 콸콸 흐르는 강수江水와 한수漢水는 유랑하는 신하의 눈물이고, 넓고 넓은 하늘과 땅은 성주聖主의 은혜이다. 예로부터 절의 지킨 명사들, 몸은 좌절돼도 도덕은 더욱 드높다고 했네.[春風露冕[28]出郊原, 落日停驂望國門. 抗疏要談天下事, 謫官應過海南村. 湯湯江漢羇臣淚, 納納乾坤聖主恩. 歷試古來名節士, 爲言身屈道彌尊.]" 식자들은 이사중李師中이 당어사(唐御史 : 당개唐介)를 보내면서 지은 시(「송당어사送唐御使」)에 못지않다고 했다.

越僧某索畫於石田翁, 嘗寄一絶云 : "寄將一幅剡溪藤, 江面青山畫幾層. 筆到斷崖泉落處, 石邊添個看雲僧." 石田欣然, 畫其詩意答之.① 余謂僧詩畫矣, 何以圖爲?

① '意'原脫, 據『類編』本補.

월越의 모 승려가 석전(石田 : 심주)옹에게 그림을 요청하며 절구 한 수를 지어보내기를 "섬계剡溪의 등나무 종이 한 폭을 보내니, 강물과 푸른 산을 몇 겹으로 그릴까. 붓이 낭떠러지 샘물 떨어지는 곳에 이를 때,

---

27 면류관 드러내고 : 후한 때 곽하(郭賀)가 형주자사(荊州刺史)로 있으며 정치를 잘하였으므로 명제(明帝)가 특별히 삼공(三公)의 옷을 하사하고 부서 안을 다닐 때는 수레의 장막을 걷고 면류관을 드러내어 백성들이 보게 하였다 한다.

28 노면(露冕) : 옛날 은자들이 주로 쓰던 편한 모자이다.

바위 옆으로 구름 보는 승려를 첨가해주구려[寄將一幅剡溪藤, 江面靑山畫幾層. 筆到斷崖泉落處, 石邊添個看雲僧]"라고 했는데 심주가 기뻐하며 그 시의詩意에 맞춘 그림을 그려 보답했다. 나는 승려의 시가 곧 그림인데 그림을 그릴 필요가 있겠느냐고 했다.

① '意'가 본래는 빠져 있어 『학해유편』본에 근거하여 채워 넣었다.

陳可與讀書虎邱, 嘗作歌招余. 其畧云: "山人早掛席, 訪我山中客. 淸夜焚妙香, 蘿月灑石壁. 寒泉煮石鐺, 細酌話疇昔." 又云: "山人山人招不來, 白日下界多塵埃. 牛毛世事幾時開, 一物於我何有哉?" 余嘗乘月泛舟, 訪可與虎邱精舍. 又贈余詩, 有"山中正思爾, 良夜喜相過"之句. 戊子五月, 可與病亟, 屬皇甫子浚誌銘, 屬金懋仁葬事, 屬余刻其詩. 今墓木拱矣, 負此重託, 言之於邑.

진가여陳可與가 호구虎邱에서 책을 읽을 때 일찍이 노래를 지어 나를 부른 적이 있다. 그 대략은 이렇다. "산사람이 일찍이 거적자리 문 삼아 걸어놓았으니, 산중의 객으로 나를 찾아오게나. 맑은 밤 오묘한 향을 사르고, 여라女蘿의 달은 석벽을 씻네. 차가운 샘물을 돌솥에 끓이고, 작은 술잔에 지난날을 이야기하세나[山人早掛席, 訪我山中客. 淸夜焚妙香, 蘿月灑石壁. 寒泉煮石鐺, 細酌話疇昔]", "산사람 산사람 불러도 오지 않나니, 한낱 속세에는 먼지가 많구나. 쇠털 같은 세상사 어느 때나 트일까, 하나의 사물도 내게는 어찌 있으랴[山人山人招不來, 白日下界多塵埃. 牛毛世事幾時開, 一物於我何有哉]"라고 하였다. 내 일찍이 달밤에 배를 띄워 호구에 있는 진가여의 정사를 찾아간 적이 있다. 내가 그에게 지어준 시에 "산중이 마침 생각나서, 좋은 밤 반갑게 찾아가네[山中正思爾, 良夜喜相過]"라는 시구가 있다. 무자년(1528) 5월에 진가여가 병이 위급했는데 황보자준皇甫子浚에게 묘지명을, 김무인金懋仁에게 장사를, 그리고 내게는 시집 출간을 부탁했다. 지금 무덤의 나무가 한 아름인데 이 부탁을 못 지키고 있으니 말하노라면 가슴이 아프다.

吳僧月舟「索米」口號云 : "去歲河橋冰凍, 有米無人相送. 今日月舟上門, 莫作一場春夢." 可謂以文滑稽者也.

오吳 승려 월주月舟의 「색미索米」 구호口號[29]에서 "지난해에는 하교河橋에 얼음이 꽁꽁 얼어, 쌀이 있어도 보내준 사람이 없었네. 오늘은 달배(月舟)가 문 앞까지 찾아왔으니, 일장춘몽으로 만들지 말지어다[去歲河橋冰凍, 有米無人相送. 今日月舟上門, 莫作一場春夢]"라고 하였다. 이는 우스갯소리로 글을 만든 것이라 할 수 있다.

"家住夕陽江上村, 一彎流水繞柴門. 種來松樹高於屋, 借與春禽養子孫." 此葉唐夫先生「江村」詩也. 先生生於洪武間, 家江村橋, 故有是作. 其詩多警句, 此尤可喜云.

"석양의 강 마을에 집이 있어, 한 굽이 흐르는 물이 사립을 둘렀네. 집보다 높게 소나무를 심어서, 새끼들 키우도록 봄새에게 빌려주네.[家住夕陽江上村, 一彎流水繞柴門. 種來松樹高於屋, 借與春禽養子孫.]" 이 작품은 섭당부葉唐夫 선생의 「강촌江村」이다. 선생이 홍무(洪武 : 1368~1398) 연간에 태어나 강촌교江村橋에서 거주하였으므로 이 작품을 남긴 것이다. 그의 시에는 경구가 많은데, 이 시가 특히 좋다.

29 구호(口號) : 특별한 형식에 구애받지 않고 입에서 나오는 대로 자유롭게 읊은 시를 일컫는다.

孫一元「歸雲菴」詩:“沙淸竹碧鷗出飛, 野老候余開石扉.” 古人但言柴扉・荊扉, 並無石扉之理. 如漢人發哀帝冢云:“初至一戶無扃鑰, 石牀方四尺, 牀上有石几, 左右各三石人立侍, 皆武冠帶劍. 復入一戶, 石扉有鎖鑰.” 一元好奇, 初不知‘石扉’乃墓中石門耳, 故詩貴乎允當.

손일원孫一元의 「귀운암시歸雲菴」에서 “모래 맑고 대나무 푸른데 갈매기는 날고, 촌로는 나를 기다리며 석비石扉를 열어두었네[沙淸竹碧鷗出飛, 野老候余開石扉]”라고 했는데 옛사람들이 시비柴扉, 형비荊扉라고만 했지 석비라고 한 예는 전혀 없다. 예컨대 한나라 사람은 애제哀帝의 무덤을 발굴하면서 이렇게 말했다. “처음에 한 문에 이르니 자물쇠가 채워지지 않았고 사방 사 척의 석상石牀과 석상 위에 석궤石几가 있었다. 그리고 좌우로 각각 세 명의 석인石人이 시립하고 있는데 모두 무관의 모자와 검을 차고 있었다. 다시 한 문으로 들어가니 석비에 자물쇠가 채워져 있었다.”[30] 손일원이 신기한 것을 좋아해 애초에 ‘석비’가 무덤 속의 석문石門임을 몰랐던 것이니, 그러므로 시는 정확하고 합당한 것을 중시한다.

天順癸未, 禮部災, 時御史焦顯爲監臨官. 後人詩云:“先兆或從焦御史, 未然奎啖可爲災.”

천순天順 계미년(1463), 예부에 화재가 났는데 당시 어사 초현焦顯이 이를 조사하는 감찰관이 되었다. 후인이 지은 시에서 “조짐이 혹시 초어사焦御史에게서 시작되었나, 그렇지 않으면 예부의 불이 재앙까지 되었을까[先兆或從焦御史, 未然奎啖可爲災]”[31][32]라고 했다.

30 『태평광기』 권389 「총묘일(冢墓一)」 「광천왕(廣川王)」.

31 조짐이 …… 되었을까: 화재의 조사를 맡은 감찰관의 성이 ‘焦’(그을리다)인 것을 빗댄

解元唐子畏, 晩年作詩, 專用俚語, 而意愈新.① 嘗有詩云 : "不煉金丹不坐禪, 不爲商賈不耕田. 起來就寫青山賣, 不使人間造孼錢." 君子可以知其養矣.

① '意愈'原作'竟會', 據『類編』本改.

해원解元[33] 당인唐寅은 만년에 시를 지으면서 속어를 전문적으로 썼는데도 그 내용이 더욱 새로웠다. 일찍이 지은 시에서 "금단도 굽지 않고 좌선도 하지 않으며, 장사도 하지 않고 밭도 갈지 않는다. 그저 일어나면 청산을 그려 팔며, 인간 세상에서 몹쓸 돈 만지지 않으려 한다[不煉金丹不坐禪, 不爲商賈不耕田. 起來就寫青山賣, 不使人間造孼錢]"【「언지言志」】라고 했으니 군자가 그 수양을 안다고 할 수 있다.

① '意愈'은 본래는 '竟會'로 돼 있었는데 『학해유편』본에 근거하여 고쳤다.

南方諺語, 有"長老種芝麻, 未見得." 余不解其意. 偶閱唐詩, 始悟斯言, 其來遠矣. 詩云 : "蓬鬢荊釵世所稀, 布裙猶是嫁時衣. 胡麻好種無人種, 合是歸時底不歸." 胡麻卽今芝麻也. 種時必夫婦兩手同種, 其麻倍收, 長老言僧也, 必無可得之理, 故云.

남방의 속담에 "중이 깨를 심으면 얻는 것이 없다"라는 말이 있다. 나는 이게 무슨 뜻인지 몰랐는데 우연히 당시를 보다가 비로소 알았으니 그 내력이 오래되었다. 그 시에서 "흐트러진 귀밑머리에 가시나무 비녀는 세상에 드물고, 베로 만든 치마는 시집올 때 옷이라네. 호마胡麻

말이다.

32 작자 미상, 「쌍벽기(雙璧記)」.

33 해원(解元) : 원래는 과거제도에서 향시 장원을 가리키는 말이었지만 송원 이후에는 독서인을 높여 부르는 말로 흔히 쓰였다.

심기 좋으나 심을 사람 없으니, 돌아올 때인데도 어찌 돌아오지 않는가[蓬鬢荊釵世所稀, 布裙猶是嫁時衣. 胡麻好種無人種, 合是歸時底不歸]"[34]라고 했는데 호마는 곧 지금의 깨이다. 심을 때 반드시 부부가 두 손으로 함께 심어야 깨를 배로 수확할 수 있다. 장로長老는 승녀를 말하니 깨를 얻을 리가 없는 것이 당연하므로 그렇게 말한 것이다.

杜東原先生嘗云: "繪畫之事, 胸中造化, 吐露於筆端, 恍惚變幻, 象其物宜, 足以啓人之高志, 發人之浩氣. 晉唐之人, 以爲玩物適情, 無所關系. 若曰黼黻皇猷, 彌綸治具, 至於圖史, 以存鑑戒, 豈無所關系哉?" 陳後山詩云: "晩知詩畫眞有得, 悔却歲月來無多." 亦此意也.

두동원(杜東原 : 두경杜瓊) 선생이 일찍이 이렇게 말했다. "그림을 그리는 일은 가슴속의 조화가 붓 끝에 나타나서 헤아릴 수 없는 순간의 변화로 사물의 본질을 형상화하여 사람의 고상한 뜻을 열어주고 사람의 큰 기운을 발휘해주어야 한다. 진晉과 당나라 사람들은 그림을 완상물이나 취미 정도로만 여겨 특별한 관계가 없다고 보았다. 하지만 황제를 보좌하며 정치의 도구로 활용되기도 하고 역사를 그림으로 그려 미래의 본보기로 삼기도 하니 어찌 아무 관계가 없겠는가." 진사도의 시에서 "만년에야 시와 그림에 중요한 것이 들어있음을 알아서, 남은 세월이 많지 않은 것에 후회한다[晩知詩畫眞有得, 悔却歲月來無多]"라고 한 것 역시 같은 의미이다.

虎邱石壁, 舊有景仁自中朝持劍南東州節, 道出姑蘇, 飮餞於虎邱, 其

34 갈아아(葛鴉兒), 「회양인(懷良人)」.

題名云 : "遠峰沐雨, 幽軒進風. 古木晝陰, 野禽春聲. 蓴鱸飡季鷹之高, 劍潭弔闔閭之古. 棋酣而世慮忘, 酒竟而別愁起. 促駕言歸, 援毫以識. 紹定五年四月二十日." 余少時尚及見之, 今苔蘚漫滅, 竟不知在何處. 姑識之.

지난날 호구虎邱의 석벽에, 경인景仁이 조정으로부터 검남동주절도사劍南東州節度使에 임명돼 고소姑蘇를 경유하며 호구에서 전별주를 마실 때 쓴 글이 있었다. "먼 산봉우리는 비에 흠뻑 젖고, 그윽한 집에는 바람이 든다. 고목은 한낮에 그늘을 드리우고, 들새는 봄에 지저귄다. 순채탕과 농어는 고상한 계응季鷹이 먹고,[35] 검담劍潭에서 옛 합려闔閭를 조문한다.[36] 바둑에 푹 빠져 걱정을 잊고, 술자리 끝나자 이별의 슬픔이 인다. 수레를 재촉해 돌아가며, 붓을 들어 적는다. 소정紹定 5년(1232) 4월 20일." 내가 젊었을 때만 해도 본 적이 있는데 지금은 이끼에 묻히고 마멸돼 어디에 있는지 알 수가 없다. 우선 여기에 적어 둔다.

吳興王雨舟, 人物高遠, 奉養雅潔, 刻意詩詞, 所著有『宮詞』一卷, 有『水南詞』一卷,① 有『谷應集』, 有『鐵老吟餘』. 其『宮詞』尤蘊藉可喜, 姑擧一二, 染指可知鼎味矣. 詞云 : "駕幸長春二鼓時, 提燈馳報疾如飛. 上房供奉忙多少, 才拭龍床布地衣." "昨夜閩中進荔枝, 君王親受幸龍池. 先將並蒂承金盒, 密賜修儀盡不知." "錦標奪得有誰爭, 跪向君王自

35 순채탕과 …… 먹고 : 계응(季鷹)은 진(晉) 제왕(齊王) 사마형(司馬冏)의 속관이었던 장한(張翰)의 자(字)이다. 그는 전란이 끊임없던 당시에 공명과 부귀에 대한 미련을 버리고 고향으로 돌아갔다. 훗날 사마형의 모반에 연루되어 많은 사람들이 피살되었으나 그는 일찍 귀향한 덕에 화를 면할 수 있었다. 순채[蓴]탕과 농어[鱸]회는 그가 늘 그리던 고향의 음식이다.

36 검담(劍潭) …… 조문한다 : 검담은 춘추전국시대에 장인 구야자(歐冶子)가 명검을 주조했던 곳으로 흔히 '검지(劍池)'라 부른다. 오왕 합려가 바로 이곳에 묻혔다고 전해진다.

報名. 宣索宮花親自插, 連呼萬歲兩三聲." 餘皆類此.

① 此六字據『類編』本補.

오흥吳興의 왕우주(王雨舟 : 왕제王濟)는 인물이 고상, 원대하고 받들어 모시기를 전아하고 깨끗하게 하였으며 시사詩詞에 마음을 쏟아 『궁사宮詞』 1권, 『수남사水南詞』 1권, 『곡응집谷應集』, 『철로음여鐵老吟餘』를 저서로 남겼다. 그중에 『궁사』는 특히 함축적이고 감상할 만하여 우선 한 두 작품만 거론하니 손가락에 묻힌 맛[37]을 통해 전체의 맛을 짐작할 수 있을 것이다. 사詞는 이렇다. "어가가 2경에 장춘궁長春宮으로 행차하자, 등불 들고 나는 듯 빠르게 보고하네. 상방上房[38]의 공양은 얼마나 바쁜지, 용상을 닦고 융단을 까느라 경황이 없네[駕幸長春二鼓時, 提燈馳報疾如飛. 上房供奉忙多少, 才拭龍床布地衣]", "어젯밤 민閩 땅에서 여지를 진상하여, 군왕께서 친히 받으러 용지龍池로 행차하셨네. 먼저 꼭지 달린 걸 금합에 받쳐서, 아무도 모르게 수의修儀[39]에게 살며시 하사하네[昨夜閩中進荔枝, 君王親受幸龍池. 先將並蒂承金盒, 密賜修儀盡不知]", "누구든 비단 깃발[40]을 쟁취하면, 임금 향해 무릎 꿇고 이름을 보고하네. 황궁의 꽃을 가져오라 해 친히 꽂아주시니, 만세를 연이어 두세 번 부르네.[錦標奪得有誰爭, 跪向君王自報名. 宣索宮花親自插, 連呼萬歲兩三聲.]" 나머지도 모두 이와 비슷하다.

37 손가락에 묻힌 맛 : 염지(染指)는 손가락을 적셔 맛을 본다는 의미이다. 춘추전국시대 정 영공(鄭靈公)이 신하들 중 대부 자송(子宋)에게만 자라고기를 주지 않자 자송이 솥에 손가락을 적셔 맛을 보았다는 고사에서 나온 말이다. 『좌전(左傳)』 「선공(宣公)」 4년에 관련 기록이 전한다.

38 상방(上房) : 관사(官司)나 사행(使行) 때 관직이 가장 높은 사람이 거처하는 방이나 집무실을 가리킨다.

39 수의(修儀) : 비빈을 가리키는 말 중 하나이다. 송(宋) 고승(高承) 『사물기원(事物紀原)』 「빈어명부(嬪御命婦)」에 따르면, 수의는 위 명제 때 처음 설치되어 수 양제 때 구빈(九嬪) 중 하나가 되었다.

40 비단 깃발 : 금표(錦標)는 임금이 경기에서 이긴 자에게 하사하는 상품을 가리킨다.

① 이 여섯 글자는 『유편』본에 근거하여 채워 넣었다.

唐羅鄴詩云 : "人間若算無榮辱, 却是扁舟一釣翁." 頃見王仲深詩云 : "青山無處避征徭, 十載書囊到處挑. 欲買釣船湖上隱, 近來漁課又難饒." 由此觀之, 我朝之釣翁, 不及唐遠甚矣. 唐之漁翁, 可置榮辱於度外. 今之釣翁, 則爲多事人矣.

당나라 나업羅鄴의 시에서 "인간 세상에 영욕이 없다고 한다면, 일엽편주의 어부면 족하리라[人間若算無榮辱, 却是扁舟一釣翁]"라고 하였는데 얼마 전에 본 왕중심王仲深의 시에서 "청산 어느 곳도 세금과 요역을 피할 길 없어, 십 년을 책보 메고 도처를 다녔네. 낚싯배 사서 호수 가에 숨으려 해도, 근래의 어업세가 너그럽지 않더구나[青山無處避征徭, 十載書囊到處挑. 欲買釣船湖上隱, 近來漁課又難饒]"라고 했다. 이 두 작품을 통해 보면 우리 왕조대의 어부는 당대에 훨씬 미치지 못하는 것이다. 당나라의 어부는 영욕을 경계 밖에 둘 줄 알았지만 지금의 어부는 하릴없는 사람일 뿐이다.

沈醉茶卿隱居許市, 其詩攻研澄潔, 有出塵之格. 嘗寄余「山居雜興」詩. 如云 : "鶴病晚山碧, 僧來落葉黃." "隔花水亂響, 中酒人高眠." "花好不出戶, 雨來還擧觴." "酒醒芳草遠, 病起落花多." "隱几亂山晚, 閉門流水來." 惜乎天不假年, 人無知者.

다경茶卿 심취沈醉가 허許 땅의 저자에서 은거하였는데 그의 시는 맑고 깨끗하게 다듬어서 탈속의 격조가 들어있다. 일찍이 나에게 「산거잡흥山居雜興」을 부쳐준 적이 있다. "만추의 벽산에 학이 병들었는데,

노란 낙엽에 스님이 찾아온다[鶴病晚山碧, 僧來落葉黃]", "꽃 너머로 물소리 지즐대고, 술에 취해 사람이 잠들었다[隔花水亂響, 中酒人高眠]", "꽃이 좋아 문을 나서지 않고, 비가 내려 다시 술잔을 든다[花好不出戶, 雨來還擧觴]", "술에서 깨니 향초가 멀리 있고, 병에서 일어나니 떨어진 꽃이 많다[酒醒芳草遠, 病起落花多]", "의자에 기댈 때 산들이 저물고, 문을 닫으니 물이 흘러온다.[隱几亂山晚, 閉門流水來.]" 아, 하늘이 세월을 더 내어주지 않고 아는 사람이 없는 것이 애석하다.

余少時嘗聞常熟一暴富者, 與鄉人方交易買田. 有一道人來乞食, 主人怒其擾聒, 呵出之. 道人書一絕於其壁云:"多買田莊笑汝癡, 解頭糧長後邊隨. 看他耕種幾年去, 交付兒孫賣與誰." 近來吳中多田之家, 卽簽糧長州司取剝陰償, 終則箠楚禁錮, 連年莫脫, 其勢不至傾家蕩產不止也. 是以人懲其累, 有知者皆不售田, 吳人所以畏役如畏死. 道人之言, 切中時禍, 不獨爲常熟發也.

내가 어렸을 때 들은 이야기다. 상숙常熟의 어느 졸부가 마을 사람과 전답 거래를 하고 있는 중이었다. 한 도인이 찾아와 먹을 것을 좀 달라고 하자, 주인이 시끄럽다고 화를 내며 욕하고 내쫓았다. 이에 도인이 그 집 벽에 절구 한 수를 써 놓았다. "많은 밭 사들이는 그대의 어리석음이 우스운 건, 우두머리 양장糧長[41]이 뒤따라 올 것이라서네. 보거라, 밭 갈고 씨 뿌리며 몇 년이 지나, 물려준 아들 손자가 누구에게 팔아먹을지.[多買田莊笑汝癡, 解頭糧長後邊隨. 看他耕種幾年去, 交付兒孫賣與誰.]" 근래에 오吳 땅의 많은 전답을 가진 집이 양장과 주州의 관리가 몰래 대가를 가져갈 수 있도록 서명했다가 결국 곤장을 맞고 금고에 처해지는

41 양장(糧長) : 명청(明淸)대에 토지세를 걷기 위해 설치한 관직의 이름이다.

상황을 해마다 벗어나지 못해서, 그 형세가 집안이 기울고 가산이 탕진되지 않으면 멈추지 않을 상황에 몰리고 있다. 이에 사람들이 연루될까 경계하고 사정을 아는 자는 모두 밭을 매수하지 않는다. 그리고 이에 따라 오 땅 사람들은 죽음을 두려워하는 것만큼 부역을 두려워한다. 도인의 말은 당시의 재앙에 딱 들어맞은 것으로, 단지 상숙의 졸부만을 위해 한 말이 아니다.

『山居集』, 岳漳河岱隱山居而作也. 詩凡三十八首, 體裁不一. 其警策如「伐竹」云 : "萬竿同蔽日, 數畝不分烟." 「淨明寺」云 : "方丈留鶯語, 山門待馬蹄." 題余水亭云 : "竹深雲日細, 水滿芰荷高." 「山居」云 : "豆熟藏山兎, 荷高宿雨蟬." 七言如「暮秋遊眺」云 : "村居繚繞寒原外, 林鳥縱橫夕照前."① 「山夜喜晴」云 : "雲疏落木明星動, 雨過空庭暗水鳴." 「姜憲副過訪」云 : "石門落葉鳴鵯鵊, 澗道芙蓉響蟪蛄." 皆清健可喜. 山居在陽山之西白龍塢, 其地有崇山峻嶺, 茂林修竹, 尤爲幽絶. 余嘗題其壁云 : "山中少鄰並, 來往郎君家. 徑上自生竹, 牆隅亦種花. 脫巾漉濁酒,② 敲火試新茶. 幾度長松下, 論文意自嘉." 又絶句云 : "竹裏茅堂帶激湍, 清風日夕報平安. 主人風雅輕文組, 只恐君王畫去看."

① '林'原作'人', 據『類編』本改.

② '濁'原缺, 據『類編』本補.

『산거집山居集』은 장하漳河 악대岳岱가 산 집에 은거하며 지은 것이다. 모두 38수이며 체재는 각기 다르다. 눈에 띄는 작품으로, 「벌죽伐竹」의 "수많은 장대가 해를 가리고, 몇 이랑에서 안개를 분간할 수 없네[萬竿同蔽日, 數畝不分烟]", 「정명사淨明寺」의 "방장이 꾀꼬리 소리를 붙들고, 산문이 말발굽을 기다린다[方丈留鶯語, 山門待馬蹄]", 나의 물가 정자에 쓴, "대숲 깊어 구름과 해가 희미하고, 물이 가득 차 마름과 연꽃이 높네[竹深雲日細, 水滿芰荷高]", 「산거山居」의 "콩이 익자 산토끼가 살고, 연꽃이 커 비 매미가 묵네[豆熟藏山兎, 荷高宿雨蟬]"와 칠언절구 「모추유조暮秋遊眺」의 "마을 집들은 차가운 들판을 빙 두르고, 숲새는 석양 앞을 종횡으로 오가네[村居繚繞寒原外, 林鳥縱橫夕照前]", 「산야희청山夜喜晴」의 "구름 성긴 낙엽에 별들이 움직이고, 비 지난 텅 빈 정원을 물이 졸졸 흐른다[雲疏落木明星動, 雨過空庭暗水鳴]", 「강헌부과방姜憲副過訪」의 "석문의 낙엽에 소쩍새 울고, 골짜기 부용에서 여치 소리 들린다[石門落葉鳴鶗鴂, 澗道芙蓉響蟪蛄]"는 모두 맑고 힘차서 참 좋다. 산 집은 양산陽山 서쪽 백룡오白龍塢에 있는데 그곳은 높은 산과 험준한 봉우리, 무성한 숲과 쭉쭉 뻗은 대나무가 있어서 아주 그윽한 절경을 갖췄다. 내가 일찍이 그 집 벽에 이렇게 적었다. "산중에 이웃이 적어, 오고가는 곳은 그대의 집이다. 길 위에 대나무가 자라고, 담장 귀퉁이에는 꽃을 심었다. 두건 벗어 탁주 거르고, 불을 지펴 새 차를 맛본다. 몇 번이나 큰 소나무 아래서, 글을 논하며 뿌듯해했었던가.[山中少鄰並, 來往卽君家. 徑上自生竹, 牆隅亦種花. 脫巾漉濁酒, 敲火試新茶. 幾度長松下, 論文意自嘉.]" 또 절구에서 이렇게 묘사했다. "대 숲 초가는 세찬 여울 두르고, 맑은 바람 저물녘에 평안을 알린다. 화려한 인끈(관직) 가볍게 여기는 주인의 고아한 풍취, 임금에게 그림 그려 보일까봐 걱정이다.[竹裏茅堂帶激湍, 淸風日夕報平安. 主人風雅輕文組, 只恐君王畫去看.]"

① '林'이 본래는 '人'으로 돼 있었는데 『학해유편』본에 근거하여 고쳤다.

② '濁'이 원래 빠져 있었는데 『학해유편』본에 근거하여 채워 넣었다.

振人之危, 大是好事. 古人能行之者, 如山陽張儉亡抵孔褒, 不遇. 其弟融時年十六, 儉少之, 而不告. 見儉有窘色, 謂曰: "兄雖在外, 吾獨不能爲君主邪?" 後事泄, 融一門爭死, 竟坐褒. 近世親戚故舊, 畧有毫髮利害, 依附惟恐累己, 不一引手援, 反擠之又下石焉者, 皆是也. 錢經歷允輝有「寄周岐鳳」詩云:“一身作客如張儉, 四海何人是孔融?”江南人傳誦之.

남의 위급함을 구해주는 건 대단히 좋은 일이다. 옛사람 중에 이를 실행한 예를 들어보자. 산양山陽의 장검張儉이 공포孔褒의 집으로 도망을 갔으나 공포를 만나지 못했다. 동생 공융孔融이 당시 나이 십육 세였는데 장검이 그를 어리게 여겨 상황을 말하지 못했다. 장검의 난처한 표정을 본 공융이 “형님께서 밖에 계시긴 하지만 제가 공을 위해 일을 주도하지 못하겠습니까”라고 했다. 훗날 일이 누설되어 공융 일가가 사죄를 다투는 중에 결국 공포까지 죄가 선고되었다.[42] 근래의 친척과 친구들은 모두 조금이라도 이해가 있으면 오직 자기에게 누가 되지 않을까 걱정하고, 도움의 손길을 뻗기는커녕 도리어 그를 우물 속에 밀어 넣고 돌까지 던지고 말았다. 경력經歷 전윤휘錢允輝가 「기주기봉시寄周岐鳳」에서 “이 한 몸 장검처럼 나그네 된다면, 세상에 어떤 사람이 공융이 될까[一身作客如張儉, 四海何人是孔融]”라고 했는데 강남 사람들이 널리 전하며 읊고 있다.

西湖飛來峰石上佛像, 是勝國時楊璉眞加琢也. 下天竺堂後壁, 是王叔明畫, 其剝落處,① 近世孫宰子補之也. 方棠陵豪自秋官慮囚江南, 歸省過杭, 憩西湖之天竺, 乃索筆題曰:“飛來峰, 天奇也! 自楊總統琢之, 則天奇損矣! 叔明畫, 人奇也! 自孫宰子補之, 則人奇索矣! 知二者乃山

42 산양(山陽)의 …… 선고되었다: 장검은 한나라 때 환관 후람(侯覽)의 전횡을 고발한 것으로 유명한 관리이고 공포(孔褒)는 그의 막역한 친구였으며 건안칠자(建安七子) 중 한 명인 공융은 공포의 동생이다. 후람을 고발한 후 장검은 모함을 받고 친구 공포의 집으로 몸을 피했는데 때마침 공포가 집에 없어서 어린 동생인 공융이 그를 숨겨주었다. 훗날 이 사건에 대한 심문을 진행할 때 공융과 공포는 서로 자신의 죄라고 주장했고 결국은 형인 공포가 죄를 받고 사형에 처해졌다.

中千古不平之疑案, 余法官也, 不翻是案, 何以服人?" 予嘗寓西湖之上, 每棹觀天竺畫壁,② 未嘗不窮日而返. 今爲回祿取去, 不可得見矣. 惜哉!

① '處'字據『類編』本補.

② '壁'字據『類編』本補.

서호西湖 비래봉飛來峰 돌 위의 불상은 승국勝國[43] 때 양연진가楊璉眞加가 조작한 것이다. 하천축사下天竺寺 법당 뒷벽은 왕숙명(王叔明 : 왕몽)이 그림을 그렸으며 벗겨져 떨어져나간 부분은 근세에 손재자孫宰子가 보수했다. 당릉棠陵 방호方豪가 추관秋官으로부터 장강 남쪽 죄수의 죄상을 심문, 기록하고 고향으로 돌아가면서 항주를 지나다가 서호의 하천축사에서 잠깐 쉬던 중 붓을 달라고 하여 이렇게 적었다. "비래봉은 천연의 기묘함인데 양총통(楊總統 : 양련진가)이 조각하면서 천연의 기묘함이 훼손되었다. 왕숙명의 그림은 인간의 기묘함인데 손재자가 보수하면서 인간의 기묘함이 사라져버렸다. 이 두 가지는 산중에서 벌어진 천고의 불공평한 미해결 사건임을 알고 있는데, 법관인 내가 이 사건을 뒤집지 않는다면 어떻게 사람들을 굴복시키겠는가." 내가 일찍이 서호에 머물 때, 매번 노를 저어 하천축사의 벽화를 구경하면 하루해가 다 지도록 감상하지 않은 적이 없었다. 지금은 회록回祿[44]이 가져가 버려 다시 볼 수 없게 되었으니 안타깝다!

① '處'는 『학해유편』본에 근거하여 채워 넣었다.

② '壁'는 『학해유편』본에 근거하여 채워 넣었다.

---

43 승국(勝國) : 우리가 이긴 나라라는 뜻으로 보통은 바로 앞 왕조를 가리킨다. 여기서는 원(元) 왕조를 말한다.

44 회록(回祿) : 원래는 전설에 나오는 불의 신을 가리키지만 흔히 화재를 의미하는 말로 쓰인다. 회록이 가져갔다는 말은 곧 화재로 소실되었다는 의미이다.

廬山陳氏有「甲秀堂帖」, 宋淳熙年所刻. 有李太白“天若不愛酒, 酒星不在天”一章在內. 宋人品爲馬子才僞作. 今見其筆跡, 非僞也. 字畫豪放, 書畢, 後題曰 : “吾頭懵懵, 醉後書此. 賀生爲我辨之, 汝年少眼明.”

여산廬山 진씨陳氏가 편집한 「갑수당첩甲秀堂帖」은 송나라 순희(淳熙 : 1174~1189) 연간에 판각한 것이다. 이백의 “하늘이 술을 사랑하지 않았으면, 주성이 하늘에 없으리라[天若不愛酒, 酒星不在天]”[45]라고 한 작품이 그 안에 있다. 송나라 사람이 이것을 마자재馬子才의 위작이라고 했지만 지금 필적을 보니 위작이 아니다. 호방한 필치로 쓰인 이 글씨는 그 말미에 이렇게 썼다. “술에 취해 흐리멍덩한 상태에서 이것을 쓴다. 하생賀生은 나를 위해 증명하거라. 너는 나이가 어리지만 눈이 밝다.”

高廟「詠菊」詩云 : “百花發, 我不發. 我若發, 都駭殺.① 要與西風戰一場, 遍身穿就黃金甲.” 一統鴻基, 兆於此矣.

① 以上四句『類編』本作“百花發時我不發, 我躍發時都駭殺.”

고묘(高廟 : 주원장)가 「영국詠菊」에서 “여느 꽃들이 필 때, 나는 피지 않는다. 내가 만약 피면, 모두가 깜짝 놀란다. 가을바람과 한바탕 전쟁을 벌일 때, 온몸에 황금 갑옷을 걸치려 한다[百花發, 我不發. 我若發, 都駭殺. 要與西風戰一場, 遍身穿就黃金甲]”라고 했으니 천하통일의 큰 기초가 여기에서 조짐을 보인 것이다.

① 이상의 네 구가 『학해유편』본에는 ‘百花發時我不發, 我躍發時都駭殺’로 되어 있다.

---

45 「월하독작(月下獨酌)」.

南濠都先生穆, 少嘗學詩沈石田先生之門. 石田問 : "近有何得意作?" 南濠以「節婦」詩首聯爲對. 詩云 : "白髮貞心在, 青燈淚眼枯." 石田曰 : "詩則佳矣! 有一字未穩." 南濠茫然, 避席請教. 石田曰 : "爾不讀『禮經』云 : '寡婦不夜哭.' 何不以'燈'字爲'春'字?" 南濠不覺悅服.

남호南濠 도목都穆 선생이 젊어서 심주 선생의 문하에서 시를 배운 적이 있다. 심주가 "근래에 만족스러운 시가 있느냐?"라고 묻자, 도목이 「절부節婦」 수련首聯으로 답했다. "백발에도 곧은 마음 여전하나, 푸른 등불에 눈물이 마르네.[白髮貞心在, 青燈淚眼枯.]" 심주가 "시가 좋긴 하지만 한 글자가 온당치 않다"라고 말했다. 남호가 정신이 망연해져 자리에서 일어나 가르침을 청하자, 심주가 말했다. "너는 『예기』의 '과부는 밤에 울지 않는다'는 구절을 읽지 않았구나. 어찌 '燈'을 '春'으로 쓰지 않느냐!" 남호는 저도 모르게 탄복했다.

江夏吳偉, 齠年收養湖省布政錢昕家. 侍其子於書齋中, 便取筆畫地作人物山水之狀. 弱冠居金陵, 其畫遂入神品, 未嘗究心吟詠, 達所欲言, 若有超悟. 嘗題自畫「騎驢圖」云 : "白髮一老子, 騎驢去飮水. 岸上蹄踏蹄, 水中嘴對嘴." 惜不多見.

강하江夏의 오위吳偉는 어렸을 때 호성포정湖省布政 전흔錢昕의 집에서 거두어 길러졌다. 서재에서 전흔의 아들을 시중들면서 붓을 가져다 땅 위에 인물과 산수의 형상을 그렸다. 약관에 금릉에 거주했는데 그 그림이 마침내 신품神品에 들었고, 시를 읊는 데에 마음을 쏟지 않았음에도 말하고자 하는 바를 전달할 때는 마치 초월의 깨달음이 있는 듯했다. 일찍이 직접 그린 「기려도騎驢圖」에 쓴 화제에서 "백발의 노인이, 나귀 타고 물 마시러 가네. 언덕 위에서는 말굽이 말굽을 밟고, 물에서는 입이 입을 마주하네[白髮一老子, 騎驢去飮水. 岸上蹄踏蹄, 水中嘴對嘴]"라고 했다. 작품을 많이 볼 수 없는 것이 안타깝다.

陸子元大, 本洞庭涵村世家. 晩歲業書, 浮沉吳市. 嘗刻『漫稿』, 中有寄余詩. 其頷聯云①: "屋裏陽山應在席, 門前春水欲平橋." 結云: "常記尋君過滸墅, 竹青堂上喚輕橈." 道其實也. 後寓丹陽孫曲水館, 疾亟, 抵家卒. 元大性極疏懶, 好遠遊. 如在世外, 亦不多見.

① '頷'原脫, 據結聯平仄推補.

육원대陸元大 선생은 본래 동정洞庭 함촌涵村의 명문가였다. 만년에 글쓰기를 업으로 삼으며 오吳의 저자를 드나들었다. 일찍이 『만고漫稿』를 출간했는데 그 안에 나에게 부친 시가 들어있다. 그 함련頷聯에서 "집 안 양산陽山은 자리에 있을 테고, 문 앞 봄물은 다리와 닿으려 하네[屋裏陽山應在席, 門前春水欲平橋]"라 하고, 결련結聯에서 "그대 찾아 호서滸墅로 가리란 말 언제나 기억하거니와, 대나무 푸른 마루 위에서 작은 배를 부르리라[常記尋君過滸墅, 竹青堂上喚輕橈]"라고 했는데 실제 사실을 묘사한 것이다. 훗날 단양丹陽 손곡수孫曲水의 객관客館에 머무르다 병이 위중해져 집으로 돌아와 생을 마쳤다. 육원대는 성품이 매우 소탈하고 느긋하며 멀리 유람 떠나는 것을 좋아했다. 세상 밖에 있는 것과 같아서 자주 보이지 않았다.

① '頷'은 본래는 빠져 있었는데 결련의 평측平仄을 근거로 유추해 채워 넣었다.

『역대시화고색歷代詩話考索』

가선嘉善 하문환何文煥

역대시화고색歷代詩話考索*

가선嘉善 하문환何文煥

鍾常侍評鮑參軍云 : "嗟其才秀人微, 取湮當代." 夫明遠之才, 爵位微矣. 猶然未彰, 矧下此者哉! 然而其詩其名, 故不磨也. 人微乎哉! 勉之.

종상시(鍾常侍 : 종영鍾嶸)가 포참군(鮑參軍 : 포조鮑照)을 평하여 "안타깝게도 재주가 빼어난 데 반해 신분이 미천하여 당대에 파묻히고 말았다"라고 했다. 명원(明遠 : 포조)이 재주는 있었으나 벼슬이 미천했던 것이다. 이 정도였는데도 드러나지 않았다면 그보다 못한 경우야 말할 나위가 있겠는가! 하지만 그의 시와 이름만은 여전히 사라지지 않았으니 인품이 미천한 것이겠는가! 힘써야 하리라.

* 『역대시화고색』은 일종의 편집 후기에 해당하는 것으로, 수록 시화들의 판본 문제, 전고와 일화의 사실성, 몇몇 작자들의 편향성 등을 논의하였다. 아울러 이를 통해 『역대시화』 편집의 엄밀성과 중립성을 강조하였다.

齊諸暨令袁嘏, 自詫 "詩有生氣, 須捉著, 不爾便飛去." 此語儁甚! 坡仙云 : "作詩火急追亡逋." 似從此脫化.

남조 제나라 제기령諸暨令 원하袁嘏가 스스로 "시에 생기가 있어 꼭 붙잡아야 한다. 그렇지 않으면 곧 날아가 버린다"라고 자랑했는데 참으로 훌륭한 말이다. 파선(坡仙 : 소식)이 "시를 지을 때는 도망자를 쫓듯 화급해야 한다[作詩火急追亡逋]"[1]라고 했는데 아마 위 말에서 탈태脫胎해 온 듯하다.

皎然『詩式』云 : "五言周時已濫觴." 按一言至九言, 三百五篇皆具, 不止五言也.

교연皎然이 『시식詩式』에서 "오언五言은 주나라 때 이미 남상濫觴이 보인다"라고 했다. 일언一言부터 구언九言까지 모두 『시경』에 구비돼 있으며 단지 오언에만 그치지 않는다.

釋氏寂滅, 不用語言文字. 『容齋隨筆』記『大集經』著六十四種惡口, 載有大語・高語・自贊歎語・說三寶語. 宣唱尙屬口業, 況制作美詞? 乃皎然論謝康樂早歲能文, 兼通內典, 詩皆造極, 謂得空王之助. 何自昧宗旨乃爾?

석가의 적멸寂滅[2]은 언어와 문자를 사용하지 않는다. 『용재수필』에

1 「납일유고산방혜근혜사이승(臘日遊孤山訪惠勤惠思二僧)」.

2 적멸(寂滅) : 열반의 뜻을 옮긴 말. 생(生)도 멸(滅)도 모두 사라지고 없는 경지. 무위(無爲) 적정의 경지이다.

서 『대집경大集經』의 예순네 가지 악구惡口[3]를 기록하고 있는데 여기에는 흰소리 · 크게 지르는 소리 · 스스로 찬탄하는 말 · 삼보三寶를 언급하는 말[4]이 포함된다. 펼쳐 노래하는 것도 구업口業에 속하는데 아름다운 가사를 만드는 것이야 말할 나위가 있겠는가. 그런데 교연은 사강락(謝康樂 : 사령운)이 어려서부터 문장에 능하고 내전(內典 : 불경)에 통달했으며 시가 모두 극에 이르러, 공왕(空王 : 부처)의 도움을 얻은 것이라고 논했으니 어찌 이토록 불가의 종지에 어둡단 말인가.

晝公論淈沒格云 : "如夏姬當壚, 似蕩而貞." 無論夏姬無當壚故實, 且安得云貞?想是文君之訛. 然閱諸本皆同, 未敢擅改.

주공(晝公 : 교연)이 골몰격淈沒格을 논하며 "마치 하희夏姬가 화로 앞에 있는 것처럼 질탕한 듯하면서도 정숙하다"라고 했는데, 하희가 화로 앞에 있는 일이 존재하지도 않을 뿐더러 어떻게 또 정숙하다 할 수 있겠는가. 아무래도 탁문군卓文君을 잘못 쓴 듯하다. 그러나 여러 판본이 모두 같아서 함부로 고치지 못하겠다.

考晝公『詩式』有五卷, 又有『詩評』三卷, 今非全本矣. 中有云 : "注於前卷, 後卷不復備擧." 訛脫之一證也.

교연의 『시식』은 다섯 권 외에 『시평詩評』 세 권이 더 있었으니 지금의 내용은 전본全本이 아닌 것이다. 책에서 "앞 권에서 주석을 달아 뒷

---

3 악구(惡口) : 10악(惡)의 하나로, 말로써 욕하거나 멸시하는 것이다.

4 삼보(三寶) : 불교의 불(佛) · 법(法) · 승(僧)을 가리킨다. 불교에서는 이 삼보를 언급하는 것 자체가 그 사람이 아직 불교에 귀의하지 않았다는 의미로 본다.

권에서 다시 거론하지 않는다"라고 한 것은 일부가 없어졌다는 한 증거이다.

司空表聖『二十四詩品』, 仿『書評』而別具體裁, 氣味可步柴桑四言後塵.

사공표성(司空表聖 : 사공도)의 『이십사시품二十四詩品』은 『서평書評』[5]을 모방했으면서도 별도의 체재를 갖췄는데 풍기는 맛이 채상(柴桑 : 도잠)의 사언四言의 자취를 밟을 만하다.

『全唐詩話』記虞世南不和太宗宮體詩, 微特政治攸關, 亦文藝中爭友也, 惟太宗容之. 降若後世, 卽朋友間難相得矣.

『전당시화』에서 우세남虞世南이 당 태종의 궁체시에 화답하지 않았다[6]고 기록하고 있는데, 비단 정치와 연관될 뿐만 아니라 문예에 있어서도 서로 경쟁하는 사이였으므로 당 태종이 이를 받아들인 것이다. 후대로 내려오면서는 친구 사이에서도 서로 받아들이기 힘들었다.

5 『서평(書評)』: 남조 양의 원앙(袁昻)이 칙명에 따라 서예가 스물다섯 명의 글씨를 품평한 책인 『고금서평(古今書評)』을 지칭한 것으로 보인다.

6 우세남(虞世南)이 …… 않았다 : 『전장시화』 권1 「태종」조에 보인다. 태종이 일찍이 궁체시를 지어 우세남으로 하여금 화답하게 하자, 우세남이 "성상의 시가 참으로 뛰어납니다만 시체가 바르고 우아한 것은 아닙니다. 윗사람이 좋아하면 아랫사람은 반드시 그것을 더 본받으니 이 시가 한번 전해지면 세상이 다 휩쓸릴까 우려되므로 감히 뜻을 받들지 못하겠습니다"라고 하니, 태종이 "짐이 경을 시험하려 한 것일 뿐이다"라고 답했다.

唐宣宗「弔白樂天」詩云：“童子解吟「長恨曲」，胡兒能唱「琵琶篇」.” 按‘琵’當作入聲讀. 洪邁『容齋隨筆』記樂天詩, 以‘琵’字作入聲讀, 如“四弦不似琵琶聲, 亂寫眞珠細撼鈴”, “忽聞水上琵琶聲”是也. 又以‘相’字作入聲, 如“爲問長安月, 誰敎不相離”是也. ‘相’字之下自注云：“思必切.” 以‘十’字作平聲, 如“在郡六百日, 入山十二回”, “綠浪東西南北路, 紅欄三百九十橋”是也. 以‘司’字作入聲, 如“一爲州司馬, 三歲見重陽”, “四十著緋軍司馬, 男兒官職未蹉跎”是也. 宣宗弔詩, 蓋卽用樂天字句.

당 선종의 「조백낙천시弔白樂天」에서 “어린아이도 「장한곡」 읊을 줄 알고, 오랑캐도 「비파행琵琶行」을 부를 줄 아네[童子解吟長恨曲, 胡兒能唱琵琶篇]”라고 했는데 ‘琵’는 입성入聲으로 읽어야 한다. 홍매가 『용재수필』에서 백거이의 시를 인용하며 ‘琵’를 입성으로 읽었으니 “네 현이 비파 소리 같지 않아, 진주가 어지러이 방울을 흔든다[四弦不似琵琶聲, 亂寫眞珠細撼鈴]”,[7] “갑자기 물 위에서 비파 소리 들려와[忽聞水上琵琶聲]”[8]가 그것이다. 또 ‘相’을 입성으로 삼았으니 “장안의 달에게 묻노니, 누가 서로 떨어지지 않도록 했는가[爲問長安月, 誰敎不相離]”[9]가 그것이다. ‘相’ 아래에 “사필思必의 반절半切이다[思必切]”라고 자기 주석을 달았다. ‘十’은 평성平聲으로 삼았는데 “군에 있는 육백 일 동안, 열두 차례 산에 들어갔네[在郡六百日, 入山十二回]”,[10] “푸른 물결의 동서남북 길, 붉은 난간의 삼백구십 개 다리[綠浪東西南北路, 紅欄三百九十橋]”[11]가 그것이다. 그리고 ‘司’는 입성으로 삼았는데 “한번 주州 사마司馬가 된 뒤, 삼 년 동안 중양절을 만났네[一爲州司馬, 三歲見重陽]”,[12] “마흔에 붉은 옷 입은 군

7 「춘청비파겸간장손사호(春聽琵琶兼簡長孫司戶)」.
8 「비파행(琵琶行)」.
9 「산중문월(山中問月)」.
10 「류제천축영은양사(留題天竺靈隱兩寺)」.
11 「정월삼일한행(正月三日閑行)」.
12 「구일취음(九日醉吟)」.

軍 사마司馬 되었으니, 남아의 관직이 어긋나지 않았구나[四十著緋軍司馬, 男兒官職未蹉跎]"[13]가 그것이다. 선종의 애도시는 백거이 시의 자구를 사용한 것 같다.

『全唐詩話』云: "武后詩文, 率元萬頃·崔融輩爲之." 按武后有「懷如意君」詩, 雖出小說, 可與楊叛兒歌同調, 則所作不盡出崔·元輩手也.

『전당시화』에서 "무후武后의 시문은 모두 원만경元萬頃과 최융崔融 등이 지은 것이다"라고 했는데 측천무후의 「회여의군懷如意君」이 비록 소설에서 나왔으나 양반아楊叛兒[14] 노래와 리듬이 같다면 모두 최융과 원만경 등의 손에서 나오지는 않은 것이다.

"蓬生麻中, 不扶自直." 張說之爲小人而不至大謬, 賴有良朋. 雖相業文學, 彬彬可觀. 『全唐詩話』載其作「上官昭容文集序」, 居然搦管, 恬不知恥. 非邪媚之一斑邪?

"쑥이 삼 속에서 자라면, 붙들어주지 않아도 저절로 곧다.[蓬生麻中, 不扶自直.]"[15][16] 장열張說이 소인이면서도 큰 잘못을 범하지 않은 것은 좋은 벗이 있었기 때문이다. 비록 재상의 업적을 이루면서 문학을 했지만 내용과 외관이 갖춰진 것이 볼만하였다. 『전당시화』에서 그가 지은

---

13 「문이륙경검자하동령수당등행군사마이시하지(聞李六景儉自河東令授唐鄧行軍司馬以詩賀之)」.

14 양반아(楊叛兒): 「청상곡사(淸商曲辭)」 「서곡가(西曲歌)」에 속하는 악부의 곡명으로 원래는 동요였다. 송 곽무천(郭茂倩)의 『악부시집』에 11수의 양반아 곡이 실려 있다.

15 쑥이 …… 곧다: 배움에 있어서 환경의 중요성을 강조한 말이다.

16 『순자(荀子)』, 「권학(勸學)」.

「상관소용문집서上官昭容文集序」를 실었는데, 버젓이 글을 쓰면서도 전혀 부끄러움을 몰랐으니 간사하고 아첨한 자의 모습이 아니고 무엇이겠는가.

唐中宗狎暱近臣, 宴集令各獻伎爲樂. 張錫爲談容娘舞, 宗晉卿舞渾脫. 按『教坊記』云 : "談容娘本名踏謠娘. 北齊時有酗酒輒毆其妻者, 妻銜悲訴於鄰里, 時人弄之, 丈人著婦人衣, 徐步入場行歌, 每一疊, 旁人齊聲和之云 : '踏謠和來, 踏謠娘苦和來.' 以其且步且歌, 故謂之'踏謠.'" 『杜陽雜編』云 : "妓女石火胡養女五人, 才八九歲. 火胡立於十重朱畫床子上, 令諸女迭踏至半, 手中皆執五彩小幟. 俄而, 手足齊擧, 謂之'踏渾脫.' 歌呼抑揚, 若履平地."

당 중종은 근신들과 허물없이 지내면서 연회를 베풀어 각자 자신의 기예를 뽐내도록 하는 것을 낙으로 삼았다. 장석張錫은 '담용낭談容娘' 춤을 추고 진종경宗晉卿은 '혼탈渾脫' 춤을 추었다. 『교방기教坊記』에 따르면 "'담용낭'의 본래 이름은 '답요낭踏謠娘'이다. 북제北齊 때 어떤 사람이 술주정을 하다가 아내를 때리자 아내가 슬퍼하며 이웃에 사정을 호소했다. 사람들이 이를 놀이로 삼았으니 남자가 부인의 옷을 입고 느린 걸음으로 마당으로 나와 노래를 부른다. 노래 한 곡이 끝날 때마다 주위에 있던 사람들이 일제히 같은 소리로 '걸으며 노래하세! 화창하세! 걸으며 노래하는 여인 괴롭네. 화창하세'라고 화답한다. 걸으면서 노래를 했으므로 '답요踏謠'라 한 것이다." 『두양잡편杜陽雜編』에는 이런 기록이 있다. "기녀 석화호石火胡가 여덟아홉 살밖에 되지 않은 여자 아이 다섯을 길렀다. 석화호가 붉게 칠한 열 겹의 침상 위에 서고 여자 아이들로 하여금 차곡차곡 서로 밟아 절반까지 이르게 하며 손에는 모두 오색의 작은 깃발을 쥐도록 했다. 다음 순간 손과 발을 일제히 드는데 이를 '답혼탈踏渾脫'이라 불렀다. 노래를 부르며 뛰는 것이 마치 평지를 밟는 듯했다."

尤公記王右丞「終南山」詩, 云或謂維譏時, 此等附會大可恨. 李鄴侯賦楊柳, 蘇長公詠柏, 賴明皇·神宗不受時相讒, 亦幾殆矣.

우공(尤公 : 우무尤袤)이 왕우승(王右丞 : 왕유)의 「종남산終南山」을 거론하며 "왕유가 시대를 비판한 것이다"라는 혹자의 말을 인용했는데[17] 이런 견강부회는 참으로 안타깝다. 이업후(李鄴侯 : 이필李泌)가 버드나무 시를 짓고[18] 소장공(蘇長公 : 소식)이 자백(刺柏 : 전나무)을 읊고도[19] 명황(明皇 : 당 현종)과 신종 덕분에 당시 재상들의 참소를 받지 않았다고 한 것도 거의 같은 경우이다.

元載夫人王韞秀「寄諸姊妹」詩云 : "家風第一右丞詩."『全唐詩話』謂是王縉相公之女. 蓋據范氏『雲溪友議』也. 仁和趙松谷箋注『右丞集』,

---

17 우공 …… 인용했는데 : 우무의 『전당시』 왕유 조에 "或說 : 維詠「終南山」詩, 譏時也"라는 구절이 보인다.

18 이업후 …… 짓고 : "동문의 푸른 버드나무, 한 해가 저물자 다시 초췌하구나[青青東門柳, 歲晏復憔悴]"라는 이필의 시구에 대해 양국충이 자기를 비난한 것이라고 하소연하자, 현종이 "버들이 경을 노래한 것이라면 오얏은 짐을 노래한 것인가"라는 말로 이필을 변호하였다. 『전당시화』 권2 「이필(李泌)」.

19 자백(刺柏)을 읊고도 : 소식이 「영회(詠檜)」에서 "뿌리가 구천(九泉) 굴곡 없는 곳에 이르면, 세상에 오직 잠긴 용만이 알 것이다[根到九泉無曲處, 世間惟有蟄龍知]"라고 한 구절을 들어 당시 재상이 문제를 삼으며 "폐하께서는 나는 용[飛龍]으로 하늘에 있는데(제위에 있는데), 소식이 자신을 알아주지 않는다고 하여 지하의 잠자는 용(미래의 제왕)에게 다가가고 있으니 신하 노릇을 안 하려고 하는 게 아니고 무엇입니까"라고 하자, 신종이 "시인의 말을 어찌 이처럼 해석할 수 있겠는가. 그는 전나무를 노래했을 뿐이지 짐과 무슨 관련이 있는가"라고 하여 문제 삼지 않았다. 『석림시화』 권상에 관련 내용이 보인다.

考『唐書』, 韞秀乃王忠嗣女, 不知范氏何據而云然. 豈因'家風'句邪? 余按范氏所記, 前云: "王相公鎭北京以嫁元載." 復云: "元相敗, 上令入宮, 備彤管之任. 韞秀歎曰: '二十年太原節度使女, 十六年宰相妻, 誰能書得長信·昭陽之事.'" 考王縉亦無二十年太原節度事. 前人小說, 概難盡信也.

원재元載의 부인 왕온수王韞秀가 「기제자매寄諸姊妹」에서 "가풍은 우승(右丞 : 왕유)의 시를 제일로 친다네[家風第一右丞詩]"라고 하였다. 『전당시화』에서는 그녀가 상공相公 왕진王縉의 딸이라고 했다. 이는 범씨(范氏 : 범터范攄)의 『운계우의雲溪友議』에 근거한 것으로 보인다. 인화仁和 조송곡(趙松谷 : 조전성趙殿成) 전주箋注 『우승집右丞集』에서는 『당서唐書』에 근거하여 왕온수가 왕충사王忠嗣의 딸이라고 했는데 범터가 무슨 근거로 그렇게 말했는지 모르겠다. 혹시 '가풍家風' 구句 때문이 아닐까? 범터가 적은 내용을 살펴보면 앞에서 "왕충사 상공이 북경을 맡아 다스릴 때 원재에게 시집을 보냈다"라고 말하고 다시 이렇게 말했다. "원재 상공이 죽자 황제가 입궁을 명하고 동관彤管의 임무[20]를 맡도록 했다. 왕온수가 '이십 년은 태원절도사太原節度使의 딸이었고 십육 년은 재상의 아내였거늘 어떻게 장신궁長信宮과 소양궁昭陽宮의 일을 쓸 수 있단 말인가'라고 탄식했다." 왕진 또한 이십 년 동안 태원절도사로 있은 적이 없다. 앞 사람들의 소설은 모두 믿기 어려운 것이다.

章八元「慈恩塔」詩, 有如"穿洞似出籠"句, 深爲阮亭王氏所誚. 又崔峒"流水聲中視公事, 寒山影裏見人家." 意境直同山鬼遊魂, 眞下劣詩魔也.

20 동관(彤管)의 임무 : 동관은 궁중의 여사관(女史官)이 사용하던 붉은 대롱의 붓이다. 따라서 궁중에서 역사 기록을 담당하는 여사관의 임무를 말한다.

장팔원章八元의 「자은탑慈恩塔」의 "골짜기를 뚫고 가는 것은 우리를 벗어난 것과 같다[穿洞似出籠]" 같은 구는 완정阮亭 왕사정王士禎으로부터 호된 비판을 받았다. 또 최형崔峒의 "흐르는 물소리 속에서 공무를 보고, 차가운 산 그림자 안에서 인가를 본다[流水聲中視公事, 寒山影裏見人家]"[21]는 그 의경意境이 산 귀신의 떠도는 혼과 같으니 참으로 저열한 시마詩魔이다.

裴思謙及第後, 宿平康里詩云: "銀缸斜背解明璫, 小語偸聲賀玉郎. 從此不知蘭麝貴, 夜來新染桂枝香." 或云: "按『堯山堂外紀』'賀'作'喚', 蓋賀非私事, 何事偸聲小語? 惟'喚玉郎'故爾." 余謂"作'賀'亦可, 緣郎新貴不得不賀, 却是無限嬌羞. 若背燈解璫, 猶然待喚, 此郎亦太呆相, 不似遊平康里郞君矣." 相與一笑, 各存原本可耳.

배사겸裴思謙이 급제하고 나서 평강리平康里에 묵으며 지은 시에서 "은등잔 옆으로 등지고 옥 귀고리 풀고는, 작은 소리로 살며시 옥랑玉郎을 축하한다. 이로부터 난향과 사향 귀한 줄 모르고, 밤새 계화 향기에 흠뻑 젖는다[銀缸斜背解明璫, 小語偸聲賀玉郎. 從此不知蘭麝貴, 夜來新染桂枝香]"[22]라고 했다. 혹자가 이에 대해 "『요산당외기堯山堂外紀』에는 '賀'가 '喚'으로 되어 있다. 축하하는 것이 사사로운 일이 아니거늘 무엇 때문에 살며시 작은 소리로 말한 것인가? '옥랑을 부르기' 때문이다"라고 했다. 이에 나는 "'賀'로 쓰는 것도 괜찮다. 귀한 사람이 된 옥랑에게 축하하지 않을 수 없지만 더없이 부끄러웠던 것이다. 등불을 등지고 귀고리를 풀었는데도 여전히 불러주기(喚)를 기다렸다면 이 옥랑은 지나치게 바보 같은 형상으로, 평강리에 놀러 온 낭군 같지 않다"라고 하자, 서로 한바탕

21 「증동관이명부(贈同官李明府)」.

22 「급제후숙평강리(及第後宿平康里)」.

웃으며 각자 원본을 그대로 유지하는 게 좋겠다고 했다.

尤延之引段成式『酉陽雜俎』中遊佛寺數條, 辭句艱澀, 想多脫誤, 恨無善本悉爲校正. 中記通政坊寶應寺, 有齊公所喪一歲子, 漆之如羅睺羅. 考『洛陽伽藍記』云 : "于闐王不信佛法. 有商胡將一沙門石毗盧旃, 在城南杏樹下, 向王伏罪云 : '今輒將異國沙門來, 在城南杏樹下.' 王忽聞, 怒, 卽往看毗盧旃. 旃語王云 : '如來遣我來, 令王造覆盆浮圖一軀, 使王祚永隆.' 王言 : '使我見佛, 當卽從命.' 毗盧旃鳴鍾聲告佛, 卽遣羅喉羅變形作佛, 從空而見, 王五體投地. 卽於杏樹下置立寺舍, 畫作羅喉羅像, 忽然自滅." 又『乾淳歲時記』云 : "七夕節物, 多尚果食茜雞及泥孩兒號'摩喉羅', 有極精巧飾以金珠者." 按此云漆一歲子, 則是如泥孩, 當作"摩睺羅." 乃毛氏汲古閣本作'羅喉羅', 未知孰是?

우연지(尤延之 : 우무尤袤)가 단성식段成式의 『유양잡조』에서 사찰 유람 관련 여러 조목을 인용하였는데 문장이 난삽해서 아무래도 탈자, 오자가 많은 듯한데도 교정할 선본善本이 없는 것이 안타깝다. 그 가운데 통정방通政坊 보응사寶應寺에 대한 기록에서 제공齊公의 한 살짜리 죽은 아들을 나후라羅睺羅[23]처럼 칠을 했다고 했다. 『낙양가람기洛陽伽藍記』를 살펴보면 다음과 같이 쓰여 있다. "우전왕于闐王은 불법을 믿지 않았다. 그런데 서역의 상인이 석비노전石毗盧旃이라는 승려를 데리고 와 성 남쪽 살구나무 아래에 있게 한 뒤, 왕에게 복죄伏罪하며 아뢰기를 '지금 막 이국의 승려를 데리고 와 성 남쪽 살구나무 아래에 두었습니다'라고 했다. 왕이 순간 이 말을 듣고 노한 뒤 바로 비노전毗盧旃을 만나러 갔다. 비노전이 왕에게 '여래께서 저를 보내 왕으로 하여금 복분부도覆

23 나후라(羅睺羅) : 석가모니의 유일한 아들이다. 석가모니의 10대 제자 중 한 명으로 '밀행제일(密行第一)'이라 불린다.

盆浮圖 한 체를 만들어 왕의 복이 영원히 융성하게 하도록 하셨습니다' 라고 말하자, 왕은 '나로 하여금 부처를 볼 수 있게 해준다면 당장 명을 따르겠다'라고 했다. 비노전이 종소리를 울려 부처에게 고하자, 즉시 나후라를 보내 부처로 변모하게 하고 공중에서 이를 보도록 하니 왕이 오체五體를 땅에 대고 절을 했다. 그리고 바로 살구나무 아래에 사원을 세우고 나후라의 상을 그렸는데 갑자기 사라졌다." 그리고 『건순세시기乾淳歲時記』에는 이렇게 적혀 있다. "칠석 명절 물품으로는 대부분 과식果食[24]과 천계茜雞[25] 그리고 '마후라摩睺羅'라 불리는 진흙으로 만든 아이 인형을 준비했는데 인형은 금구슬로 아주 정교하게 장식하기도 했다." 앞에서 거론한 한 살짜리 옻칠한 아이는 다름 아닌 진흙 인형이므로 마땅히 '마후라摩睺羅'라고 해야 한다. 그런데 모씨毛氏 급고각본汲古閣本에는 '나후라羅睺羅'로 되어 있으니 어떤 것이 맞는지 알 수 없다.

李洞"藥杵聲中搗殘夢, 茶鐺影裏煮孤燈", 及褚載「賀趙觀文重試及第」詩, 宜不免後人之誚. 至衛準"莫言閒話是閒話, 往往事從閒話來", "何必剃頭爲弟子, 無家便是出家人", 則又甚焉. 眞錄之汙筆, 見之汙目.

이동李洞의 "약절구 소리에 쇠잔한 꿈을 찧고, 차 솥 그림자에 외로운 등불을 삶는다[藥杵聲中搗殘夢, 茶鐺影裏煮孤燈]"[26]와 저재褚載의 「하조관문중시급제賀趙觀文重試及第」는 의당 후대인들의 비난을 면치 못할 것이다. 위준衛準의 "한가한 말은 한가한 말일 뿐이라고 말하지 말라, 이따금 일들이 한가한 말로부터 생긴다[莫言閒話是閒話, 往往事從閒話來]",

24 과식(果食) : 기름 · 밀가루 · 설탕 · 꿀 등으로 만든 음식이다.

25 천계(茜雞) : 꼭두서니 뿌리와 함께 삶은 닭으로 송 · 원시대 칠석에 반드시 준비했던 음식이다.

26 「증조낭중숭현소거(贈曹郎中崇賢所居)」.

"어찌 반드시 머리를 깎아야만 불제자이랴, 집 없는 것이 바로 출가인이다[何必剃頭爲弟子, 無家便是出家人]"는 더욱 심하다. 참으로 수록하자니 붓이 더러워지고 보자니 눈이 지저분해진다.

或謂『全唐詩話』, 似是尤公草創之書, 不無訛雜. 明楊升菴深嗤之, 盍刪正焉. 余謂刪之誠快目, 恐無以爲好作惡詩者戒, 姑存以寓彰癉.

혹자가 『전당시화』에 대해 "우무공이 창작한 책이어서 잘못되고 뒤섞인 부분이 없지 않다"라고 하고 명나라 양승암(楊升菴 : 양신楊愼)은 심하게 비웃으며 "왜 새로 수정, 정리하지 않는가"라고 했다. 나는 이렇게 생각한다. 삭제, 수정한다면 참으로 눈을 상쾌하게 하겠지만 나쁜 시 짓기를 좋아하는 이들의 경계감이 없어질까 걱정되어 우선 그대로 두어 병폐가 드러난 자료로 삼았으면 한다.

韓偓『香奩集』, 傳是和凝之作. 蓋因和魯公亦有集名『香奩』, 不知曲子相公之集, 亦屬詞曲, 前人辨之詳矣. 『全唐詩話』尙沿沈氏『筆談』之誤.

한악韓偓의 『향렴집香奩集』은 화응和凝의 작품이라고 전해지는데 화로공(和魯公 : 화응)에게도 『향렴香奩』이라는 문집이 있는 데에 따른 것이다. 하지만 이는 곡자상공(曲子相公 : 화응)의 문집이 사곡詞曲에 속한다는 것을 모르는 것이며 이에 대해서는 전대 학자가 상세히 밝혀놓았다. 그런데도 『전당시화』는 심씨(沈氏 : 심괄沈括)의 『몽계필담夢溪筆談』의 잘못을 답습하였다.

僧淸塞「贈王道士」云:“關西往來熟, 誰得水銀銀.” 「贈李道士」又云:“擬歸太華何時去? 他日相逢乞藥銀.” 欲得現成受用, 募緣本相也.

승려 청새淸塞가 「증왕도사贈王道士」에서 “관서關西를 익히 왕래했을 터, 누가 수은의 은을 얻었던가[關西往來熟, 誰得水銀銀]”라고 하고 「증이도사贈李道士」에서는 “돌아가고픈 태화산은 언제 떠나는가, 훗날 만나면 약은藥銀[27]을 빌겠네[擬歸太華何時去? 他日相逢乞藥銀]”라고 했으니 이미 만들어진 것을 그대로 받아쓰려는 탁발자의 본 형상이다.

六一居士『詩話』載:“呂文穆公未第時, 爲胡大監旦所薄. 有譽其工詩者, 擧及‘挑盡寒燈夢不成’之句. 胡笑以爲渴睡漢.” 按此篇未知何題, 若賦閒情, 大是寒儉, 殊不似狀元及第者. 胡之薄之也故宜.

육일거사(六一居士:구양수)의 『육일시화』에서 “여문목공(呂文穆公:여몽정呂蒙正)이 급제하기 전에 태감 호단胡旦에게 무시를 당했다. 그가 시에 뛰어나다고 칭찬한 사람이 ‘차가운 등불이 다 타도록 꿈을 이루지 못하네[挑盡寒燈夢不成]’라는 시구를 거론하자, 호단은 ‘잠에 목마른 놈’이라고 비웃었다”라고 했다. 이 시의 제목이 무엇인지는 모르겠지만 만일 한적한 심사를 읊은 것이라면 대단히 썰렁하고 빈약한 것이어서 전혀 장원급제한 사람 같지가 않다. 호단이 그를 박대한 것은 참으로 마땅하다.

晏元獻於梅聖兪詩, 所賞皆非其極致, 可知知己良難. 梅·晏尙如此,

27 약은(藥銀):도가에서 단약을 점화(點化)시켜 만든 백은(白銀)이다.

況素不謀面, 與千百年前古人之詩邪?

안수가 매요신의 시를 논평할 때 모두 극치의 호평은 아니었으니 지기를 만난다는 것이 참으로 어려운 일임을 알 수 있다. 매요신과 안수의 관계도 이러한데 하물며 평소 안면도 없는 사람이나 오래전 고인의 시에 있어서야 말할 나위가 있겠는가.

六一居士謂詩人貪求好句, 理或不通, 亦一病也. 如"袖中諫草朝天去, 頭上宮花侍宴歸", 奈進諫無直用草稿之理. "姑蘇臺下寒山寺, 夜半鐘聲到客船", 奈夜半非打鐘時云云. 按"諫草"句不無語病, 其餘何必拘? 況不以文害辭, 不以辭害志, 孟子早有明訓, 何容詞費!

구양수는 시인이 좋은 구절 찾기에만 연연하다 이치가 통하지 않는 것이 하나의 병폐라고 했다. 그러면서 "소매에 간언할 초고를 넣어 궁을 향해 가고, 머리에 궁화宮花[28]를 꽂고 시연에서 돌아온다[袖中諫草朝天去, 頭上宮花侍宴歸]"를 예로 들며 어쨌든 간언을 올릴 때에는 초고를 직접 쓰는 경우가 없다고 하고 "고소대 아래 한산사에서, 한밤 종소리가 객선까지 들린다[姑蘇臺下寒山寺, 夜半鐘聲到客船]"에 대해서는 어쨌든 한밤은 종을 치는 때가 아니라고 했다. '간초諫草' 구절은 시어에 병폐가 없지 않지만 그 나머지야 어찌 굳이 구애받을 일이 있겠는가. 더구나 맹자가 일찍이 한 글자에 얽매여 한 구절의 뜻을 왜곡해서는 안 되고 한 구절에 얽매여 글 전체의 의미를 왜곡해서는 안 된다고 분명히 가르쳤으니 어찌 많은 말이 필요하겠는가.

28 궁화(宮花) : 과거에 급제한 사람을 위해 베푼 연회에서 황제가 하사한 꽃이다. 비단 류의 직물로 짜며 머리에 장식한다.

司馬溫公『續詩話』云:"鮑當爲薛映掾. 薛嘗暑月詣其廨, 當狼狽入易服, 忘其幞頭. 久之月上, 顧見髮影, 乃大慚, 以袖掩頭而走." 余謂此何傷, 視手版支頤風落帽者, 量懸殊矣.

사마광의 『온공속시화溫恭續詩話』에서 "포당鮑當은 설영薛映의 아전이었다. 설영이 한번은 여름 달밤에 그의 관사로 찾아갔다. 포당이 허둥지둥 들어가 옷을 바꿔 입었으나 미처 모자 쓰는 것을 잊어버렸다. 한참 앉아 있다가 달이 떠올라 그림자에 비친 자기 머리를 보고는 무척 창피해하며 소매로 머리를 감싼 채 달아났다"라고 했는데 이것이 무슨 문제가 되겠는가. 수판手版을 턱에 괴는 것[29]이나 바람이 모자를 떨어뜨리는 것[30]에 비하면 별 문제 없는 것이다.

『中山詩話』謂:"嚴維'柳塘春水漫, 花塢夕陽遲'爲未善. 夕陽遲繫花, 春水漫不須柳也." 夫柳塘之下, 自春水彌漫, 何可瑕疵?

『중산시화』에서 "엄유嚴維의 '버들 연못에 봄물 넘실대고, 꽃 둑에는 석양이 더디다[柳塘春水漫, 花塢夕陽遲]'는 좋지 않다. 석양이 더딘 것은 꽃과 연계되지만 봄물 넘실댐에 버들은 필요치 않다"라고 했는데 무릇 버들 연못 아래에는 봄물이 넘실대는 법인데 어찌 흠을 잡을 수 있겠는가.

29 수판(手版)을 …… 것: 수판은 고대에 관리가 상사를 알현할 때 들던 홀(笏)이다. 수판을 괸다는 것은 당황하여 허둥대는 것을 비유한다. 진나라 왕휘지가 환충(桓沖)의 참군(參軍)이 되었을 때, 환충이 일처리를 잘하겠다고 하자 왕휘지가 고개를 들고 수판으로 턱을 괴더니 "서산에 아침이 오자, 상쾌한 기분이 감도네요[西山朝來, 致有爽氣]"라고 답했다는 고사(『세설신어』「간오(簡傲)」)가 전한다.

30 바람이 …… 것: 진(晉)나라 맹가(孟嘉)가 중구일에 정서장군(征西將軍) 환온(桓溫)이 베푼 용산의 주연에 참군의 신분으로 참석했다가, 국화주에 취한 나머지 바람에 모자가 날아가는 줄도 몰랐다고 한 고사를 가리킨다. 『세설신어』「지감(識鑑)」.

中山又謂杜少陵"蕭條九州內, 人少豺虎多. 人少愼莫投, 虎多信所過. 飢有易子食, 獸猶畏虞羅." 爲含蓄深遠. 盡言若此, 尚雲含蓄邪.

중산(中山 : 유반劉攽)이 또 "두보의 '스산한 구주九州 안에, 사람은 적고 승냥이와 범들만 많다. 사람이 적으니 삼가 던지지 말라, 호랑이가 많음은 참으로 겪었던 바다. 굶주리면 자식을 바꿔 먹기도 하나니, 짐승은 그래도 사냥꾼의 그물을 두려워한다[蕭條九州內, 人少豺虎多. 人少愼莫投, 虎多信所過. 飢有易子食, 獸猶畏虞羅]'[31]가 심원한 뜻을 함축하고 있다"라고 했다. 이처럼 다 말해버렸는데도 오히려 함축을 운운한단 말인가.

『中山詩話』, 『郡齋讀書志』謂有三卷. 曾辨其言蕭何未嘗掾功曹爲誤. 今毛氏汲古閣刊本合爲一, 不識全否? 惜無善本可正.

『군재독서지郡齋讀書志』에서 『중산시화』가 3권이라고 말하고 소하蕭何가 공조功曹의 아전을 맡은 적이 없다는 말이 잘못되었음을 일찍이 밝혀냈다. 지금 모씨본毛氏本과 급고각본은 한 권으로 합쳐져 있는데 이것이 전부인지 아닌지 모르겠다. 바로잡을 만한 선본善本이 없는 것이 안타깝다.

『後山詩話』, 『郡齋讀書志』云有二卷, 論詩七十余條. 今據毛氏汲古閣刊本, 條數不減, 其卷亦合爲一矣.

『군재독서지』에서, 『후산시화後山詩話』가 2권이고 칠십여 조목으로

31 「별당십오계인기예부가시랑(別唐十五誡因寄禮部賈侍郞)」.

시를 논했다고 말했다. 지금 모씨본과 급고각본에 조목 수가 줄어들지 않았으며 권수 역시 하나로 합해져 있다.

文人相輕, 自古皆然. 昌黎之文, 不能置一辭, 轉而詆其詩, 且造作言語, 以毁其行. 如後山謂退之亦有絳桃柳枝二妓, 且卒也以藥死云云. 殊不知數語解圍, 蹈不測之地, 曾無懼色, 氣節不亞於眞卿. 淮西之役, 幾先李愬成功. 書生事業, 如此止矣, 何不好成人之善若此哉?

문인들이 서로 경시하는 풍조는 예로부터 그래왔다. 창려(昌黎 : 한유)의 문장에 대해서는 한마디 비판도 가할 수 없는데도 전환하여 시를 비판하기도 하고 말까지 조작해 그의 행동을 비난하기도 한다. 예를 들어 진사도는 한유가 강도絳桃, 류지柳枝 두 기녀를 데리고 있었고 단약 때문에 죽었다고 운운했다. 이는 한유가 몇 마디 말로 포위를 풀고 예측할 수 없는 땅을 밟고서도 두려운 기색이 전혀 없어서 기개와 절조가 안진경顔眞卿에 뒤지지 않았음을 모르는 것이다. 회서淮西의 전쟁에서는 이소李愬보다 거의 앞서 공을 세웠다. 서생의 세상살이가 이 정도면 되는 것인데 어찌 이처럼 사람의 선행을 잘 보듬어 완성시켜주지 않는단 말인가?

文人造語, 半屬子虛. 後山辨「高唐賦」, 以爲"欲界諸天, 當有配偶"云云. 醜甚!

문인이 지은 말은 절반이 허구에 속한다. 진사도가 「고당부高唐賦」에 대해 논하며 "욕계欲界의 제천諸天[32]은 마땅히 배우자가 있어야한다" 운운한 것은 매우 추하다.

陳後山謂陶淵明之詩, 切於事情而不文. 以不文目陶, 亦大奇事.

진사도가 도연명의 시는 사정에 절실하지만 꾸밈이 없다고 하여 꾸밈이 없는 것으로 도연명을 지목한 것은 또한 대단히 특이한 일이다.

山谷詞云 : "斷送一生惟有, 破除萬事無過." 蓋用韓詩"斷送一生惟有酒" · "破除萬事無過酒." 後山以爲才去一字, 對切而語益峻. 余謂此眞歇後, 非"彎六鈞" · "捐三尺"比也.

황정견의 사詞에서 "일생을 끊어 보내는 데에는 오직 이것만 있고, 만사를 없애는 데에는 이보다 좋은 것이 없네[斷送一生惟有, 破除萬事無過]"[33]라고 했는데, 한유의 시, "일생을 끊어 보내는 데에는 오직 술이 있고[斷送一生惟有酒]"[34]와 "만사를 없애는 데에는 술보다 좋은 것이 없네[破除萬事無過酒]"[35]를 활용한 것이다. 진사도가 한 글자만 없앴는데도 대구가 적절하고 시어가 더욱 준엄해졌다고 했다. 이것이야말로 진짜 헐후어歇後語[36]로서 "육균六鈞을 당기다[彎六鈞]"나 "삼척三尺을 버리다[捐三尺]"[37]와 비할 바가 아니라고 나는 생각한다.

---

32 제천(諸天) : 불교에서는 하늘이 여덟으로 되어 있는데 그 여러 하늘은 마음을 수양하는 경계(境界)를 따라 나뉘어 있으며 이 여덟의 모든 하늘을 제천이라 한다.

33 「서강월(西江月)」.

34 「유성남십육수(游城南十六首) · 견흥(遣興)」.

35 「증정병조(贈鄭兵曹)」.

36 헐후어(歇後語) : 말의 끝 부분을 생략하고 그 윗부분만으로 전체 뜻을 갖게 하는 일종의 은어(隱語)이다.

37 육균(六鈞)을 …… 버리다 : 섭몽득(葉夢得)의 『석림시화』 권중(卷中)에서 거론된 내용이다. "소식의 시에서 '소를 살 때는 삼 척(검)을 버려도 되지만, 쥐를 쏠 때 굳이 육균(六鈞 : 활)을 당기랴[買牛但自捐三尺, 射鼠何勞挽六鈞]'라고 한 것도 이와 같은 병폐를 안고 있다. '육균'은 '궁(弓)'자를 버릴 수 있지만 '삼 척'은 '검'자를 버려서는 안 되니 이러한 이치는 매우 쉽게 알 수 있다."

『後山詩話』記 : “柳三變遊東都南北二巷, 作新樂府, 骫骳從俗, 天下詠之.” 按‘骫’音‘委’, ‘骳’音‘被’, 又音‘靡.’ 『枚乘傳』云 : “其文骫骳.” 注云 : “猶言屈曲也.”

『후산시화』에서 “유삼변(柳三變 : 유영柳永)이 동도東都의 남, 북 두 거리를 유람하다 신악부를 지었다. 낮추어 시류에 잘 맞춰서 세상 사람들이 두루 읊었다”라고 했다. ‘위骫’의 음은 ‘위委’이고, ‘피骳’의 음은 ‘피被’ 또는 ‘미靡’이다. 『매승전枚乘傳』의 “그 글이 위피骫骳하다”의 주석에서 “위피는 굽히다(屈曲)와 유사한 말이다”라고 했다.

魏泰『詩話』, 據「讀書敏求記」云, 是一卷. 余所得刊本其論詩共三十餘條, 似是全者. 然見他書所引, 此中有不載者, 可知尙有脫遺.

『독서민구기讀書敏求記』에 따르면, 위태魏泰의 『시화詩話』(『임한은거시화臨漢隱居詩話』)는 한 권이다. 내가 얻은 간본에는 시를 논평한 것이 모두 삼십여 조목인데 전체인 것처럼 보인다. 그러나 다른 책에서 인용한 것을 보면 여기에 실려 있지 않은 것도 있으니 여전히 누락이 있다는 것을 알 수 있다.

『臨漢隱居詩話』云 : “鼎澧道中有甘泉寺. 天禧末寇萊公南遷, 題名寺壁. 天聖初, 丁謂南遷, 復題名而行. 其後范諷爲湖南安撫, 有詩云 : ‘平仲酌泉方整轡, 謂之禮佛又南行. 層巒下瞰炎荒路, 轉使高僧薄寵榮.’” 竊謂士君子直節事君, 豈顧利害? 況寇公與丁謂不可同日語, 范諷之詩, 烏足錄哉! 宋黃徹曾深駁其非.

『임한은거시화』에서 “정주鼎州와 예주澧州 사이에 감천사甘泉寺가 있어서 지나는 사람들마다 샘물을 길어 차를 끓여 마시곤 한다. 천희 말에 래공萊公 구준寇準이 남쪽으로 좌천되어 가는 길에 이 절 벽에 이름을 썼고 천성 초에는 정위丁謂도 남쪽으로 좌천돼 가는 길에 역시 이름을 쓰고 떠났다. 그 뒤 범풍范諷이 호남 안무사湖南安撫가 되었을 때 두 정승이 연이어 배척당한 것에 느낀 바 있어 시를 지었다. ‘평중(平仲 : 구준)이 샘물을 길어 고삐를 정돈하고, 위지(謂之 : 정위)가 부처에게 예를 표하고 남쪽을 향해 떠났다. 겹겹의 산에서 아득한 길을 굽어보며, 고승으로 하여금 총애와 영광을 하찮게 여기게 한다[平仲酌泉方頓轡, 謂之禮佛向南行. 層巒下瞰炎荒路, 轉使高僧薄寵榮]’”라고 했다. 사군자가 곧은 절개로 군주를 섬겨야지 어찌 이해를 따지겠는가. 더구나 구준과 정위는 함께 거론할 수 없는데 범풍의 시를 어찌 여기에 기록할 수 있단 말인가. 송나라 황철黃徹이 일찍이 그 잘못을 호되게 논박한 적이 있다.

竹坡論履道詩云 : “‘不見牛醫黃叔度, 卽尋馬磨許文休.’ 琢句雖工, 奈牛醫是叔度之父.” 不覺爲之失笑. 蓋卽以家學論, 恐叔度亦未必不諳此技.

주자지가 왕이도(王履道 : 왕안중王安中)의 시, “소 의사 황숙도(黃叔度 : 황헌黃憲)를 보지 못해, 바로 연자방아 허문휴(許文休 : 허정許靖)를 찾는다[不見牛醫黃叔度, 卽尋馬磨許文休]”를 논하며 “시어가 빼어나긴 하나 소 의사는 황숙도의 아버지이다”라고 했는데 나도 모르게 실소가 난다. 가학家學을 갖고 논한다면 황헌 또한 그 기술을 반드시 모르지는 않았을 것이다.

竹坡稱集句之工, 推王荊公爲得此中三昧. 余謂只是記覽熟耳, 云何'三昧'? 山谷所謂, 眞堪一笑者也. 且攻乎此, 去詩道益遠.

주자지가 집구集句[38]의 기교에 대해 말하며 왕안석이 이것의 삼매를 터득했다고 추켜세웠다. 이것은 단지 익히 봐온 것을 새로 적는 것일 뿐인데 무슨 '삼매' 운운한단 말인가. 황정견이 말했듯, 참으로 웃음이 날 뿐이다. 뿐만 아니라 여기에만 집중하면 시의 본질로부터 더욱 멀어진다.

竹坡云: "淵明「閒情賦」,① 想其於此不淺. 有坐客問'淵明有侍兒否?' 一人戲云: "雍端年十三, 不識六與七', 豈非有侍兒邪."" 按淵明未始無妾, 其與子儼等疏云: "爾等雖不同生, 當思四海皆兄弟之語", 是五子乃異母生. 又詩云: "弱冠逢世阻, 始室喪其偏." 則早年又嘗悼亡妾矣.

① 「閒情賦」原作「賦閒情」, 據『竹坡詩話』改.

주자지가 "도연명이 「한정부閒情賦」를 지었는데, 아마 이 부분(연정)에 대해 (도연명의) 조예가 얕지 않았을 것이다. 어떤 좌객이, '도연명에게도 첩이 있었는가?'라고 묻자, 한 사람이 이르기를 '옹雍과 단端이 나이가 열셋인데, 육과 칠도 구분할 줄 모른다[雍端年十三, 不識六與七]'라고 했으니 어찌 첩이 있는 게 아닌가' 했다"라고 하였다. 도연명은 애초에 첩이 없지 않았다. 아들 엄儼 등에게 보낸 글에서 "너희들이 비록 한 배에서 나진 않았지만 응당 사해가 모두 형제라는 말을 생각해야 한다"[39]라고 했으니 이는 그의 다섯 아들이 곧 다른 어미에게서 태어

38 집구(集句) : 작시법의 하나. 옛 시 가운데 한 사람의 시 또는 여러 사람의 시를 모아서 새로운 시를 만드는 것이다.

39 「여자엄등소(與子儼等疏)」.

난 것이다. 또 시에서 "약관에 세상의 고초를 겪고, 시실始室[40]에 그 한 쪽(배우자)을 잃었네[弱冠逢世阻, 始室喪其偏]"[41]라고 했다면 이른 나이에 일찍 첩을 잃었던 것이다.

① 「閒情賦」는 본래 「賦閒情」으로 돼 있었는데 『죽파시화』에 근거하여 고쳤다.

『竹坡詩話』云: "少陵之子宗武, 以詩示阮兵曹, 兵曹答以斧一具, 謂'不斫斷其手, 天下詩名又在杜家矣.'" 信然, 不雅馴莫甚焉. 若以贈無知好作惡詩者, 却正合當.

『죽파시화』에서 "두보의 아들 두종무杜宗武가 완병조阮兵曹에게 시를 보여주자, 완병조가 도끼 한 자루를 전하며 '그 손을 끊지 않으면 천하의 시인의 명성이 또다시 두씨 집안에 있겠다' 했다"라고 했는데 정말 그렇게 말했다면 이보다 더 전아하고 온당치 못한 것이 없다. 만약 무지하고 몹쓸 시 짓기를 좋아하는 자에게 주었다면 그렇게 말하는 것이 합당했을 것이다.

竹坡謂: "韓退之'紅皺曬檐瓦, 黃團擊門衡.' 不如少陵「北征」詩'或紅如丹砂, 或黑如點漆.' 頗是省力." 夫詩人喜好各別, 至以點漆丹砂爲妙, 殊難理會.

주자지는 "한유가 '홍추(紅皺: 대추)는 처마의 기와에 말리고, 황단(黃團: 오이)은 문 가로지른 나무에 걸렸네[紅皺曬簷瓦, 黃團繫門衡]'라고 했는

40 시실(始室): 삼십 세의 이칭이다. 『예기』 「내칙(內則)」의 "남자는 서른에 아내를 두어 비로소 남자의 일을 한다[男子三十而有室, 始理男事]"에서 인용된 것이다.

41 「원시초조시방주부등치중(怨詩楚調示龐主簿鄧治中)」.

데 두보의 「북정北征」에서 '어떤 것은 붉은 주사처럼 붉고, 어떤 것은 점을 칠한 듯 검다[或紅如丹砂, 或黑如點漆]'가 힘을 퍽 많이 뺀 것만 못하다"라고 했다. 무릇 시인의 기호는 각자 다른데 점칠點漆과 단사丹砂를 훌륭하다 여긴 것은 좀 이해하기 어렵다.

竹坡謂: "荊公詩如'濃綠萬枝紅一點,① 動人春色不須多', '春色惱人眠不得, 月移花影上欄幹'等篇, 皆平甫作, 非荊公詩也." 以其太艶耳. 「關雎」思窈窕之淑女, 「東山」詠其新之孔嘉, 文王周公不害爲聖人. 惟學究腐儒, 屛絶綺語. 一或有之, 必爲之辨, 深可厭也.

① '濃'原作'繁', 據『竹坡詩話』改.

주자지가 "왕안석의 시 중에 예컨대 '진한 녹색 수많은 가지에 붉은 한 점, 사람을 움직일 봄빛은 많을 필요가 없다[濃綠萬枝紅一點, 動人春色不須多]', '봄이 고뇌에 젖게 해 잠들 수 없는데, 달이 꽃 그림자를 난간 위로 올린다[春色惱人眠不得, 月移花影上闌干]' 따위의 글은 모두 왕안국王安國의 작품이지 왕안석의 시가 아니다"라고 했는데 시가 너무 곱다고 보기 때문이다. 「관저關雎」에서 요조숙녀를 그리워하고 「동산東山」에서 신혼의 아름다움을 노래했지만[42] 이들 주인공인 문왕과 주공이 성인이 되는 것에는 문제가 되지 않는다. 오직 학문에만 열중하는 고리타분한 유자儒者만 곱고 아름다운 말을 거부하고 어쩌다 그런 말이 있기라도 하면 반드시 이유를 밝히려 하니 참 짜증이 난다.

① '濃'은 본래 '繁'으로 돼 있었는데 『죽파시화』에 근거하여 고쳤다.

42 「관저(關雎)」에서 …… 노래했지만: 『시경』 「주남(周南)」의 「관저(關雎)」와 「빈풍(豳風)」의 「동산(東山)」을 가리킨다.

少隱論滕元發詩：“'野色更無山隔斷, 天光直與水相連', 一'直'字著力, 便覺近俗, 擬改作'自'字.” 不知校原本更弱矣. 何不云“野色曠無山隔斷, 天光遠與水相連”邪?

주자지가 등원발滕元發의 시에 대해 논하며 “'들판은 더 이상 막고 끊는 산이 없고, 하늘은 곧장 물과 하나가 되었다[野色更無山隔斷, 天光直與水相連]'에서 '直' 자 하나가 힘을 들여 세속적인 느낌이 들므로 '自'로 바꾸고 싶다”라고 했는데 원작을 고친 것이 더욱 빈약하다는 걸 모른 것이다. 왜 “들판이 광활하여 막고 끊는 산이 없고, 하늘은 멀리 물과 하나가 되었다[野色曠無山隔斷, 天光遠與水相連]”라고 하지 않는가.

每恨少年習氣, 浮華不實. 『紫微詩話』擧楊道孚詩云：“東平佳公子, 好學到此郎. 別去今幾日, 結交皆老蒼.” 旨哉是言. 好結交老蒼, 乃是眞實好學人.

젊은이들의 습관이 쓸데없이 화려하기만 하고 실속은 없는 것이 늘 안타까웠다. 『자미시화紫微詩話』에서 양도부楊道孚의 시를 거론하며 “동평東平의 훌륭한 공자公子가, 학문을 좋아해 여기까지 이르렀네. 헤어진 지 이제 얼마인가? 사귄 이들은 모두 원로들이네[東平佳公子, 好學到此郎. 別去今幾日, 結交皆老蒼]”라고 했는데 참 음미할 만한 말이다. 원로와 사귀길 좋아하는 사람이 진실로 배우기를 좋아하는 사람이다.

『彦周詩話』謂：“退之詩'銀燭未銷窗送曙, 金釵欲醉坐添香.' 殊不類其爲人.” 余謂鐵心石腸, 工賦「梅花」,「閒情」一賦, 何傷靖節? 正恐慣說鍾庯大鶴, 却一動也動不得耳.

『언주시화彦周詩話』에서 "한유의 시 '은빛 촛불이 다 녹기 전에 창문이 새벽을 보내오고, 황금 비녀가 절반쯤 취할 때 자리에는 향기가 더해진다[銀燭未銷窗送曙, 金釵半醉座添香]'는 그 사람 됨됨이와 전혀 닮지 않았다"라고 했다. 철석같이 강인한 심성을 가진 사람도 「매화부梅花賦」[43]를 잘 짓거니와 「한정부閒情賦」가 도연명에게 무슨 문제가 되겠는가. 정녕 종용鍾庸이네, 대학大鶴이네 떠들면서 미동도 못하게 될까[44] 걱정이다.

「李夫人序」: "是邪? 非邪? 立而望之, 翩何珊珊其來遲." '非'·'之'·'遲'協韻. 彦周引之, '翩'作'偏', 連上作一句, 並謂"退之'走馬來看立不正', 卽祖其意." 豈古人句讀不同, 抑別有據邪?

「이부인서李夫人序」에서 "맞는가, 아닌가, 우두커니 서서 바라보나니, 왜 그리 살랑살랑 나부끼며 오는 게 더딘가"라고 했는데 '非'와 '之', '遲'는 협운協韻이다. 언주(彦周 : 허의許顗)가 『언주시화』에서 이것을 인용하며 '翩'을 '偏'으로 써서 앞 구에 붙이고는 "한유의 '말을 달려서 와 보니 서있는 것이 바르지 않다[走馬來看立不正]'가 바로 이 내용을 근거로 한 것이다"라고 했다. 어찌하여 옛사람들의 구두가 서로 다른 것

43 「매화부(梅花賦)」: 당나라 송경(宋璟)의 작품이다. 피일휴가 "송광평(宋廣平 : 송경)은 강직하기가 쇠마음 돌창자[鐵心石腸]인 줄 알았는데 그가 지은 매화부를 보니 맑고 고와서 그의 인물됨과 다르다"라고 한 말이 전한다.

44 종용(鍾庸)이네 …… 될까 : '鍾'은 '中'의, '鶴'은 '學'의 해음(諧音)이다. 이에 대해서는 다음의 고사가 전한다. 임안(臨安)에 사는 어릿광대가 유생인 척하면서 학 한 마리를 데리고 다녔다. 어느 유생이 성명을 묻자, "성은 종(鍾), 이름은 용(庸)"이라 하고, 데리고 다니는 것이 무엇이냐고 묻자 "대학(大鶴)"이라 했다. 서로 친해져 술을 시켜 마시는데 그가 술을 벌컥벌컥 들이켜고 고기를 하나도 남지 않고 먹어치웠다. 결국 술에 취해 쓰러졌고 사람들이 깨워도 꼼짝하지 않았다. 주변 사람이 그의 이마에 꿀밤을 주며 "무슨 『중용』 『대학』하더니 술과 음식을 잔뜩 먹고는 전혀 움직이지 못하네"라고 핀잔을 주었다. 결국 한바탕 웃고 파했다. 『학림옥로(鶴林玉露)』 「병편(丙篇)」 권3.

인가? 혹시 별도의 근거가 있었던 것인가?

杜詩"萬里戎王子", 諸本皆同. 惟彥周引之作"明玉子", 且云 : "不曉何物." 可廣異聞.

두보의 '만 리 융왕자萬里戎王子'[45]는 모든 판본이 동일하다. 오직 허의만 『언주시화』에서 이를 인용하면서 '명옥자明玉子'라고 쓰고 또 "무슨 물건인지 모르겠다"라고 했으니 넓은 견문을 갖춰야 하는 것이다.

彥周誚杜牧之「赤壁」詩"社稷存亡都不問, 只恐捉了二喬, 是措大不識好惡." 夫詩人之詞微以婉, 不同論言直遂也. 牧之之意, 正謂幸而成功, 幾乎家國不保. 彥周未免錯會.

허의가 『언주시화』에서 두목의 「적벽赤壁」에 대해 논하며 "사직의 존망은 묻지 않고 이교二喬[46]가 잡힐까만 걱정하니 조대(措大 : 학자에 대한 약간의 비칭)가 무엇을 좋아하고 무엇을 싫어해야 하는지 전혀 인식하지 못했다"라고 비난했다. 무릇 시인의 말은 미묘하고 완곡하여 단도직입적인 논평과는 다르다. 두목이 말하고 싶은 내용은, 혹시 성공했더라면 국가가 거의 보전되지 못할 뻔했다는 것이다. 허의가 착오를 면치 못한 것이다.

---

45 융왕자(戎王子) : 화초의 이름으로, 독활(獨活) 또는 융계(戎葵)라고도 불린다.

46 이교(二喬) : 삼국시대 강동(江東)에 살았던 교공(喬公)의 두 딸. 언니는 손책의 아내가 되고 동생은 주유의 아내가 되었다.

詩人諛杜, 通國然矣. 葉石林謂禪家有三種語, 老杜詩亦然. 如"波漂菰米沉雲黑, 露冷蓮房墜粉紅", 爲函蓋乾坤語, "落花遊絲白日靜, 鳴鳩乳燕青春深", 爲隨波逐浪語, "百年地僻柴門迥, 五月江深草閣寒", 爲截斷衆流語. 余謂杜詩誠有此三種, 如葉云云, 未免强作解人.

시인이 두보에게 아양 떠는 것은 온 나라가 마찬가지다. 섭몽득이 『석림시화』에서 "선가禪家에 세 가지 말이 있는데 두보의 시 또한 그렇다. 예를 들어 '물결에 일렁이는 고미(菰米 : 줄의 열매)에는 검은 구름 잠기고, 이슬 찬 연 씨방에는 붉은 분이 떨어진다[波漂菰米沉雲黑, 露冷蓮房墜粉紅]'[47]는 온 세상을 감싸는(函蓋乾坤) 말이고, '지는 꽃 아지랑이 한낮은 고요하고, 지저귀는 비둘기와 어린 제비 봄날이 깊다[落花遊絲白日靜, 鳴鳩乳燕青春深]'[48]는 물결 따라 움직이는(隨波逐浪) 말이며, '백 년 외진 땅에 사립문은 멀고, 오월 깊은 강에 초가가 차다[百年地僻柴門迥, 五月江深草閣寒]'[49]는 물줄기를 단절하는(截斷衆流) 말이다"라고 했는데 섭몽득의 말처럼 두보의 시에 정말 이 세 가지가 있다고 한다면 억지 해석을 면치 못할 것이다.

『石林詩話』云 : "唐彦謙「題漢高廟」云 : '耳聞明主提三尺, 眼見愚民盜一抔.' 蘇子瞻云 : '買牛但自捐三尺, 射鼠何勞挽六鈞.' 語皆歇後. 一抔六鈞, 事無兩出, 或可畧土字弓字. 如三尺, 則三尺律① · 三尺喙皆可, 何獨劍乎." 余謂旣曰'明主提' '買牛' '捐三尺', 下諒無別解. 信如所評, 則王介甫詩"含風鴨綠鱗鱗起, 弄日鵞黃裊裊垂." '鴨綠' '鵞黃', 究屬何語? 乃於王獨不置一辭, 反多諛言, 何與?

---

47 「추흥(秋興)」.

48 「제성중원벽(題省中院壁)」.

49 「엄공중하왕가초당겸휴주찬(嚴公仲夏枉駕草堂兼攜酒饌)」.

① '則三尺'三字, 據『漁隱叢話』補.

『석림시화』에서 "당언겸唐彦謙의 「제한고묘題漢高廟」에서 '귀로 명주明主가 삼 척(검)을 들었다는 말을 듣고, 눈으로 우민이 한 움큼(흙)을 훔친 것을 보았다[耳聞明主提三尺, 眼見愚民盜一抔]'라고 한 것과, 소식이 '소를 살 때는 삼 척(검)을 버려도 되지만, 쥐를 쏠 때 굳이 육균(六鈞: 활)을 당기랴[買牛但自捐三尺, 射鼠何勞挽六鈞]'[50]라고 한 것은 모두 헐후어歇後語이다. '일배一抔'와 '육균六鈞'은 내용이 두 가지 이상 겹칠 수 없어 '토土'를 생략할 수도 있지만 '삼척三尺'은 '삼척률三尺律', '삼척훼三尺喙' 등이 모두 가능하니 어찌 검劍뿐이겠는가"라고 했는데 앞에서 이미 '현명한 군주가 들다(明主提)', '소를 사다(買牛)', '삼 척을 버리다(捐三尺)'라고 말했으므로 그 아래는 별다른 풀이가 필요 없다. 섭몽득의 논평대로라면 왕안석의 "바람 머금은 푸른 오리들이 하나하나 일어서고, 해를 농하는 누런 거위는 여리게 드리웠다[含風鴨綠鱗鱗起, 弄日鵞黃裊裊垂]"[51]에서 '압록鴨綠'과 '아황鵞黃'은 대체 어떤 말에 속하는 것인가. 유독 왕안석에게는 한마디도 따지지 않고 오히려 떠받드는 말만 많은 것은 무엇 때문인가.

① '則三尺' 세 글자는 『어은총화漁隱叢話』에 근거하여 채워 넣었다.

『石林』記"王介甫有惡馬, 蹄嚙不可近. 蔡天啓捉其騣, 一躍而上, 不用銜勒, 馳數十里. 荊公大喜, 贈詩云:'身著靑衫騎惡馬, 日行三百尙嫌遲. 心源落落堪爲將, 却是君王未備知.' 時遂盛傳公以將帥許之, 依附者屢欲用以爲帥." 嘻, 偶然贈句, 豈得認眞? 會騎馬堪爲將, 會搦管卽可知制誥邪? 宋人眞不識好惡也.

50 「차운왕정국득영졸 이수(次韻王定國得潁倅二首)」 제1수.

51 「남포(南浦)」.

『석림시화』에서 "왕안석에게 사나운 말이 한 필 있었는데 발로 차고 물어뜯어 다가갈 수가 없었다. 채조蔡肇가 그 갈기를 잡고 한 번에 뛰어올라 재갈과 고삐도 쓰지 않은 채 수십 리를 내달렸다. 왕안석이 크게 기뻐하며 시를 지어 주기를 '푸른 적삼 옷으로 못된 말을 타고, 하루에 삼백 리를 가고서도 더디다고 한다. 훤칠한 마음씨는 장수감이지만, 군왕께서 미처 알고 계시지 못한다[身著青衫騎惡馬, 日行三百尙嫌遲. 心源落落堪爲將, 却是君王未備知]'[52]라고 했다. 그때부터 왕안석이 장수로 그를 인정한다는 말이 널리 전해졌고 공을 따르는 자가 누차 그를 장수로 쓰려고 했다"라고 했다. 허허, 우연히 글 한 수 지어준 것뿐인데 어찌 그리 진지하게 받아들인단 말인가. 말을 탈 줄 안다고 장수감이 될 수 있고 붓을 쥘 수만 있어도 지제고知制誥가 된단 말인가. 송나라 사람은 정말로 호오의 본질을 모른다.

王介甫只是堅僻, 未有斥其奸邪者. 『石林詩話』載 : "中書南廳壁間, 舊有晏元獻「詠上竿伎」詩云 : '百尺竿頭裊裊身, 足騰跟掛駭旁人. 漢陰有叟君知否? 抱甕區區亦未貧.' 當時固必有謂. 文潞公在樞府, 一日與荊公行至題下, 遲留誦詩久之. 他日, 荊公復題一絶於後曰 : '賜也能言未識眞, 誤將心許漢陰人. 桔槔俯仰何妨事, 抱甕區區老此身.'" 『石林』記此, 亦不置一辭. 余謂觀此, 介甫之心術見矣, 此老亦難得有此破綻.

왕안석은 고집불통에 괴팍했지만 간사한 자를 배척한 적이 없다. 『석림시화』에서 "옛 중서성 남청南廳의 벽 위에 안수가 지은 「영상간기詠上竿伎」의 '백척간두의 가녀린 몸이, 발로 밟고 올라 몸을 걸쳐서 사람을 놀라게 한다. 한음漢陰의 어르신을 그대가 아는가? 독을 안고 있지

52 「희채천계(戲蔡天啓)」.

만 가난하지는 않다네[百尺竿頭嫋嫋身, 足騰跟掛駭旁人. 漢陰有叟君知否? 抱甕區區亦未貧]'라는 글이 있었으니 당시의 누군가를 거론한 것임에 틀림없다. 문언박이 중추부中樞府에 있을 때, 어느 날 왕안석과 함께 시가 쓰인 곳으로 가서 멈춘 채 한참동안 시를 읊었다. 훗날 왕안석이 다시 그 시 뒤에 한 편을 썼다. '사賜 또한 말에 능하지만 참을 알지 못해,[53] 마음을 한음 사람[54]에게 잘못 허락했다. 두레박틀 오르내리는 게 무슨 문제가 되겠는가, 독을 안고 그저 이 한 몸 늙는다[賜也能言未識眞, 誤將心許漢陰人. 桔槔俯仰何妨事, 抱甕區區老此身]'"[55]라고 했다. 『석림시화』에서 이를 인용하면서 한마디도 따지지 않았다. 이걸 보면 왕안석의 마음 씀이 엿보이니 이 노인(왕안석)은 또한 이런 흠조차 갖기 힘들다.

『韻語陽秋』云: "梅聖兪於時未嘗輕許人, 每有投卷, 答詩必因其短而敎誨之. 東坡喜奬進後學, 一言之善, 必極口褒賞, 使有聞於世而後已. 受其賞者, 亦踴躍自勉, 終成令器." 嗚呼! 如二公者, 安得世有其人?

『운어양추』에서 "당시 매요신은 사람을 가볍게 인정한 적이 없어서 매번 누가 작품을 보내오면 그 답시에서 반드시 그 단점을 지적해 가르치고 일깨워주었다. 소식은 후학들을 칭찬하고 격려하기를 좋아해

53 사(賜) …… 알지 못해 : 사는 공자의 제자인 자공(子貢)의 이름인데 그와 얽힌 일화는 다음과 같다. 노 문공(文公)이 종묘에 삭일(朔日)을 고유(告由)하는 제사에 참석하지 않으므로 자공이 그 제사에 소용되는 양(羊)마저 없애려 하자, 공자가 "사(賜)야, 너는 그 양을 아끼느냐? 나는 그 예를 아끼노라[子曰 賜也 爾愛其羊, 我愛其禮]"라고 하였다. 『논어』「팔일편(八佾篇)」.

54 한음 사람 : 한음 장인(漢陰丈人)으로, 길고(두레박틀)를 이용하면 쉬운 줄 알면서도 굳이 우물 속으로 들어가 어렵게 항아리에 물을 퍼 담아 밭에 물을 주면서 "기계가 있으면 기교를 부리는 일이 있게 마련이고, 그런 일이 있으면 기교 부리는 마음이 생기게 마련이다[有機械者必有機事, 有機事者必有機心]"라고 하고, 굳이 자공의 권유를 뿌리쳤다 한다. 『장자』「천지(天地)」.

55 「사야(賜也)」.

서 한마디 좋은 말이라도 입이 닳도록 찬양하여 반드시 세상에 알려지게 하고 말았다. 그의 칭찬을 받은 자 또한 뛸 듯이 기뻐하며 스스로 힘써 결국 훌륭한 인재가 되었다"라고 하였다. 아! 세상에서 두 분 같은 사람을 자주 볼 수 있겠는가.

王介甫詩云:"功謝蕭規慚漢第, 恩從隗始詫燕臺." 或疑'恩'字於出處本無, 王擧孟郊詩以對. 孟詩可當出處邪? 用事只取意合, 字句本可弗泥. 葛公引之, 推爲用法之嚴, 固哉!

왕안석의 시에서 "공로가 소하의 법규에 뒤져 한나라 품제(品第 : 평가)에 부끄럽고,[56] 은혜가 곽외郭隗로부터 시작해 연나라 누대를 깜짝 놀라게 했네[功謝蕭規慚漢第, 恩從隗始詫燕臺]"[57]라고 했다. 이에 혹자가 '恩'자는 출처가 본래 없다고 의문을 제기하자, 왕안석은 맹교의 시를 들어 답했다. 맹교의 시가 출처가 될 수 있겠는가. 전고의 인용은 내용이 부합하는 것만 취하지 자구는 본래 얽매이지 않는다. 갈공(葛公 : 갈립방)은 이를 용법이 엄격하다고 추켜세웠으니 참 고루하다.

李太白云:"白髮三千丈, 緣愁似箇長." 王介甫襲之云:"繰成白髮三千丈", 大謬. 髮豈可繰? 盧仝云:"草石自親情", 黃山谷沿之云:"小山

56 공로가 …… 부끄럽고 : 소하의 법규는 한나라가 건국한 뒤 소하가 마련한 기본 법규를 말하고 한나라의 품제는 한나라가 건국된 뒤 공신들의 공로를 확정할 때 소하를 제1등에 선정한 것을 가리킨다.

57 곽외(郭隗) …… 했네 : 곽외는 전국시대 연나라 사람으로 연 소왕(昭王)의 객경(客卿)이었다. 이와 관련하여 다음의 고사가 전한다. 소왕이 현사(賢士)들을 모아 제나라에 원수를 갚으려 하자, 곽외가 자신에게 은혜를 베풀면 자신보다 현명한 사람들이 모일 것이라 했다. 이에 소왕이 그를 위해 누대를 지어주고 스승으로 섬기니 악의(樂毅)·추연(鄒衍)·극신(劇辛) 등이 다투어 연나라로 왔다 한다. 『사기』「연소공세가(燕召公世家)」.

作朋友", "香草當姬妾." 讀之令人絶倒. 『韻語陽秋』以爲得換骨法, 我不信也.

이백이 "백발 삼천 장, 시름 탓에 그렇게 긴 것인가[白髮三千丈, 緣愁似箇長]"[58]라고 했는데 왕안석이 이를 근거 삼아 "백발 삼천 장을 공그르다[繰成白髮三千丈]"[59]라고 했다. 하지만 이는 큰 오류이다. 머리카락을 어찌 공그를 수 있겠는가. 노동이 "풀과 돌은 가까운 사이이다[草石自親情]"[60]라고 했는데 황정견이 이를 근거로, "작은 산은 벗이 되고[小山作朋友]", "향초는 사랑스런 여인이 된다[香草當姬妾]"[61]라고 했으니 읽노라면 사람을 기절초풍하게 한다. 『운어양추』에서 이를 두고 환골법을 얻었다고 했지만 나는 그렇게 믿지 않는다.

按沿襲古人句, 縱使語妙, 杼山偸句, 已有明條, 云何換骨?

옛사람의 시구를 모방한다면, 설사 시어가 오묘하더라도, 저산(杼山 : 교연)의 투구偸句에서 이미 분명하게 나눠 논했으니[62] 무슨 환골을 운운한단 말인가.

王介甫罷詩賦, 取經義. 嗣後, 奸黨指詩賦爲元祐學術. 政和中, 著令士庶習詩賦者杖一百, 可笑可恨. 按王阮亭『分甘餘話』云 : "建言者, 御

58 「추포가(秋浦歌)」.
59 「시유수로이수(示兪秀老二首)」 제1수.
60 「자영삼수(自詠三首)」 제2수.
61 「안도빈락재이수(顔徒貧樂齋二首)」 제2수.
62 저산…… 논했으니 : 교연은 『시식』에서 투어(偸語 : 말을 훔침), 투의(偸意 : 의미를 훔침), 투세(偸勢 : 형세를 훔침)로 나누어 각각에 해당하는 시를 예로 들며 논했다.

史李彦章也. 意本在黃秦晁張四學士, 並劾及前代淵明子美太白. 定律令則何執中也."

왕안석은 시부詩賦를 파하고 경의經義를 취택했다. 그 뒤 간사한 당黨이 시부를 가리켜 원우元祐의 학술[63]이라 했다. 정화 연간에는 시부를 배우는 자에게 곤장 백 대에 처한다는 명이 내려지기까지 했으니 참으로 가소롭고 안타깝다. 왕사정의 『분감여화分甘餘話』에서 "의견을 낸 자는 어사 이언장李彦章이다. 이들의 공격 목표는 본래 황정견, 진관, 조보지, 장뢰 네 학사였지만 이전의 도연명, 두보, 이백에게까지 소급했다. 율령을 정한 자는 하집중何執中이다"라고 했다.

『韻語陽秋』證韓昌黎之臨薨不亂, 引『宣室志』小說云云, 殊爲失當.

『운어양추』에서 한유가 죽음에 임박해서도 혼란스럽지 않았음을 증명하며 『선실지宣室志』[64]소설을 인용했는데 매우 온당치 못하다.

東坡詩 : "他年一舸鴟夷去, 應記儂家舊姓西." 常之以爲爲韻所牽. 余疑'姓'或是'住'字, 殆傳寫之訛. 昔人亦曾辨之.

소식의 "훗날 한 척의 치이鴟夷[65]가 떠나면, 응당 우리 집안 옛 성姓

63 원우(元祐)의 학술 : 원우는 북송 철종(哲宗)의 연호. 왕안석의 신파에 대립되는 구파의 학문 경향을 가리키다. 사마광, 문언박, 여문저(呂文著), 정이(程頤), 소식 등이 그 중심이다.

64 『선실지(宣室志)』 : 당나라 장위(張讀)가 엮은 전기소설이다.

65 치이(鴟夷) : 전국시대 범려의 별칭인 '치이자피(鴟夷子皮)'의 준말이다. 범려가 월왕을 도와 오나라를 멸망시킨 뒤 월나라를 떠나 오호(五湖)에서 노닐다가 제나라로 들어가

서西를 기억하리라[他年一舸鴟夷去, 應記儂家舊姓西]"[66]에 대해 상지(常之 : 갈립방)가 운韻에 구애받은 것이라 했다. 나는 '姓'이 '住'일 수 있으며 잘못 전사된 것이라고 본다. 예전 사람도 이에 대해 밝힌 적이 있다.

葛常之引李太白詩云 : "'何當赤車使, 再往召相如.' 不可謂無心仕進者. 然慢侮力士, 略不爲身謀, 旋致貶逐, 使欲仕之心切, 必不如是." 謬哉!士非不欲仕, 又惡不由其道? 胸中無理義, 何可妄論古人.

갈립방이 이백의 시, "어찌하면 붉은 수레의 사신이, 다시 찾아가 상여(相如 : 사마상여)를 불러올까[何當赤車使, 再往召相如]"[67][68]를 인용하며 "벼슬길에 마음이 없었다 할 수 없다. 그러나 고력사를 무시하며 전혀 자신을 돌보지 않아 결국 좌천과 축출을 당하는 지경에 이르렀으니 벼슬하고 싶은 생각이 간절했다면 반드시 이렇게 하지는 않았을 것이다"라고 했는데 틀린 말이다. 식자는 벼슬하고 싶지 않은 것은 아니지만 올바른 방법을 통하지 않는 것을 싫어한다. 가슴속에 내공도 없으면서 어떻게 옛사람을 함부로 논할 수 있단 말인가.

樂天「詠史」云 : "良時足可惜, 亂世何足欽?" 乃孔子"邦有道, 貧且賤焉", "危邦不入, 亂邦不居"之義. 又云 : "乃知汨羅恨, 未抵長沙深." 亦

치이자피로 성명을 바꾼 고사에서 유래한다. 공을 이룬 뒤 강호로 돌아가 유유자적하는 삶을 사는 사람을 비유한다. 『사기』 권41 「월왕구천세가(越王句踐世家)」.

66 「차운대류별(次韻代留別)」.

67 다시 …… 불러올까 : 붉은 수레는 고관이 타는 화려한 수레. 조정에서 높은 관직으로 초빙하는 것을 비유한다. 사마상여가 장안으로 가다가 승선교(昇仙橋)에 이르러 "높다란 사마를 타지 않고는 다시 이 다리를 건너지 않겠다[不乘駟馬高車, 不復過此橋]"라고 한 고사가 전한다. 『화양국지(華陽國志)』.

68 「증최시랑(贈崔侍郎)」.

猶昌黎所云, 非中國卽夷狄矣, 非若屈子可之齊·之韓·之趙魏也. 葛氏以爲"信如斯, 是以亂世爲不足振"云云, 未免太固.

백거이, 「영사詠史」의 "좋은 시절이 참으로 아깝지만, 혼란한 세상을 어찌 흠모할 일이겠는가[良時足可惜, 亂世何足欽]"는 곧 공자의 "나라에 도가 있으면 가난하고 미천한 것(이 부끄러운 것이고)",[69] "위태로운 나라에는 들어가지 않고, 어지러운 나라에는 살지 않는다"[70]는 의미이다. 또 "그래서 멱라(汨羅 : 굴원)의 한은, 장사(長沙 : 가의)보다 깊지 못한 것이다[乃知汨羅恨, 未抵長沙深]"라고도 했는데 이는 "한유의 중국이 아니면 곧 오랑캐의 땅이다"[71]와 같은 것으로, 가의가 굴원처럼 제나라에 가고, 한나라에 가고, 조나라와 위나라에 갈 수 있는 처지가 아니라는 말이다. 갈립방이 "정말 백거이 말대로라면 난세는 구제하지 않아도 된다는 말인가" 운운한 것은 지나치게 고루함을 면치 못한다.

王介甫云 : "今人未可非商鞅, 商鞅能令政必行." 『韻語陽秋』雖非之, 却謂有激而云. 不知新法之行, 排屛正人, 不遺餘力, 邪心正是如此.

왕안석이, "지금 사람들은 상앙을 비판해서는 안 되니, 상앙은 정책

69 『논어』「태백(泰伯)」.

70 『논어』「태백」.

71 한유의 …… 땅이다 : 한유의 「후이십구일복상재상서(後廿九日復上宰相書)」에 다음과 같은 내용이 나온다. "그러나 선비들이 스스로 나아가는 것을 가볍게 하지 않는 것은, 만약 주나라에서 받아들여지지 않으면 그곳을 떠나 노나라로 가고, 노나라에서 받아들여지지 않으면 그곳을 떠나 제나라로 가고, 제나라에서 받아들여지지 않으면 그곳을 떠나 송나라에도 가고, 정나라에도 가고, 진나라에도 가고, 초나라에도 갈 수 있기 때문입니다. 지금 천하는 군주가 한 분이고 사해가 하나의 나라이니, 이곳을 버리고 떠나면 곧 오랑캐 땅으로, 부모의 나라를 떠나는 것입니다.[然所以重於自進者, 以其於周不可則去之魯, 於魯不可則去之齊, 於齊不可則去之宋之鄭之秦之楚也. 今天下一君, 四海一國, 舍乎此則夷狄矣, 去父母之邦矣.]"

을 반드시 시행하도록 했다[今人未可非商鞅, 商鞅能令政必行]"[72]라고 한 것에 대해 『운어양추』에서는 비판하면서도 감정이 격해져 한 말이라고 했는데 왕안석이 신법을 시행하면서 올바른 사람을 배척하는데 여력을 남기지 않았으며 나쁜 마음이란 바로 이와 같다는 것을 모른 것이다.

淵明達識, 葛常之引其「自祭文」及「自挽詞」云云, 以爲第一達磨, 援儒入釋, 甚無理也.

도연명의 통달한 식견에 대해 갈립방이 그의 「자제문自祭文」과 「자만사自挽詞」 등을 인용하며 첫 번째 달마라고 하는 등 유가를 불가로 끌어들인 것은 심히 이치에 맞지 않는다.

又常之詳論唐宋諸公精通禪理, 並謂歐陽公不奉佛, 因感夢遂信奉云云. 直同寱語.

또 갈립방이 당송의 제공諸公들이 선종의 이치에 정통했다고 상세히 논함과 함께 구양수가 불교를 신봉하지 않다가 꿈에 감응하여 마침내 신봉하게 되었다고 운운했는데 완전히 잠꼬대 같은 소리이다.

『韻語陽秋』, 辨精舍乃儒者教授生徒之處. "晉孝武立精舍於殿內, 引沙門居之. 故今皆以佛寺爲精舍." 按『事物紀原』曰: "漢明帝於東都門外立精舍, 處攝摩騰・竺法蘭, 卽白馬寺也. 騰始自西域以白馬駄經來

72 「상앙(商鞅)」.

止鴻臚寺, 遂取寺名, 創置白馬寺, 卽僧寺之始也." 又曰: "周穆王尙神仙, 召尹軌·杜沖居終南山尹眞人草樓之所, 因號樓觀, 蓋道觀之始也." 則寺觀俱屬釋道借稱, 微獨精舍然.

『운어양추』에서, 정사精舍는 유학에서 생도들을 가르치는 곳임을 밝히며 "진 효무제가 궁궐 안에 정사精舍를 짓고 사문(沙門: 승려)을 데려와 살게 했다. 지금 사람들은 모두 절을 정사라고 한다"라고 했다. 『사물기원事物紀原』에서 "한 명제가 동도의 성문 밖에 정사를 세워 섭마등攝摩騰과 축법호竺法蘭가 거처하도록 했으니 이곳이 바로 백마사白馬寺이다. 섭마등이 애초에 서역에서 백마에 불경을 싣고 와 홍려사鴻臚寺[73]에 머물다가 결국 사寺의 이름을 취해 백마사를 설치했으니 이것이 곧 사찰의 시초이다"라고 하고, 또 "주 목왕이 신선을 숭상하여 윤궤尹軌와 두충杜沖을 불러 종남산終南山 윤진인尹眞人의 초루草樓가 있는 곳에 거주토록 하고 이를 누관樓觀이라 불렀으니 이것이 도관道觀의 시초인 것이다"라고 했다. 따라서 사寺와 관觀은 모두 불가와 도가가 차용해 간 이름이며 정사만 그런 것이 아니다.

按『分甘餘話』引『雒陽伽藍記』及『石林燕語』, 辨寺之始同. 又引『雲麓漫鈔』云: "漢元帝被疾, 召方士漢中, 送王仲都處之昆明觀. 故後世道士所居皆曰觀."

『분감여화分甘餘話』에서 『낙양가람기雒陽伽藍記』와 『석림연어石林燕語』를 인용하여 '사寺'의 시말을 밝혔다. 또 『운록만초雲麓漫鈔』를 인용하여

73 홍려사(鴻臚寺): 주로 서역에서 온 방문객들을 접대하고 외국으로부터의 조공, 연회, 의례 절차 등의 업무를 보던 기관이다. 이전부터 비슷한 유형의 기관은 있었으나 '홍려사'라는 이름을 쓴 것은 북제(北齊) 때부터이다.

"한 원제元帝가 병이 발생하자, 방사들을 한중漢中으로 불러들여 왕중도王仲都[74]를 곤명관昆明觀으로 보내 거처토록 했다. 그래서 후대에 도사가 거처하는 곳을 모두 '관觀'이라 부른다"라고 했다.

元次山愛身後名, 吾其山, 吾其溪, 吾其亭. 亦自吾作古云爾. 葛公深斥之, 殆入禪魔.

원결元結이 죽은 후의 명성을 사랑하여 그 산을 내 것으로 하고, 그 시를 내 것으로 하고(오계浯溪), 그 정자를 내 것으로 했는데(오정吾亭) 이는 또한 나를 옛 자취로 삼고 싶은 것일 뿐이다. 갈립방이 이를 심하게 비난하며 거의 선禪의 마귀에 들어갔다.

韓昌黎云: "凡爲文詞, 宜畧識字." 又詩云: "阿買不識字, 頗知書八分." 葛公又云: "顔魯公有『干祿字樣』行世, 恐學書者不識字也." 按識字亦大難, 微特古文奇字, 卽如'王' '玉' '刺' '剌', 以及畫同而音義別者, 非素講明, 良多錯誤. 豈若擧子業, 可率爾操觚.

한유가 "무릇 문장을 다루려면 글자를 대략은 알아야한다"[75]라고 하고, 또 시에서 "아매阿買[76]가 글자는 모르지만, 팔분八分은 쓸 줄 안다[阿買不識字, 頗知書八分]"[77]라고 했다. 갈공葛公은 또 "안진경의 「간록자양干祿字樣」이 세상에 전하는데 글씨를 배우는 이들이 글자를 모를까

---

74 왕중도(王仲都) : 한 무제 때의 방사(方士)로, 극심한 추위와 더위를 견디는 능력이 있었다고 전해진다.

75 위중거(魏仲擧), 『오백가주창려문집(五百家注昌黎文集)』 권13 「과두서후기(科斗書後記)」.

76 아매(阿買) : 한유 조카의 어렸을 때 이름이다.

77 「취증장비서(醉贈張秘書)」.

우려해서다"라고 했다. 글자를 안다는 것은 대단히 어려운 일이다. 비단 고대 문장의 특이한 글자뿐만 아니라 '숙玊'·'옥玉'·'랄剌'·'자刺' 등과 획은 같으나 음과 뜻이 다른 글자들은 평소 분명히 공부해두지 않으면 착오가 아주 많다. 어찌 거자(擧子 : 과거준비생)의 공부처럼 가볍게 글을 쓰는 것과 같겠는가.

張曲江爲「荔枝賦」, 葛公謂楊妃之嗜, 或公啓之. 按三百五篇, 詠禽獸·果木·池臺·服玩·美色·音聲, 不一而足, 皆末世荒淫之媒邪?

장곡강(張曲江 : 장구령張九齡)이 「여지부荔枝賦」를 지었는데 갈립방이 "양귀비가 좋아한 것은 혹시 장공이 계도한 것이 아닌가"라고 했다. 『시경』 305편에 금수, 과수, 연못과 누대, 옷 노리개, 미인의 자태, 음악소리 등을 읊은 것이 한둘이 아닌데 이것들이 모두 말세 황음무도의 매개란 말인가.

寇忠湣知巴東縣, 有詩云 : "野水無人渡, 孤舟盡日橫." 乃襲"野渡無人舟自橫"句. 葛公謂其以公輔自期, 强作解矣.

구준이 파동현巴東縣을 다스릴 때 지은 시에서 "들판의 물은 건너는 사람 아무도 없이, 외로운 배만 종일토록 가로누워 있네[野水無人渡, 孤舟盡日橫]"[78]라고 하여 "들판 나루터에는 아무도 없이 배만 스스로 가로누웠네[野渡無人舟自橫]"[79]를 답습했는데 갈립방이 재상을 기약한 것이라며 억지 해석을 했다.

---

78 「춘일등루회귀(春日登樓懷歸)」.

79 위응물(韋應物), 「저주서간(滁州西澗)」.

王逢原寄王介甫詩云："天門廉陛鬱巍巍，勢利寧無澹泊譏．豈與跖徒爭有道，盍思吾黨自言歸．古人踽踽今何取，天下滔滔昔已非．終見乘桴去滄海，好留餘地許相依．" 葛公引之，謂"識度之遠，又過荊公．" 按當日朝政國勢，未爲甚失．措辭乃爾，大是背逆．詩句惡劣，又無論矣．不知葛公是何肺腸，反稱道之．

왕봉원(王逢原 : 왕령王令)이 왕안석에게 보낸 시에서 "천문天門의 염폐(廉陛 : 계단)는 드높게 솟았거늘, 권세와 이익에 어찌 담박한 꾸지람이 없을소냐. 어찌 도척의 무리들과 말싸움하며, 어찌 우리 당 생각하며 스스로 돌아간다 말하지 않으랴. 고인의 발자취를 지금 어찌 취하랴, 세상이 도도함은 벌써부터 잘못되었거늘. 결국 뗏목을 타고 푸른 바다로 떠났으니, 남은 땅에 남아 서로 의지했으면 하네[天門廉陛鬱巍巍，勢利寧無澹泊譏．豈與跖徒爭有道，盍思吾黨自言歸．古人踽踽今何取，天下滔滔昔已非．終見乘桴去滄海，好留餘地許相依]"라고 했는데 갈립방이 이를 인용하며 "식견과 도량의 원대함이 왕안석보다 앞선다"라고 했다. 당시 국가의 전반적인 형세가 그다지 어지럽지 않았는데도 이렇게 글을 쓰는 것은 대단한 배반이다. 시구의 열악함은 논할 것조차 없다. 갈립방이 무슨 생각으로 그를 칭찬했는지 모르겠다.

王右丞私邀孟浩然於苑中，明皇微特不之罪，反使誦詩，千載奇逢．至詩句忤旨，乃其命也．葛常之謂右丞不於此時力解明皇之慍，爲忌其勝己，故不肯薦．請問"不才明主棄"句如何解? 此等論言，眞以小人之心，度君子之腹．

왕유가 맹호연을 궁원宮苑으로 몰래 불렀는데 이들을 발견한 당 현종은 죄를 주지 않았을 뿐만 아니라 도리어 시를 읊게 했으니 천 년의 기이한 만남이었다. 시구가 임금을 저촉하기에 이른 것은 결국 운명이었다. 갈립방은 "왕유가 이때 당 현종의 노여움을 적극 풀려하지 않았고 맹호연이 자기보다 나은 것을 꺼려서 추천하려 하지 않았다"라고 했는데, 그렇다면 재능 없는 몸 현명한 군주가 버렸네[不才明主棄]"[80]는 어떻게 해석할 것인가. 이런 담론이야말로 정말 소인의 마음으로 군자의 심정을 헤아리는 것이다.

韓昌黎答崔立之詩云:"幾欲犯嚴出薦口, 氣象硉矹未可攀." 夫韓公豈不敢犯嚴薦人者, 想是人或性行不諧於世故爾. 葛公遂斥其"隱情惜己, 殆同寒蟬", 過矣.

한유가 최립지崔立之에게 답한 시에서 "몇 번을 감히 나서 추천해 달라 하고 싶었지만 기상이 울퉁불퉁하여 다가설 수 없었네[幾欲犯嚴出薦口, 氣象硉矹未可攀]"[81]라고 했는데 한유가 감히 나서 사람을 추천하지 못한 것은 아마 그 사람의 품성과 행동이 세상과 조화를 이루지 못해서였을 것이다. 따라서 갈립방이 (한유에 대해) "울지 않는 매미처럼 마음을 숨기고 몸을 아꼈다"라고 한 것은 지나친 것이다.

姜白石云:"凡作大篇, 當首尾停勻, 腰腹肥滿. 每見人前面有餘, 後面不足, 前面極工, 後面草草." 按此病雖或不經意, 然亦難勉强. 凡精神不能滿幅者, 非夭折卽窮困, 作文寫字, 往往然也.

강백석(姜白石 : 강기)이 『백석도인시설』에서 "대작을 지을 때는 수미

80 『맹호연집』 권3 「세모귀남산(歲暮歸南山)」.

81 「설후기최이십육승공(雪後寄崔二十六丞公)【사립(斯立)】」.

가 고르고 가운데는 꽉 차야 한다. 사람들을 보면 앞쪽은 여유로운데 뒤쪽이 부족하거나, 앞쪽은 아주 훌륭한데 뒤쪽이 그저 그런 경우가 대부분이다"라고 했다. 이런 병폐는 부주의해서 그런 것이겠지만 그렇다고 억지로 강요하기도 힘들다. 무릇 정신이 꽉 차지 못한 사람은 요절하지 않으면 곤궁하니 글을 짓거나 글씨를 쓰는 데에도 그런 경우가 많다.

白石云:"小詩精深, 短章醞藉, 大篇有開闔, 乃妙." 余謂小律短章, 豈無開闔? 凡文字, 一啓口便有起落之勢, 亦開闔也. 如『論語』首章說一'學'字, 下用'而'字轉出'時習', 不已具開闔勢邪?

강기가 『백석도인시설』에서 "짧은 시는 정교하며 깊고, 짧은 문장은 함축적이고, 큰 작품은 열고 닫음이 있어야 가장 좋다"라고 했다. 짧은 시와 문장에 어찌 열고 닫음이 없겠는가. 모든 글은 일단 시작하면 시작하고 끝나는 형세가 있게 마련이니 이것이 또한 열고 닫음이다. 예를 들어 『논어』 첫 장을 보면, '학學'을 말하고 이어서 '이而'를 썼다가 '시습時習'으로 전환하고 있으니 열고 닫는 형세를 이미 갖추고 있는 것이 아니겠는가.

予嘗戱云:"我輩不可作俚杜文章." 蓋謂俚鄙杜撰也. 嚴滄浪云:"押韻不必有出處, 用事不必有來歷." 殆未免是邪.

내가 일찍이 농 삼아 "우리는 이두俚杜의 문장을 지어서는 안 된다"라고 했는데, 이비(俚鄙: 저속)와 두찬(杜撰: 허구)를 말한 것이다. 엄창랑(嚴滄浪: 엄우)이 "압운은 출처가 있을 필요가 없고 전고는 내력이 있을 필요가 없다"라고 했는데 이런 지적을 면치 못한 것이다.

『滄浪』謂讀『騷』者, 須歌之抑揚, 涕淚滿襟, 乃識『騷』之眞味. 不知涕淚滿襟, 殊失雅度. 恐當日屈子未必作是形容也.

『창랑시화滄浪詩話』에서 "『이소』를 읽는 자는 높낮이 소리에 맞춰 노래하여 눈물이 옷섶을 흥건하게 적시고 나서야 『이소』의 참맛을 알 수 있다"라고 했는데 옷섶을 흥건하게 적시면 전아한 품격을 잃지 않을까. 당시 굴원이 꼭 이런 모습을 했을 것 같지는 않다.

『滄浪詩話』, 考『讀書敏求記』云是二卷, 並駁其論禪・論騷之誤. 今毛氏鐫本合爲一卷矣.

『독서민구기』에서 『창랑시화』가 두 권이라고 하고 『창랑시화』가 선禪을 논하고 『초사』를 논하면서 범한 오류에 대해 반박했다. 지금 모씨본에는 한 권으로 묶여 있다.

『山房隨筆』載: "道君直北某州有詩云: '徹夜西風撼破扉, 蕭條孤館一燈微. 家山回首三千里, 目斷山南無雁飛.'" 按此詩音嘶氣咽, 與前明建文帝金竺長官司羅永庵題壁同調. 士人有此, 難膺厚福, 況於國主, 宜不復也.

『산방수필』에서 "북쪽의 어느 주州에 도군道君[82] 벽에 쓰인 시 한 수가 있는데 '밤새 서풍이 부서진 사립을 흔드는데, 쓸쓸한 외딴 집에는 등불 하나 희미하네. 머리 돌려 고향 바라보니 삼천 리 밖이고, 아득한 산 남쪽에는 날아가는 기러기도 없구나[徹夜西風撼破扉, 蕭條孤館一燈微. 家山回首三千里, 目斷山南無雁飛]'라고 했다"고 하였다. 이 시는 목소리가 흐느끼고 기가 오열해서 지난 명나라 건문제建文帝가 금축장관사金竺長官司의 나영암羅永庵 벽에 쓴 시와 흐름이 같다. 식자도 이러면 후한 복을 받기 어려운데 더구나 군주가 이러하면 회복하지 못하는 것이 마땅하다.

『山房隨筆』記 : "林觀過年七歲, 鬻詩於市. 或令戲詠轉失氣, 云 : '視之不見名曰希, 聽之不聞名曰夷. 不啻若自其口出, 人皆掩鼻而過之.' 試神童科, 不甚達." 余謂侮聖經, 瀆文字, 罪莫大焉. 不達而無奇禍, 猶其幸也.

『산방수필』에서 "임관과林觀過가 일곱 살 때 저잣거리에 나서서 시를 판다고 자임하였다. 어떤 사람이 장난삼아 전실기(轉失氣 : 방귀)에 대해 시를 지으라고 하자, '보아도 보이지 않는 걸 희希라 하고, 들어도 들리지 않는 걸 이夷라 한다. 자기 입에서 나온 듯한 것에만 그치지 않아, 사람들이 모두 코를 막고 지나간다[視之不見名曰希, 聽之不聞名曰夷. 不啻若自其口出, 人皆掩鼻而過之]'[83]라고 하였다. 임관과가 일찍이 신동과神童科[84]에 응시했으나 크게 영달하지는 못했다"라고 했다. 성인의 경전을

82 도군(道君) : 남송 휘종을 가리킨다. 본디 도교를 매우 숭상한 휘종이 일찍이 교주도군황제(敎主道君皇帝)라 자칭한 데에서 나온 말이다.

83 보아도 …… 지나간다 : "視之不見名曰希, 聽之不聞名曰夷"는 『노자』 14장의 "視之不見名曰夷, 聽之不聞名曰希"을 약간 바꾼 것이고, "不啻若自其口出"는 『대학』에, "人皆掩鼻而過之"는 『맹자』 「이루하(離婁下)」에 나오는 구절이다. 본래 방귀와는 관련이 없지만 관련 경전 구절들을 장난삼아 구성한 것이다.

84 신동과(神童科) : 송나라 때, 7~8살 정도의 천재들을 등용시키기 위해 시행되었던 시험제도이다.

멸시하고 문자를 모독하는 것보다 더 큰 죄가 없다. 영달하지 못하고 특별한 재앙이 없었던 것이 그나마 다행이다.

『山房隨筆』記:“黨懷英「孔子廟」詩結句:‘不須更問傳家遠, 泰岱參天汶泗長.’”『稗海』原本, 却作‘汾水長.’ 余改正作‘汶泗.’ 按汶音問. 『水經注』云: 自桃鄕四分, 當其派別之處曰四分口, 與蜀之‘汶江’音‘岷’·遼東之‘汶城’音‘文’, 各別.

『산방수필』에서 “당회영黨懷英의 「공자묘시孔子廟」 결구結句에서 ‘전가傳家가 얼마나 먼지 물을 필요 없으니, 태산泰山과 대산岱山은 하늘에 닿고 문수汶水와 사수泗水는 유유히 흐르네[不須更問傳家遠, 泰岱參天汶泗長]’”라고 했는데 『패해稗海』 원본에는 ‘분수장汾水長’으로 되어 있어, 내가 ‘문사汶泗’로 개정했다. ‘문汶’의 음은 ‘문問’이다. 『수경주水經注』에서 “(문수는) 도향桃鄕에서부터 네 갈래로 갈라지는데 지류로 나뉘는 곳을 일컬어 사분구四分口라 한다”라고 했다. 이는 촉蜀 ‘민강汶江’의 음인 ‘민岷’, 요동遼東 ‘민성汶城’의 음인 ‘문文’과 각기 구별된다.

『山房隨筆』記南康神童鄧文龍一節, 中有云:“太守及諸公, 衹服褙子. 文龍以綠袍末坐, 供茶, 故以托子墮地. 諸公戲以失禮. 對曰:‘先生衩衣, 學生落托.’” 按『篇海』云:“衩衣, 袒也.”『釋名』云:“褙, 襲也.” 覆上之言也. 據此則‘袒’與‘襲’相反也. 余刻改作‘褙子’, ‘褙’音‘背.’『類篇』云:“襦也.” 想是衫外繫襦, 不更著袍, 故云‘衩衣.’

『산방수필』에서 남강南康의 신동 등문룡鄧文龍에 대해 한 단락으로 서술했는데 그중에 이런 내용이 있다. “태수와 제공諸公이 배자(褙)를 입고 있었다. 등문룡이 녹색 도포를 입고 말삭에 앉아 차를 공양하다가 일부러 탁자를 땅에 떨어뜨렸다. 제공들이 실례했다며 놀리자, '선생들께서 홑옷(衩衣)을 입으셔서 학생이 쟁반을 떨어뜨렸습니다'라고 답했다." 『편해篇海』에서 "차의衩衣는 단(袒 : 한쪽 어깨를 드러낸 옷)이다"라고 하고 『석명釋名』에서 "褶은 습(襲 : 겹옷)이다"라고 했으니 그 위에 덮는다는 의미를 갖고 있다. 이에 근거하면 '袒'과 '襲'은 의미가 상반된다. 그래서 내가 이를 '배자褙子'로 고쳤으니 '배褙'의 음은 '배背'이다. 『유편類篇』에서는 "유(襦 : 짧은 옷)이다"라고 했다. 아마 윗도리 바깥쪽에 짧은 옷을 걸치고 다시 도포를 입지 않아서 '차의'라고 한 것 같다.

『丹鉛總錄』云 : "苻堅時, 姜平子侍宴, 獻詩, 內丁字直而不屈. 堅問故. 答云 : '屈下者不正, 未足以獻.' 堅大悅." 按'丅'卽古文'下'字, 平子所云, 小朝廷妄學. 升庵謂"與劉晏'朋'字未正之對相似." 殆未免過許.

『단연총록丹鉛總錄』[85]에서 "전진前秦 부견苻堅 때에 강평자姜平子가 시연侍宴에 참석해 시를 헌상했는데, 그 안에 '丁' 자가 아래로 죽 뻗고 구부러지지 않았다. 부견이 그 이유를 묻자, 답하기를 '아래가 구부러진 것은 바르지 않아 바칠 수가 없습니다'라고 하니 부견이 크게 기뻐했다"라고 했다. '丅'는 '下'의 고문이니, 강평자가 말한 것은 하찮은 조정의 거짓된 학문이다. 승암(升菴 : 양신楊愼)은 "유안劉晏이 '朋' 자가 바르지 못하다[86]고 한 것과 흡사하다"라고 했는데 이는 평가가 지나친 것을

85 『단연총록(丹鉛總錄)』: 명나라 양신(楊愼)이 각 서적들의 내용을 고증하거나 논변한 필기류의 총집이다. 하문환의 『역대시화속편』에 들어있다.

86 유안(劉晏)이 …… 못하다 : 유안은 당대 중기의 관리이다. 어린 나이에 비서성 정자(秘書省正字)의 직을 맡았는데, 어느 날 황제가 그에게 정자로 있으면서 몇 글자를 올바로 교정했는지 묻자, 천하의 글자를 모두 고쳤으나 '朋' 자만 제대로 고치지 못했다고 답했다. 이는 '朋' 자가 교정하기 힘든 글자라는 의미도 있지만 한편으로 당시 조정에 만연해

면치 못한 것이다.

升庵謂杜牧好用數目, 垛積成句. 按句法亦不外三百篇, 如"于三十里", "三百維羣", "九十其犉", "終三十里", "十千維耦"等句, 蓋不一而足矣.

양신이, 두목이 숫자를 즐겨 써서 이를 쌓아 시구를 만들었다고 했다. 하지만 그의 구법句法은 『시경』 삼백 편을 벗어나지 않으니 예를 들어 "하루에 삼십 리를 행군하네[于三十里]",[87] "삼백 마리가 무리를 이루었네[三百維羣]",[88] "황우만 구십 마리[九十其犉]",[89] "전부 해서 삼십 리[終三十里]",[90] "만 명이 둘씩 짝을 지어 밭을 가네[十千維耦]"[91] 등처럼 그 예가 한둘이 아니다.

'八角磨盤'一則, 內有'赤角律'三字, 不知何語?

'팔각마반八角磨盤'[92] 조목 안에 '적각률赤角律' 세 글자가 있는데 무엇을 말하는지 모르겠다.

好字多出經傳. 升庵論孟襄陽, "待到重陽日, 還來就菊花." '就'字之

있던 붕당의 폐해를 비판한 것이기도 했다. 『구당서』 「유안전」.

87 『시경』 「소아」 「남유가어지십(南有嘉魚之什) 유월(六月)」.

88 『시경』 「소아」 「홍안지십(鴻鴈之什) 무양(無羊)」.

89 『시경』 「소아」 「홍안지십 무양」.

90 『시경』 「주송」 「신공지십(臣工之什) 희희(噫嘻)」.

91 『시경』 「주송」 「신공지십 희희」.

92 팔각마반(八角磨盤) : 양신의 『단연총록』 '시화류(詩話類)'의 한 조목이다.

妙, 歷引古詩證其出處, 不知"處士就閒晏", 『國語』早先之矣.

좋은 글자는 경전에서 많이 나온다. 양신이 맹상양(孟襄陽 : 맹호연)의 "중양절까지 기다렸다가, 다시 와 국화에게 가야지[待到重陽日, 還來就菊花]"의 '就'의 오묘함에 대해 논하며 고시를 하나하나 인용하고 그 출처를 증명하긴 했지만 "인물을 대접할 때 한적하고 편안한 곳으로 나아가게 했다[處士就閒晏]"[93]가 일찍이 『국어國語』에 나와 있음을 몰랐던 것이다.

太白詩"酣歌一夜送泉明", 爲高祖諱也. 不知者改作'泉聲.' 升庵非之. 按近日詩文亦有用'泉明'者, 豈爲私避邪? 不則今人代唐諱也?

이백의 시에서 "밤새도록 흥겹게 노래하며 천명泉明을 보낸다[酣歌一夜送泉明]"는 당 고조의 휘諱를 피한 것인데 이를 모르는 자가 '泉聲'으로 바꾸었다며 양신이 비판했다.[94] 근래의 시문에도 '泉明'을 쓴 것이 있는데, 이것이 어찌 사적으로 휘를 피한 것이겠는가. 아니면 지금 사람이 당唐을 대신해 휘를 피한 것이겠는가.

"千里鶯啼綠映紅, 水村山郭酒旗風. 南朝四百八十寺, 多少樓臺烟雨中." 此杜牧「江南春」詩也. 升庵謂 : "千應作十. 蓋千里已聽不著看不見矣, 何所云'鶯啼綠映紅'邪?" 余謂卽作十里, 亦未必盡聽得著, 看得

93 『국어』「제어(齊語)」에 "옛날 성왕이 인물을 대접할 때는 한적하고 편안한 곳으로 나아가게 했다[昔聖王之處士也, 使就閒燕]"라는 내용이 있다.

94 이를 …… 비판했다 : 『단연총록』에서 양신은 '泉明'이 '淵明'이며 고조의 피휘(避諱)를 위해 이렇게 바꾸었다고 주장한다. 아울러 이를 '泉聲'으로 바꾼 것은 가소로운 일이라고 비판했다.

見. 題云'江南春', 江南方廣千里, 千里之中, 鶯啼而綠映焉. 水村山郭, 無處無酒旗, 四百八十寺, 樓臺多在烟雨中也. 此詩之意旣廣, 不得專指一處, 故總而命曰'江南春.' 詩家善立題者也.

"천 리에 꾀꼬리 울고 푸른 잎에 붉은 꽃 어우러지고, 강마을 산동네마다 주막 깃발 펄럭인다. 남조南朝의 사백팔십 개 사찰과, 누대들이 안갯속에 묻혀있다[千里鶯啼綠映紅, 水村山郭酒旗風. 南朝四百八十寺, 多少樓臺烟雨中]"는 두목의 「강남춘江南春」이다. 양신이 "'千'은 '十'이 되어야 한다. 천 리면 들리지도 보이지도 않을 터인데 어떻게 '꾀꼬리 울고 푸른 잎에 꽃 어우러진다'고 할 수 있겠는가"라고 했다. '십 리'라고 쓴다 해도 반드시 들리거나 보이지는 않을 것이다. 제목을 '강남춘'이라 했으니 강남은 사방 넓이가 천 리에 이르며 그 천 리 안에서 꾀꼬리 울고 푸른 잎에 붉은 꽃이 비친 것이다. 그리고 강마을과 산동네마다 주막 깃발 없는 곳이 없으며 사백팔십 개 사찰과 누대가 안갯속에 잠겨 있는 것이다. 이 시의 함의가 무척 넓어서 특정한 한 곳을 가리킬 수 없기 때문에 통틀어 '강남춘'이라 명명한 것이다. 시인이 제목을 아주 잘 선정하였다.

升庵恃其淵博, 逞詼詭之論, 萬一不無錯誤. 前明陳火燿之『正楊』, 胡應麟之『藝林學山』, 直與前輩爲讎, 肆厥訾議, 過矣.

양신이 자신의 깊고 풍부한 학식을 믿고 다소 과한 의견을 펼치면서 만분의 일이나마 실수가 없지 않다. 하지만 지난 명나라 진화요(陳火燿 : 진요문陳燿文)의 『정양正楊』과 호응린胡應麟의 『예림학산藝林學山』이 선배(양신)와 원수가 되어 비방을 일삼은 것은 지나치다.

子思子云:"聖人亦有所不知."「大雅」曰:"先民有言, 詢於芻蕘." 故余於詩話, 考故實, 各述所聞見, 論是非, 折衷於聖經, 于古人無彼我也. 若前明晦伯·元瑞之於升庵, 各挾己見, 所論又未盡允確, 難免蚍蜉撼樹之譏.

자사子思께서 "성인 또한 모르는 게 있다"[95]라고 하셨고 『시경』「대아」에서는 "선현께서 말씀 남기시길 '꼴 베고 나무 캐는 사람에게도 물으라' 했다"[96]라고 했다. 나는 시화에 대해 그 전고를 살피고 듣고 본 것을 각각 기술하며, 시비를 논함에 있어서는 성인의 경전에서 절충해서, 옛사람에게는 피아의 구분이 없다. 지난 명나라의 회백(晦伯: 진화요)과 원서(元瑞: 호응린)는 양신에 대해 각자 자신의 의견만 고집하고 논의한 내용 역시 전부 옳고 확실한 것이 아니어서 왕개미가 나무를 흔들려 했다는 비난을 면하기 어렵다.

解詩不可泥, 觀孔子所稱可與言『詩』, 及孟子所引可見矣, 而斷無不可解之理. 謝茂秦創爲可解·不可解·不必解之說, 貽誤無窮.

시의 해석이 한쪽에 얽매여서는 안 된다. 공자의 "더불어 『시경』을 논할 만하다"[97]는 말과 맹자가 인용한 것[98]을 살펴보면 알 수 있는바, 결코 해석하지 못할 것이 없다. 사무진(謝茂秦: 사진謝榛)이 가해可解, 불

95 『중용』.

96 『시경』「대아」「판(板)」.

97 더불어 …… 하다: 『논어』「학이(學而)」에 나온 구절로, 자공이 『시경』을 인용, 해석하는 것을 보고 공자가 높이 평가하며 한 말이다.

98 맹자가 …… 것: 『맹자』「만장장구(萬章章句) 하(下)」의 내용을 가리키는 것으로, 『시경』을 해석할 때 글자 하나, 문구 하나에 얽매여 문장 전체의 뜻을 곡해해서는 안 된다는 맹자의 의견이 개진됐다.

가해不可解, 불필해不必解의 설을 처음 만들었는데[99] 물려준 잘못이 무궁하다.

謝山人『四溟詩話』以唐律・六朝詩爲是女工, 眞堪一笑.

사산인(謝山人 : 사진)의 『사명시화四溟詩話』에서 당나라의 율시와 육조의 시를 여인의 일로 본 것은 참으로 웃을 일이다.

茂秦引『詩法』①曰 : "『事文類聚』不可用, 蓋宋事多也." 余謂宋事何不可用? 街談巷語, 皆可入詩, 唯在爐錘手妙.

① 『木天禁語』原作'家法.'

사진이 『시법詩法』을 인용하여 "『사문유취事文類聚』는 쓸 수가 없으니 송나라 때 일이 많기 때문이다"라고 했는데 송나라 때 일을 왜 쓸 수 없단 말인가. 거리의 이야기와 골목의 말도 모두 시에 넣을 수 있으니 오직 제련하는 자의 솜씨에 달려 있을 뿐이다.

① 『목천금어木天禁語』에는 원래 '家法'으로 되어 있다.

劉禹錫詩曰 : "舊時王謝堂前燕, 飛入尋常百姓家." 妙處全在'舊'字及'尋常'字. 四溟云 : "或有易之者曰 : '王謝堂前燕, 今飛百姓家.' 點金成

99 사무진 …… 만들었는데 : 사진이 『사명시화』에서 "시에는 해석할 수 있는 것과, 해석할 수 없는 것과, 해석할 필요가 없는 것이 있어서 물에 비친 달이나 거울 속의 꽃과 같으니 그 흔적을 더럽히지 않는 것이 좋다[詩有可解, 不可解, 不必解, 若水月鏡花, 勿泥其跡可也]"라고 한 것을 가리킨다.

鐵矣." 謝公又擬之曰:"王謝豪華春草裏, 堂前燕子落誰家?" 尤屬惡劣.

유우석의 시에서 "그 옛날 왕씨와 사씨 집안 드나들던 제비가, 평범한 백성의 집으로 날아드네[舊時王謝堂前燕, 飛入尋常百姓家]"[100]라고 하였는데 절묘한 부분은 '舊'(옛날)와 '尋常'(일반)에 있다. 사진은 "어떤 사람이 이 구절을 '왕씨와 사씨 집안 제비가, 지금은 백성의 집으로 날아드네'로 바꿨는데 황금을 철로 만들어버렸다"라고 했다. 그러면서 본인 또한 이를 의작하여 "화려했던 왕씨 사씨 집안 봄풀 속에 묻혔거늘, 그 집 앞 제비는 뉘 집에 날아들까[王謝豪華春草裏, 堂前燕子落誰家]"라고 했는데 더욱더 볼품없다.

余嘗論賦詩須稱地位, 少壯而言衰病, 飽煖而說困厄, 平安而發感慨, 皆不祥也. 四溟山人亦云:"學子美者摹擬太甚, 殊失性情."

내 일찍이 시를 지을 때는 반드시 처지에 알맞아야 한다고 논했다. 젊었을 때 쇠퇴와 병을 이야기하고, 배부르고 따뜻하면서 힘들고 불행을 이야기하고, 편안하면서 개탄을 표출하는 것은 모두 옳지 않다. 사진 또한 "두보를 배우는 자가 그 모방이 너무 심하면 자신의 본성을 잃게 된다"라고 했다.

『四溟詩話』云:"'遊環脅驅, 陰靷鋈續. 鉤膺鏤鍚, 鞹鞃淺幭'等語, 艱深奇澁, 殆不可讀. 韓・柳五言有法此者, 後學當以爲戒." 余謂詩各有體, 以學『三百篇』爲戒, 奇語也.

100 유우석 시 「오의항(烏衣巷)」에 나오는 구절이다. 여기서 왕씨와 사씨는 각각 동진의 권문세족이었던 왕도(王導)와 사안(謝安)을 가리킨다.

『사명시화』에서 "'움직이는 고리와 가죽 고삐, 어두운 가죽 띠에 구리 고리 이어졌네[遊環脅驅, 陰靷鋈續]',[101] '갈고리 가슴 장식과 금으로 새긴 머리 장식, 가죽으로 싼 횡목과 얇은 털로 싼 덮개[鉤膺鏤鍚, 鞹鞃淺幭]'[102] 등의 말은 심오하고 괴이하고 어려워 거의 읽을 수가 없다. 그리고 한유와 유종원의 오언에도 이를 본받은 것들이 있으니 후학들은 마땅히 경계해야 한다"라고 했다. 시에는 제각기 체재가 있는데 『시경』 삼백 편 배우는 것을 경계로 삼는다는 건 괴이한 말이다.

謝山人以懽·紅爲韻不雅, 以愁·青爲韻佳. 不知自在琢句, 豈關韻字邪?

사진은 '懽'과 '紅'을 운으로 삼은 것은 바르지 않고 '愁'와 '靑'을 운으로 삼은 것은 좋다고 했다. 어떻게 조탁하느냐에 달려 있지, 운자韻字와 무슨 관계가 있단 말인가.

吾人詩文一道, 非秘密藏也, 特恨不肯來學耳. 謝山人論詩, 李于鱗責其太洩天機, 殆風雅中小人哉.

우리의 시문은 비밀스럽게 감춰둔 것이 아닌데 배우러 찾아오지 않는 것이 안타깝다. 사진의 시에 대한 논평을 이우린(李于鱗 : 이반룡李攀龍)이 천기를 너무 누설했다고 꾸짖었는데 풍아(風雅 : 시) 세계의 소인인 것이다.

---

101 『시경』「진풍(秦風)」「소융(小戎)」.

102 『시경』「대아」「한혁(韓奕)」.

製作繫乎聲名. 茂秦有'詩忌'·'詩奸'·'詩諂'三則, 足爲惡俗針砭.

글은 명성과 연계된다. 사진이 '시기詩忌'·'시간詩奸'·'시첨詩諂' 3칙을 말했는데[103] 나쁜 풍습을 정곡으로 찌르는 침이 될 만하다.

謝公與時輩論詩, 自云是夕夢見李·杜. 嘻, 可入笑譜.

사진이 당시 인사들과 시를 논하며 "이날 밤 꿈에 이백과 두보를 보았다"라고 했는데 하하, 우스갯소리 책(笑譜)에 넣을 만하다.

四溟山人於知己, 不免以詩句隙末. 故余謂贈答詩不作可也.

사진은 지기와의 관계에서 시구 때문에 우정에 금이 가는 것을 면치 못했다. 그래서 나는 증답시贈答詩는 짓지 않는 것이 좋다고 생각한다.

前代詩話, 皆先哲名言, 小子後生何敢妄議! 雖然, 所見異辭·所聞異辭有之, 考故實, 索謬訛, 讀書者之本分也, 遂成『考索』, 凡百有一條.

전대의 시화는 모두 선현들의 명언인데 부족한 후생이 어찌 감히 함

103 사진이 …… 말했는데 : 사진은 『사명시화』에서 시를 평하는 자의 세 가지 태도에 대해 말했다. '시중지기(詩中之忌)'는 좋은 작품을 보고 겉으로는 훌륭하다고 칭찬하면서 뒤로는 헐뜯을 단서를 찾아 퍼뜨리는 것을 말하고, '시중지간(詩中之奸)'은 기막힌 구절을 보고도 짐짓 깊이 생각하는 척하며 말하기를 주저해 시인이 그 구절을 결정하지 못하도록 하는 것이며, '시중지첨(詩中之諂)'은 명공대신들의 작품은 가작이든 졸작이든 입이 닳도록 칭찬을 아끼지 않는 것을 말한다.

부로 논할 수 있겠는가. 하지만 보았던 다른 글과 들었던 다른 말을 토대로 삼아서 전고를 고찰하고 잘못된 점을 찾는 것이 책 읽는 자의 본분이기에 이와 같이 『고색考索』을 썼으니 총 101조목이다.

乾隆庚寅閏五朔何文煥記.

건륭乾隆 경인년(1770) 윤 5월에 하문환何文煥 쓰다.

역자 후기

일찍이 석사논문을 위해 청대 옹방강翁方綱의 『석주시화石洲詩話』를 번역하면서 생략이 많고 상징성이 강한 시화의 문장들을 어떻게 이해하고 번역해야 하는지 매우 난감했던 적이 있다. 특히 작품에 관한 다양한 품평 용어들을 어떻게 풀이해야 하는지에 대한 고민이 가장 깊었다.

시화 번역에서 가장 어려운 점은 역시 앞뒤 문맥이 생략된 내용을 어떻게 이해하느냐와, 상황에 따라 다르게 표현되는 품평 용어들을 얼마만큼 실감나게 풀이하느냐는 문제일 것이다.

이와 같은 이유로 인해, 수록 시화들이 대부분 고대 시화에 속하고 문장이 비교적 난해하며 주석서도 거의 없는 『역대시화』를 완벽하게 소화해 번역하기란 쉽지 않았다. 수없이 거론되는 작가와 작품에 대해 먼저 충분한 정보를 확보하지 않고는 내용에 대한 기본 이해가 불가능했을 뿐만 아니라, 미처 정리와 퇴고를 하지 못한 듯한 원문들은 그 본의가 무엇인지 파악하기가 매우 어려웠다.

이러한 난관들을 극복하기 위해 다양한 자료들을 검토해 기본적인 이해를 돕고 관련 주석을 달며 본의에 최대한 다가가려 노력을 기울였지만 여전히 해결 안 된 부분들이 곳곳에 도사리고 있다.

고전 번역은 역자가 누구냐에 따라 그 특성이 두드러진다. 원전에 충실한 역자는 직역을 강조하고 유려한 번역어에 중점을 두는 역자는 의역을 강조한다. 그런데 양자는 모두 각각의 장단점을 가질 수밖에 없다. 직역의 경우, 원전에는 충실해도 번역어에 문제가 발생할 수 있고, 의역의 경우에는 번역어에 집중한 나머지 자칫 원문의 본의를 해칠 수 있다. 이를 극복하기 위해 직역과 의역을 적절히 조화시키는 노력을 기울이는데, 여기에서 역자의 역량이 발휘된다.

아울러 번역의 대상이 어떤 성격의 것, 즉 전문서이냐 대중서이냐에 따라 때로는 직역이, 때로는 의역이 강조되기도 한다.

본서를 번역하면서 기본적으로는 직역과 의역의 적절한 조화를 찾고자 노력했다. 또한 『역대시화』가 전문서의 성격이 강하다는 전제하에 최대한 오역을 피하려고 직역에 좀 더 비중을 두며 적절한 번역어를 찾고자 했다. 이런 방침 때문에 난해한 원문에 봉착했을 때 불가피하게 거친 번역이 간혹 등장하는 문제가 있기도 하다.

주석의 경우, 일반적인 의미까지 다 밝히면 주석의 숫자가 끝도 없이 불어날 수 있으므로 해당 전공자의 일반적 이해 수준을 기준으로 잡았을 때 필요한 내용만 주석으로 처리했다. 이는 물론 『역대시화』가 전문서라는 전제에 기초한 방침이다.

마지막으로 인용된 작품이 너무 많고 다양하여 일일이 판본별로 고증할 여유가 없어서 작품에 대한 교감은 생략했음을 밝힌다.

3년에 가까운 오랜 시간을 잠시도 머릿속에서 떠난 적이 없던 이 책을 출간하려니 한편으로 속이 시원하면서도 다른 한편으로 아쉬운 마음을 금할 수 없다. 여전히 이해가 힘들고 제대로 풀이되지 못한 부분이 많을 것이다. 독자들의 엄한 질책과 따뜻한 조언이 있기를 기대한다.

2013년 가을 선문대학교 연구실에서

역대시화 6 | 인명 찾아보기

이로당시화

백석도인시설

ㄱ

ㄴ

ㄷ

ㅁ

ㅂ

ㅅ

ㅇ

ㅎ

ㅈ

ㅊ

ㅍ

ㅎ

시법가수

목천금어

시학금련

담예록

ㄱ

ㄴ

ㄷ

ㅁ

ㅂ

ㅅ

ㅇ

ㅈ

ㅊ

ㅎ

ㅇ

ㅈ